D1693953

Greifvögel und Falknerei

Herausgeber
Deutscher Falkenorden

Bund für Falknerei, Greifvogelschutz und Greifvogelkunde e. V.,
dem Deutschen Jagdschutz-Verband angeschlossen
Anerkannter Verband nach § 59 Bundesnaturschutzgesetz

Greifvögel und Falknerei

Jahrbuch des Deutschen Falkenordens
2005/2006

NEUMANN-NEUDAMM

TITELBILD:
„Gerfalke mit Beute", Öl auf Leinwand, 80 cm x 80 cm, 2006, BERND HANRATH; 1. Preis bei der Kunstausstellung „Jäger auf schnellen Schwingen" 18.–22.10.2006 im Tagungshotel Weißenburg in Billerbeck. FOTO: BERND HANRATH
(Siehe auch Tagungsbericht, Seite 9 ff., und Rezension, Seite 242)

IMPRESSUM

HERAUSGEBER:
　Vorstand des Deutschen Falkenordens
　Hahner Hof 1, 50181 Bedburg

REDAKTION:
　HANS-ALBRECHT HEWICKER
　　(verantwortlich im Sinne des Presserechts)
mit Unterstützung von:
　HANS KURT HUSSONG
　ELISABETH LEIX
　EGBERT URBACH

„Greifvögel und Falknerei" erscheint einmal jährlich im Verlag J. Neumann-Neudamm mit Beiträgen zum Themenkreis Falknerei, Greifvogelschutz und Greifvogelkunde. Die Autoren erhalten kein Honorar.

Für den Inhalt der einzelnen Beiträge sind die Autoren verantwortlich. Die Redaktion behält sich eine stilistische Bearbeitung und Kürzung der Manuskripte vor.

Das Werk einschließlich aller seiner Teile ist urheberrechtlich geschützt. Jede Verwertung außerhalb der engen Grenzen des Urheberrechtsgesetzes ist ohne Zustimmung des Verlages unzulässig und strafbar. Das gilt insbesondere für Vervielfältigungen, Übersetzungen, Mikroverfilmungen und die Einspeicherung und Verarbeitung in elektronischen Systemen.

© 2007, Verlag J. Neumann-Neudamm AG, Melsungen

Printed in Germany

Druck und Verarbeitung: GRAFISCHES CENTRUM CUNO GmbH & Co. KG, CALBE

ISBN 978-3-7888-1120-4

Inhaltsverzeichnis

HANS-ALBRECHT HEWICKER
Ordenstagung 2006 in Billerbeck 9

MICHAEL WINK, HEDI SAUER-GÜRTH, ABDEL-AZIZ EL-SAYED und JAVIER GONZALEZ
Ein Blick durch die Lupe der Genetik: Greifvögel aus der DNA-Perspektive 27

GARY TIMBRELL
Ein kurzer geschichtlicher Überblick über die Falknerei der Welt 49

PETER SAPARA
51. Generalversammlung des Internationalen Rates zur Erhaltung
des Wildes und der Jagd (CIC) 64

PETER SAPARA
52. Generalversammlung des Internationalen Rates zur Erhaltung
des Wildes und der Jagd (CIC) 68

SIGRID SCHWENK
Weltkulturerbe Falknerei – eine im Zusammenwirken von Orient und Okzident
entstandene Kulturtechnik 73

PETER SAPARA
53. Generalversammlung des Internationalen Rates zur Erhaltung
des Wildes und der Jagd (CIC) 78

KILIAN WEIXLER & HENNING WERTH
Zur Situation des Steinadlers *Aquila chrysaëtos* in den Allgäuer Alpen 86

ERHARD GENTNER
War der Sakerfalke (*Falco cherrug*) früher heimischer Brutvogel? 93

HANS KURT HUSSONG
Wechsel des weiblichen Falken bei einem Wanderfalkenpaar 95

CHRISTIAN SAAR
Wanderfalken-Auswilderungsberichte 2005 und 2006 97

    PAUL SÖMMER
    Brandenburgs Wanderfalken-Baumbrüter anno 2005 100

    PAUL SÖMMER
    Einige Wanderfalkenbruten in Gebäuden im Jahr 2005 103

    WOLFGANG KÖHLER
    Auswilderung und Brutverlauf des Wanderfalken in Mecklenburg-Vorpommern 2005 105

PAUL SÖMMER
Zum Wanderfalken in Mecklenburg-Vorpommern im Jahr 2005 108

SILVIO HEROLD, ADELHEID HAMRICH, KATHARINA ILLIG und PETER SCHONERT
Wanderfalken-Baumauswilderung 2005 in der Rochauer Heide 109

SILVIO HEROLD
Wanderfalken in der Niederlausitz – Kurzbericht 2005 114

GÜNTHER RÖBER
Wiederansiedlungsprojekt baumbrütender Wanderfalken (*Falco peregrinus*)
in den Forsten der Oranienbaumer Heide, Sachsen-Anhalt – 2005/2006 115

PAUL SÖMMER
Brandenburgs baumbrütende Wanderfalken anno 2006 123

PAUL SÖMMER
Einige Wanderfalkenbruten in Gebäuden im Jahr 2006 126

WOLFGANG KÖHLER
Auswilderung und Brutverlauf des Wanderfalken in Mecklenburg-Vorpommern 2006 128

SILVIO HEROLD
Wanderfalken in der Niederlausitz 2006 131

GÜNTHER TROMMER
Baumfalken statt Wanderfalken 135

WALTER BEDNAREK
Rotfußfalke (*Falco vespertinus*) als Beuteschmarotzer beim Rötelfalken (*Falco naumanni*)
in der kasachischen Steppe 140

ELISABETH LEIX
Johanni 148

KARL ALOIS DRUCK
Bevor die Erinnerung verblaßt 155

UTE EHRICH
Harris-Kompanie in Thüringen 159

HANS KURT HUSSONG
Wo liegt die Altersgrenze für einen Anwartefalkner? Oder: Soll es ein Harris-Hawker
nochmals mit einem Falken versuchen? 161

HANS-JÖRG HORST
Louis 164

WOLFGANG SCHREYER
Mutter und Tochter 166

NIELS MEYER-FÖRST
Ein Flug auf den Drachen, der keiner war 172

WOLFGANG BAUMGART
Die Karakaras oder Geierfalken (Polyborinae) als funktionelle Vertreter von Krähenvögeln im südlichen Südamerika – nebst Anmerkungen zu anderen greifvogelkundlichen Besonderheiten dieses Subkontinents 174

A. KOHLS, H. M. HAFEZ, M. GRESHAKE, R. KORBEL, N. KUMMERFELD & M. LIERZ
Falknerei und die Rehabilitation von Greifvögeln 193

WOLFGANG SCHREYER
Neue Wege als Berufsfalkner 199

RAINER HUSSONG
Sie nannten ihn Hombre 201

DOMINIK KOLLINGER
Nochmals einiges über den Habicht 209

JOHANNES KUTH
Beobachtungen an Gartensperbern 212

HEINZ GRÜNHAGEN
Kolkrabe (*Corvus corax*) und Äskulapnatter (*Elaphe longissima*) als seltene Beute
des Habichts (*Accipiter gentilis*) 218

ALFRED BECKERS
Die Falknerei unter den sächsischen Herrschern des 16. bis 18. Jh. – Teil II 221

VOLKMAR FICHTNER
Eröffnung des DHM in Berlin 233

ANDRÉ KNAPHEIDE
Entscheidungen in Falknereisachen (29)
119. Einsatz von Elektroreizgeräten in der Hundeausbildung 237

REZENSIONEN 242

PERSONALIEN 249

AUTORENADRESSEN 254

ORGANISATION 255

Hans-Albrecht Hewicker
Ordenstagung 2006 in Billerbeck

Zum achten Mal fand eine Ordenstagung nach dem Krieg in Nordrhein-Westfalen statt und zum sechsten Mal im Münsterland. Seinen Bericht über die Falknerwoche 1955 in Handorf bei Münster (19.–23.10.1955) im DFO-Jahrbuch 1956 beginnt Fritz Loges mit den Sätzen: „Diesmal hatten die Experten des DFO eine besonders gute Nase. Wohl selten wurde den Teilnehmern ein solch ideales und offenes Gelände zur Verfügung gestellt. Hasen, Kaninchen, Fasanen, Hühner, Wildtauben, Enten, Bekassinen und Kiebitze waren reichlich vorhanden." Diese Beschreibung kann auch 51 Jahre später für die Ordenstagung vom 18. bis 22. Oktober 2006 in Billerbeck als völlig zutreffend bezeichnet werden, leider natürlich mit der Einschränkung, daß der Rebhuhnbesatz auch weiterhin eine Bejagung in NRW nicht zuläßt.

Die Tagungsleitung erinnerte mit einer eindrucksvollen Fotoausstellung im Tagungslokal an die genau 40 Jahre zurückliegende Ordenstagung in Burgsteinfurt, die unter der Leitung von Willi Bruns – damals junger agiler Gaumeister für Westfalen – neue Maßstäbe für DFO-Tagungen setzte. Der vorbildliche Ausrichter und Leiter der Ordenstagungen Burgsteinfurt (1966), Ochtrup (1973) und Stadtlohn (1988), Wilhelm Bruns, war 2006 verstorben. Diese historische Fotowand wurde während der nächsten Tage ständig durch aktuelle Fotos von der laufenden Tagung ergänzt – die Digitalkamera macht's möglich.

Am Abend des Anreisetags (Mittwoch, 18.10.) wurde vom Vorsitzenden Prof. Dr. Saar im Saal des Tagungshotels Weißenburg die aus Anlaß der Ordenstagung von Bernhard Pöppelmann initiierte und organisierte Ausstellung „Jäger auf schnellen Schwingen – Greifvögel in der zeitgenössischen Kunst" eröffnet. Werke von 30 zeitgenössischen Künstlern aus aller Welt (von Süd-Afrika über Rußland, Australien, USA, Bulgarien, Schwe-

Dr. Greshake in voller Aktion beim Beizvogelappell Foto: Gerburg Wessels

Grußwort des Schirmherrn
Eckhard Uhlenberg
Minister für Umwelt und Naturschutz, Landwirtschaft und Verbraucherschutz des Landes Nordrhein-Westfalen

Neulich wurde ich gefragt, an welcher Jagdart ich am meisten Freude hätte. Ich überlegte. Die Blattjagd auf den roten Bock? Eine kleine Niederwildjagd im Kreis von Freunden oder vielleicht ein stimmungsvoller Entenstrich? Doch dann kam mir eine Jagdart in den Sinn, die ich selbst nicht ausübe, die ich aber einige Male miterleben durfte: Die Beizjagd.

Ich glaube, sie ist nicht nur die natürlichste Art zu jagen, sondern auch die Jagd, die die schönsten Bilder und Erlebnisse vermittelt: Der Habicht, der, ohne sich zu schonen, das Kaninchen noch im dichtesten Dornengestrüpp schlägt, der Falke, der im Beuteflug wie ein Stein vom Himmel fällt, oder der Steinadler, der selbst den Haken schlagenden Meister Lampe elegant auskurvt. – Und doch haben die Beutetiere alle Chancen, ihren natürlichen Feinden auf natürliche Art zu entkommen.

Die Beizjagd ist aber nicht nur hohe Kunst und großartiges Erleben, sie ist auch ein Stück unserer Jagdkultur. Die Landesregierung von Nordrhein-Westfalen wird sich deshalb bei der Novellierung des Bundesjagdgesetzes für die uneingeschränkte Erhaltung der Beizjagd und die berechtigten Interessen der Falknerei einsetzen. Und auch bei der anstehenden Novellierung der Landesjagdzeiten-Verordnung haben wir an die Falkner gedacht. Durch die Erklärung von Rabenkrähe und Elster zu jagdbarem Wild wird die Möglichkeit geschaffen, diese künftig ganz regulär zu beizen. Besonderer Ausnahmegenehmigungen durch die Landschaftsbehörden bedarf es dann nicht mehr.

Aber auch der Schutz der freilebenden Greifvögel liegt der Landesregierung am Herzen. Gemeinsam mit dem Landesjagdverband, der Nordrhein-Westfälischen Ornithologengesellschaft und den Naturschutzverbänden habe ich die „Düsseldorfer Erklärung gegen illegale Greifvogelverfolgung" unterzeichnet. Mit dieser Erklärung wollen wir einerseits auf die Bedeutung der Greifvögel im Ökosystem hinweisen und andererseits deutlich machen, daß die illegale Verfolgung von Greifvögeln kein Kavaliersdelikt ist, sondern als Straftat intensiv zu verfolgen ist.

In diesem Sinne wünsche ich der Internationalen Falknertagung 2006 viel Erfolg und den aktiven Falknerinnen und Falknern viel Freude mit ihren Vögeln, Hunden und Frettchen.

Falknersheil!

den, Großbritannien, Niederlande bis Deutschland) zum Thema Greifvögel waren mit großer Mühe und Überzeugungsarbeit in Billerbeck zusammengebracht und im Festsaal für die Dauer der Ordenstagung zugänglich gemacht worden. Ein großer Teil der Künstler war auch persönlich anwesend. Wie W. Bednarek in seinen einführenden Worten (siehe Kasten auf S. 14 ff.) erläuterte, war es wohl sicherlich die erste zeitgenössische Kunstausstellung zum Thema Greifvögel in Deutschland, wenn nicht sogar in Kontinentaleuropa überhaupt. Ein besonderer Höhepunkt dieses Abends war dann die Präsentation seiner „Kleinen Falkenmesse" durch Ernst Peter Rade. Es handelt sich um ein Projekt in Form einer Bild-Text-Musik-Installation, zu der Rade Bilder und lyrische Texte selbst geschaffen und mit entsprechender Musik ergänzt hat. Der Künstler projizierte die Bilder auf die Leinwand und las seine Texte selbst. Die musikalischen Beiträge lieferten als anerkannte Solisten Michael Hielscher (Horn) und Ingrid Purwins (Klavier). Hintergrund ist der Verlauf eines Beizjagdtages vom Morgen bis zum Abend aus der Sicht des Beizvogels.

Die Texte der „Kleinen Falkenmesse" sind im nachstehenden Kasten (S. 20) abgedruckt, damit die vielen Tagungsteilnehmer, die am Mittwochabend noch nicht dabei sein konnten, und alle übrigen Interessierten jedenfalls den Textteil dieser eindrucksvollen Kunstdarbietung nachvollziehen können. E. P. Rade sei an dieser Stelle von Herzen Dank gesagt dafür, daß er auf diese Weise uns allen einen tieferen Einblick in sein ungewöhnliches und möglichst alle Sinne ansprechendes Kunstschaffen vermittelt hat.

Idee und Verwirklichung dieser Kunstausstellung einschließlich der vorstehend andeutungsweise geschilderten Eröffnung und insbesondere der hervorragend gestalteten und hochinformativen Broschüre zur Ausstellung (siehe Rezension auf S. 242) können gar nicht genug gewürdigt und herausgestellt werden. Desto erstaunlicher, daß ein großer Teil der Broschüren (zum Spottpreis von 4,00 EUR) unverkauft blieb und die Medien von Presse über Jagdpresse bis zu Rundfunk und Fernsehen keinerlei Notiz von diesem herausragenden Bestandteil der Ordenstagung nahmen.

Sämtliche Besucher der Ausstellung konnten durch Stimmabgabe für das aus ihrer Sicht schönste ausgestellte Werk in einem kleinen Wettbewerb der teilnehmenden Künstler mitwirken. Nur der Organisator B. Pöppelmann blieb außer Konkurrenz. Eindeutig weitaus am meisten Stimmen erhielt das Gerfalken-Gemälde von Bernd Hanrath. Dieser Gewinner des Wettbewerbs ziert daher die Titelseite dieser Ausgabe. Diese Kunstausstellung hätte Aufmerksamkeit weit über den Kreis der Tagungsteilnehmer hinaus verdient gehabt. Für alle, die dabei sein durften, war sie ein großes Erlebnis. Bernhard Pöppelmann als Ideengeber und Organisator sei hier nochmals aus vollem Herzen Dank gesagt.

Nach dem ersten Jagdtag war dann am Donnerstagabend die feierliche Eröffnung der Ordenstagung. Von den zahlreichen Ehrengästen

Kreisgruppenvorsitzender Franz Josef Schulze Thier FOTO: K. HUSSONG

wurden mehrere Grußworte gehalten, von denen sowohl der Vertreter von Minister Uhlenberg als Schirmherr der Ordenstagung, Herr Ministerialrat Heimo van Elsbergen, als auch der Ehrenpräsident des DJV und des Landesjagdverbands Nordrhein-Westfalen, Freiherr Heereman von Zuydtwyck außerordentlich klare Bekenntnisse zur Falknerei als Teil der Jagd und als schützens- und erhaltenswertes Kulturgut abgaben. Der Eröffnungsabend fand seine Krönung in dem hochinteressanten Festvortrag von Prof. Dr. Michael Wink vom Institut für Pharmazie und Molekulare Biotechnologie der Universität Heidelberg zu neuen Erkenntnissen der Molekulargenetik über die Verwandtschaftsverhältnisse und die Evolution unserer Greifvögel (s. S. 27 ff.). Trotz vorgerückter Stunde sah man danach im Restaurant einen Großteil unserer Ehrengäste – insbesondere aus dem Landtag Nordrhein-Westfalen und aus der Landesjägerschaft – noch lange in anregende Fachgespräche vertieft.

Einführende Bemerkungen zur Kunstausstellung
„Jäger auf schnellen Schwingen – Greifvögel in der zeitgenössischen Kunst"

Sehr verehrte Frau Bürgermeisterin Dirks, sehr geehrte Damen und Herren, liebe Falknerinnen und Falkner, liebe Künstlerinnen und Künstler, liebe Gäste!

Als ich nun schon vor gut einem Jahr dem Organisator, Herrn Bernhard Pöppelmann, mehr oder weniger beiläufig die Zusage machte, auf der Kunstausstellung anläßlich der Ordenstagung 2006 in Billerbeck einige einleitende Worte zu sprechen, ahnte ich nicht, welche Dimension diese Ausstellung annehmen würde, zumal ich an die vielen DFO-Tagungen dachte, an denen ich teilgenommen hatte und auf denen „Kunst" im weitesten Sinne des Wortes zwar anwesend war, in der Regel jedoch nur in Form einiger Gemälde, und die Zahl der Künstler war immer sehr überschaubar.

Im Laufe des Jahres 2005 und insbesondere 2006 erlebte ich als mehr oder weniger peripherer Beobachter des Geschehens, wie allmählich diese Kunstausstellung Konturen annahm, die ich

Die Stirnwand des Ausstellungssaals mit fünf Gemälden von BERND PÖPPELMANN. In der Mitte „Wanderfalken am Funkturm in Münster" im Format 150 cm x 200 cm mit der absolut detailgetreuen Darstellung des Stadtbildes von Münster im Hintergrund
FOTOS: BERND PÖPPELMANN

mir bis dato nicht vorgestellt hatte. Der quantitative Anspruch, was die Zahl der Künstler, und der qualitative Anspruch, was die Exponate betraf, war von Herrn Bernhard Pöppelmann derart hoch, daß es mir schon das eine oder andere Mal unheimlich wurde und in mir leichte Zweifel aufkamen, ob diese Vorstellungen zu realisieren sein würden.

Die Zweifel wurden nicht nur zerstreut, sondern heute dürfen wir eine Kunstausstellung eröffnen, die in dieser Form bisher in Deutschland, ja selbst in Europa nicht ihresgleichen gehabt hat. Noch nie hat es in unseren Breiten eine spezielle Greifvogel-Kunstausstellung gegeben. Noch nie haben so viele international anerkannte Künstler gemeinsam ihre Exponate unter dem Leitmotiv „Greifvögel auf schnellen Schwingen" ausgestellt.

Um den Stellenwert dieser Ausstellung noch zu unterstreichen, einige Zahlen: 30 Künstler aus neun Ländern stellen ca. 70 Kunstobjekte zur Verfügung. Sie kommen aus Süd-Afrika, Rußland, den USA, Holland, Frankreich, Schweden, Norwegen, England und Dänemark und Deutschland. Der Versicherungswert beträgt 250 000 EUR. Ich bin mir bewußt, daß Sie wahrscheinlich auf der Eröffnungsveranstaltung einer Kunstausstellung noch nie die Versicherungssumme aller Exponate erfahren haben, aber da ich die Versicherung im Auftrag des DFO für die Künstler abgeschlossen habe, hatte ich ausnahmsweise einmal einen Einblick in dieses Geschäft und bekam schon einen Schrecken, als ich diesen Betrag angeben mußte, um die Versicherungskosten auszuhandeln. Natürlich wird der eine oder andere sagen, das gehört nicht hierher, Kunst ist keine Frage des Geldes. Doch für mich war es schon ein „eye-opener", wie die Engländer sagen. Durch diese Summe wurde mir deutlich, welche bedeutenden Künstler der Organisator, Herr Pöppelmann, für unsere Veranstaltung gewinnen konnte und welchen Stellenwert diese in der entsprechenden Szene haben.

Doch um welche Szene geht es hier eigentlich? Was sind das für Künstler? Kann man sie unter einem Oberbegriff subsumieren? Ja und nein. Ja, wenn es um das Objekt der „Begierde", mal etwas überspitzt formuliert, den Greifvogel und um die persönliche Auseinandersetzung des Künstlers mit dieser Kreatur geht. Nein, wenn man die Heterogenität der Arbeiten betrachtet und wenn es um die unerschöpfliche Quelle gestalterischer Möglichkeiten geht, wie z. B. die Nutzung der verschiedenen Materialien, Techniken und Ausdrucksformen.

So finden wir hier Holzskulpturen und Keramiken, Bronzeplastiken, Öl- und Acrylgemälde, Airbrush, Gouachen und Wasserfarben als Materialen einschließlich ihrer Techniken, wie Sprühen, Malen, Formen, Gießen, Brennen, Schnitzen.

Und auch nein, wenn es um kunstgeschichtliche Stilrichtungen geht. Neben fast klassischen Tierstudien, einschließlich naturwissenschaftlich orientierter Darstellungen, geeignet für Bestimmungsbücher, finden wir Arbeiten, die das Spannungsfeld zwischen Gegenständlichkeit und Abstraktem, zwischen Surrealem und Realität offenlegen. Vieles hier geht weiter als die sichtbare Realität, weiter als vordergründige Natur oder gar Naturidylle. Hier wird z. T. über den für uns nicht sichtbaren Schaffensprozeß die Auseinandersetzung der Künstler mit dem Wesen der Greifvögel sichtbar.

Und damit sind wir eigentlich bei der Szene, die ich vorhin erwähnte: Mit Szene ist hier nicht eine „Kunstclique" gemeint, die Kunstobjekte nach prospektiven Marktwerten beurteilt, sondern die hier „anwesenden" Künstler sind international bekannt und Teil einer Gesellschaft, die unabhängig von jeglichem soziokulturellen Hintergrund fasziniert ist von den „Jägern auf den schnellen Schwingen", den Greifvögeln. Sie vereinigen uns alle.

Als ich die gedruckte Einladung zum ersten Mal las, stutzte ich, als ich vor meinem Namen „Biologe" las. Nachdem ich mehrmals den Kopf geschüttelt hatte nach dem Motto: „Was soll denn das ?", kam ich dann zu der Überzeugung, daß diese Bezeichnung wohl nicht ganz ohne Hintergedanken von Bernd Pöppelmann gewählt worden sei und er mich hier nicht nur als „Kunstliebhaber", sondern auch als Biologe gefragt habe.

Viele Menschen und besonders die hier anwesenden, fühlen sich äußerst stark angezogen von bzw. hingezogen zu den Greifvögeln. Sei es durch ihr Erscheinungsbild als Wildvogel oder sei es als Beizvogel, der kooperativ mit dem Falkner jagt. Einige Menschen können es verbalisieren, warum sie Greifvögel so attraktiv finden, von ihnen fasziniert sind. Andere, wie die Künstler, haben darüber hinaus eine Fülle von Stilmitteln, die wir hier bewundern können, die weit über den verbalen Bereich hinaus gehen. Letztlich ist es wohl das Erscheinungsbild in Form und Farbe, die Physiognomie, wie der „strenge, herrschende" Blick des Adlers, der „furchtlos" und „kalt" erscheinende Gesichtsausdruck des Habichts, aber auch das fast zum Streicheln verführende „Kindchenschema" des Falken und für viele der hier Anwesenden last not least der rasante, oft atemberaubende Angriffsflug auf Beutetiere, die uns in den Bann ziehen.

Wanderfalken erreichen über 300 Stundenkilometer im Angriffsstoß auf Beutetiere. Moderne Autos haben einen Luftwiderstandsbeiwert, kurz Cw-Wert, von vielleicht 0,3 oder etwas weniger. Wanderfalken schlagen sie bei weitem mit einem Wert, der eine 0 hinter dem Komma besitzt. Viele andere Eigenschaften setzen uns in Erstaunen: Greifvögel sehen achtmal besser als wir, sie haben quasi einen Teleblick, können zeitgleich Objekte frontal und seitlich scharf fixieren, und sie sehen die Welt viel „bunter" als wir Menschen, denn sie sehen UV-Licht als „Farbe". Konkret bedeutet das: Da Federn UV-Licht reflektieren, sehen Greifvögel die Gefiederfärbung ihrer Beutetiere anders als wir Menschen. Bei geschwächten oder kranken Beutetieren sind oft die Federstrukturen verändert, und dies wird im UV-Licht besonders deutlich sichtbar. Und da der Gefiederzustand ein Indikator für den Gesundheitsgrad eines Vogels ist, sind Greifvögel u. a. durch diese optische Fähigkeit in besonderem Maße in der Lage, kranke oder geschwächte Beutetiere leicht zu erkennen und dann auch zu erbeuten.

Viele Greifvögel sind optimierte Hochleistungsflieger als Anpassungsform zum Fangen und Töten schneller und sehr wendiger Beutetiere. All diese Anpassungen entstanden in einem Millionen von Jahren währenden wechselseitigen evolutiven Prozeß zwischen den Entkommensstrategien der Beute und den Jagdstrategien der Räuber, wobei die Beutetiere immer einen kleinen entwicklungsgeschichtlichen Vorsprung hatten, sonst wären sie ja schon ausgestorben. „Nothing makes sence in biology except in the light of evolution" hat einmal einer der bekanntesten Evolutionsbiologen, Dobschanski, gesagt („Nur dann ergibt etwas Sinn in der Biologie, wenn wir sie im Lichte der Evolution betrachten"). Und das gilt natürlich auch für unsere Greifvögel, wie ich eben schon angedeutet hatte. Das heißt, die biologische Evolution ist es, die erst das geschaffen hat, was für uns die Greifvögel so attraktiv macht.

Erst durch die Entwicklung von Räuber-Beute-Systemen wurde eine Formenvielfalt geschaffen, die uns immer wieder in Staunen versetzt, in ihren Bann zieht. Es ist letztlich dieses Staunen, das die Künstler hier versuchen, jeder auf seine Art und Weise, auszudrücken. Greifvögel inspirieren sie, und jeder findet seine Lösungen des Greifvogelbildes, das sich hinter der vordergründigen Greifvogelrealität verbirgt. Und wenn ich mir die hier ausgestellten Objekte betrachte, habe ich das Empfinden, daß die Künstler intuitiv versucht haben, diese evolutive Anpassung über die Gegenständlichkeit des Sichtbaren hinaus durch ihre Arbeiten wiederzugeben, unabhängig von ihren Gestaltungsmitteln.

Ich hoffe, daß wir alle diese Intuition empfinden und durch sie uns einbinden lassen in die Welt der Greifvögel, die hinter die Realität des Beobachtbaren geht, wenn wir durch diese Ausstellung gehen, und daß wir darüber hinaus auch emotional berührt werden; denn ein Aspekt sollte nicht vergessen werden: Greifvögel sind Teil der Schöpfung, die es zu erhalten gilt. In den 70ern des vorigen Jahrhunderts wären einige Arten fast ausgestorben. Nicht durch Naturkatastrophen, sondern durch uns, den Menschen. Bernhard Pöppelmann hat in seinem Gemälde „Arche, Raum 23" uns vor Augen geführt, was geschehen kann, wenn wir weiter Raubbau an unserer Umwelt treiben. Unser aller Anstrengung bedarf es, diese Artenvielfalt für zukünftige Generationen zu bewahren!

Bevor ich nun meine einleitenden Ausführungen beende, ein paar Worte des Dankes. Der besondere Dank gilt dem Maler Bernhard Pöppelmann, der die Idee zu dieser Ausstellung hatte, die Initiative letztlich ergriffen hat, sie zu verwirklichen, und in unermüdlicher Arbeit, teils zusammen mit dem Künstler Peter Rade, es möglich gemacht hat, daß wir uns hier heute in einer einmaligen Kunstausstellung befinden. Er selbst hat in seiner Bescheidenheit auf die Teilnahme an dem Wettbewerb um den Publikumspreis verzichtet, obgleich es seine Idee war, um die Ausstellung für das Publikum noch attraktiver und einige Künstler noch bekannter zu machen. Dafür unser aller Respekt.

Viele Helfer im Hintergrund, wie Annette Isfort und Nikolei Kraneis, um nur zwei stellvertretend für alle anderen zu nennen, haben zum Gelingen dieser Ausstellung beigetragen. Auch ihnen allen gilt unser Dank. Nicht zu vergessen unsere Hoteliers Agnes und Tinus Nienhoff und ihr Personal. Alle haben uns immer tatkräftig unterstützt, und Probleme wurden sofort unkonventionell, in einer ausgesprochen hilfreichen und freundlichen Atmosphäre gelöst. Ich hoffe, daß Sie sich an den Exponaten erfreuen werden und mit dem einen oder anderen anwesenden Künstler ins Gespräch kommen.
Ich danke für Ihre Aufmerksamkeit.

W. BEDNAREK

Nach einem weiteren Jagdtag fand dann am Freitagabend die Ordensversammlung statt. Hauptpunkt waren natürlich, nachdem Prof. Saar und Dr. Klüh für ihre Vorstandsposten nicht wieder kandidierten, die Wahlen zum Vorstand. Ohne Gegenkandidaten wurden Dr. Johannes Kuth zum Vorsitzenden und Kuno Seitz zum Geschäftsführer gewählt. Elisabeth Leix und Heiner Steffens wurden erneut in ihre Vorstandsämter gewählt, so daß der Vorstand wieder vollständig besetzt ist. Nach Dankesworten des neuen Vorsitzenden an seinen Vorgänger und den ausgeschiedenen Geschäftsführer ergriff zum Abschluß der Mitgliederversammlung der Präsident der dänischen Falknervereinigung, Frank Skarup Hansen, das Wort und richtete sehr ernsthafte, mahnende Worte an die versammelten DFO-Mitglieder. Er forderte darin dazu auf, immer das Interesse der Sache vor die persönlichen Interessen zu stellen, das menschliche Miteinander so zu gestalten, daß dabei der größte Nutzen für die Belange der Greifvögel und der Falknerei erreicht werde, und solidarisch über

Eintreffen am Hof des Jagdherrn ...

... und Verblasen der Strecke nach erfolgreichem Jagdtag – Fotos: Gerburg Wessels

von oben: Peter Sapara und H.-A. Hewicker, Oliver Peipe, Thilo Henckell
　　　　FOTOS AUF DIESER SEITE: CHR. SAAR

von oben: Frank Skarup Hansen (Dänemark) und Jock Hunter (Schottland), Gilles Nortier (Frankreich), Henk Dijkstra (Niederlande)

ERNST PETER RADE
Kleine Falkenmesse

Steigen, Fallen, Stoßen – Flügelschläge
Steigende Schwingen,
Folgend dem Gesang der Lerche,
hinauf in die Höhen des taufrischen Morgens.
Sich messend mit der Schnelligkeit des Schwalbenflugs.

Unter den Schwingen,
Den Wind der Segel,
die sich wiegen in der leuchtenden See.
Wolken darüber eilen durch die Weite des Himmels.
Mit sich nehmend den mächtigen Aar, entschwindend
in der graublauen Farbe.

Hastig schlagende Schwingen,
gleitend durch biegsame Zweige.
Buntes Gefieder zerfließend in der Luft voller Blütenstaub.
Entfliehend vor schlanken Fängen
mit hell klingenden Bellen.

Steigende und fallende Schwingen im silbernen
Dünengras
der raschen Flucht sicher folgend.
Noch zittern die Gräser,
Noch gleiten sandige Rinnsale unter dem Druck der
flüchtigen Fährte.
Vergehend oder entweichend?

Schwingen, kreisend,
hinauf zum tiefblauen Himmel.
Unten, eilend die Körper der Hunde, verhoffend in
der Bewegung.
Aus dem Firmament, fallend in das abstreichende
Hühnervolk.

Gaukelnde Schwingen,
leuchtend im Abendlicht.
Mit wenigen Flügelschlägen erreichend den Horizont.
Umglüht vom letzten Strahl der Sonne.
Sich verbindend mit dem Rot auf dem Ackerboden.
Es mit seinem Schatten schwingenschlagend
bedeckend.

Schwingen,
Schwingen sich rühren unter bestickten Kappen,
auf ledernen Fäusten rasten vom vergehenden Tag.
Lautgebende Hunde im Klang der Hörner vereint
im tanzenden Licht der Fackeln.
Schwingen, aufgereihte Federn wie im Federspiel,
Perlenketten des Windes im Falknertag.

Staats- und Kulturgrenzen hinweg für den Erhalt der Falknerei Hilfe zu leisten. Dazu gehöre auch die Unterstützung und Mitwirkung in den übernationalen Vereinigungen der Falknerei wie insbesondere der IAF. Er gratulierte den neugewählten Vorstandsmitgliedern und wünschte dem Vorstand und dem DFO Erfolg bei seiner verantwortungsvollen Arbeit.

Nach dem dritten und letzten Jagdtag fand in allen Räumen des Tagungshotels der Grüne Abend statt, dessen erster Teil nach dem Buffett natürlich durch entsprechende Dankesworte insbesondere an die gastgebenden Revierinhaber und ihre Kreisgruppenvorsitzenden und Hegeringleiter geprägt waren. Nicht minder wichtig war der Dank an die zahlreichen Helfer, ohne die heute eine Ordenstagung dieser Größenordnung (334 Teilnehmer + 54 Revierinhaber + 45 Bläser) überhaupt nicht durchführbar wäre. Auch auf die Gefahr hin, jemanden zu vergessen, sollen hier genannt werden: aus dem Tagungsbüro Ehepaar Brillen, Brigitte Rudolf, Maria Schalkowski, Gisela Corsten und Volker Conrad; als verantwortlich für die Beizvogelunterbringung Walter Corsten und Bernd Ponten; für Einladung, Tagungssignet und Tagungsabzeichen Hans Walter Kirschbaum; für den Druck der Einladung Jan Wimmer; für Bau und Organisation Bernd Deckers, Josef Hebbeler, Herwig Paetzoldt und Helmut Schirl und für die kostenlose Bereitstellung des Kühlwagens für das gestreckte Wild Ralf Karthäuser.

Ihnen allen sei im Namen aller Teilnehmer und der Ordensmitglieder insgesamt herzlich Dank gesagt für ihren selbstlosen, erfolgreichen Einsatz.

Bevor der Grüne Abend zu Musik und Tanz überging, wurde aber den Teilnehmern noch ganz unerwartet eine Überraschung geboten, die kaum zu übertreffen war: Der Sohn unseres verstorbenen Wilhelm Bruns bot mit seinem Naturhorn-Ensemble ein kleines Konzert, das in dieser Qualität deutschlandweit seinesgleichen sucht.

Trotz der großen Teilnehmerzahl hatte die Hotelierfamilie mit ihren zahllosen eifrigen Mitarbeiterinnen und Mitarbeitern sowohl während des Grünen Abends als auch insgesamt in diesen fünf Tagen alles bestens im Griff. Unseren Gastgebern, der Familie Nienhoff als Inhaber des Tagungshotels Weißenburg, sei für gute Betreuung herzlich gedankt.

Zum Abschluß der Ordenstagung 2006 fand am Sonntagmorgen im Ludgerus-Dom zu Billerbeck eine Jägermesse zu Ehren des Heiligen Hubertus und des Heiligen Eustachius statt. Der völlig überfüllte Gottesdienst wurde zelebriert von Dompropst Hans-Bernd Serries, dessen außerordentlich ansprechende Predigt in nachstehendem Kasten (S. 20) nachgelesen werden kann. Die Naturhorngruppe der Jagdhornbläser Hubertus Coesfeld unter Leitung von Wolfgang Oster bliesen die „St. Eustachius-Messe II für 4 Jagdhörner in *es*" von Karl Stiegler in sehr anspruchsvoller Weise und wunderschön getragen von der herausragenden Akustik des neugotischen Kirchenschiffs.

Claas Niehues, Dr. Alfred Beckers, Pam und Hans Jürgen Peeters im Revier (von links)

W. Winklers Adler startet ...

... und greift an

Predigt in der Hubertusmesse am 22.10.2006 im Ludgerusdom in Billerbeck
durch
Propst Hans-Bernd Serries

Liebe Schwestern und Brüder, sehr geehrte Teilnehmer an der Tagung des Deutschen Falkenordens!

Ganz in der Nähe Ihres Tagungsortes hier bei uns in Billerbeck findet sich in der Bauernschaft Gantweg in einem kleinen Wäldchen ein altes Wegekreuz, das dort seit etwa 1840 steht. Es trägt die Inschrift: **„Willst Du sehen Gottes Spur, Schau – durchwandle die Natur. Willst Du sie noch größer sehn – bleib an diesem Kreuze stehn"**. In zweifache Richtung will dieser Spruch den Blick des Vorbeikommenden lenken: auf die Natur und auf das Kreuz Jesu Christi. Sie, die Teilnehmer der Falknertagung haben in den letzten Tagen hier in Billerbeck die Natur erlebt und die Jagdreviere kennengelernt. Und nun feiern sie hier in unserem Dom mit uns als Gemeinde die Sonntagseucharistie – mit dem Blick auf das große Kreuz hier über dem Altar: **„Willst Du sehen Gottes Spur, Schau – durchwandle die Natur. Willst Du sie noch größer sehn – bleib an diesem Kreuze stehn."**

Seit Menschen leben, liebe Schwestern und Brüder, gibt es die Jagd. In grauer Vorzeit war das Überleben der Menschheit gar nicht zu denken ohne die Jagd. Die Jagd ist wohl eine der ältesten Tätigkeiten der Menschheit überhaupt.

Zwar haben alle Berufe eine religiöse Dimension, aber der Beruf des Jägers scheint in besonderer Weise ins Religiöse hineinzureichen. Uralte Höhlenmalereien lassen erkennen, wie sich die Jagdleute vor der Jagd bittend und beschwörend an die Gottheit wandten. Sie waren sich der großen Gefahr ihres Berufes und ihrer Aufgaben bewußt. Und nach der Jagd kannten sie ebenso den Dank für die glückliche Heimkehr, den Dank für die Beute und das Opfer und den Tanz der Freude.

Fast alle Völker hatten über viele Jahrtausende hinweg ihre Jagdgottheiten. Daraus spricht die Überzeugung, daß aus dem Jenseits herüber eine mächtige unsichtbare Hand schützend über jenen ruht, die dieses lebensgefährliche, oft den Tod bringende Handwerk ausüben müssen.
Das Christentum kennt keine eigenen Jagdgottheiten mehr, da wir uns zu dem einen Gott bekennen, dem Schöpfer des Himmels und der Erde, dem allein wir unser ganzes Leben verdanken. Wohl aber haben die Christen den einzelnen handwerklichen Berufen schon früh einen Schutzpatron gegeben, einen Wegbegleiter und ein Vorbild des christlichen Handelns. Der Heilige Hubertus ist der Schutzpatron der Jagdleute geworden.

Den Gedenktag dieses Heiligen begeht die Kirche am 3. November, weshalb in dieser Jahreszeit auch die Hubertusmessen zu seinen Ehren gefeiert werden können. Hubertus wurde Bischof in den Ardennen, nachdem er zuvor als Herzog ein wilder Jäger war. Was nun Historie oder Legende ist, wissen wir nicht: An einem Weihnachtstag sieht er vor sich den Hirsch mit dem leuchtenden Kreuz zwischen dem Geweih, und er fällt vor diesem Wunder auf die Knie. Dieses Ereignis habe ihn bekehrt. Hubertus legte seine Ämter nieder, verteilte sein Vermögen unter die Armen, verzichtete auf sein Herzogtum und wurde zunächst Einsiedler draußen in der Natur. Aber schließlich holte man ihn aus der Einsamkeit und machte ihn zum Bischof von Maastricht, später von Lüttich.

Willst du sehen
Gottes Spur,
Schau durchwandle
Die Natur.
Willst du sie noch
Grösser sehn,
Bleib an diesem
Kreuze stehn.

Vaterunser-Ave-Mario

Oft können die Legenden in ihren Bildern und Gleichnissen uns deutlicher als alles andere zu verstehen geben, was die Lehre und Botschaft dieses Heiligen ist: Hubertus erinnert an unsere menschliche Verantwortung vor der gesamten Schöpfung, besonders vor dem Tier. Es ist richtig, der Mensch ist die Krone der Schöpfung. Der Mensch scheint aber gerade in der Gegenwart auch die Dornenkrone der Schöpfung geworden zu sein. Landschaften werden von ihm zerstört, Tiere müssen aussterben wegen der menschlichen Eitelkeiten oder Modetrends, Tiere sterben durch die von Menschen verursachten Vergiftungen der Umwelt. Und da sehen wir den Hl. Hubertus, der vor einem Hirsch in die Knie geht und uns so die urbiblische Botschaft von der großen und unteilbaren Bruderschaft aller Geschöpfe verkündet.

Andere nichtchristliche Religionen kennen Tiere, die fast göttlichen Status einnehmen. Das kennen wir Christen nicht: Nein, sagt die Bibel, weder Mensch noch irgendein Geschöpf darf göttliche Ehre für sich beanspruchen, denn die kommt allein Gott zu. Allesamt aber sind die Geschöpfe aus Gottes Schöpferhand hervorgegangen: das Tier ebenso wie der Mensch. Der Mensch aber ist niemals unumschränkter Herr über das Tier. Er ist lediglich der sichtbare Stellvertreter Gottes. Der Mensch ist Sachwalter Gottes. Der Schöpfer hat in die Obhut des Menschen auch die von ihm erschaffene Tierwelt gegeben. Der Mensch kann und darf deswegen mit dem Tier nicht einfach machen, was ihm beliebt. Die ganze Bibel ist voll von Stellen, die uns zeigen, wie der Schöpfergott von einer überwältigenden Güte und Sorge auch für die Tiere erfüllt ist.

Es gibt in der Bibel zwei Schöpfungsberichte. Der erste mit den markanten Worten: „Macht euch die Erde untertan!" (Gen 1, 28). Gerade der westliche Mensch scheint diesen Auftrag überaus großzügig und in eigenem Interesse befolgt und ausgenutzt zu haben. Er bezog das Wort eigensüchtig nur auf sich und seinen Profit. Er betrachtet die Erde als seinen Besitz, mit dem er machen kann, was er will.

Aber neben diesem ersten Schöpfungsbericht darf man den zweiten nicht übersehen. Dort wird ebenfalls der Mensch als Höhepunkt der Schöpfung angesehen: „Jahwe nahm den Menschen und setzte ihn in den Garten Eden, damit er ihn bebaue und bewache ..." (Gen 2, 15). Als Leihgabe ist ihm der Garten dort gegeben, zur Treuhänderschaft. Aber der Garten, die Schöpfung, gehört allen, den Generationen vor uns und nach uns. Darum soll der Mensch die Grenze gut beachten und sich an dieser Grenze nicht vergreifen.

Liebe Mitglieder des deutschen Falkenordens, liebe Jäger, Sie sind in besonderer Weise die Sachwalter Gottes in der Natur, wenn Sie die letzten Oasen unserer Zeit pflegen, die Wälder und die Felder. Sie sind auch in einem anderen Sinne in besonderer Weise Sachwalter Gottes. Die Aufschrift auf dem Wegekreuz, die ich anfangs nannte, macht es in ihrem ersten Teil deutlich: **„Willst Du sehen Gottes Spur, Schau – durchwandle die Natur".** Sie sind den Spuren Gottes sehr nahe. Sie können die Größe des Schöpfers erahnen, wenn Sie durch die Wälder gehen, wenn die Farben, besonders jetzt im Herbst, sich im Glanz der Sonne zur Symphonie vermengen, wenn die kleinen und größeren Geschöpfe ihre Stimmen erklingen lassen. Haben sie ruhig einmal den Mut, sich hinzustellen und zu beten: Herr und Gott, ich preise dich für deine Größe und für dieses Geschenk der Natur.

„Willst Du sehen Gottes Spur, Schau – durchwandle die Natur. **Willst Du sie noch größer sehn – bleib an diesem Kreuze stehn."** Wenn wir Christen auf das Kreuz schauen, dann entdecken wir, daß Gott hier die Menschheit und die ganze Schöpfung endgültig erlöst und befreit hat. Nur dort kann die kranke und kaputte Natur – auch unsere menschlich oft so kaputte Natur – wieder heil werden oder heil bleiben, wo heile Menschen ihr begegnen. Durch sein Kreuz hat Jesus Christus die Welt heil und heilig gemacht. Und wenn wir uns regelmäßig zur Feier der Eucharistie versammeln, dann deshalb, um uns das Heil und die Heiligung hier immer neu schenken zu lassen, die wir allen Geschöpfen weitergeben sollen. Das ist die Mission aller Christen. „Geht hinaus in die ganze Welt und verkündet das Evangelium allen Geschöpfen" (Mk 16,15), so lautet ja der Missionsauftrag, den Jesus seinen Jüngern vor seiner Himmelfahrt mit auf den Weg gibt. „Allen Geschöpfen" Gottes Heil bekannt machen, das ist auch das Anliegen, an das uns der heutige Weltmissionssonntag erinnert. Hier, in dieser Feier werden wir in das Heil hineingestellt, das Gott uns und der ganzen Schöpfung erwirkt hat; und von hier aus werden wir als heilbringende Menschen wieder ausgesandt in unsere Lebensreviere.

Liebe Schwestern und Brüder, wir alle können in den Revieren unseres alltäglichen Lebens der Schöpfung gegenüber die Vertreter Gottes sein! Wir können aber auch umgekehrt die Stimme der stummen Schöpfung sein, die nach Heil und Heilung schreit. Vorbild kann uns dabei die demütige und staunende Weise des Hl. Hubertus sein, der vor dem Hirsch in die Knie gegangen ist, weil er in diesem Geschöpf den Schöpfer verehrte.

Nun ist der – aus Sicht der meisten Falkner – Hauptteil der Ordenstagung noch gar nicht zur Geltung gekommen. Da kann der Chronist nur dankbar feststellen: Es war bei den Revierinhabern des Münsterlandes wieder traumhaft schön. Eine so herzliche und großzügige Gastfreundschaft wurde uns in den gepflegten überwiegend wildreichen Revieren und auch vor und nach der Jagd im Hause oder in der Jagdhütte geboten, daß es schon beschämend war, einfach nur danke sagen zu können.

Die Organisatoren vom Landesverband NRW hatten in den Kreisgruppen Coesfeld, Warendorf, Münster, Steinfurt, Wesel und Borken über 60 Reviere zur Verfügung und konnten so alle 77 Falkner mit ihren 79 Beizvögeln sinnvoll einsetzen. Stellvertretend für alle unsere gastgebenden Jagdherrn sei hier der Vorsitzende der Kreisgruppe Coesfeld, Herr Franz Josef Schulze Thier aus Billerbeck, genannt, für dessen rastlosen Einsatz wir ihm nochmals ein herzliches Weidmannsdank zurufen.

Zum Einsatz kamen: 27 Habichte, 28 Wanderfalken (davon 8 auf Rabenkrähen), fünf Steinadler, 14 Harris Hawks, drei Rotschwanzbussarde und zwei Habichtsadler. Zustand und Arbeit der Beizvögel waren durchweg gut, und es konnten bei fast allen Beizgruppen imposante Flüge beobachtet werden. Auch die Hundearbeit war ganz überwiegend sehr zufriedenstellend. Trotzdem habe ich den Eindruck, daß wir in der Qualität unserer Hundearbeit früher schon besser waren. Insbesondere der Gehorsam, der auf solchen Großveranstaltungen mit Einsatz auch fremder Beizvögel sehr wichtig ist, hätte an manchen Stellen durchaus besser sein dürfen. Das Wetter spielte gut mit und erlaubte überwiegend die vollständige Ausnutzung der Jagdtage. Auch unseren besonderen Gästen – insbesondere dem Aufnahmeteam des Fernsehens – konnten alle Phasen der Beizjagd in günstigen Positionen vorgeführt werden. Besonders erfreulich war, daß auch einige unserer Ehrengäste vom Eröffnungsabend am Freitag noch im Revier dabei waren. Hier seien insbesondere Frau Fritzen-Welskop vom Landesamt für Ernährungswirtschaft und Jagd – Obere Jagdbehörde NRW – und Oberamtsrat Hubert Honecker aus dem Referat Forstpolitik und Jagd des Bundesministeriums für Ernährung, Landwirtschaft und Verbraucherschutz genannt, die es sich nicht nehmen ließen, auch in schwerem Gelände als Treiber Hasen für die Beizadler zu suchen. Ihr Bemühen wurde durch Miterleben spektakulärer Flüge belohnt.

Als sehr hilfreich wurde von vielen Seiten die Festlegung von Sammelpunkten für die einzelnen Beizgruppen im weiteren Umfeld des Tagungslokals empfunden, so daß das Abrücken von

Nach der Vorstandswahl: (von links) Dr. Johannes Kuth, Elisabeth Leix, Kuno Seitz und Heiner Steffens
FOTOS: K. HUSSONG

Auf der Beizvogelwiese

Der neugewählte Vorsitzende in voller Aktion (Dr. Kuth)

den Parkplätzen an der Weißenburg erheblich erleichtert wurde. So liefen die Beiztage dank perfekter Organisation wie am Schnürchen, und die Teilnehmer konnten wiederum auf eindrucksvolle Weise einen Beweis des hohen Standes der praktischen Falknerei in Kreisen des DFO geliefert bekommen.

Am Sonnabendabend konnte dann feierlich die Gesamtstrecke der Ordenstagung 2006 gelegt und verblasen werden, die sich auch quantitativ in die Reihe der Vorgängertagungen im Münsterland würdig einreiht:

- 20 Hasen
- 98 Wildkaninchen
- 27 Fasanen
- 2 Enten
- 1 Ringeltaube
- 31 Rabenkrähen
- 1 Ralle

180 Stück Wild

Als herausragend muß die Strecke von 31 Rabenkrähen genannt werden, die noch nie vorher auf einer Ordenstagung auch nur annähernd erreicht worden ist.

Fröhliche Stimmung am Abschluß einer gelungenen Ordenstagung (Frau Bednarek, Dr. Greshake)
FOTOS: GERBURG WESSELS

Im Namen aller, die dabei waren, sei hier nochmals herzlich Dank gesagt den Verantwortlichen im Landesverband NRW: Herrn Dr. Johannes Kuth, Herrn Dr. Michael Greshake und Herrn Walter Bednarek mit ihren Ehefrauen und Familien und all den eifrigen Helfern, die dafür gesorgt haben, daß uns allen diese Tagung als besonders schön und gelungen in guter Erinnerung bleiben wird.

MICHAEL WINK, HEDI SAUER-GÜRTH, ABDEL-AZIZ EL-SAYED und JAVIER GONZALEZ

Ein Blick durch die Lupe der Genetik: Greifvögel aus der DNA-Perspektive

So wie die Archäologie aus alten Scherben auf frühere Kulturen oder die Paläontologie anhand von Fossilien auf die Stammesgeschichte ausgestorbener Arten schließen kann, vermag die molekulare Evolutionsforschung anhand der DNA-Analyse die Entstehung des Lebens auf der Erde sowie die Phylogenie (d. h. Stammesgeschichte) oder Phylogeographie einer Organismengruppe, Art oder Population zu rekonstruieren. Vor zehn bis zwanzig Jahren wurden die genetischen Forschungsansätze in der Evolutions- und Phylogenieforschung teilweise noch mit großer Skepsis betrachtet. Inzwischen haben aber Tausende von Beispielen aufgezeigt, daß die DNA-Daten hervorragende Informationen liefern und dabei helfen, Systematik, Evolution, Phylogenie und Phylogeographie besser zu verstehen. Dieser Forschungsansatz macht die vergleichende Morphologie oder Biochemie nicht überflüssig, wie anfänglich befürchtet wurde, sondern ergänzt diese etablierten Methoden. In diesem Artikel wollen wir aufzeigen, daß die DNA-Analyse viele Aspekte in der Evolution und im Leben der Greifvögel erhellen kann. Zunächst soll der theoretische Hintergrund kurz erläutert werden (für eine ausführlichere Darstellung siehe BEEBE & ROWE 2004, MINDELL 1987, STORCH et al. 2007).

Wie speichert die DNA Information?

Die DNA ist ein linear aufgebautes Makromolekül und benutzt zur Kodierung der Erbinformation die vier Buchstaben A, T, G und C. Diese stehen für vier Nucleotidbasen: A (Adenin), T (Thymin), G (Guanin) und C (Cytosin) (s. Abb. 1). Der genetische Kode ist linear, d. h., nur über die Reihenfolge der DNA-Basen wird Information festgelegt. Jeweils drei Basen bilden ein Kodon und kodieren für eine der 20 Aminosäuren, aus denen die Proteine (also die zellulären Werkzeuge) aufgebaut werden. Die DNA liegt als Doppelhelix vor, in der sich die beiden DNA-Stränge komplementär zusammenlagern. Die Base G ist dabei immer mit C und A mit T über Wasserstoffbrücken gepaart. Der komplementäre DNA-Strang stellt so etwas wie eine Backup-Kopie dar, die auch von der Zelle zur Reparatur genutzt werden kann, wenn die Information auf dem Hauptstrang beschädigt wurde (s. Abb.1, S. 28).

Die DNA ist im Zellkern in Chromosomen organisiert. Jedes Chromosom besteht aus einem linear aufgebauten DNA-Doppelstrang, der mit Hilfe von Histonproteinen zu walzenförmigen Nucleosomen kondensiert ist. Im Vogelgenom, das ca. 1,1 Milliarden Basenpaare umfaßt, liegen ca. 24 000 Gene vor. Neben dem Kerngenom haben Tiere und Pflanzen zusätzliche DNA in den Mitochondrien (mtDNA), die in der frühen Evolution als bakterielle Symbionten von der Urzelle aufgenommen wurden.

Die DNA der Mitochondrien liegt ähnlich wie bei Bakterien als ringförmiges Makromolekül mit ca. 16 bis 19 kB vor. Sie enthält 13 Gene, die für Enzyme oder andere am Elektronentransport beteiligte Proteine kodieren (darunter das in der molekularen Systematik oft verwendete Cytochrom b-Gen), 22 Gene für tRNAs und zwei für rRNAs. Da jede tierische Zelle mehrere 100 bis 1000 Mitochondrien und jedes davon fünf bis zehn mtDNA-Kopien enthält, liegt die Gesamtzahl der mtDNA-Kopien bei mehreren Tausend pro Zelle. Die mtDNA macht etwa 1 % der Gesamt-DNA einer Zelle aus und eignet sich allein

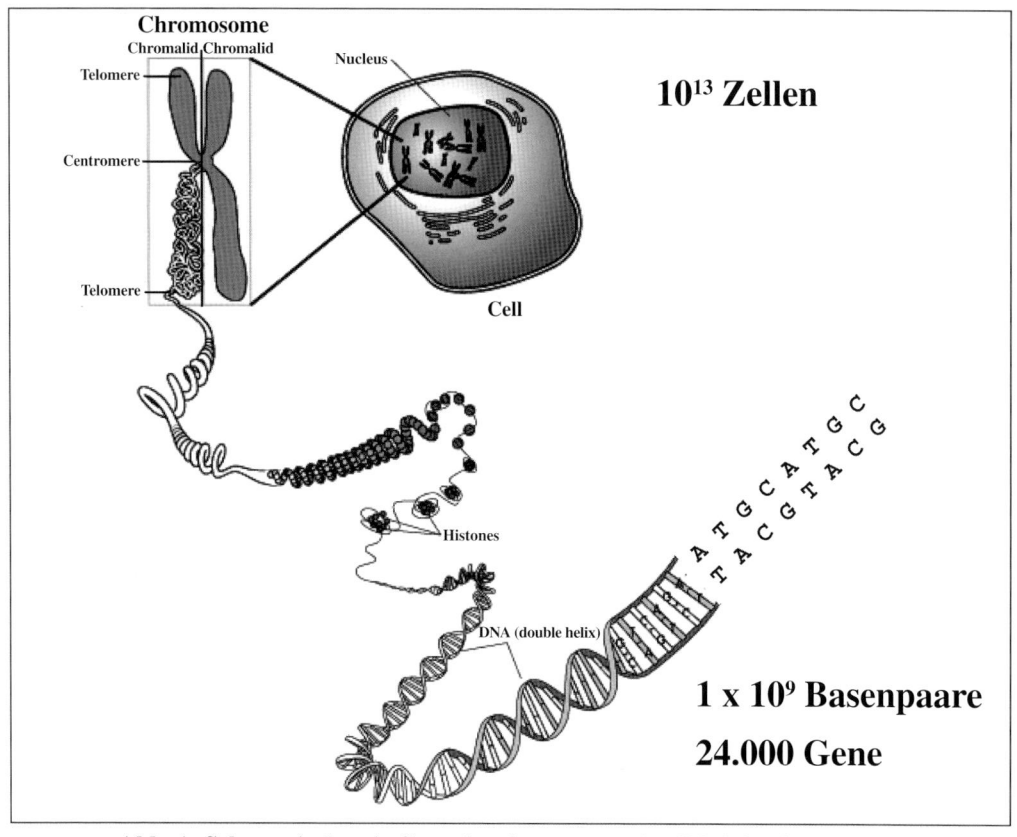

Abb. 1: Schematischer Aufbau der chromosomalen DNA in einer Vogelzelle

durch die hohe Kopienzahl besonders gut für molekulargenetische Untersuchungen.

Von den 3,1 Milliarden Basen, die beispielsweise im haploiden Chromosomensatz von Vögeln vorhanden sind, kodieren aber nur 1,5 bis 2,5 % direkt für Proteine. Die übrigen 97,5 % des Kerngenoms umfassen nicht-kodierende Bereiche (z. B. regulatorische DNA, Introns, insbesondere repetitive DNA-Elemente [in ihnen werden DNA-Motive mehrfach verdoppelt], Pseudogene) und rDNA-Gene. Während die proteinkodierenden Gene, rRNA-Gene sowie weitere DNA-Bereiche als Markergene für die Phylogenieforschung interessant sind (Tab. 1), kann man über die Analyse der repetitiven DNA, die erhöhte Mutationsraten aufweist, eine wesentlich höhere Auflösung bis hin zum Individuum erreichen. Diese Eigenschaft wird beispielsweise bei Paternitätsuntersuchungen über den DNA-Fingerprint genutzt (s. Tab. 1).

Wodurch entsteht genetische Variabilität?

Die DNA ist zwar, bedingt durch den Aufbau als Doppelhelix, ein stabiles Makromolekül, die DNA muß aber vor jeder Zellteilung verdoppelt werden. Der als Replikation bekannte Prozeß verläuft bemerkenswert fehlerfrei, so daß alle Zellen eines Tieres zu 99,99% identische DNA-Sequenzen aufweisen. Die meisten der Kopierfehler, die bei der Replikation und durch spontane Mutation entstehen, werden durch hochaktive Reparaturenzyme, die Fehler erkennen können, wieder

Tab. 1: Wichtige Methoden der molekularen Systematik und Evolutionsforschung (nach WINK 2006)

Methode	Verfahren	DNA-Bereiche	Fragestellung
DNA-Sequenzierung von Markergenen			
	Sequenz-Analyse (PCR)	Markergene: mtDNA, rRNA, Kerngene, Introns	Phylogenie, Taxonomie, Phylogeographie DNA Barcoding
	SNP-Analyse (PCR)	Punktmutationen in allen DNA-Abschnitten	Populationsgenetik, Individualerkennung, Paternitätsbestimmung
DNA-Fragmentlängenanalysen (Fingerprints) von repetitiver DNA			
	Mikrosatelliten-Analyse (PCR)	Mikrosatelliten (STR)	Populationsgenetik, Individualerkennung, Paternitätsbestimmung
	AFLP-Analyse (PCR)	Vor allem Kerngenom	Populationsgenetik, Gen-Kartierung; Hybridisierung
	ISSR-Analyse (PCR)	Vor allem Kerngenom	Phylogenie, Populationsgenetik, Gen-Kartierung, Hybridbildungen
	DNA-Fingerprinting (Restriktionsverdau, Sonden-Hybridisierung)	Satelliten-DNA (VNTR, STR)	Paternitätsbestimmung, Individualerkennung
	Sexing (PCR)	Geschlechtschromosom	molekulare Geschlechtsbestimmung

AFLP = *amplified fragment length polymorphism*; ISSR = *inter simple sequence repeats*; mtDNA = *mitochondriale DNA*; SNP = *single nucleotide polymorphism*; STR = *short tandem repeats*; VNTR = *variable number tandem repeats*; PCR = Polymerase-Kettenreaktion

beseitigt. Die vergleichsweise geringen Fehler in den Sequenzen werden als Mutationen bezeichnet. Es handelt sich dabei vor allem um Substitutionen (d. h., eine Nucleotidbase X wurde durch die Base Y ausgetauscht). Vergleicht man homologe Gene oder Chromosomenabschnitte bei verwandten Arten genauer, so kann man dennoch kleine Unterschiede in den Nucleotidsequenzen feststellen. Man spricht von Punktmutationen, wenn nur einzelne oder wenige Nucleotide ausgetauscht wurden und von Chromosomenmutationen, wenn größere Sequenzabschnitte herausgeschnitten (Deletion), eingefügt (Insertion oder Translokation), verdoppelt (Duplikation) oder in der Orientierung umgedreht wurden (Inversion).

Die gesamte DNA unterliegt ständig Mutationen, die auf interne oder externe Auslöser zurückgehen: Interne Mechanismen umfassen spontane Depurinierung, Desaminierung und Dimerisierung der DNA-Basen sowie den Einbau tautomerer Basen; externe Faktoren umfassen energiereiche Strahlung (UV, Röntgen, Radioaktivität) und mutagene Substanzen (s. Abb. 2, S. 30).

Im menschlichen Körper und vermutlich auch bei Greifvögeln treten die mit der Abspaltung einer Aminogruppe verbundenen Basen-Desaminierungen mit einer Rate von 100 Desaminierungen pro Tag und Zelle auf. Bei einer nachfolgenden Replikation paart beispielsweise U mit A statt mit G, wie es das ursprüngliche C getan hätte. Da-

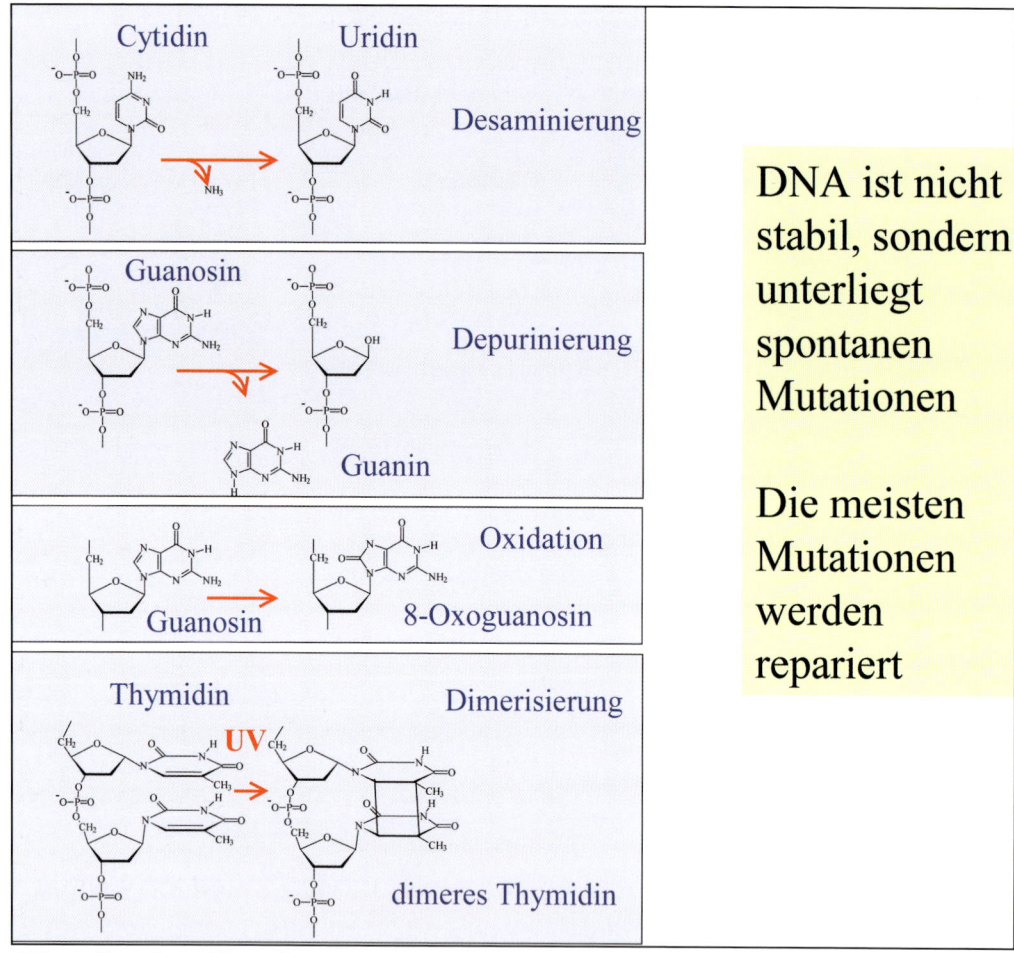

Abb. 2: Chemische Veränderung von DNA-Basen durch Desaminierung, Depurinierung, Oxidation und Dimerisierung. Diese Modifikationen können Mutationen auslösen (nach Wink 2006).

> DNA ist nicht stabil, sondern unterliegt spontanen Mutationen
>
> Die meisten Mutationen werden repariert

durch ist das CG-Paar letztlich durch ein TA-Paar ersetzt worden (Abb. 3). Depurinierungen zählen zu den häufigsten spontanen Veränderungen und führen meist zu Transversionen, aber auch zu Deletionen einer einzelnen Base; über 5000 bis 10.000 Purinbasen werden täglich in jeder Zelle depuriniert. Die meisten primären Veränderungen (Desaminierung, Depurinierung, Dimerisierung, Oxidationen) werden von Reparaturenzymen (unter anderem AP-Endonuklease; DNA-Glycosylasen) erkannt und herausgeschnitten (solange nicht auch der zweite DNA-Strang – also die Backup-Kopie – beschädigt wurde) und durch DNA-Polymerase und DNA-Ligase repariert. In der Reparaturmöglichkeit liegt auch der große Vorteil der Doppelhelix: Selbst wenn die Information auf einem Strang verloren geht, ist sie auf dem komplementären Strang noch vorhanden und kann genutzt werden, um eine entsprechende Korrektur durchzuführen.

Bedingt durch den redundanten genetischen Kode führt bei weitem nicht jede Punktmutation in einem Gen zu einer Veränderung der Aminosäuresequenz im zugehörigen Protein. 25 % aller theoretisch möglichen Substitutionen sind synonym, d. h. die betreffende Aminosäure wird nicht verändert; 4 % führen zu Stopp-Kodons und 71 % zu Aminosäurenaustauschen. Treten

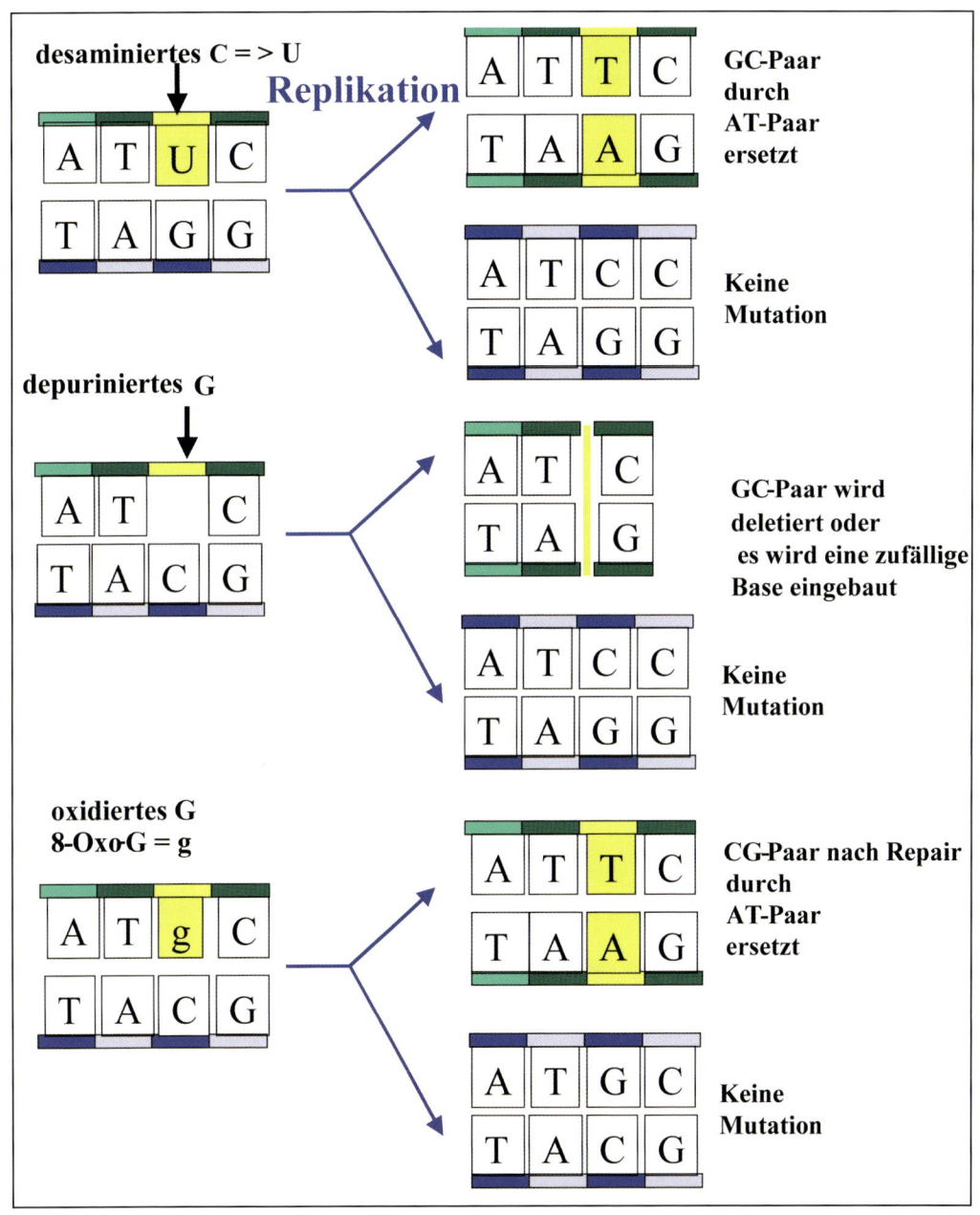

Abb. 3: Auswirkungen von Desaminierung, Depurinierung und Oxidation nach einer Replikation. Der jeweils nicht mutierte DNA-Strang wird wie im Original verdoppelt. Im DNA-Strang mit veränderter DNA-Base (gelbe Markierung) kommt es zu einem Basenaustausch oder einer Deletion (nach WINK 2006).

Deletionen oder Insertionen innerhalb von codierenden Sequenzen auf (beispielsweise nach Dimerisierungen und Depurinierung), kommt es zu einer Verschiebung des Leserasters (Frame-

Shift-Mutation), Mutationen, die fast immer zu einer starken Schädigung des zugehörigen Proteins führen. Mutationen in DNA-Bereichen, die nicht mit Genen assoziiert sind (beispielsweise in repetitiven DNA-Abschnitten) oder in der dritten Kodon-Position, die meist synonym ist, haben in der Regel keine negativen Auswirkungen; dies ist sicher auch einer der Gründe dafür, daß diese DNA-Bereiche eine besonders hohe Variabilität aufweisen.

Die meisten der sogenannten somatischen Mutationen beobachtet man in Körperzellen, die aber mit dem Tod des Individuums untergehen. Nur Mutationen in Keimbahnzellen und Gameten werden an Nachkommen vererbt. Ist eine Mutation einmal fixiert, so bleibt sie in der Regel in nachfolgenden Generationen erhalten. In Abb. 4 ist dargestellt, wie man die Phylogenie einer Organismengruppe über die Veränderung einer DNA-Sequenz ableiten kann. Wir gehen von einer einheitlichen Sequenz in einem DNA-Abschnitt aus, die in einer Population vorhanden ist. Wird ein Teil der Population von der Hauptgruppe abgetrennt, z. B. durch Verdriftung auf eine entfernte Insel, so liegen jetzt zwei Linien vor, die sich unabhängig weiterentwickeln, d. h., ihre DNA-Sequenzen erfahren im Verlauf der Zeit unabhängige und daher unterschiedliche Mutationen. In unserem Beispiel nehmen wir noch drei weitere Trennungsereignisse an, so daß letztlich fünf Taxa entstehen. Wenn man die DNA-Sequenz dieser rezenten Taxa über Phylogenieprogramme berechnet, so erhält man Stammbäume, welche die Stammesgeschichte der Artengruppe darstellen (ohne daß man die Vorfahren kennt und untersuchen könnte). Die Stammbäume kann man

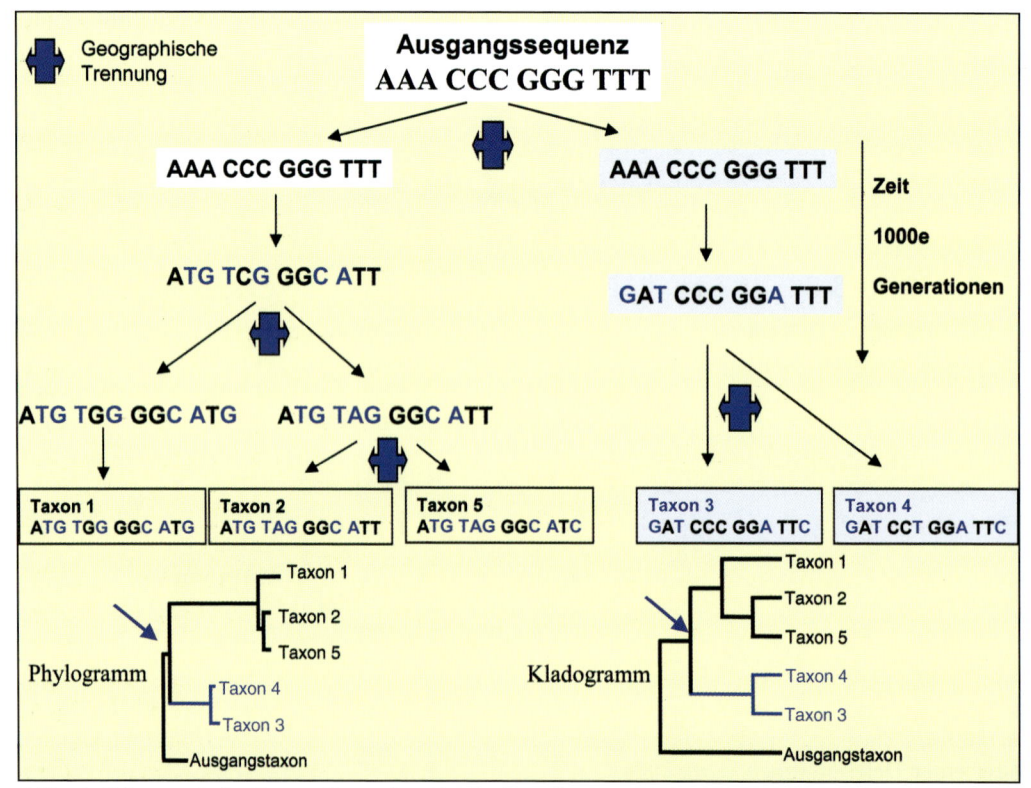

Abb. 4: Schematische Darstellung der Evolution einer DNA-Sequenz. Mittels Phylogenieprogrammen kann man die Stammbäume berechnen und entweder als Phylogramm oder Kladogramm darstellen (nach Storch et al. 2007)

als Kladogramm oder als Phylogramm illustrieren. Im Phylogramm kann man über die Astlänge eine Zeitabschätzung (siehe: molekulare Uhr) der Trennungsereignisse vornehmen.

Die meisten Mutationen sind neutral oder negativ, und nur in seltenen Fällen vermag ein mutiertes Gen oder Allel seinen Träger besser an seine Umwelt anzupassen und dadurch den Fortpflanzungserfolg der Nachkommen zu steigern. Wenn wir DNA-Sequenzen oder Genomstrukturen der heute lebenden Organismen analysieren, so sehen wir im wesentlichen nur Mutationen, die entweder neutral waren oder einen positiven Selektionswert hatten. Träger von stark negativen Mutationen haben keine oder verschlechterte Überlebens- und Fortpflanzungsraten. Mutationen werden von Generation zu Generation weitergegeben und können dadurch als Schriftzeichen im Logbuch des Lebens entziffert und interpretiert werden. Man schätzt, daß sich die DNA von zwei Individuen einer Art im Durchschnitt durch eine bis zehn Millionen Basenaustausche unterscheidet. Wir wissen heute, daß man über die Analyse der DNA eine genaue Information über die evolutionäre Vergangenheit einer jeden Art und eines jeden Individuums erhalten kann. Wir müssen nur in der Lage sein, die im Genom vorhandenen Unterschiede zu erkennen und auszuwerten. Da es aus technischen Gründen nicht praktikabel ist, alle vorhandenen Unterschiede zu erfassen (denn dazu müßte man komplette Genome sequenzieren), verwendet die molekulare Evolutionsforschung wenige Markergene, welche man zwar schneller erfassen kann, die aber nur einen kleinen Teil des Genoms abdecken. Die moderne Molekularbiologie hat in den letzten 20 Jahren eine Vielzahl an Werkzeugen und Methoden erhalten, die es bereits heute erlauben, das Logbuch des Lebens zu entziffern. Die wichtigsten Methoden, die aktuell in der Evolutionsforschung eingesetzt werden, sind in Tab. 1 zusammengestellt (s. S. 29).

Wie ticken molekulare Uhren?

Je länger zwei Taxa getrennt sind, desto größer ist die Anzahl der Nucleotidunterschiede (die durch zufällige Mutationen entstanden) in einem DNA-Abschnitt und damit die Anzahl der Aminosäurenaustausche. Es handelt sich bei den molekularen Uhren nicht um exakte Uhren im Sinne der Physik, da das Tempo der Nucleotidsubstitution durch diverse Faktoren beeinflußt wird, u. a. durch Körpertemperatur, Generationenfolge, Aktivität der Reparaturenzyme oder Rekombinationshäufigkeit. Daher gelten molekulare Uhren eher als lokale Uhren, die aber dennoch relative Zeitaussagen erlauben. Seit ca. 1960 wurden Aminosäuresubstitutionen in Proteinen und seit 1980 vermehrt Nucleotidsubstitutionen in DNA herangezogen, um die Rate der molekularen Evolution zu bestimmen. Die Kalibrierung der Uhr erfolgt über das ungefähre Alter von Fossilien. Auch Nucleotidsequenzen von proteinkodierenden Genen geben Auskunft über Divergenzzeiten. Da es nur vier Möglichkeiten (A, T, G oder C) gibt, welches Nucleotid an einer einzelnen Nucleotidposition eines Gens steht, können theoretisch multiple Mutationen an den einzelnen Nucleotidpositionen auftreten. Durch multiple Substitutionen (beispielsweise mehrfachen Austausch derselben Basenposition in einem Gen bei verwandten Organismen), die bei langen Divergenzzeiten beobachtet werden, können die realen genetischen Distanzen unterschätzt werden. Der Graph der Beziehung zwischen Substitutionsrate und Divergenzzeit ist nur anfänglich linear und flacht später durch multiple Substitutionen deutlich ab. Für viele Gene und Organismen gibt es bereits Anhaltspunkte, welche Evolutionsraten als Schätzwert genommen werden können. Proteinkodierende mtDNA der Vertebraten evolviert beispielsweise mit circa 2 % Sequenzdivergenz innerhalb einer Million Jahre (Tarr und Fleischer 1993; Wilson et al. 1987). Bei längeren Divergenzzeiten empfiehlt es sich, entweder nur die nicht-synonymen Substitutionen oder die abgeleiteten Aminosäuredistanzen zu verwenden, da sie über einen längeren Bereich linear sind.

Molekulare Phylogenie

Die Sequenzanalyse von Markergenen zählt zu den besonders aussagekräftigen Methoden, um die molekulare Phylogenie von Organismen zu bearbeiten (MINDELL 1997; KARP et al. 1998; HALL 2001; STORCH et al. 2007; FRANKHAM et al. 2002; BEEBE und ROWE 2004). Sie eignet sich zur Charakterisierung von Bakterienarten genauso wie zur Klassifizierung von Pflanzen und Tieren. Die methodischen Schritte zwischen Probe und Stammbaum sind in Abb. 5 kurz erläutert.

Nach den Regeln der Kladistik sollten nur monophyletische Gruppen, die sich von einem gemeinsamen Vorfahren ableiten, zu taxonomischen Einheiten, beispielsweise Gattungen, Tribe oder Familien zusammengefaßt werden (WIESE-MÜLLER et al. 2003). Bedingt durch konvergente oder wenig informative morphologische Merkmale sind nicht alle taxonomischen Gruppierungen, die bislang aufgestellt wurden, monophyletisch. Die molekularen Phylogenien bieten eine Chance, paraphyletische oder polyphyletische Gruppen zu erkennen. Bereits heute wurden vielfach Konsequenzen gezogen – mit der Folge, daß manche traditionelle Gruppierung wegfällt, daß neue Taxa abgespalten oder zu größeren Gruppen vereint werden. Bei den Greifvögeln betrifft dies beispielsweise die Adler der Gattungen *Aquila*, *Hieraaetus* und *Lophaetus* bei Eulen die Gattungen *Bubo*, *Nyctea* und *Ketupa*.

Bei den morphologisch gut differenzierten Vertebraten sind sicher die meisten Arten bekannt und beschrieben. Viele Arten werden in Unterarten unterteilt. Falls sich die Unterarten auf genetischem und morphologischem Niveau signifikant unterscheiden, ist es durchaus möglich, sie in den Rang einer „guten" Art zu stellen (HELBIG et al. 2002). Bei den Falken würde dies beispielsweise für *Falco chicquera* zutreffen: Hier unterscheiden sich die asiatische Unterart von der afrikanischen Unterart sowohl genetisch als auch in der

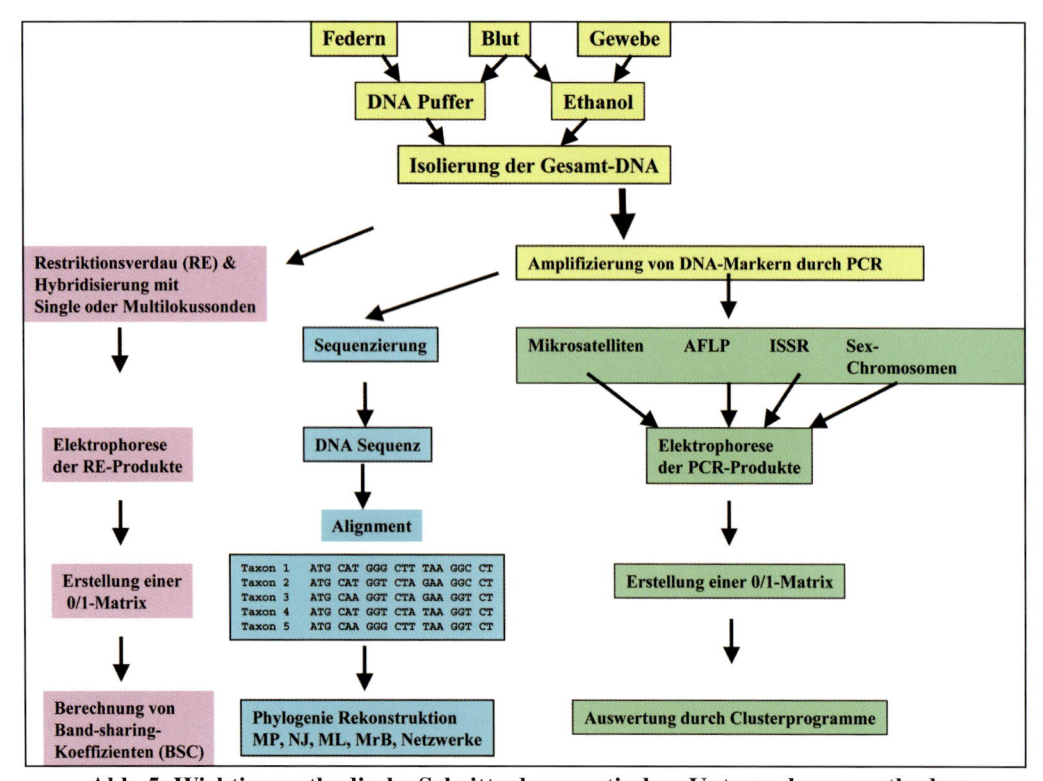

Abb. 5: Wichtige methodische Schritte der genetischen Untersuchungsmethoden

Verbreitung und anderen Merkmalen. Daher haben wir vorgeschlagen, die Art in zwei neue Arten, *F. chicquera* und *F. horsbrughi* zu trennen (WINK & SAUER-GÜRTH 2004). Außerdem ist es möglich, daß kryptische Arten vorhanden sind, die bisher übersehen wurden. Solche kryptischen Arten lassen sich über die DNA-Analysen besonders leicht entdecken. Für die systematische DNA-Analyse aller Taxa wurde neuerdings der Begriff DNA Barcoding geprägt; d. h. über die DNA-Sequenzanalyse kann man Arten zweifelsfrei bestimmen, auch wenn man nur Spuren von Geweberesten oder Federn zur Verfügung hat. Dies kann z. B. wichtig werden, wenn man nach einer Kollision zwischen einem Jet und einem Vogel herausfinden soll, um welche Art es sich gehandelt hat. In den nächsten Abschnitten werden neuere Ergebnisse vorgestellt, welche die Evolution der Vögel und vor allem der Greifvögel erhellen können.

Was sind Greifvögel und woher kommen sie?

Innerhalb der Reptilien werden drei große evolutionäre Entwicklungslinien sichtbar: Schildkröten, Schlangen/Eidechsen und Krokodile. Die heute lebenden Vögel bilden mit den Krokodilen eine Schwestergruppe. Die Ursprünge der Vögel wurden zeitweise konträr diskutiert. Inzwischen nehmen die meisten Wissenschaftler an, daß die heute lebenden Vögel die Erben der inzwischen ausgestorbenen Dinosaurier darstellen (Abb. 6). Das Merkmal Federn ist offenbar nicht auf Vögel allein beschränkt, sondern war in der Kreide auch bei einigen Dinosauriern vorhanden. Während bei den *Coelurosauria* (darunter *Tyrannosaurus rex*) einfache Federn auftreten, findet man bei den *Maniraptora* bereits komplex aufgebaute Federn, die, wie bei *Archaeopteryx*, zur Flugfähigkeit führten. Aus gemeinsamen Vorfahren

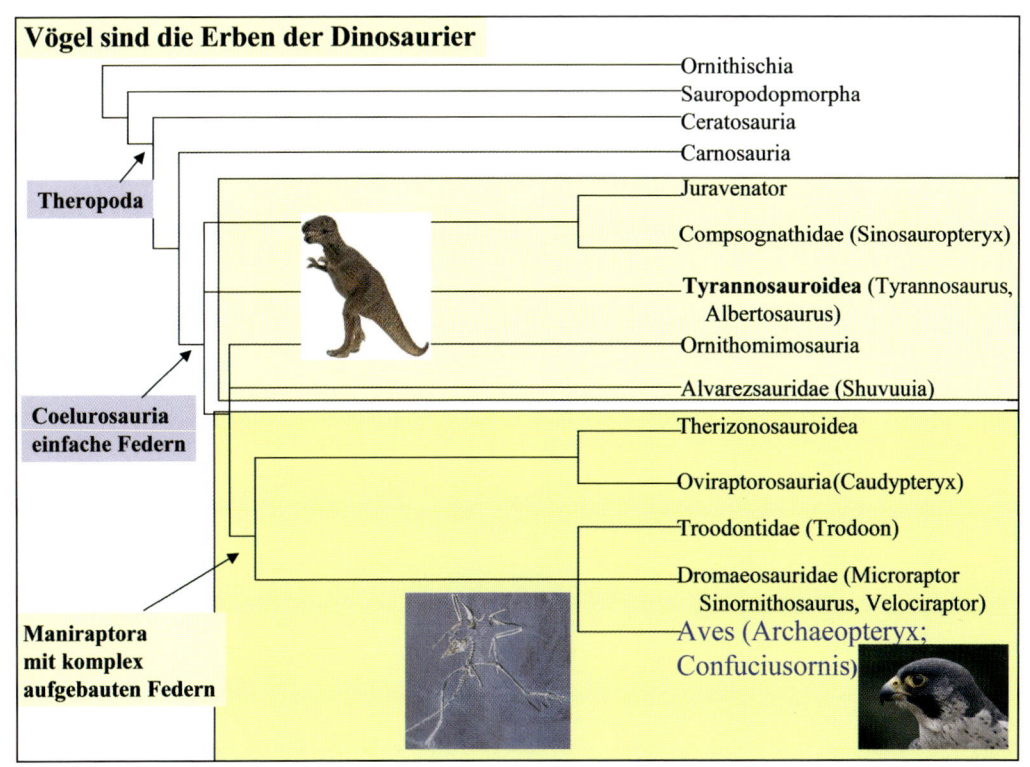

Abb. 6: Die Entwicklung der Vögel als Erben der Dinosaurier (verändert nach Storch et. al. 2007)

von *Archaeopteryx* entstanden in der Kreide die modernen Vögel.

Die Phylogenie der rezenten Vögel wurde 2006 über Sequenzen von fünf Kerngenen neu bearbeitet (Abb. 7, ERICSON et al., 2006). Diese Phylogenie unterscheidet sich von früheren Vorstellungen deutlich, insbesondere von den DNA-DNA-Hybridisierungsdaten von SIBLEY und AHLQUIST (1990).

Innerhalb der Non-Passeres liegen die flugunfähigen Straußenvögel (*Ratitae*) und Tinamidae als Vertreter der Palaeognathae an der Basis des Vogelbaumes. Als weitere monophyletische Gruppen sind die Enten- und Hühnervögel (Galloanserae) als basale Gruppe der Neognathae erkennbar. Innerhalb der Neoaves werden zwei Großgruppen unterschieden, die Metaves und Coronaves. Die Metaves umfassen Segler, Kolibris, Nachtschwalme, Tauben, Flamingos und Hoatzin, während die Coronaves alle übrigen Non-Passeres sowie Passeres enthalten. Diese Anordnung steht vielfach im Widerspruch zur Großsystematik der Vögel, die SIBLEY und AHLQUIST (1990) aufgrund von DNA-DNA-Hybridisierung aufgestellt hatten.

Insgesamt wurden über 230 Greifvogelarten beschrieben, die 79 Gattungen und fünf Familien (Falken – *Falconidae*; Adler, Bussarde, Weihen, Habichte – *Accipitridae*; Fischadler – *Pandionidae*; Sekretäre – *Sagittariidae*; Neuweltgeier – *Cathartidae*) zugeordnet wurden (BROWN & AMADON 1968; CRAMP 1980; DEL HOYO et al. 1994). Die Familien werden traditionsgemäß als Ordnung Falconiformes zusammengefaßt, da sie äußerlich ähnlich aussehen und viele gemeinsame Merkmale aufzeigen. Vögel dieser Ordnung erlegen lebende Beute oder fressen Aas. Dazu besitzen sie entsprechende morphologische Anpassun-

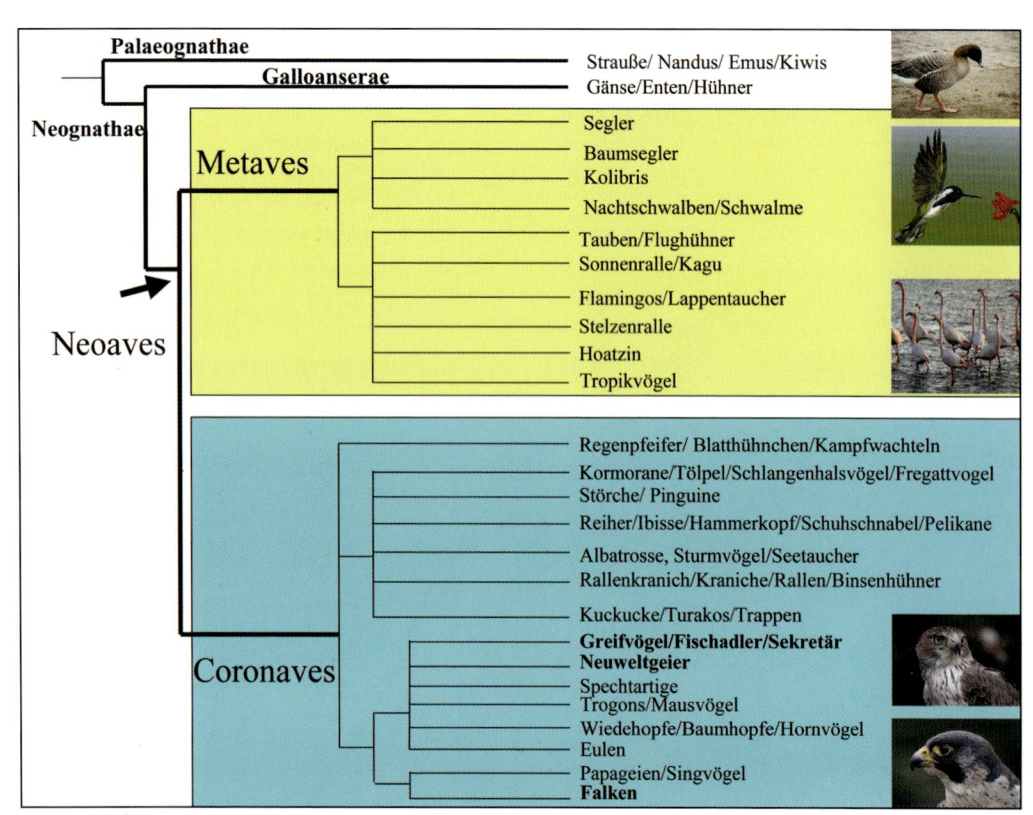

Abb. 7. Phylogenie der Vögel aufgrund von Sequenzanalysen von fünf Kerngenen (verändert nach STORCH et al. 2007)

gen, wie z. B. kräftige hakenförmige Schnäbel, kräftige Greiffüße mit starken Krallen, exzellentes Sehvermögen und sehr gut entwickelte Flugfähigkeit. Die meisten dieser Merkmale könnte man als synapomorph betrachten und deshalb diese Arten zu einer gemeinsamen Gruppe Falconiformes zusammenfassen. CONRAD GESNER (16. Jh.) zählte auch die Würger und Eulen zur Gruppe der Greifvögel, doch wurden die Merkmale, die sie mit den eigentlichen Greifvögeln gemein haben, schon länger als Konvergenzen (d. h. als analoge Merkmale) erkannt. Heute gelten die Würger als eigene Familie unter den Singvögeln und die Eulen als eigene Ordnung Strigiformes unter den Non-Passeriformes.

Die Ordnung Falconiformes ist nach den DNA-Sequenzdaten offenbar eine künstliche Gruppe, da die Falken außerhalb der Gruppe clustern (Abb. 7). Die Falken bilden mit den Papageien und Singvögeln eine Schwestergruppe zu den Greifen, Eulen und Racken. Man nimmt an, daß die Singvögel in Australien im frühen Tertiär entstanden und sich erst vor 30 Millionen Jahren nach Eurasien ausgebreitet haben. Die Sonderstellung der Falken war auch schon über die Analysen mitochondrialer DNA abzulesen (WINK 1995). Die Neuweltgeier, die eine eigene Entwicklungslinie darstellen, liegen nach den Kerngendaten doch im Verwandtschaftskreis der übrigen Greifvögel und nicht bei den Störchen, wie man zeitweise annahm.

Molekulare Phylogenie der Greifvögel

In eigenen Arbeiten haben wir die Nucleotidsequenzen des mitochondrialen Cytochrom b-Gens und des Kern-Gens RAG-1 von ca. 300 Greifvögel- und Eulentaxa erfaßt und geprüft, ob die Falconiformes/Strigiformes und die einzelnen Familien und Gattungen jeweils monophyletische Gruppen bilden, oder ob der ökologische „Beruf" Beutegreifer bzw. Geier nicht auch unabhängig in verschiedenen Verwandtschaftskreisen entstanden sein könnte (CLOUET and WINK 2000; HEIDRICH & WINK 1998; SEIBOLD et al. 1993, 1996; ROULIN and WINK 2004; SCHEIDER et al. 2004; SEIBOLD and HELBIG 1995a, b, 1996; WINK & HEIDRICH 1999, 2000; WINK 1995, 1998, 2000; WINK et al. 1996, 2000, 2004a - e, 2006; WINK & SAUER-GÜRTH 2000, 2004; WINK & RISTOW 2000). Weitere genetische Publikationen zur Phylogenie der Greifvögel findet man bei GRIFFITHS 1997; MASUDA et al. 1998; HARING et al. 1999, 2001; CARDIA et al. 2000; CHEMNICK et al. 2000; DONAZAR et al. 2002; GROOMBRIDGE et al. 2002; VALI 2002; GAUTSCHI et al. 2003a; HELBIG et al., 2005, HENDRICKSON et al. 2003; RIESING et al. 2003; GODOY et al. 2004; Griffiths et al. 2004; KRUCKENHAUSER et al. 2004; ROQUES et al. 2004; VALI and LOHMUS 2004; GAMAUF et al. 2005; NITTINGER et al. 2005, 2007). In Abb. 8 wurde eine molekulare Phylogenie der *Accipitridae, Pandionidae, Sagittariidae, Cathartidae* sowie für Vertreter anderer Vogelfamilien (*Gallus* als Außengruppe, *Ciconii* als Innengruppe) rekonstruiert. Aus Gründen der Übersichtlichkeit wurde nur eine begrenzte Anzahl an Arten aus diesen Gruppen berücksichtigt, deren Eigenständigkeit erhalten bleibt, wenn man alle vorhandenen Sequenzen oder Sequenzen von anderen Genen zugrundelegt. Man kann eindeutig erkennen, daß jeweils die Familien der Falken, Greifvögel, Neuweltgeier und Fischadler erwartungsgemäß monophyletische Gruppen bilden, die jedoch nicht unbedingt näher miteinander verwandt sind. Falken bilden eine unabhängige Gruppe (siehe vor allem Abb. 7), die keine unmittelbare Verwandtschaft zu den eigentlichen Greifvögeln (*Accipitridae*) aufweisen. Ähnlichkeiten in ihren Lebensweisen sind deshalb vermutlich auf Konvergenz zurückzuführen. Sekretär und Fischadler stehen in dieser Rekonstruktion an der Basis des Astes, der zu den *Accipitridae* führt; sie teilen sich vermutlich einen gemeinsamen Vorfahren mit den eigentlichen Greifvögeln.

Am Beispiel der Geier kann man die konvergente Evolution der Greifvögel am klarsten erkennen. Die Sequenzanalyse bestätigt, daß die Neuweltgeier nicht mit den Altweltgeiern verwandt sind. Es sind jedoch keine Störche, wie es manchmal vereinfacht heißt, obwohl sie Bürzel-

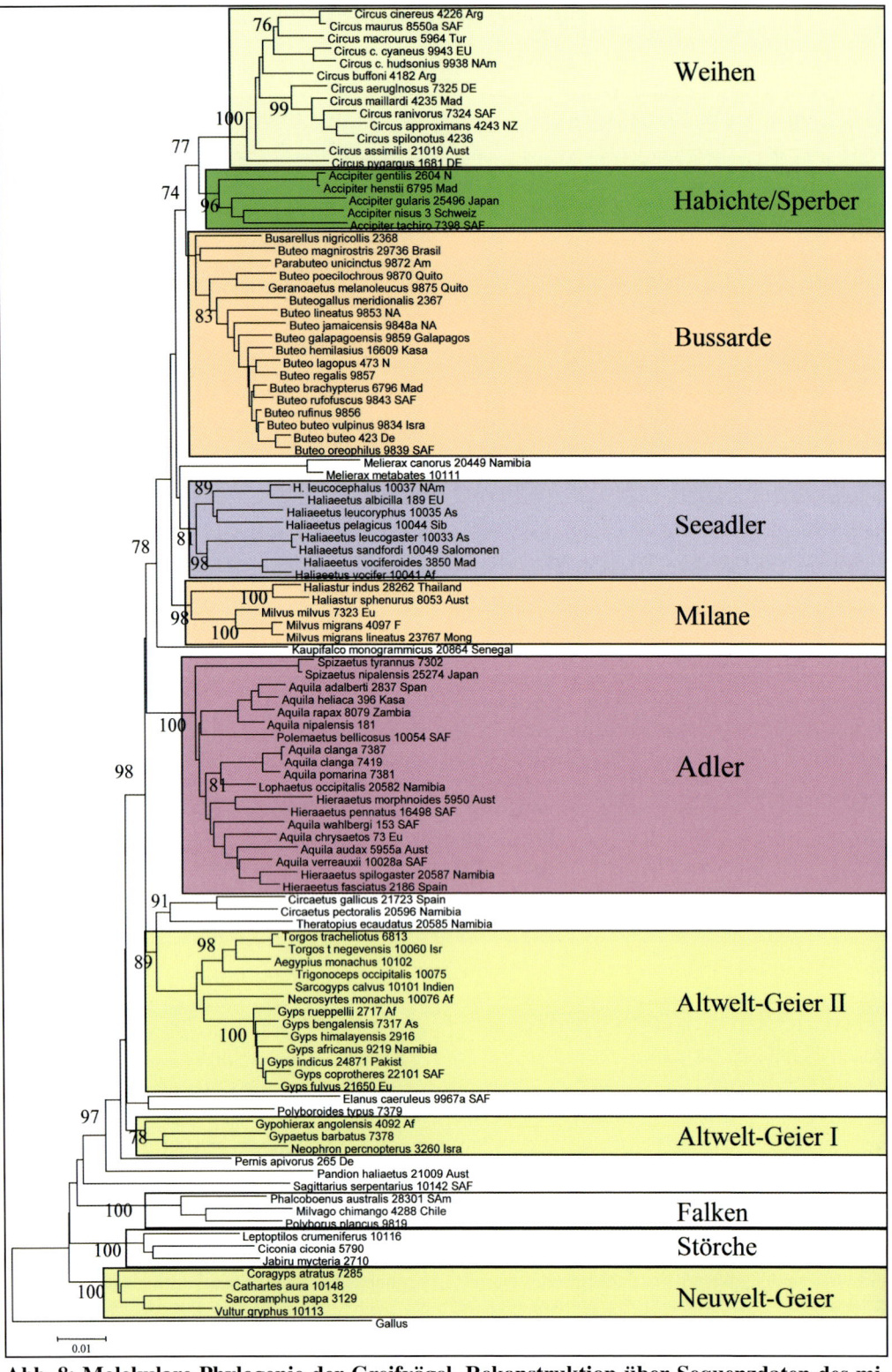

Abb. 8: Molekulare Phylogenie der Greifvögel. Rekonstruktion über Sequenzdaten des mitochondrialen Cytochrom b-Gens und des Kernmarkers RAG-1. Darstellung als NJ-Phylogramm, in dem die Astlängen mit den Divergenzzeiten korreliert sind. Zahlen an den Ästen sind Bootstrapwerte. Je höher ein Bootstrapwert, desto größer die Wahrscheinlichkeit, daß die Verzweigung stabil ist. Werte ab 75–80 % gelten als relativ verläßlich.

drüsenbestandteile und einige Verhaltensmerkmale gemeinsam haben. Innerhalb der Altweltgeier (Abb. 8) lassen sich trotz ähnlichen Aussehens zwei unterschiedliche Entwicklungslinien erkennen: Bartgeier, Schmutzgeier und Palmgeier zweigen basal im Baum der *Accipitridae* ab. Sie stellen vermutlich eine sehr alte Entwicklungslinie dar, zu der auch die Wespenbussarde zählen, die mit den echten Bussarden der Gattung *Buteo* nicht verwandt sind. Auch andere Merkmale, insbesondere in der Embryonal- und Jugendentwicklung, bestätigen den gemeinsamen Ursprung dieser Altweltgeiergruppe. Eine zweite eigenständige Entwicklungslinie bilden Gänsegeier, Mönchsgeier und verwandte Arten. Sie bilden eine Schwestergruppe zu den Schlangenadlern und Gauklern. Innerhalb der Altweltgeier sind die Arten der Gattung *Gyps* sehr nah verwandt und relativ jung. Als Schwestergruppe gruppieren sich Mönchsgeier und verwandte Arten, die man in monotypische Gattungen aufgegliedert hat. Da diese Arten monophyletisch sind und viele biologische Merkmale gemeinsam haben, wäre es plausibel, sie alle in eine gemeinsame Gattung *Aegypius* zu placieren. Die Lebensweise als Aasfresser entstand offensichtlich mehrfach in der Evolution und führte jeweils zu vielen Ähnlichkeiten in Morphologie und Verhalten; daß diese Merkmale nicht homolog, sondern analog sind, kann die genetische Analyse unzweifelhaft herausstellen.

Fischadler, Seeadler und die Steinadlerverwandten könnte man oberflächlich in eine Gruppe „Adler" anordnen. Genauere morphologische, biologische und ökologische Analysen weisen jedoch darauf hin, daß sie eigenständige Verwandtschaftslinien darstellen. Die Sequenzanalyse bestätigt diese Annahme: Seeadler der Gattung *Haliaeetus* teilen sich einen gemeinsamen Vorfahren mit den Bussarden (*Buteo* und Verwandte) und Milanen (*Milvus, Haliastur*), während Fischadler (*Pandion*) eine sehr frühe Entwicklungslinie repräsentieren. Die Adler der Gattungen *Aquila, Lophaetus* und *Hieraaetus* hingegen bilden in der jetzigen Form eine polyphyletische Gruppe. Würde man *Hieraaetus* und *Lophaetus* mit *Aquila* vereinen, wie dies bereits vor einigen Jahrzehnten geschah, so erhielte man eine eigenständige monophyletische Gruppierung, die biologisch und phylogenetisch sinnvoll wäre.

In Abb. 9 ist ein molekularer Stammbaum der Falken der Gattung *Falco* zusammengestellt, der über Sequenzen des Cytochrom b-Gens und des Kernmarkers RAG-1 rekonstruiert wurde. Wie man leicht erkennen kann, gruppieren sich die meisten Falkenarten so, wie man es aufgrund morphologischer Merkmale erwartet hätte. Wichtige Ergebnisse sind:

Die Unterfamilie *Falconinae* mit der Gattung *Falco* ist monophyletisch und leitet sich von den Falkenarten der Neuen Welt (Unterfamilie *Polyborinae*) ab.

Der Wanderfalke bildet eine Schwestergruppe zu den Großfalken (*Hierofalco*), die *F. rusticolus, F. cherrug, F. biarmicus, F. jugger,* und *F. subniger* umfassen. Die Großfalken sind genetisch äußerst nah verwandt. Ihre genaue Genetik wird intensiv bearbeitet (WINK et al. 2004; NITTINGER et al. 2005, 2007).

F. mexicanus ist kein *Hierofalco*, sondern steht an der Basis der Abzweigung, die zu Wander- und Großfalken führt.

Baumfalken bilden eine phylogenetische Einheit, aus der sich Schieferfalke (*F. concolor*) und Eleonorenfalke (*F. eleonorae*) ableiten.

Rotfuß- und Amurfalken (*F. vespertinus, F. amurensis*) sind erwartungsgemäß Schwesternarten.

Der Merlin (*F. columbarius*) untergliedert sich in mehrere Unterarten, die genetisch weit differenziert sind und möglicherweise bereits Artstatus erlangt haben.

F. horsbrughi und *F. chiquera* lassen sich aufgrund der Verbreitung (Indien bzw. Afrika) und der genetischen Unterschiede als eigenständige Schwesternarten abtrennen.

Die Turmfalken bilden eine genetisch diverse Gruppe, die geographisch erkennbare Arten ausgebildet hat und im Stammbaum der Falken basal steht. Während der Rötelfalke (*F. naumanni*) in diese Gruppe fällt, gehört der Amerikanische Buntfalke (*F. sparverius*) offensichtlich nicht – wie früher angenommen – in diese Gruppe.

Die Position einiger neuweltlicher und australischer Arten kann über die bisherigen Analysen noch nicht mit Sicherheit festgelegt werden.

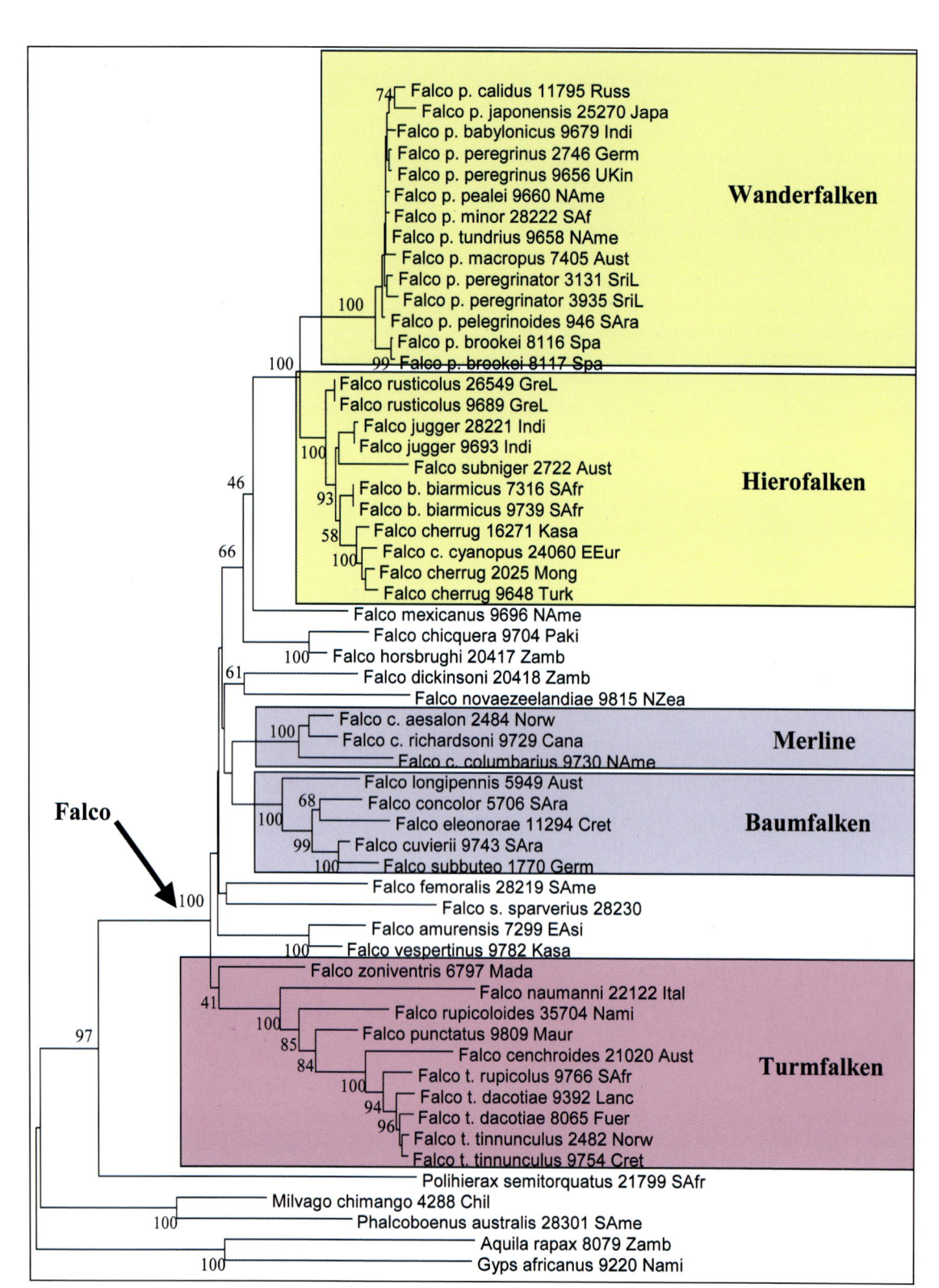

Abb. 9: Molekulare Phylogenie der Falken. Rekonstruktion über Sequenzdaten des mitochondrialen Cytochrom b-Gens und des Kernmarkers RAG-1; Darstellung als NJ-Phylogramm; Zahlen an den Ästen sind Bootstrapwerte.

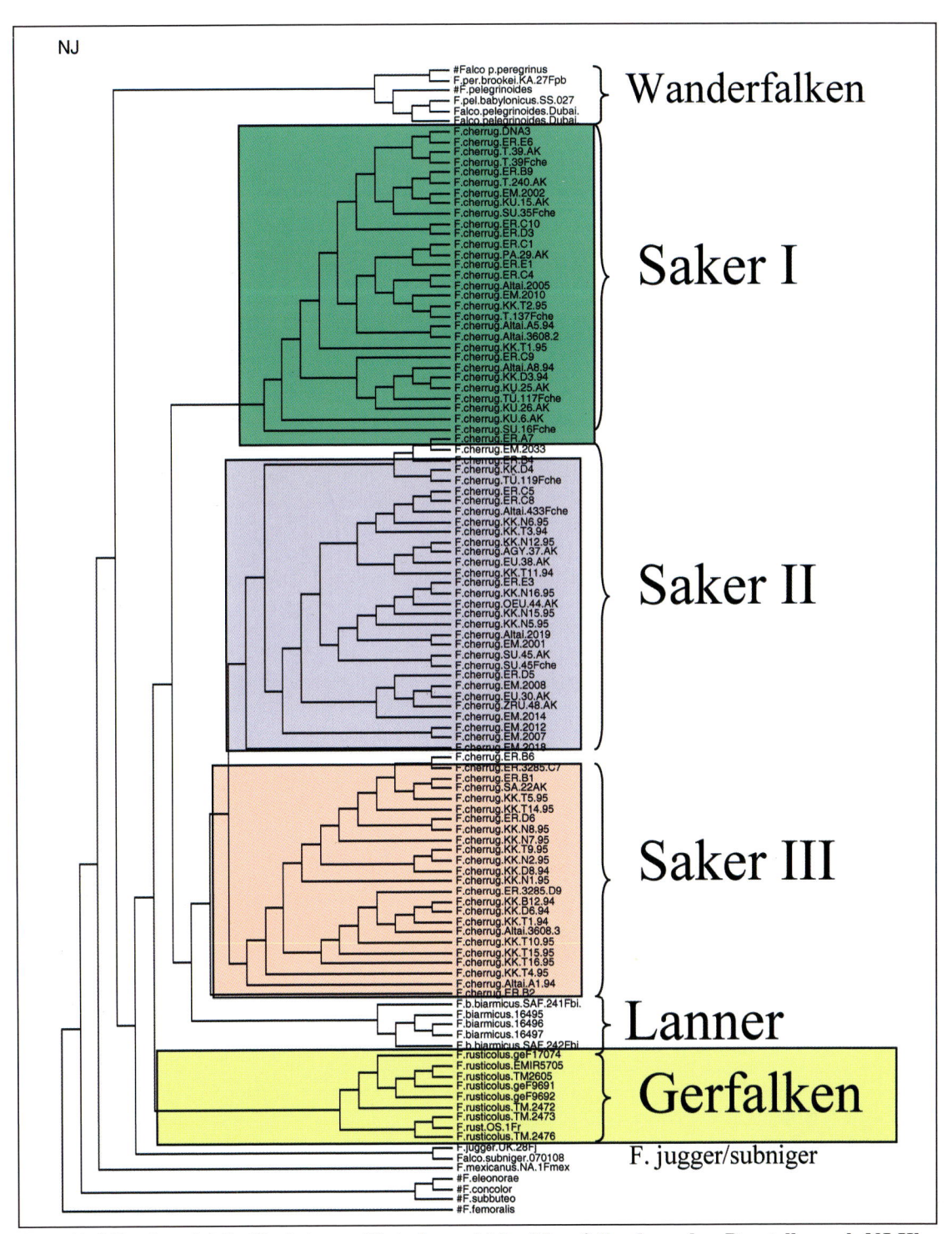

Abb. 10: Mitochondrielle Haplotypen (Cytochrom b) im Hierofalkenkomplex. Darstellung als NJ-Kladogramm. Innerhalb der Saker lassen sich mindestens drei genetische Entwicklungslinien erkennen, die keine geographische Korrelation zeigen. Ein Hinweis für die Eigenständigkeit des Altaifalkens konnte nicht erbracht werden. Es handelt sich offenbar um eine Farbmorphe und nicht um eine eigenständige Art.

Im folgenden soll die Phylogenie des Wanderfalken- und Hierofalkenkomplexes noch etwas näher betrachtet werden. Beide Falkengruppen haben eine nahezu kosmopolitische Verbreitung. Im Wanderfalkenkomplex werden insgesamt 19 Unterarten unterschieden, deren Verbreitungsgebiet sich unterscheidet (WINK et al. 2006). Es ist uns gelungen, DNA-Proben von elf Unterarten genetisch durch Sequenzierung des Cytochrom b-Gens zu charakterisieren. Wie aus Abb. 9 hervorgeht, sind alle Wanderfalkenunterarten sehr nah miteinander verwandt; nur die mediterrane Unterart *F.p. brookei* und der japanische *F. p. japonensis* unterscheiden sich signifikant und weisen eine deutliche genetische Distanz zu den anderen Unterarten auf. Auch der früher als eigene Art angesehene Wüstenfalke (*F. pelegrinoides*) unterscheidet sich nicht stärker als die übrigen Wanderfalkenunterarten, so daß es angemessen ist, ihn als Unterart des Wanderfalken zu betrachten.

Im Unterschied zu den Wanderfalken betrachtet man die geographischen Vertreter der Hierofalken als eigenständige Arten, da sie sich morphologisch deutlicher differenzieren und noch weitere Subspecies bilden. Andererseits weisen die morphologische Variabilität, insbesondere bei Ger- und Sakerfalken, vor allem aber die leichte Hybridisierungsmöglichkeit zwischen diesen Arten darauf hin, daß es sich möglicherweise nicht um eigenständige Arten, sondern eher um Subspecies handelt. Unsere genetischen Daten zeigen, daß der Präriefalke (*F. mexicanus*) offenbar nicht in diesen Verwandtschaftskreis gehört (obwohl er sich geographisch bestens ergänzen würde). Dafür tritt *F. subniger* aus Australien eindeutig in diese Gruppe (Abb. 9). Die DNA-Sequenzdaten zeigen, daß Ger, Saker, Lanner und Jugger genetisch noch sehr jung sind und sich kaum stärker differenzieren als die Subspecies im Wanderfalkenkomplex. Vermutlich entstanden sie im Verlauf der letzten 200.000 Jahre. Während man über mitochondriale Sequenzen eine halbwegs konsistente Aufgliederung in Entwicklungslinien und Haplotypen erhält (Abb. 10), deuten Mikrosatellitenanalysen auf eine deutlich stärkere Durchmischung insbesondere zwischen Ger, Saker und Lanner hin (NITTINGER et al. 2005, 2007).

Wir haben die Cytochrom b-Haplotypen von inzwischen über 230 nestjungen Wanderfalken bestimmt, die zwischen 2000 und 2006 in Süddeutschland (insbesondere Baden-Württemberg; wenige aus Rheinland-Pfalz, Hessen, NRW und Ostdeutschland) erbrütet wurden. Aufgrund des Verbreitungsgebietes sollten sie der Unterart *F. p. peregrinus* angehören. Die mitochondrialen Daten weisen für 67% der untersuchten Wanderfalken jedoch den Haplotyp von *F. p. brookei* aus, der eigentlich nur im Mittelmeergebiet vorkommen sollte. Da die mtDNA weitgehend maternal vererbt wird, müssen die Mütter der *brookei*-Jungfalken ebenfalls den *brookei*-Haplotyp aufweisen. Es kann sich hierbei um reinerbige *brookei* aber natürlich auch um *peregrinus* x *brookei*-Hybriden handeln. Da die *brookei*- und *peregrinus*-Haplotypen oft in benachbarten Horsten auftreten, müssen wir davon ausgehen, daß die Altvogelpopulation durchgehend Hybriden von *brookei x peregrinus* aufweist. Aber auch reinerbige *brookei*- bzw. *peregrinus*-Tiere sind zu erwarten.

Woher stammen die *brookei*-Haplotypen? Es besteht die Möglichkeit, daß die *brookei*-Haplotypen, die wir heute in SW-Deutschland sehen, natürlichen Ursprungs sind und/oder aus Auswilderungsprojekten stammen. Entweder bestand immer schon eine Kontaktzone zwischen *F. p. peregrinus* und *F. p. brookei* in diesem Raum, oder aber sie bildete sich erst in den 1950er/1960er Jahren aus, als die deutschen Bestände zurückgingen und so quasi ein Vakuum entstand. Da die Mittelmeerbestände weniger rückläufig waren, könnte es zu einer Ausbreitung von *brookei* aus dem Süden nach Norden gekommen sein. Das Ausbilden von Hybridisierungszonen ist ein normaler Vorgang, wenn zwei Unterarten aneinandergrenzen; man denke an die Hybridisierungszone zwischen Nebel- und Rabenkrähe in Mitteldeutschland. Diese Thematik wurde bereits in Greifvögel und Falknerei 2004 ausführlicher diskutiert (WINK et al. 2006).

Mikrosatelliten-Analyse und DNA-Fingerprint

In den 1980er Jahren wurde das DNA-Fingerprint-Verfahren eingeführt, mit dem man Verwandtschaftsbeziehungen, vor allem aber die Paternität aufklären kann (Tab. 1; Abb. 5) (SWATSCHECK et al. 1993). Es wurde bei Greifvögeln vielfach angewandt, um die Herkunft von Zuchttieren (beispielsweise die illegale Entnahme aus der Natur) zweifelsfrei zu klären. Bei dieser Methode wird die Gesamt-DNA mittels Restriktionsenzymen fragmentiert. Die Fragmente werden über Agarose-Gelelektrophorese aufgetrennt und auf eine Nylonmembran geblottet. DNA-Fragmente mit Mini- oder Mikrosatellitenelementen werden mittels Hybridisierung mit Multi- oder Single-Lokussonden sichtbar gemacht. Da diese repetitiven DNA-Abschnitte eine hohe Variabilität aufweisen, erlaubt ihre Analyse eine Zuordnung auf dem Individualniveau.

Die Einführung der Polymerase-Kettenreaktion (PCR) ab 1985 hat den Multilokus-DNA-Fingerprint immer mehr ersetzt, da sie schneller geht und mit deutlich weniger Ausgangs-DNA auskommt. Die Methode der Wahl für phylogeografische Fragestellungen, aber auch für Vaterschafts- und Individualanalysen ist die PCR von vielen polymorphen STR-Loci (sogenannte Mikrosatellitenanalyse). Sie hat nicht nur eine hohe Auflösung, sondern ermöglicht es, Hybridisierungsereignisse zu erkennen, die in Kontaktzonen zwischen den Populationen zu erwarten sind.

Vertebratengenome enthalten zwischen 20.000 und 30.000 Mikrosatelliten-Loci, die durch 10- bis 20fache Wiederholungen einfacher DNA-Motive (sogenannte short tandem repeats) gekennzeichnet sind. Ein Individuum hat nur zwei Allele pro Locus: Eins stammt von der Mutter, das andere vom Vater. Die Größe der Allele kann identisch sein (homozygot) oder sich unterscheiden (heterozygot). Für die genetische Analyse muß man STR-Loci suchen, die innerhalb einer Population einen Polymorphismus aufweisen. Polymorphismen entstehen durch Rekombination, ungleiches Crossing-over und DNA-Polymerase „slippage". Da sich jedoch die Sequenzen, die STR-Elemente flankieren, von Art zu Art unterscheiden, muß man zunächst für jede Art oder Artengruppe spezifische DNA-Sequenzen ermitteln, aus denen man PCR-Primer ableiten kann. Für einige Organismenarten wurden diese PCR-Sequenzen bereits ermittelt und sind über Datenbanken abzurufen. Liegt keine Information vor, kann man durch PCR- und Klonierungsverfahren diese Information selbst erstellen. Für die Mehrzahl biologischer Fragestellungen reicht es nicht aus, einen oder zwei STR-Loci zu analysieren; zehn und mehr polymorphe Loci werden für die meisten Probleme benötigt. Um den Analysenaufwand zu reduzieren, kann man versuchen, mehrere PCR-Amplifikationen in einer Reaktion zu vereinen (sogenannte Multiplex-PCR). Über die STR-Daten lassen sich Allelfrequenzen berechnen, mit denen man Populationen charakterisieren kann. Man kann die Alleldaten außerdem in einer 0/1-Matrix vereinen und über Clusterprogramme (UPGMA, NJ) auswerten. Man erhält Phenogramme, in denen Individuen, die ähnliche Allelverteilungen aufweisen, zusammengefaßt werden. Beispiele für die Verwendung von Mikrosatelliten-Untersuchungen bei Greifvögeln findet man in MARTINEZ-CRUZ et al. (2002, 2004), BUSCH et al. (2005), GAUTSCHI et al. (2000, 2003b), HILLE et al. (2003), KRETZMANN et al. (2003), MIRA et al. (2002), NESJE and ROED (2000a), NESJE et al. (2000), NICHOLS et al. (2001) und TOPINKA and MAY (2004).

Anstelle solcher Single-Locus-Analysen kann man auch (je nach Fragestellung) komplexe Fingerprints über Multilokus-PCR-Verfahren, wie AFLP, ISSR einsetzen (Tab. 1; Abb. 5). Mit dem ISSR-Verfahren kann man leicht Taxa identifizieren, da die meisten Arten und Unterarten individuelle Bandenmuster aufweisen. AFLP- und ISSR-Verfahren eignen sich besonders gut, um Hybride zu erkennen, denn die F_1-Generation wird ein Bandenmuster tragen, das zu je 50 % mit dem der Hybridisierungspartner übereinstimmt (WINK 2006).

Molekulare Geschlechtsbestimmung

Eine weitere Methode, die in der Greifvogelforschung eingesetzt wird, betrifft die molekulare Geschlechtsbestimmung. Damit kann man eindeutig das Geschlecht von Jungvögeln oder Individuen monomorpher Arten ermitteln. In Vögeln sind die Geschlechtschromosomen anders orientiert als bei Säugetieren: Die Weibchen sind heterogametisch und haben ZW-Chromosomen, während die Männchen homogametisch sind (mit WW-Chromosomen). Über PCR kann man die Länge von DNA-Abschnitten (z. B. ein Intron des CHD-Gens) auf den Geschlechtschromosomen ermitteln, die sich für das W- und Z-Chromosom unterscheiden. Wenn man hochauflösende Polyacrylamid-Elektrophorese einsetzt, kann man die Fragmentlängen deutlich erkennen (KAHN et al. 1998; MORRISON and MALTBIE 1999; NESJE and ROED 2000b; HÖFLE et al. 2000; RISTOW and WINK 2004; WINK 2000).

Ausblick

Unsere genetischen Untersuchungen am Wanderfalken- und Hierofalkenkomplex stehen erst am Anfang. Um noch tiefer in die Materie eindringen zu können, müssen wir unsere Datenbasis erweitern und weitere Falken aus allen Teilen des Verbreitungsgebiets untersuchen. Parallel zur Haplotypenbestimmung über mtDNA muß die Mikrosatelliten-Analyse deutlich erweitert werden, d. h. mindestens 6–10 polymorphe Loci sollten zur Auswertung gelangen.

Die Situation wird in den nächsten Jahren vermutlich dadurch noch komplizierter, daß gezüchtete Hybridfalken (z. B. Ger x Saker, Ger x Wanderfalke) gelegentlich entkommen und in der Natur versuchen, mit Wanderfalken zu brüten. Wenn diese Arthybriden nicht rechtzeitig erkannt und entfernt werden, wird es zu einer weiteren unkontrollierten Durchmischung kommen. Die genetischen Methoden liefern die Chance, solche Hybriden bzw. deren Nachkommen zu erkennen und sie zu entfernen.

Dank

Proben wurden uns dankenswerterweise von W. Bednarek, C. Fentzloff, B. Clark, H. Brünning, M. Heidenreich, G. Ehlers, W. Scharlau, M. Pomarol, H. Prehn, P. Gaucher, R. Pfeffer, D. Schmidl, O. Hatzofe, D. Bird, A. Kemp, C. Jones, M. Stubbe, W. Grummt, J. J. Negro, D. Ristow, D. Peppler, H. H. Witt, S. Ostrowski, D. Ellis, U. Höfle, R. Kenward, N. Fox, T. Osborne, A. Stephenson, C. Saar, M. Preusch und anderen Greifvogelexperten (AGW, DFO) zur Verfügung gestellt.

LITERATUR:

BEEBE, T. & G. ROWE (2004): Introduction to molecular ecology. Oxford University press, Oxford.

BROWN, L. H. & D. AMADON (1968): Eagles, hawks and falcons of the world, vols. I & II. Country Life Books, Great Britain.

BUSCH, J.D., T.E. KATZNER, E. BRAGIN & P. KEIM (2005): Tetranucleotide microsatellites for *Aquila* and *Haliaeetus* eagles. Molecular Ecology Notes **5**: 39–41.

CARDIA, P., B. FRÁGUAS, M. PAIS, TH. GUILLEMAUD, L. PALMA, M. LEONOR CANCELA, N. FERRAND & M. WINK (2000): Preliminary genetic analysis of some western Palaearctic populations of Bonelli's Eagle, *Hieraaetus fasciatus*. In Raptors at Risk, R. D. CHANCELLOR B.-U. MEYBURG, eds., WWGBP/Hancock House. pp 845–851.

CHEMNICK, L. G., A. T. KUMAMOTO & O. A. RYDER (2000): Genetic analyses in support of conservation efforts for the California condor *Gymnogyps californianus*. International Zoo Yearbook **37**: 330–339.

CLOUET, M. & M. WINK (2000): The Buzzards of Cape Verde (*Buteo (buteo) bannermani*) and Socotra (*Buteo buteo* spp.) – First results of a genetic analysis based on nucleotide sequences of the cytochrome b gene. Alauda **68**: 55–58.

CRAMP, S. (1980): The Birds of the Western Palearctic. Vol. II. Oxford University Press.

DEL HOYO, J., A. ELLIOTT & J. SARGATAL (1994): Handbook of the birds of the world. Vol. 2, Lynx edition, Barcelona.

DONAZAR, J. A., J.J. NEGRO, P. C. JAVIER, L. GANGOSO, J. GODOY, O. CEBALLOS, F. HIRALDO & N. CAPOTE (2002): Description of a new subspecies of the Egyptian Vulture (Accipitridae: Neophron percnopterus) from the Canary Islands. J. Raptor Res. **36**: 17–23.

FRANKHAM, R., J. D. BALLOU & D. A. BRISCOE (2002): Introduction to conservation genetics. Cambridge University Press, Cambridge.

GAMAUF, A., J.-O. GJERSHAUG, N. ROV, K. KVALOY & E. HARING (2005): Species or subspecies? The dilemma of taxonomic ranking of some South-East Asian hawk-eagles (genus Spizaetus). Bird Conservation International **15**: 99–117.

GAUTSCHI, B., G. JACOB, J. J. NEGRO, J.A. GODOY, J. P. MULLER & B. SCHMID (2003a): Analysis of relatedness and determination of the source of founders in the captive bearded vulture, Gypaetus barbatus, population. Conservation Genetics **4**: 479–490.

GAUTSCHI, B., I. TENZER, J. P. MULLER & B. SCHMID (2000): Isolation and characterization of microsatellite loci in the bearded vulture (Gypaetus barbatus) and cross-amplification in three Old World vulture species. Molecular Ecology **9**: 2193–2195.

GODOY, J. A., J. J. NEGRO, F. HIRALDO & J. A. DONAZAR (2004): Phylogeography, genetic structure and diversity in the endangered bearded vulture (Gypaetus barbatus, L.) as revealed by mitochondrial DNA. Molecular Ecology **13**: 371–390.

GRIFFITHS, C.S. (1997): Correlation of functional domains and rates of nucleotide substitution in cytochrome b. Mol. Phylogen. & Evol. **7**: 352–365.

GRIFFITHS, C.S., G.F. BARROWCLOUGH, J. G. GROTH & L. MERTZ (2004): Phylogeny of the Falconidae (Aves): a comparison of the efficacy of morphological, mitochondrial, and nuclear data. Mol. Phylogen. & Evol. **32**: 101–109.

GROOMBRIDGE, J. J., C. G. JONES, M. K. BAYES, A. J. VAN ZYL, J. CARRILLO, R. A. NICHOLS & M. W. BRUFORD (2002): A molecular phylogeny of African kestrels with reference to divergence across the Indian Ocean. Mol. Phylogen. & Evol. **25**: 267–277.

HALL, B. G. (2001): Phylogenetic trees made easy. Sinauer Associates, Sunderland.

HARING, E., L. KRUCKENHAUSER, A. GAMAUF, M. J. RIESING & W. PINSKER (2001): The complete sequence of the mitochondrial genome of Buteo buteo (Aves, Accipitridae) indicates an early split in the phylogeny of raptors. Mol. Biol. & Evol. **18**: 1892–1904.

HARING, E., M. J. RIESING, W. PINSKER & A. GAMAUF (1999): Evolution of a pseudo-control region in the mitochondrial genome of Palearctic buzzards (genus Buteo). J. Zool. Systematics & Evol. Res. **37**: 185–194.

HEIDRICH, P. & M. WINK (1998): Phylogenetic relationships in holarctic owls (Order Strigiformes): Evidence from nucleotide sequences of the mitochondrial cytochrome b gene. In: Holarctic Birds of Prey. (R. D. CHANCELLOR, B.-U.MEYBURG, J. J. FERRERO, eds), Adenex & WWGBP; pp.: 73–87.

HELBIG, A. J., A. G. KNOX, D. T. PARKIN, G. SANGSTER & M. COLLINSON (2002): Guidelines for assigning species rank. Ibis **144**: 518–525.

HELBIG, A. J., A. KOCUM, I. SEIBOLD & M. J. BRAUN (2005): A multi-gene phylogeny of aquiline eagles (Aves : Accipitriformes) reveals extensive paraphyly at the genus level. Mol. Phylogen. & Evol. **35**: 147–164.

HENDRICKSON, S. L., R. BLEIWEISS, J. C.MATHEUS, M. L. DE SILVA, N. L. JACOME & E. PAVEZ (2003): Low genetic variability in the geographically widespread Andean Condor. Condor **105**: 1–12.

HILLE, S. M., M. NESJE & G. SEGELBACHER (2003): Genetic structure of kestrel populations and colonization of the Cape Verde archipelago. Mol. Ecol. **12**: 2145–2151.

HÖFLE, U., J. M. BLANCO, H. SAUER-GÜRTH & M. WINK (2000): Molecular sex determination in Spanish Imperial Eagle (Aquila adalberti) nestlings and sex related variation in morphometric, haematological and biochemical parameters. In: Raptor Biomedicine III; J. T. LUMEIJ, J. D. TEMPLE, P. T. REDIG, M. LIERZ & J. E. COOPER eds.; Zoological Education Network, Lake Worth, pp.: 289–293.

KAHN, N. W., J. S. JOHN & T.W. QUINN (1998): Chromosome-specific intron-size differences in the avian CHD gene provide an efficient method for sex identification in birds. Auk **115**: 1074–1078.

KARP, A., P. G. ISAAC & D. S. INGRAM (1998): Molecular tools for screening biodiversity. Chapman & Hall, London.

KRETZMANN, M. B., N. CAPOTE, B. GAUTSCHI, J. A. GODOY, J. A. DONAZAR & J. J. NEGRO (2003): Genetically distinct island populations of the Egyptian vulture (*Neophron percnopterus*). Conservation Genetics. **4**: 697–706.

KRUCKENHAUSER, L., E. HARING, W. PINSKER, M. J. RIESING, H. WINKLER, M. WINK & A. GAMAUF (2004): Genetic versus morphological differentiation of old world buzzards (genus *Buteo; Accipitridae*). Zoologica Scripta **33**: 197–211.

MARTINEZ-CRUZ, B., J. A. GODOY & J. J. NEGRO (2004): Population genetics after fragmentation: the case of the endangered Spanish imperial eagle (*Aquila adalberti*). Mol. Ecol. **13**: 2243–2255.

MARTINEZ-CRUZ, B., V.A. DAVID, J.A. GODOY, J.J. NEGRO, S.J. O'BRIEN & W.E. JOHNSON (2002): Eighteen polymorphic microsatellite markers for the highly endangered Spanish imperial eagle (*Aquila adalberti*) and related species. Molecular Ecology Notes **2**: 323–326.

MASUDA, R., M. NORO, N.KUROSE, C. NISHIDA-UMEHARA, N. TAKECHI, T. YAMAZAKI, M. KOSUGE & M.YOSHIDA (1998): Genetic characteristics of endangered Japanese golden eagles (*Aquila chrysaetos japonica*) based on mitochondrial DNA D-loop sequences and karyotypes. Zoo Biology **17**: 111–121.

MINDELL, D. P. (1997): Avian molecular evolution and systematics. Academic Press San Diego.

MIRA, S., C. BILLOT, T. GUILLEMAUD, L. PALMA & M. L. CANCELA (2002): Isolation and characterization of polymorphic microsatellite markers in Eurasian vulture *Gyps fulvus*. Molecular Ecology Notes **2**: 557–558.

MORRISON, J. L. & M. MALTBIE (1999): Methods for gender determination of Crested Caracaras. J. Raptor Res. **33**: 128–133.

NESJE, M. & K. H. ROED (2000a): Microsatellite DNA markers from the gyrfalcon (*Falco rusticolus*) and their use in other raptor species. Mol. Ecol. **9**: 1438–1440.

NESJE, M. & K. H. ROED (2000b): Sex identification in falcons using microsatellite DNA markers. Hereditas **132**: 261–263.

NESJE, M., K. H. ROED, J.T. LIFJELD, P. LINDBERG & O. F. STEEN (2000): Genetic relationships in the peregrine falcon (*Falco peregrinus*) analysed by microsatellite DNA markers. Mol. Ecol. **9**: 53–60.

NICHOLS, R. A., M. W. BRUFORD & J. J. GROOMBRIDGE (2001): Sustaining genetic variation in a small population: Evidence from the Mauritius kestrel. Mol. Ecol.**10**: 593–602.

NITTINGER, F., E. HARING, W. PINSKER, M. WINK & A. GAMAUF (2005): Out of Africa: phylogenetic relationships between *Falco biarmicus* and other hierofalcons (Aves *Falconidae*). J. Zool. Syst.Evolutionary Res. **43**: 321–331.

NITTINGER, F., A. GAMAUF, W. PINSKER, M. WINK & E. HARING (2007): Phylogeography and population structure of the saker falcon (*Falco cherrug*) and the influence of hybridization: mitochondrial and microsatellite data. Mol. Ecol.(Im Druck).

RIESING, M. J., L. KRUCKENHAUSER, A. GAMAUF & E. HARING (2003): Molecular phylogeny of the genus *Buteo* (Aves: *Accipitridae*) based on mitochondrial marker sequences. Mol. Phylogen. & Evol. **27**: 328–342.

RISTOW, D. & M.WINK (2004): Seasonal variation in sex ratio of fledging Eleonora's falcon, *Falco eleonorae* . J. Raptor Res. **38**: 320–325.

ROQUES, S., J. A. GODOY, J. J. NEGRO & F. HIRALDO (2004): Organization and variation of the mitochondrial control region in two vulture species, *Gypaetus barbatus* and *Neophron percnopterus*. J. Heredity **95**: 332–337.

ROULIN, A. & M.WINK (2004): Predator-prey polymorphism: relationships and the evolution of colour a comparative analysis in diurnal raptors. Biol. J. Linn. Soc. **81**: 565–578.

SCHEIDER, J., M. WINK, M. STUBBE, S. HILLE & W. WILTSCHKO (2004): Phylogeographic relationships of the Black Kite *Milvus migrans*. In: Raptors Worldwide; (R. D. CHANCELLOR & B.-U. MEYBURG, eds.), WWGBP, Berlin. pp.: 476–472.

SEIBOLD, I. & A. HELBIG (1995a): Evolutionary history of New and Old World vultures inferred from nucleotide sequences of the mitochondrial cytochrome b gene. Phil. Transact. Roy. Soc. London Series B, 350: 163–178.

SEIBOLD, I. & A. J. HELBIG (1995b): Systematic position of the Osprey *Pandion haliaetus* according to mitochondrial DNA sequences. Vogelwelt **116**: 209–217.

SEIBOLD, I. & A. HELBIG (1996): Phylogenetic relationships of the sea eagles (genus *Haliaeetus*): Reconstructions based on morphology, allozymes and mitochondrial DNA sequences. J. Zool. Syst. Evol. Res. **34**: 103–112.

SEIBOLD, I., A. J. HELBIG, B.-U. MEYBURG, J. J. NEGRO & M. WINK (1996): Genetic differentiation and molecular phylogeny of European *Aquila* eagles according to cytochrome b nucleotide sequences. In: B.-U. MEYBURG & R. CHANCELLOR: Eagle Studies. WWGBP, Berlin, London & Paris. pp.: 1–15.

SEIBOLD, I., A. HELBIG & M. WINK (1993): Molecular systematics of falcons (family *Falconidae*). Naturwissenschaften **80**: 87–90.

SIBLEY, C. G. & J. E. AHLQUIST (1990): Phylogeny and classification of birds. Yale Univ. Press, New Haven.

SIBLEY, C. G. & B. L. MONROE (1990): Distribution and taxonomy of birds of the world. Yale Univ. Press, New Haven.

STORCH, V., U. WELSCH & M. WINK (2007): Evolutionsbiologie. 2. Auflage; Springer Berlin.

SWATSCHEK, I., D. RISTOW, W. SCHARLAU, C. WINK & M. WINK (1993): Populationsgenetik und Vaterschaftsanalyse beim Eleonorenfalken (*Falco eleonorae*). J. Ornithol. **134**: 137–143.

TARR, C. L. & R. C. FLEISCHER (1993): Mitochondrial DNA variation and evolutionary relationships in the amakihi complex. Auk **110**: 825–831.

TOPINKA, J. R. & B. MAY (2004): Development of polymorphic microsatellite loci in the northern goshawk (*Accipiter gentilis*) and cross-amplification in other raptor species. Conservation Genetics **5**: 861–864.

VALI, U. (2002): Mitochondrial pseudo-control region in old world eagles (genus *Aquila*). Mol. Ecol. **11**: 2189–2194.

VALI, U. & A. LOHMUS (2004): Nestling characteristics and identification of the lesser spotted eagle *Aquila pomarina*, greater spotted eagle *A. clanga*, and their hybrids. J. Ornithol. **145**: 256–263.

WIESEMÜLLER, B., H. ROTHE & W. HENKE (2003): Phylogenetische Systematik, Springer, Heidelberg.

WILSON, A. C., H. OCHMAN & E. M. PRAGER (1987): Molecular time scale for evolution. Trends Genetics **3**: 241–247.

WINK, M. (1995): Phylogeny of Old and New World vultures (Aves: *Accipitridae* and *Cathartidae*) inferred from nucleotide sequences of the mitochondrial cytochrome b gene. Z. Naturforsch. **50c**: 868–882.

WINK, M. (1998): Application of DNA-Markers to Study the Ecology and Evolution of Raptors. In: Holarctic Birds of Prey. (R. D. CHANCELLOR, B.-U.MEYBURG & J. J. FERRERO, eds.), Adenex & WWGBP, Berlin. pp.: 49–71.

WINK, M. (2000): Advances in DNA studies of diurnal and nocturnal raptors. In: Raptors at Risk. (R. D. CHANCELLOR & B.-U. MEYBURG, eds.) WWGBP/Hancock House. pp.: 831–844.

WINK, M. (2006): Schriftzeichen im Logbuch des Lebens: Molekulare Evolutionsforschung. Biologie in unserer Zeit **36:** 26–37.

WINK, M., M. CLOUET, J. L. GOAR & C. BARAU (2004b): Sequence variation in the cytochrome b gene of subspecies of Golden Eagles (*Aquila chrysaetos*). Alauda **72**: 153–157.

WINK, M., H. DÖTTLINGER, M. N. NICHOLLS & H. SAUER-GÜRTH (2000): Phylogenetic relationships between Black Shaheen (*Falco peregrinus peregrinator*), Red-naped Shaheen (*F. pelegrinoides babylonicus*) and Peregrines (*F. peregrinus*). In: Raptors at Risk. (R. D. CHANCELLOR & B.-U. MEYBURG, eds.) WWGBP/Hancock House. pp.: 853–857.

WINK, M. & P. HEIDRICH (1999): Molecular evolution and systematics of owls (Strigiformes). In: C. KÖNIG, F. WEICK & J. H. BECKING (eds.): Owls of the world. Pica Press. pp.: 39–57.

WINK, M. & P. HEIDRICH (2000): Molecular systematics of owls (Strigiformes) based on DNA sequences of the mitochondrial cytochrome b gene. In: Raptors at Risk. (R.D. CHANCELLOR & B.-U. MEYBURG, eds.) WWGBP/Hancock House. pp.: 819–828.

Wink, M., P. Heidrich & C. Fentzloff (1996): A mtDNA phylogeny of sea eagles (genus *Haliaeetus*) based on nucleotide sequences of the cytochrome b gene. Biochem. Syst. & Ecol. **24**: 783–791.

Wink, M., M. Preusch & J. Gerlach (2006): Genetische Charakterisierung südwestdeutscher Wanderfalken (*Falco peregrinus*). In: Greifvögel und Falknerei 2004. pp.: 37–47.

Wink, M. & D. Ristow (2000): Biology and molecular genetics of Eleonora's Falcon (*Falco eleonorae*), a colonial raptor of Mediterranean islands. In: Raptors at Risk. (R. D. Chancellor & B.-U. Meyburg, eds.) WWGBP/Hancock House. pp.: 653–668.

Wink, M. & H. Sauer-Gürth (2000): Advances in the molecular systematics of African raptors. In: Raptors at Risk. (R. D. Chancellor & B.-U. Meyburg, eds.) WWGBP/Hancock House. pp.: 135–147.

Wink, M. & H. Sauer-Gürth (2004): Phylogenetic relationships in diurnal raptors based on nucleotide sequences of mitochondrial and nuclear marker genes. In: Raptors Worldwide. (R. D. Chancellor & B.-U. Meyburg, eds.), WWGBP, Berlin. pp.: 483–498.

Wink, M., H. Sauer-Gürth, D. Ellis & R. Kenward (2004c): Phylogenetic relationships in the Hierofalco complex (Saker-, Gyr-, Lanner-, Laggar- Falcon). In: Raptors Worldwide. (R. D. Chancellor & B.-U. Meyburg, eds.), WWGBP, Berlin. pp.: 499–504.

Wink, M., H. Sauer-Gürth & M. Fuchs (2004d): Phylogenetic relationships in owls based on nucleotide sequences of mitochondrial and nuclear marker genes. In: Raptors Worldwide. (R. D. Chancellor & B.-U. Meyburg, eds.), WWGBP, Berlin. pp.: 517–526.

Wink, M., H. Sauer-Gürth, F. Martinez, G. Doval, G. Blanco & Hatzofe (1998): Use of GACA-PCR for molecular sexing of Old World vultures (Aves: *Accipitridae*). Mol. Ecol. **7**: 779–782.

Wink, M., H. Sauer-Gürth & D. Pepler (2004e): Phylogeographic relationships of the Lesser Kestrel (*Falco naumanni*) in breeding and wintering quarters inferred from nucleotide sequences of the mitochondrial cytochrome b gene. In: Raptors Worldwide. (R. D. Chancellor & B.-U. Meyburg, eds.), WWGBP, Berlin. pp.: 505–510.

Wink, M., H. Sauer-Gürth & H.-H. Witt (2004a): Phylogenetic differentiation of the Osprey (*Pandion haliaetus*) inferred from nucleotide sequences of the mitochondrial cytochrome b gene. In: Raptors Worldwide. (R. D. Chancellor & B.-U. Meyburg, eds.), WWGBP, Berlin. pp.: 511–516.

Wink, M. & I. Seibold (1996): Molecular phylogeny of Mediterranean raptors (Families *Accipitridae* and *Falconidae*). In: Biology and Conservation of Mediterranean raptors, 1994. (Muntaner, J. & J. Mayol, eds), SEO/BirdLife, Madrid, Monografia **4**: 335–344.

Wink, M., I. Seibold, F. Lotfikhah & W. Bednarek (1998): Molecular systematics of holarctic raptors (Order Falconiformes). In: Holarctic Birds of Prey. (R. D. Chancellor, B.-U. Meyburg & J. J. Ferrero, eds), Adenex & WWGBP. pp.: 29–48.

Wink, M., H. Staudter, Y. Bragin, R. Pfeffer & R. Kenward (1999): The use of DNA fingerprinting to determine annual survival rates in Saker falcons (*Falco cherrug*). J. Ornithol. **140**: 481–489.

Gary Timbrell

Ein kurzer geschichtlicher Überblick über die Falknerei der Welt

Im Rahmen des Abu Dhabi-Symposiums „Falknerei: Ein Weltkulturerbe" im September 2005 trafen sich zahlreiche Falknereiexperten und gaben Präsentationen zu ihren unterschiedlichen Spezialgebieten. Es war die Falknerei aller Regionen der Welt präsent, und viele aufregende und interessante Informationen wurden bekannt, die bis dahin denjenigen von uns vorenthalten geblieben waren, die nur aus Büchern in der eigenen Landessprache oder aus den Erfahrungen unserer Landsleute gelernt hatten.

Nachfolgend finden Sie eine kurze Zusammenfassung aus der Sicht eines Laien. Ich entschuldige mich vorab bei den Ländern, deren Namen und deren Geschichte hier nicht erscheinen, da die Zahl der Experten des Symposiums bedauerlicherweise begrenzt war.

Gary Timbrell – Foto: privat

Ein signifikantes Problem der dokumentierten Geschichte ist, daß Geschichte nur dann dokumentiert werden kann, wenn entsprechende Daten aufgeschrieben wurden. Wir können sicher sein, daß die Anfänge der Falknerei weit vor den Anfängen des geschriebenen Wortes lagen, da die frühesten gefundenen schriftlichen Aufzeichnungen eine hoch organisierte und technisch weit entwickelte Falknerei beschreiben, die sich über Hunderte, wenn nicht sogar über Tausende von Jahren entwickelt haben muß, um einen derartig hohen Vollkommenheitsgrad zu erreichen. Viele zum Symposium anwesende Experten sind nahezu hauptamtlich mit der Erforschung dieses sehr schwer faßbaren Fachgebiets beschäftigt.

Falknerei wurde in der **Mongolei** bereits zu einem sehr weit zurückreichenden Zeitpunkt ausgeübt und genoß bereits 1.000 Jahre vor Christi Geburt, also vor 3.000 Jahren, einen sehr hohen Stellenwert. Sie erreichte einen hohen Grad der Kultiviertheit durch die militärischen Aktivitäten der großen Khans, welche die Falknerei zur Gewinnung von Nahrungsmitteln und als Zeitvertreib zwischen den Schlachten ausübten. Eine dieser Militäraktionen reichte fast bis vor die Tore Wiens. Zur Zeit Marco Polos gab es über 60 Beamte, die über 5.000 Fänger und mehr als 10.000 Falkner und deren Helfer verwalteten.

Falknerei war eng verknüpft mit rechtlichen und militärischen Belangen, der Diplomatie und der Besiedlung von Land und breitete sich dementsprechend aus. Sie erreichte **Korea** um 220 v. Chr. und **Japan** erst um einiges später. In **China** spielte die Kultur der Falknerei einst eine signifikante Rolle. Es gibt viele historische Überbleibsel in der Literatur, in Gedichten, in Gemälden und in Porzellanarbeiten, welche die Falknerei in der Kultur der Herrscherfamilie, des Adels und im täglichen Leben des gemeinen Volkes beschreiben. Die chinesische Falknerei war untrennbar mit

Politik und mit Macht verbunden, und schriftliche Überlieferungen reichen bis zu einem Zeitpunkt um 700 v. Chr. zurück. Sie schildern eine sehr ausgereifte und fachliche Falknerei, die exakte Parallelen zu den Techniken aufweist, die noch heute Anwendung finden. Die Herrscherfamilie dieser Zeit (Chu-Reich) verwendete bereits Falken, Adler und Habichtsartige in genau der gleichen Art und Weise, wie wir dies heute tun. Das bedeutet, daß Falknerei in der Region (sollte sie denn dort geboren worden sein) vor weit mehr als 3.000 Jahren begann.

Falknerei war in China bis in das frühe 20. Jahrhundert stark etabliert. Sie genoß kaiserliches Patronat und war nicht zuletzt aufgrund der mittelalterlich geprägten Gesellschaft bei Aristokratie und auch beim gemeinen Volk durch die Jahrhunderte hinweg populär. Mit dem Niedergang und dem Fall der kaiserlichen Familie im Jahre 1912 wurde die höfische Falknerei schwach und erstarb. Gleichzeitig verfiel die Falknerei der normalen Bevölkerung durch Konflikte zwischen ethnischen Gruppen und letztlich durch Welt- und Bürgerkriege. Heute hat die Falknerei noch bei ethnischen Minderheiten, wie beispielsweise den Hui, den Weir und den Naxi u.a., Fortbestand.

Jagd ist durch die chinesische Wildschutzverordnung des Jahres 1989 nicht erlaubt. Die Verordnung wurde zum Schutze bedrohter Tierarten, wie z. B. Tiger, Bären und Pandas, erlassen. Zu diesem Zeitpunkt wußte jedoch niemand von der hohen Bedeutung der Falknerei in den Kulturen dieser kleinen Gemeinschaften. Für junge Menschen bestehen heute keine angemessenen Möglichkeiten mehr, sich über Falknerei zu informieren und das falknerische Erbe mit Habichten und Sperbern weiterzugeben. Wie können das Erbe und die reiche und lange Kulturgeschichte der chinesischen Falknerei erhalten bleiben, wenn niemand mehr hineinwächst? Wie kann sie legalisiert werden und wie können Beziehungen zwischen Falknern und dem Naturschutz koordiniert werden? Wie können wir verhindern, daß die chinesische Falknerei innerhalb der nächsten 10 bis15 Jahre verschwindet? Vielleicht sind dies einige der Fragen, die durch die UNESCO-Konvention des Jahres 2003zum Schutze immaterieller Güter aufgegriffen werden können.

Japans geographische Isolation durch die See bedeutete, daß der natürliche Vormarsch der Falknerei erst relativ spät erfolgte. Die ersten schriftlichen Aufzeichnungen stammen von 355 n. Chr. (Nihon Shoki) aus Pekche. Sie dokumentieren, daß Greifvögel von Korea nach Japan exportiert wurden. Ab dem 6. Jahrhundert existieren beachtliche archäologische Belege. Im Altertum wurde die japanische Beizjagd durch berittene und mit Bogen bewaffnete Falkner ausgeübt. Dies erzeugte ein martialisches Bild der Beizgesellschaften, das bewußt geschaffen wurde, um einfache Sterbliche einzuschüchtern. Die Szene eines Aufbruchs zur Beizjagd beeindruckte Zuschauer immens, wodurch die Beizjagd sehr effektiv dazu benutzt wurde, öffentlich militärische Macht und Dominanz über das Land zu demonstrieren. Aus diesem Grund versuchten die zentralen Machthaber, die Beizjagd stets zu monopolisieren oder sogar durch Gesetze oder durch die buddhistische Ideologie zu verbieten, während aufstrebende lokale Adlige die Falknerei weiter ausübten, indem sie Beziehungen zu einflußreichen Personen nutzten oder einfach religiöse Vorwände im Schintoismus fanden. Die Bedeutung der öffentlichen Demonstration der japanischen Falknerei erschuf eine Tradition von wunderschönen Kostümen und kunstvollem Zubehör, deren Ästhetik bis zum heutigen Tage überlebt hat.

Kaiserliche Falknerei existierte unter dem kaiserlichen Haushaltsministerium bis zum Krieg, nach dessen Ende die Falknerei der Öffentlichkeit durch ein Lehrlingssystem zugänglich gemacht wurde, wonach ehemalige kaiserliche Falkner „Schulen für Falknerei", wie z. B. die Yedo Schule, die Yoshida Schule (Niwa Arie) und weitere, unterhielten, deren Ideale bis zum heutigen Tage existieren. Es bestand auch die Volkstradition der Jagd mit Habichtsadlern zum Nahrungserwerb aus dem frühen 19. Jahrhundert. Unglücklicherweise bekam diese Jagdart den Widerstand fanatischer Vogelbeobachter zu spüren, und es wird angenommen, daß nur noch ein einzelner Falkner diese Tradition aufrechterhält.

Trotz der weitläufigen Annahme, daß die Falknerei ihren Ursprung in den mongolischen Steppenregionen hatte, wird oft auch **Iran/Persien** als Wiege der Falknerei genannt. Während des Symposiums wurde auch die Theorie einer „parallelen Evolution" diskutiert, wonach die ersten Beizvögel zur ungefähr gleichen Zeit in der mongolischen Steppe und auch im Iran geflogen worden sein könnten. Gemäß der iranischen Geschichte war Tahmooreth, ein König der Pishdadid-Dynastie, der erste, der mit abgetragenen Beizvögeln jagte, dies ca. 2.000 Jahre vor Zoroaster, der wiederum 6.000 v. Chr. lebte. Das hieße, daß die Falknerei eine 8.000 bis 10.000 Jahre alte Vergangenheit hätte. Diese Hypothese war eine der interessantesten des Symposiums und wurde durch zahlreiche Beweise hinterlegt (Zeitpunkte der Dynastien, ungefähre Generations- und Herrschaftsdauern etc.). Das erste vollständige Buch über die Falknerei war das *Baznameh-e-Naseri* aus dem 12. Jahrhundert, das durch den Qajar-König *Naseraddin Schah* in Auftrag gegeben wurde. Dieser berühmte Wälzer wurde ins Englische, Französische und Deutsche übersetzt.

Im Iran wird heute die gleiche Geschichte erzählt, die wir auch aus anderen Orten der Welt kennen: Die Falknerei wurde verdrängt durch die Erfindung der Feuerwaffen und durch politische Unruhen, die den Sturz der Herrscherfamilie und schließlich eine Revolution zur Folge hatten. Seit der Revolution und dem Sturz des Schahs sind sowohl Zucht, Kauf und Verkauf von Greifvögeln als auch die Beizjagd durch das Umweltministerium verboten. Zahlreiche Nichtregierungsorganisationen im Iran erhalten jedoch gegenwärtig Anfragen junger Menschen zum Thema Falknerei und dem Training von Greifvögeln. Es gibt nun eine Wiederbelebung, die auf der Bewahrung und Reorganisation der traditionellen Methoden beruht. Jedoch wird diese Entwicklung durch starke Verstädterung und durch den Einfluß westlicher Elemente erschwert.

Auf dem **Indo-Pakistanischen** Subkontinent scheint Falknerei seit mindestens 600 v. Chr. bekannt zu sein. Der Adelsstand schätzte die Falknerei ganz besonders, und auch die Mogule waren begeisterte Falkner. Erstaunlicherweise war der bescheidene Sperber der bevorzugte Beizvogel des mächtigen Kaisers Akbar. Im Indus-Tal wurde die Falknerei von den Wüstenbewohnern zur Beschaffung des täglichen Lebensunterhalts ausgeübt, während die Bewohner der Grünzonen Falknerei als edle Kunst und Falken als Statussymbole edler Herkunft und als Luxus betrachteten. Organisierte Jagdgesellschaften zogen aus, um Wild zu beizen. Richard F. Burton, der berühmte Historiker und Übersetzer des 19. Jahrhunderts, beschrieb die interessanten falknerischen Praktiken der Völker im Indus-Tal in seinem Buch „Falconry in the Valley of the Indus"(London, 1852).

In **Indien** schätzten die königlichen Familien in den Rajput-Staaten – in Jaipur, Bhavnagar etc. – die Beizjagd bis in die 40er Jahre des vorigen Jahrhunderts. Dann wirkten sich jedoch die Partition und die daraus entstandenen politischen Probleme negativ auf die Falknerei in Indien, Pakistan und Afghanistan aus. Heute gibt es dort zwar viele Menschen mit theoretischen Kenntnissen über die Vögel, aber es sind nur sehr wenige mit praktischen Erfahrungen übrig. In Indien scheinen nur noch drei Personen zu existieren, die über praktisches Wissen verfügen. Einer von ihnen ist Col. Osman (Bruder des Königs Zahir Schah von Afghanistan); die anderen sind Shantanu Kumar und Shahid Khan, beide aus Jaipur und Nachfahren des professionellen Falkners von Kumar Shree Dharmakumarsinghij, Bruder des Maharadscha von Bhavnagar.

Das moderne **Pakistan** kennt seit der Trennung von Indien und aufgrund des fehlenden königlichen Patronats keine Falknerei. Die Gesetze des neuen Staates aus den 50er Jahren des vorigen Jahrhunderts verbieten die Falknerei in Pakistan. Jagdtourismus ist jedoch erlaubt und seit den 60er Jahren zahlen reiche Ausländer für dieses Privileg. Das führte zu Problemen – wenn Kommerz Einzug hält, dann verschwindet der gesunde Menschenverstand –, doch Verordnungen wurden erlassen und Fänger wurden auf eine Quote von 15 beschränkt. Naturschutzorganisationen, wie „Falcons International" (gegründet durch arabische Falkner), fordern nun eine Null-Quote. Das Umweltamt von Abu Dhabi und „Falcon Foundation

International Pakistan" haben sich vereinigt, um sich für den Schutz der Falken einzusetzen. Im Rahmen eines Auswilderungsprojektes werden Falken jährlich in die freie Wildbahn entlassen. Ausgewildert werden Falken aus verschiedenen Golfstaaten, die für ein Jahr legal falknerisch geflogen wurden, sowie aus Schmugglerhand beschlagnahmte Vögel. Die Beschlagnahmungen dieser illegalen Vögel sind Teil der Bemühungen des Landes, strengere Wildschutzverordnungen zu implementieren.

Durch die Verbindungen zum arabischen Markt ist Pakistan Weltmarktführer für Falknereizubehör.

Die Falknerei in **Rußland** blickt auf eine uralte Geschichte zurück, deren Wurzeln vermutlich im 8. oder 9. Jahrhundert liegen. Sie erreichte das Land über ostslawische Stämme, von deren südlichen Nachbarn und von den Hunnen und den Chasaren, der türkischsprachigen Nomadennation, die im fünften Jahrhundert ein Land schuf, dessen Grenzen sich über das moderne Dagestan, das Gebiet des Asowschen Meers, die Krim, die Don-Region und den Bereich der unteren Wolga erstreckte. Ende des 9. Jahrhunderts baute der altrussische Fürst Oleg den Falkenhof in Kiew. Vladimir, Sohn Jaroslavs des Weisen, der von 1019 bis 1054 herrschte, erließ das erste Gesetz zur Regelung der Falknerei. In historischen Chroniken wird mehrfach die hohe Bedeutung der Falknerei im Leben der russischen Prinzen erwähnt. Prinz Igor, der für seinen erfolglosen Feldzug nach Polovets im Jahre 1185 bekannt ist, liebte die Falknerei sehr. Selbst in Gefangenschaft änderte der Prinz seine Gewohnheiten nicht, sondern flog seine Beizvögel weiter.

Es existiert auch eine interessante Legende über den Heiligen Trifon, dessen Jahrestag von orthodoxen Christen am 14. Februar gefeiert wird: Der Boyar (Adlige) Patrikiev hatte das Pech, einen Falken zu verlieren, der Zar Ivan dem Schrecklichen gehörte. Das Schlimmste befürchtend, betete er zum örtlichen Heiligen, Trifon (oder Triphon), damit dieser ihm zeige, wo sich der Falke befand. Tatsächlich erschien ihm der Heilige im Traum und zeigte ihm, wo er suchen sollte. Als Dank erbaute der Boyar eine Kirche und widmete sie dem Heiligen. Religiöse Symbole zeigen St. Trifon in Falknerpose mit einem Falken auf der Faust.

Während des Mittelalters florierte die Falknerei in Rußland, insbesondere im Moskauer Fürstentum. Ein Moskauer Bezirk ist sogar als „Sokolniki" bekannt, was „Falkner" oder „Ort der Falkner" bedeutet. Ihren Höhepunkt erreichte die Falknerei während der Regentschaft von Aleksej Michailowitsch Romanov (regierte 1645 bis 1676, Vater von Peter dem Großen). Aber, wie überall, starb die Falknerei im Kreise der russischen gesellschaftlichen Oberschicht zum Ende des 19./Beginn des 20. Jahrhunderts praktisch aus. Nach Oktober 1917 war die Falknerei zwar nicht offiziell verboten, aber sie wurde auch nicht mehr durch die Regierung unterstützt, was einem Verbot quasi gleichkam. In zwei Regionen jedoch, in denen einfache Bürger die Falknerei ausübten, konnte sie weiter existieren: in Transkaukasien (Georgien) und in den Republiken Mittelasiens, wo die Falknerei eine der Jagdarten darstellte, die zur Beschaffung von Nahrung bzw. von Fellen ausgeübt wurden. Selbst während der Sowjetzeit wurden in Rußland Falken und andere Greifvögel geflogen, um Nebelkrähen von den Kuppeln des Moskauer Kremls zu scheuchen. Neben dem ständigen Lärm rieben die Krähen mit ihren Füßen die dünnen Goldschichten ab, mit denen die Kuppeln überzogen waren. Rabenvögel, insbesondere Nebelkrähen, waren im Moskauer Zentrum ganz besonders zahlreich. Diese Arbeit wurde von drei Falknern erledigt, die vom Sicherheitsdienst des Kremls (dem früheren KGB) beschäftigt waren. Seit 2003 halten russische Falkner offizielle Beizjagden ab und Rußland hat sich um Mitgliedschaft in der IAF beworben.

Auch in der **Ukraine** wurde vor fünf Jahren ein Verein gegründet, der sich um Mitgliedschaft in der IAF beworben hat. Gegenwärtig erfährt die Falknerei in der ehemaligen UDSSR eine Wiederbelebung. In **Litauen** jagen ca. sechs Falkner mit Habichten. Die mittelalterliche Falknerei entwickelte sich in Litauen als Teil des gemeinsamen Königreichs Polen-Litauen mit einem weitaus größeren Gebiet als heute. In **Estland** gibt es nur drei Falkner, denen kürzlich ein Verbot aufgezwungen wurde.

Falknerei ist in **Georgien** seit dem 5. Jahrhundert bekannt. Besonders erwähnenswert ist die dortige Tradition der Wachtelbeize mit Sperbern. Sie wurde bereits in der Literatur des frühen 19. Jahrhunderts detailliert beschrieben. Eine ähnlich lebendige Tradition besteht heute in **Tunesien** und in der **Türkei**. Für viele Jahrhunderte beizten die einfachen Menschen in Westgeorgien mit Sperbern, während die höhergestellten Kreise der Gesellschaft Ostgeorgiens Habichte und Falken flogen. Georgien erkannte als erster der ehemaligen Sowjetstaaten die Falknerei als legale Jagdart an. In der Stadt Poti gibt es ein Denkmal, das den Basieri (Sperber-Falknern) gewidmet ist. Für viele Jahrzehnte war der Arzt Giwi Schogowadse Vorsitzender der Falknereisektion und Vorsitzender aller georgischen Basieri. Er starb im vergangenen Jahr. Zum gegenwärtigen Zeitpunkt sind mehr als 500 Basieri registriert.

Kasachstan ist ein Land von der Größe Europas – Berge und Steppe, nahezu unberührt durch die moderne Zivilisation und bevölkert von Bauern oder Teilzeit-Bauern. Die dortigen Falkner setzen die zentralasiatische Tradition der Adlerbeize auf Hasen zur Nahrungsgewinnung und auf Fuchs und Wolf zum Schutze der Herden und zur Gewinnung der Felle fort. Bis zur heutigen modernen Zeit war dies eine existenzielle Notwendigkeit für die Menschen in Kasachstan, in **Kirgisien**, **Tadschikistan**, **Usbekistan**, der **Mongolei** und auch für ethnische Minderheiten in **Westchina**.

Die Falknereitradition **Turkmenistans** unterscheidet sich stark von den Traditionen der Adlerbeize des Nachbarlandes Kasachstan und der anderen zentralasiatischen Republiken im Norden und im Osten. Sie ähnelt wesentlich stärker der iranischen und afghanischen Beizjagd mit Sakern und Tazy (Turkmenische Version des Saluki-Windhundes) auf Wüstenhasen. Traditionell verbringen die dortigen Falkner fünf Monate im Jahr mit ihren Beizvögeln, ihren Tazy und ihren Mentoren in der Wüste. Die Oguz Khan-Stämme lebten als Vorfahren der Turkmenen vor 5.000 Jahren und verwendeten Falknereisymbole auf ihren Ahnenemblemen, auf Teppichen, Tonwaren und anderen archäologischen Funden. In der Literatur taucht die Falknerei in vielen turkmenischen Klassikern des 15. bis 17. Jahrhunderts auf. Autoren, wie Sayilly, Makhtumkuli, Seyidi und Mollanepes, waren selbst Falkner. Falknerei wird als Zeichen der Ebenbürtigkeit gesehen. Der Falke wird genauso vom Landmann getragen wie vom Stadtbewohner und vom Arbeiter wie vom Akademiker oder Künstler. Falknerei wird als Anerziehung der Ideale des Naturschutzes betrachtet.

Arabische Falknerei: Die Falknerei kam mit der ersten Zivilisation in den Nahen Osten und die arabischen Golfgebiete und war dort bereits einige Jahrtausende v. Chr. verbreitet. In der Al Rafidein- Region (**Irak**) wurde sie 3.500 v.Chr. vielerorts ausgeübt. Um 2.000 v. Chr. wurde im Gilgamesch-Epos klar auf die Jagd mit Beizvögeln auf Wild im Irak Bezug genommen. In den Tempeln der Pharaonen gibt es Zeichnungen und Schriften, welche die Bedeutung der Falken für die alten **Ägypter** verdeutlichen. Die **Babylonier** bauten einen Diwan für Falken und legten Schutzgebiete für die Wildarten an. Al Harith bin Muawija, ein früher König der Region, die heute auch **Saudi Arabien** einschließt, jagte als einer der ersten mit Falken. Die Kalifen und Prinzen der Omaijaden, wie z. B. Muawija bin Abi Sufijan und Hisham bin Abdul Malek, übten die Falknerei aus, die zur Zeit der Abbasiden einen hohen Stellenwert genoß. Der Kalif Harun al-Raschid war der Jagdart sehr zugetan und tauschte Falkengeschenke mit anderen Königen aus. Arabische Dichter lobten die Falken in zahlreichen Gedichten, und alle arabischen Gesellschaftsschichten – Könige, Scheichs und niederer Adel – übten die Falknerei aus und überlieferten sie nachfolgenden Generationen.

Die arabische Golfregion wurde berühmt für ihre Falkner und die dortige Falknereitradition. Durch den arabischen Einfluß verbreitete sie sich in der gesamten islamischen Welt. Nach Osten in die großen islamischen Königreiche Zentralasiens und westwärts über Nordafrika bis zum Maghreb, was die charakteristischen Stilrichtungen der **Beduinen**, des Königreichs der **Marokkaner**, der

MARK UPTON: „*Arabische Falkner pausieren in der Mittagshitze*" – Öl auf Leinwand (60 cm x 76 cm)

Maghreb und **Tunesiens** (Wildfangsperber auf Wachteln – beachte Ähnlichkeiten mit der Falknerei der Ost-Türkei und Transkaukasiens) hervorbrachte. Im Heiligen Koran selbst sind falknerische Verse zu finden, welche die Falknerei als Jagdart gestatten.

Mehr als anderswo auf der Welt, wird die Falknerei als Symbol der Kultur dieser Region betrachtet. 50 % der Falkner der Welt leben im Nahen Osten, der die arabische Region einschließt. Die Philosophie dieser Region besagt, daß Jagdausflüge Geduld, Durchhaltevermögen und Eigenständigkeit fördern, und daß von den Falken Mut gelernt werden kann.

Den Begriff „europäische" Falknerei zu benutzen ist in dem Sinne irreführend, daß falknerische Praktiken und Techniken innerhalb Europas und auch mit weiteren Ländern über Jahrhunderte hinweg ausgetauscht wurden. Im 13. Jahrhundert wurden beispielsweise arabische Falknereitechniken über Spanien und über den sizilianischen Hof Kaiser Friedrichs II. von Hohenstaufen nach Europa importiert. Er beschäftigte arabische, englische, spanische, deutsche und italienische Falkner und übersetzte bedeutende arabische Falknereiwerke. Sein Meisterwerk „De arte venandi cum avibus" umfaßt das falknerische Wissen vieler Kulturen. Falknerei war ein Mittel zur kulturellen Kommunikation, da die Symbolik ihres Wesens von den meisten Kulturen geteilt wurde und auch weil sich Falken ideal als diplomatische Geschenke eigneten. Ihre geographische Reichweite war außerordentlich groß.

Falkenhändler des 17. Jahrhunderts brachten Falken aus Flandern, Deutschland, Rußland, der Schweiz, Norwegen, Sizilien, Korsika, Sardinien, den Balearen, Spanien, der Türkei, Alexandrien, den Berberstaaten und aus Indien an den französischen Hof. Falknerei war nicht einfach nur eine Vergnügung, sie war eine leidenschaftliche Artikulation von sozialer Stellung und politischer Macht und ein todernster Zeitvertreib. Sie wurde als eine der feinsten irdischen Bestrebungen betrachtet und war zudem ein großes Geschäft.

Zum Ende des 17. Jahrhunderts verblaßte langsam die Bedeutung von Falken als diplomatische Geschenke, und die Verbindung zwischen Adel und Falknerei brachte ihr nach der Französischen Revolution keine zusätzlichen Sympathien. Sie verschwand zugunsten der neuen Jagd mit der Schußwaffe. Im 19. Jahrhundert übten nur einige wenige die Beizjagd in Europa aus. Falknervereine wurden nun nicht nur für den Erhalt der sozialen Komponente der Falknerei wichtig, sondern vor allem auch für den Erhalt des Wissens um die Falknerei. Irgendwie konnte die Falknereitradition durch eine gerade ausreichende Anzahl von Falknern überleben, welche ihr wertvolles Wissen weiterzugeben vermochten. In den meisten europäischen Ländern erlebte die Falknerei in den 1920er und 1930er Jahren eine Renaissance, und ihre Popularität nahm in den 1950ern und 1960ern weiter zu. Während des 19. und des frühen 20. Jahrhunderts wurde das immaterielle Erbe der Falknerei durch etwas abgesichert, was die UNESCO „Lebende Schätze" nennt – kompetente Falkner brachten ihren Schülern nicht nur die praktischen Seiten der Falknerei näher, sondern vermittelten auch deren immaterielle Dimensionen. Sie lehrten den ethischen Kodex falknerischer Weidgerechtigkeit und konnten ihren Schülern ein Bewußtsein für die emotionale Bindung des Falkners zu seinem Beizvogel, zum Wild und zur Natur beibringen.

Spanien und **Portugal**. Kürzlich in Ost-Spanien entdeckte hochinteressante Abbildungen von Falknereiszenen aus dem 3. Jahrhundert v. Chr. werden gegenwärtig von Wissenschaftlern untersucht. Vor dem Fund dieser Abbildungen herrschte unter den Gelehrten die Meinung, die Falknerei sei im 5. Jahrhundert n. Chr. mit den maurischen Königen aus Nordafrika und zu etwa der gleichen Zeit mit den Goten entlang der Nordküste des Mittelmeers nach Spanien gekommen.

Ein Großteil der Falknereigeschichte vor dem 16. Jahrhundert ist eng mit der damaligen arabischen Falknerei verwoben, und schriftliche Verweise in arabischer Sprache sind reichlich vorhanden, z. B. im Kalender von Córdoba aus dem 10. Jahrhundert und von Abd al-Yalil ibn Wahbaun im 11. Jahrhundert. Es gibt islamische Falknereibilder, wie auf der Leyre-Truhe (1004–1005 n. Chr.), zu besichtigen im Museum zu Pamplona, und auf dem Al-Mugira Krug (968 n.Chr.) im Louvre-Museum in Paris. Während die Falknereisprache anderer Teile Westeuropas ihren Ursprung im mittelalterlichen Französisch hat, stammen viele Ausdrücke in Spanien und Portugal aus dem Arabischen. Alte spanische und portugiesische Falknereibücher sind zahlreich vorhanden und reichen vom frühen „Libro de las animalias que cazan" in Spanisch, 1250, über Vicomte Rocabertis „Libre de cetreria" in Katalanisch, 1390, bis zu Diogo Fernandes Ferreiras „Arte de caça de altaneria" von 1616 in Portugiesisch, das nun in englischer Übersetzung vorliegt.

Das Archivo Iberoamericano de Cetreria, ein iberisch-amerikanisches Falknereiarchiv, wurde mit Unterstützung der Regierung an der Universität von Valladolid gegründet, um alle modernen Publikationen zu sammeln und zu katalogisieren, um fotografische Kunst, Miniaturen, Gemälde und Skulpturen etc. ausfindig zu machen, das Material zu digitalisieren, die historische Forschung zu unterstützen und alles der Öffentlichkeit zugänglich zu machen.

Nach einer Unterbrechung von zwei Jahrhunderten wurde die spanische Falknerei durch Dr. Félix Rodriguez de la Fuente in den 1950ern von Grund auf wiederbelebt. Ohne einen einzigen praktizierenden spanischen Falkner als Lehrmeister stützte er sich auf die verfügbare mittelalterliche spanische Falknereiliteratur und ausländische Falkner wie den Franzosen Abel Boyer. 1964 schrieb de la Fuente sein überragendes „El Arte de Cetreria", ein Meisterwerk und ein Buch von großem Einfluß nicht nur auf spanische Falkner sondern auch für alle ernsthaften Falkner andernorts. Félix, auch bekannt als „Freund der Tiere", war dank seiner Tierfilme einer der populärsten Prominenten Spaniens. In den 1980er Jahren begann die Falknerei in Spanien und in Portugal zu florieren, und mittlerweile zählt Spanien zu den ersten fünf der Falknereinationen

Für Jahrhunderte bildeten die **Niederlande** das Zentrum der europäischen Falknerei. Zum heutigen Zeitpunkt wird die dortige Falknerei durch drakonische Gesetze geregelt. Nichtsdestotrotz hat die Falknerei überlebt und floriert auf einem sehr hohen Niveau. 200 Lizenzen werden für Falkner in den Niederlanden vergeben, und es dürfen nur Habichte und Wanderfalken für die Beizjagd eingesetzt werden. Von den bestehenden fünf Vereinen sind der Nederlands Valkeniersverbond Adriaan Mollen und der Valkerij Equipage Jacoba van Beieren die größten. Die holländische Falknerei hatte ihre Blütezeit in der ersten Hälfte des 18. Jahrhunderts, als die Niederlande die Drehscheibe für den Falkenhandel und -fang darstellten und viele Falkner aus Valkenswaard ab dem 17. Jahrhundert durch ganz Europa gesandt wurden. Unter königlichem Patronat des Hauses von Oranien und unter Teilnahme von adligen Falknern aus Holland, England, Frankreich und anderen europäischen Ländern wurde im Jahre 1839 der Loo Club gegründet, der einen seit dem 17. Jahrhundert einmaligen Standard des Hohen Flugs auf Reiher erreichte.

In den Niederlanden gibt es zwei für die Falknerei relevante Sammlungen: Das weltberühmte Falknermuseum in Valkenswaard, dem Zentrum des Falkenfangs im 18. und 19. Jahrhundert, von dem aus Falken und professionelle Falkner nach ganz Europa gingen, und eine Sammlung von über 200 Büchern und Gegenständen von globaler Bedeutung im Nationalmuseum der Niederlande, die aus dem Nachlaß des Professors A.E.H. Swaen aus den 1940er Jahren stammt. Darüber hinaus existiert eine falknereihistorische Stiftung, die sich mit der Jagdart Falknerei befaßt.

Belgien wurde durch die Nähe zu Valkenswaard und aufgrund der dortigen Hauptzugrouten von Greifvögeln bekannt für den Handel mit Falken und auch für seine Falkner. Die Falkner aus Arendonk waren seit dem 12. Jahrhundert berühmt, und die Region um Kempen galt als Heimat von Europas besten professionellen Falknern. Aus einigen Familien gingen über die Zeitspanne von fünf Jahrhunderten Falkner hervor. Fast alle eloquenten, mehrsprachigen und kultivierten Falkner, die vom 15. bis 18. Jahrhundert für Europas herrschende Familien arbeiteten, waren Flamen oder Holländer. Die Stadt Turnhout hatte ein eigenes Gericht für Falkner. Der letzte Falkenmeister des Königs von Frankreich im Jahre 1880 war ein Falkner aus Arendonk. Zum Beginn des 20. Jahrhunderts kam die Falknerei in Belgien fast zum Erliegen, erfuhr jedoch im Jahre 1912 einen Neuanfang durch Viscount Le Hardy de Beaulieu, der eine „Équipage" auf Krähen und Elstern unterhielt, welche bis 1927 durch einen professionellen Falkner geführt wurde. Die echte Wiederbelebung fand jedoch in den späten 1930ern durch Charles Kruyfhooft statt. Charles ist der wahrscheinlich letzte europäische Falkner, der Wanderfalken nach der berühmten Fangmethode aus Valkenswaard aus einer sehr ausgeklügelten speziellen Hütte heraus fing. Er beizte bis zu seinem Tod im Jahre 1995 ca. sechzig Jahre lang jeden Winter Rabenkrähen und Saatkrähen. Zum Ende des Zweiten Weltkriegs gab es nur noch drei aktive Falkner in Belgien. Bis 1966 war die belgische Falknerei wieder so weit gediehen, daß die Falkner ihre erste nationale Organisation gründen konnten. Den Club Marie de Bourgogne, benannt nach der Königin, die während einer Beizjagd im Jahre 1482 starb. Der erste Präsident war Charles Kruyfhooft, gefolgt von Christian de Coune und Patrick Morel. In den 1960ern erreichten Falkner durch politische Lobbyarbeit, daß eine begrenzte Anzahl von Lizenzen zur Haltung von Wanderfalken, Habichten oder Sperbern vergeben wurde, damit das Kulturerbe Falknerei aufrechterhalten bleiben konnte. Christian de Coune und Patrick Morel erreichten 1985 die Legalisierung der Falknerei und bekamen ein Gesetz, das als eines der besten in der Welt bezeichnet werden kann. Während der 1990er drohte ein Falknereiverbot in Flandern, doch der unermüdliche Einsatz vieler Falkner rettete die Falknerei. 1993 wurde sie offiziell als Jagdart und als Methode der Schädlingsbekämpfung anerkannt. Heute gibt es ca. 200 aktive Falkner. Es bestehen einige Falknereiverbände im flämischsprachigen Teil Belgiens, aber nur eine landesweite Organisation, der „Club Marie de Bourgogne". Belgische Falkner sehen sich je nach Region mit unterschiedlichen politischen Problemen konfrontiert. Die häufigsten Beizvögel in Flandern sind – wie auch im restlichen Europa – Habichte, Rotschwanzbussarde, Harris Hawks und Sperber, und es gibt im französischsprachigen Wallonien auch einige Falkenflieger der Superlative, die Wanderfalken und Hybridfalken fliegen. Belgien stellte die beiden IAF-Präsidenten Christian de Coune und Patrick Morel. In Belgien bestehen einige private Sammlungen mit falknerischer Kunst, Wandteppichen, Büchern und Literatur und zwei weitere kleine Falknereisammlungen im Schloß zu Lavaux Sainte Anne und im Taxandria Museum in Turnhout. Der Falknereiheilige St. Bavo lebte in Belgien und liegt in Gent begraben.

Falknerei war von der Zeit der Sachsen bis zum 18. Jahrhundert ein wesentlicher Bestandteil der Gesellschaft **Großbritanniens**. Einige der größten Falknereibücher sind praxisnahe Texte aus dem 16. und 17. Jahrhundert der Autoren Latham, Bert und Turberville. Falknereibücher aus dem Vereinigten Königreich gehören zu den vermutlich meistgelesenen von allen. Die Falknerei verfiel im 18. Jahrhundert verhältnismäßig schnell, und ihre Ausübung war auf einige Landbesitzer beschränkt, die holländische Falkner beschäftigten. Passionierte Falkner sorgten für eine Wiederbelebung der Falknerei, indem sie im Jahre 1872 den Old Hawking Club und im Jahre 1927 den British Falconers' Club gründeten. Glücklicherweise starb die Falknerei

Graf Harold auf der Beizjagd bei Schloß Bosham (England) im Jahre 1064 n. Chr. – Teppich von BAYEUX *– Stickerei 11. Jahrhundert*

in Großbritannien nie vollständig aus. Das Land wurde zu einer Fundgrube für Falknereiwissen und half, die Beizjagd andernorts in den folgenden Jahren wiederzuerwecken.

Heute werden in Großbritannien noch die traditionellen Formen der Falknerei ausgeübt. Die Anwarterfalknerei auf Grouse zieht viele Falkner aus allen Teilen Europas auf die schottischen Hochmoore. Die Krähenbeize, die moderne Variante der Reiherbeize, wird immer noch – teils vom Pferderücken – auf Salisbury Plain, in Northumberland und in Devon ausgeübt. Einige wenige Falkner fliegen noch Merline auf das traditionelle Beizwild, die Feldlerche. Unter den zahlreichen Verbänden ist der BFC mit einer Mitgliederzahl von ca. 1.500 der größte. Die Falknerei ist in Großbritannien heute populärer, als sie es in den letzten drei Jahrhunderten jemals war. Trotzdem – oder eher genau deswegen – ist ihr kulturelles Erbe bedroht.

In **Irland** war die Falknerei bereits zur späten Keltenzeit (ab dem 7. Jahrhundert) bekannt, jedoch dokumentieren schriftliche Quellen mehr den Wert der Vögel, als deren praktische Rolle in der Falknerei, was auf eine höhere Relevanz für den Export als für die Verwendung zur Beizjagd im eigenen Land hinweist. Falknerei war für das erste Gesetz zum Schutz von Greifvögeln verantwortlich. Es gibt Hinweise in den Brehon Laws (irische Richtergesetze), wonach Irland den westeuropäischen Adel bis zum Ende des 19. Jahrhunderts mit Wanderfalken und Habichten belieferte und wonach Aristokraten verschiedener Nationen dort beizten. 1870 wurde ein Irish Hawking Club unter dem Vorsitz von Lord Talbot de Malahide gegründet. Maharadscha Prinz Duleep Singh, eine in den Falknereikreisen zweier Kontinente bekannte Figur, steuerte 50 Pfund zur Gründung bei. In Irland bestand die starke Tradition der Beizjagd mit dem Sperber, und irische Falkner genossen internationales Ansehen.

In **Frankreich** erreichte die Falknerei den Höhepunkt an betriebenem Aufwand, an Umfang und an Pracht im 17. Jahrhundert unter Ludwig XIII. Sein Falkenhof bestand aus 300 Beizvögeln, unterteilt in sechs spezialisierte Equipagen: Für die Reiherbeize, für die Beize auf Milane und Krähen, für die Entenbeize, für die Beize auf Rebhühner usw. Zahlreiche Gemälde, Wandteppiche und Werke der Literatur überlebten aus dieser Zeit. Nach der Revolution verschwand die Falknerei aus dem Gesetz, als ein Schreiber versäumte die Beizjagd auf die Liste der akzeptierten Jagdarten des Jagdgesetzes von 1844 zu setzen. Obwohl sie weiterhin ausgeübt wurde, gab es keine rechtliche Regelung dafür. Nach dem letzten Krieg erfuhr die Falknerei eine Wiederbelebung. 1945 wurde die Association Nationale des Fauconniers et Autoursiers Francais (ANFA) gegründet. Der Verein hatte die Legalisierung, die Belebung, die Popularisierung und den Greifvogelschutz zum Ziel und wirkte am gesetzlich geregelten Schutz der Greifvögel in Frankreich mit. Heute besteht die ANFA aus ca. 300 Mitgliedern, die unterschiedlichste Beizvögel fliegen.

Frankreich spielt für das kulturelle Erbe der Falknerei eine besondere Rolle. 1999 wurde die Pierre-Amédée Pichot-Sammlung des Museums von Arles zur Aufnahme in das UNESCO Weltregister vorgeschlagen. Die Sammlung gehört zweifellos zu den wichtigsten falknereibezogenen Archiven der Welt. Das internationale Musée de la Venerie in Gien verfügt auch über eine Falknereisammlung, die signifikante Kunstwerke und Wandteppiche beinhaltet.

Nach **Italien** kam die Falknerei über drei verschiedene Wege: durch arabische Falkner des sizilianischen Hofes, aus dem Norden durch deutsche Einflüsse und durch venezianische Kontakte mit Falknern aus Asien und des Orients. Es besteht eine Fülle von Literatur, Kunst und anderen Aufzeichnungen über Falknerei aus dem Mittelalter und aus der Neuzeit. Zu den bekannten – oder auch unbekannten – Falknern der Zeit zählen Lorenzo di Medici, Lucrezia Borgia, Francesco Foscari, der Doge von Venedig und Kardinal Orsini. Und natürlich der berühmteste aller Falkner, Kaiser Friedrich II. (1194–1250), der von den beiden Ländern Italien und Deutschland für sich beansprucht wird.

Zum Ende des 19. Jahrhunderts war die Falknerei in Italien fast ausgestorben. Die Veröffentlichungen von Falknereibüchern der Autoren Chiorino und Filastori in den Jahren 1906 und 1908 halfen das Interesse für die Jagdart wiederzuerwecken. Heute fliegen italienische Falkner ihre Falken auf Fasane, Rebhühner, Wachteln, Krähen und Elstern und Habichte auf Kaninchen und Hasen. Die klassische Beizjagd ist aufgrund der starken Konkurrenz um geeignete Reviere zwischen Falknern und Jägern mit der Waffe außerordentlich schwer auszuüben.

Zu den Museen mit bedeutenden Falknereisammlungen zählen Castel del Monte und Castello di Melfi, beide in der Provinz Bari gelegen, das Fortezza del Girifalco in Arezzo und das Vatikanmuseum in Rom. Das Castello di Melfi ist von ganz besonderer Bedeutung: Es war das Schloß Kaiser Friedrichs von Hohenstaufen und dient als Tagungsort für alljährliche Beizjagden. Es bestehen 31 offizielle Falknereivereine, die jeweils einem der drei großen Falknereiverbände angeschlossen sind. Wie in anderen Ländern, so haben auch Falkner in Italien Pionierarbeit im Naturschutz durch Wiedereinbürgerungsprogramme für Wanderfalken und Uhus geleistet.

Deutschland: Hier hatte die Falknerei von 500 n. Chr. bis 1600 n. Chr. ihren Höhepunkt. Zu den ganz besonders erwähnenswerten Persönlichkeiten der Vergangenheit zählen natürlich Kaiser Friedrich II. und der fanatische Markgraf Karl Wilhelm Friedrich von Brandenburg-Ansbach des 18. Jahrhunderts. Im Jahre 1890 gab es jedoch nur noch eine einzige falknerische Einrichtung, nämlich die des Baron C. von Biedermann. Eine kleine Gruppe von Falknern übte die Kunst nahezu isoliert aus, bis die Falknerei im Jahre 1923 durch die Gründung des Deutschen Falkenordens eine Wiederbelebung erfuhr. Der DFO ist heute ein gut gedeihender Verein mit über 1.200 Mitgliedern und ist zugleich der älteste Falknerverband der Welt. Weiterhin bestehen noch der Orden Deutscher Falkoniere mit ca. 250 Mitgliedern und der Verband Deutscher Falkner mit ca. 100 Mitgliedern.

Die deutsche Falknerei ist stark gesetzlich geregelt. Falkner müssen die Jägerprüfung, die Falknerprüfung und einen Falknerjagdschein nachweisen. Weiterhin benötigen deutsche Falkner für die Ausübung der Beizjagd die Genehmigung eines Revierinhabers, was oft schwierig und teuer ist. Nur drei der fünfzehn heimischen Greifvogelarten dürfen für die Falknerei verwendet werden: Steinadler, Wanderfalke und Habicht. Falkner dürfen nur zwei Vögel dieser Arten besitzen. Die gebräuchlichsten Beizvögel in Deutschland sind Habichte (ca. 60 %) und Wanderfalken (ca. 15 %). Der Rest entfällt auf Harris Hawks, Rotschwanzbussarde, Adler und andere Falken.

Die deutsche Falknerei ist noch sehr traditionell. Jagdhornbläser grüßen die Falkner bei deren Ankunft zur Beizjagd, vor dem Aufbruch in die Reviere und zu Ehren des gebeizten Wildes bei Fackelschein am Ende eines Jagdtages. Nach einer Tagung besuchen Falkner oft eine Hubertusmesse, und zwar mit dem Beizvogel auf der Faust. Die Falknerei in Deutschland steht häufig unter erheblichem politischen Druck durch Jagdgegner. Die Falkner konnten diesen Herausforderungen bislang jedoch erfolgreich begegnen und unterstrichen ihr Engagement für die Umwelt durch ihren aktiven Part im Naturschutz. Das Wanderfalkenzucht- und Auswilderungsprogramm von Prof. Christian Saar und dem DFO, das dem Vorbild des Peregrine Fund folgte, erwies sich als so erfolgreich, daß Prof. Saar für seine Arbeit das Bundesverdienstkreuz verliehen wurde.

In **Dänemark** belegen Dokumente aus dem 6. Jahrhundert, daß Rolf Krake und seine Männer bei ihrem Besuch bei König Adils in Uppsala je einen Falken auf der Schulter trugen. Überreste von Beizvögeln wurden in den Gräbern bedeutender Wikinger gefunden. Später, im Jahre 985, belegt eine Aufzeichnung, daß jährlich 100 Mark und 60 Jagdfalken von Hakon dem Guten an Harald Blauzahn als Pacht für einen Teil Norwegens gezahlt wurden. König Knut der Heilige (1040–1086) war ein kompetenter Falkner, genau wie auch viele andere Könige bis zu Friedrich II. (1559–1588), der eine königliche Falknerei einrichtete. 1662 verbrachte Kronprinz Christian, später König Christian V. einige Zeit am Hof von Ludwig XIV. und gründete nach seiner Rückkehr nach Dänemark eine kleine Falknerei. Bis 1810 existierte ein königlicher Falkenhof, und die letzte königliche Beizjagd fand im Jahre 1803 anläßlich eines Besuchs des Duke of Gloucester statt.

Sowohl Island (dänisches Territorium) als auch Norwegen waren für ihre Geschenke an ausländische Herrscher in Form von Habichten und Gerfalken bekannt. Im 18. Jahrhundert wurden mindestens fünf Lieferungen von Falken an den Kaiser von Marokko geschickt. Nicht weniger als 50 verschiedene Höfe erhielten diese Geschenke. Im Jahre 1764 wurden 50 Falken an den französischen König, 30 an den deutschen Kaiser, 60 an den König von Portugal, 20 an den Landgrafen von Hessen und 2 an den französischen Botschafter geschickt. Falkengeschenke wurden Frankreich noch wenige Monate vor der Exekution von Ludwig XVI. gemacht, nach der der Falkenhof zu Versailles im Jahre 1793 vernichtet wurde. Die letzten Falken erhielten der Kaiser von Marokko 1798 und der portugiesische Hof 1806.

Nach dem Ende der königlichen Patronage in der Neuzeit erhielten nur wenige Menschen die Falknerei in Dänemark am Leben. Es waren so wenige, daß die Falknerei mit dem Jagdgesetz von 1967 verboten wurde. Der dänische Falknerclub schuf schnell gute Beziehungen zu Politikern und zu Beamten und arbeitet hart an einer Aufhebung dieses Verbotes.

Zentral- und Osteuropa sind Regionen mit ausgeprägtem Einfluß, deren geschichtliche Aufzeichnungen meist auf ein einzelnes Kaiserreich zurückgehen, z. B. ein tschechisch-mährisches, ein ungarisch-österreichisches, ein germanisches oder ein russisches. Viele Herrscher machten ihre Lieblingsfalken dadurch unsterblich, daß sie sie auf Münzen abbildeten, wie z. B. auf dem Silber-Dinar von Béla IV, König des Hauses von Árpád (heute **Ungarn**). Auf einer Seite der Münze sieht man einen Beizvogel, der ein Kaninchen schlägt. Auf einer böhmisch-mährischen Münze aus dem 12. Jahrhundert ist ein berittener Falkner abgebildet, und die heute gültige ungarische 50 Forint-Münze zeigt einen Falken. Eine in Osteuropa weitverbreitete Legende ist der „Turul" Ring, der ohne falknerische Kenntnisse gar nicht verstanden werden kann. Die riesige Menge an mittelalterlichen Gemälden, die es noch heute in der Region gibt, belegt den großen Einfluß der Falknerei auf die Kunst.

Wir wissen, daß Greifvögel wichtige Waren und Tauschmittel für den mittelalterlichen Handel osteuropäischer Herrscher darstellten, die Gerfalken aus Skandinavien, Island oder Nordsibirien und andere Falken aus Südeuropa und Nordafrika importierten. Der Handel mit Falken war wichtiger Bestandteil der mittelalterlichen Geschäftswelt und bezog vollständige Familien ein. Ganze Dörfer waren auf den Fang, das Training und den Handel mit Falken spezialisiert. Falknerisches Handwerk, wie z. B. die Herstellung von Falkenhauben, Handschuhen und Taschen etc., entwickelte sich zu hohem Niveau. Ungarn ist seit dem Mittelalter bis zum heutigen Tag berühmt für die kunstvoll gearbeiteten Falknereiartikel, die von Falknern noch heute in fast unveränderter Form hergestellt werden.

In **Tschechien** ist der heutige tschechische Falknerclub des böhmisch-mährischen Jagdverbands einer der größten und einflußreichsten der zentraleuropäischen Vereine und hat die Geschichte der Falknerei in der Region recherchiert. Das früheste Artefakt ist eine Spange aus dem 5. Jahrhundert in Form eines Falken, die heute im Nationalmuseum in Prag liegt. Die Fulda-Annalen berichten von Prinz Svatopluk, der sich an seinen Jagdfalken um 870 n. Chr. erfreute, und später (13. Jahrhundert) wurde die Stadt Falkenau in der Nähe der Festung Loket gegründet. Eine Falknerei bei Podĕbrady bestand bis zum 17. Jahrhundert unter der Patronage des Kaisers Ferdinand I. und seines Sohnes Ferdinand, Vizeregent von Prag. Die Falknerei hielt mit Hilfe von ein oder zwei engagierten Anhängern durch, bis 1967 von 71 Falknern und einigen Gästen der heutige Falknerverband gegründet wurde.

Kanada, die Vereinigten Staaten von Amerika und Mexico: Die Natur der frühen amerikanischen Siedler und deren Kampf, sich zu etablieren, stand der Ausübung der Falknerei grundsätzlich entgegen. Trotz ihres verzweifelten Überlebenskampfes findet sich ein Hinweis auf Falknerei bei den ersten Siedlern. 1622 traf der Anwalt Thomas Morton in New England ein und hinterließ schriftliche Verweise auf seine Beizvögel in der Neuen Welt. Danach ließ ein Jan Baptist in den 1650ern seinen Falken aus Holland kommen und flog ihn im Tal des Hudson auf Wild. Auch weiter südlich gibt es eine Anspielung auf einen Hauptmann von Cortez, der während seines Aufenthalts im Tal von Mexiko einen Greifvogel trainierte. Die Falknerei, die in Spanien bereits schwand, stellte für die neue mexikanische Elite einen edlen Zeitvertreib dar. Der erste Vizekönig Neu-Spaniens, Velasco, hatte einen Falken, der so locke war, daß er ihn beim Reiten unverhaubt auf der Faust trug. Sein Sohn, Luis de Velasco II., beschäftigte einen königlichen Falkner, der seine Vögel betreute.

Die amerikanische Falknerei des 20. Jahrhunderts: Colonel R. L. „Luff" Meredith ist als „Vater" der amerikanischen Falknerei anerkannt. Weitere bemerkenswerte Figuren waren Dr. Robert M. „Doc" Stabler, Alva Nye, die Zwillingsbrüder Frank und John Craighead und Halter Cunningham. In den 1940ern gründeten sie die Falconers' Association of North America, die während des II. Weltkriegs zum Erliegen kam. Diese Männer flogen den traditionellen Beizvogel, den Wanderfalken. Die Wanderfalken wurden aus Horsten in der Nähe entnommen, und Falknerei hieß in diesen ersten Tagen für die meisten von ihnen lediglich der Besitz eines Falken. Die Jagd auf freilebendes Wild wurde von einigen von ihnen erst später ausgeübt. Die Landschaft war für die Beizjagd mit dem Falken nicht geeignet. Obwohl Meredith britische und europäische Falkner besucht hatte und die Craigheads einige Monate mit einem indischen Prinzen beizen gewesen waren, führten diese Leute die Beizjagd als eigentlich logische Konsequenz nach dem Training eines Greifvogels nicht aus. In den 1960ern, nach der Gründung der North American Falconers Association (NAFA), explodierte die wahre Beizjagd über den Kontinent mit dem universellen Rotschwanzbussard als Hauptstütze. Ein Jahrzehnt später wurde der Harris Hawk „entdeckt".

In Mexico wurde Guillermo José Tapia Präsident der Asociación Mexicana de Cetrería, deren Gründung in den 1940ern stattfand. Später, im Jahre 1964, wurde Roberto Behar falknerisch tätig und bekam die Möglichkeit, zu reisen und internationale Kontakte herzustellen – zu Renz Waller, Kinya Nakajima und Félix Rodríguez de la Fuente. Dadurch, daß es in Nordamerika keine soziologische oder kulturelle Basis für Falknerei gab, kamen die meisten Falkner durch ihr Interesse an der Jagd, an der Natur oder durch einen kuriosen Zufall zur Falknerei. Die meisten der führenden nordamerikanischen Greifvogelbiologen begannen ihre Karriere als Falkner. Viele von ihnen, Tom Cade eingeschlossen, sind noch immer begeisterte Beizjäger. Die wissenschaftlichen und naturschützerischen Anstrengungen der nordamerikanischen Falkner zur Wiederherstellung der Wanderfalkenpopulation werden oft als die größte Erfolgsgeschichte des Naturschutzes des 20. Jahrhunderts bezeichnet.

Die letzte Expansion der Falknerei fand nach **Südafrika** durch die Kolonisation statt. Von den 59 heimischen Taggreifvogelarten wurden bereits 31 Arten mit unterschiedlichem Erfolg falknerisch geflogen. Zum Beizwild zählen Perlhühner, Frankoline, Wachteln, Sandhühner und Enten. Als Haar-Beizwild sind Buschhasen und Springhasen zu nennen. Es bestehen Hinweise auf eine antike Kultur, deren Wirtschaft sich auf die Landwirtschaft und den Handel mit Gold und Elfenbein stützte. Die noch erhaltenen Ruinen weisen auf einen vor-islamischen arabischen Einfluß hin, und es wurde offensichtlich Handel mit Fremden betrieben, wie z. B. mit Indien, China oder Persien. Der größte der vorhandenen Steinkomplexe ist The Great Zimbabwe im Zentrum von Zimbabwe in der Nähe der Stadt Masvingo. Im dortigen Museum liegt ein Objekt, das als arabische Falkenbell identifiziert wurde. Weiterhin wurden verschiedene Vögel aus Speckstein in den Ruinen gefunden.

In der Neuzeit kam die Falknerei durch unterschiedlichste Menschen nach Südafrika, die aus verschiedensten Gegenden stammten und sich wiederum in unterschiedlichsten Gegenden niederließen. W. Eustace Poles war der Erste und siedelte in Nord-Rhodesien (heute Sambia) in den frühen 1950ern. Heini von Michaelis wanderte etwa zur gleichen Zeit von Deutschland zum Westkap aus. Sein Zeitgenosse, der bekannte Vogelmaler David Reid Henry, siedelte in den 1960ern in Süd- Rhodesien (heute Zimbabwe). Rudi De Wet war einer der ersten Falkner in der Transvaal-Region in Südafrika. Er war ein Methodistenpfarrer und hatte den ersten Kontakt zur Falknerei durch sein Chinesisch-Studium, das er absolvierte, um später Missionar in China zu werden. Er verwandelte Theorie in Praxis und wurde zur Anlaufstelle für junge Leute, die Falkner werden wollten. Die Falknerei wurde stärker formalisiert, und man sammelte Erfahrungen mit heimischen Greifvogelarten, wie Mohrenhabichten, Rotbrustsperbern, Wildfang-Lannerfalken und afrikanischen Habichtsadlern. Die ersten afrikanischen Wanderfalken wurden aufgestellt, und man bemühte sich um deren Zucht. Aufgrund der bis dahin fehlenden Struktur wurden die Zimbabwe-(Rhodesien), Transvaal- und Natal- Falknerclubs gegründet.

1990 wurde die South African Falconry Association ins Leben gerufen. Die südafrikanischen Falkner haben sich stets um gute Beziehungen zu Greifvogelbiologen, Naturschützern, Rehabilitationszentren und Vogelbeobachtern bemüht. Dadurch wurde für die heutige Falknerei eine solide Basis geschaffen. Ron Hartley war ein Kraftwerk für die Entwicklung der Falknerei in Zimbabwe und ist hauptverantwortlich für das gute Ansehen der Falknerei in dieser Teilregion. Heute gibt es 186 Falkner in Südafrika und 35 in Zimbabwe.

Die Geschichte hat ihren Nutzen. Falknerei ist kein Museumsstück, sie ist lebendig. Wir können alle Vorteile der modernen Falknerei nutzen und trotzdem ihre traditionelle Form wahren. Es ist unsere Pflicht, die verletzlichen und vernachlässigten Aspekte und Praktiken der Falknerei als Ausdruck ihrer weltgeschichtlichen Kultur zu schützen. Das Projekt, Aspekte der Falknerei durch die UNESCO-Konvention anerkennen zu lassen, wird die Forschung der sozialen Geschichte der Falknerei beflügeln, das historische Bewußtsein bereichern und die Falknerei für zukünftige Generationen bewahren und fördern.

Übersetzung aus dem Englischen:
HANS KURT HUSSONG

„Turmfalke", Bronze auf Holzfuß (Turmspitze), 24 cm hoch, mit Turmspitze 32 cm; 1991, von VERA LWOWSKI. Die ursprüngliche Auflage betrug 25 Stück, davon stehen noch einige Exemplare bei der vielfach ausgezeichneten, heute 84jährigen Künstlerin zur Verfügung (Kontaktaufnahme: harald.lwowski@staedtetag.de) ➤

Vogel des Jahres 2007

CONSEIL INTERNATIONAL DE LA CHASSE ET DE LA CONSERVATION DU GIBIER
INTERNATIONALER JAGDRAT ZUR ERHALTUNG DES WILDES
INTERNATIONAL COUNCIL FOR GAME AND WILDLIFE CONSERVATION

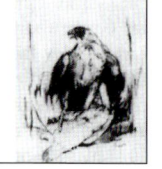

GROUPE DE TRAVAIL DE LA FAUCONNERIE ET DE LA CONSERVATION DES OISEAUX DE PROIE
ARBEITSGRUPPE FÜR FALKNEREI UND ERHALTUNG DER GREIFVÖGEL
WORKING GROUP FOR FALCONRY AND BIRD OF PREY CONSERVATION

Peter Sapara

51. Generalversammlung des Internationalen Rates zur Erhaltung des Wildes und der Jagd (CIC)
vom 27.4.–1.5. 2004 in Bukarest/Rumänien

„Wild kennt keine Grenzen", unter diesem Motto stand die 51. Generalversammlung des Internationalen Rates zur Erhaltung des Wildes und der Jagd in der rumänischen Hauptstadt Bukarest vom 27.4. bis 1.5.2004. Vor über 200 Mitgliedern der Organisation, darunter Wissenschaftler, Regierungsvertreter und Abgesandte der Vereinten Nationen, hat sich der CIC für die Erhaltung von Wildtieren durch nachhaltige Nutzung stark gemacht.

Anerkennung wurde dem Rat in Bukarest durch Klaus Töpfer, den Exekutivdirektor des

Sitzung der Kommission Falknerei: (von links) Jose Manuel Rodriguez-Villa, Dr. Gianpiero del Mastro Calvetti, Peter Sapara, Dr. Igor Tavcar, Dominik Sapara

Umweltprogramms der UN zuteil, der sich in seinem Grußwort zur Eröffnung für eine „gut organisierte und kontrollierte Jagd" im Sinne des CIC aussprach. Sie spiele in zweierlei Hinsicht eine wichtige Rolle: Jagd bereichere nicht nur die Beziehung des Menschen zur natürlichen Umwelt, sondern sei auch ein wesentlicher Beitrag zum aktiven Naturschutz. Töpfer sagte, aus diesem Grund begrüße er die zunehmende Kooperation des CIC „mit den internationalen Übereinkommen und Konventionen".

Eine Bestätigung seiner Arbeit erhielt der Verband auch von der österreichischen Gesundheitsministerin Maria Rauch-Kallat, die die Grüße der Österreichischen Regierung überbrachte. Sie sprach von einer „besonderen Partnerschaft" ihres Landes mit dem CIC. Im vergangenen Jahr habe Österreich dem CIC die Anerkennung als internationale nichtstaatliche und gemeinnützige Organisation in öffentlichem Interesse zuteil werden lassen. Wesentliche Grundlage für diese Anerkennung sei das gemeinsame Ziel, die Nachhaltigkeit als Leitprinzip zu formulieren und umzusetzen. Die Ministerin stellte die Funktion des CIC als international beratendes Gremium in den Vordergrund. Sie könne die Organisation nur ermutigen, ihren eingeschlagenen Weg einer engen Zusammenarbeit mit den internationalen Gremien, den Vereinten Nationen und Umweltkonventionen weiter zu verfolgen. Diese Arbeit geschehe zum Wohle der Wildtiere, sie fördere die nachhaltige Jagd und erhalte ein bedeutendes Kulturerbe.

Unterstützung für seinen eingeschlagenen Weg bekam der CIC auch von Rumäniens Premierminister Adrian Nastase: Er bot der Organisation auch weiterhin seine enge Zusammenarbeit an. Es sei notwendig, so Nastase, das Wild auf seinen Wanderungen in jedem Land zu bewahren. Das sei allerdings nur möglich, „wenn man die nationale Gesetzgebung an die internationalen Konventionen und Abkommen über Wildlebensräume und Naturschutz anpaßt". Im Namen seines Staatspräsidenten überreichte Nastase CIC-Präsident Dieter Schramm den nationalen Verdienstorden im Range eines Commanders. Damit sprach der Premier dem CIC die Wertschätzung für seine weltweiten Verdienste um die Erhaltung des Wildes aus.

Der internationale Charakter des CIC wurde auf der Generalversammlung auch durch die Themen seiner verschiedenen Resolutionen augenfällig. In Afrika wehrt er sich gegen die Verstaatlichung privater Wildfarmen durch die Regierung Zimbabwes. In einer weiteren Resolution fordert der CIC eine koordinierte Untersuchung der Asiatischen Vogelgrippe und ihrer Ursachen. Ferner geht es um die abnehmende Wasservogelpopulation der ostasiatischen Zugwege. Um die Gründe dafür herauszufinden, fördert der CIC eine wissenschaftliche Untersuchung. Um eine Forderung an die EU geht es in einer vierten Resolution. Sie soll sich verstärkt für die Gestaltung wildtiergerechter Flächenstillegungen einsetzen.

In Bukarest nahm auch erstmals eine chinesische Regierungsdelegation an einer CIC-Generalversammlung teil. Sie äußerte ihr starkes Interesse an einer engen Zusammenarbeit. Ferner waren Regierungsvertreter aus den Vereinigten Arabischen Emiraten, dem Senegal, Finnland, Deutschland, Ungarn und Rußland sowie Repräsentanten von Organisationen wie CITES und IUCN, dem Afrikanisch-Eurasischen Wasservogelabkommen (AEWA), der Bonner Konvention über wandernde Tierarten (CMS) und dem Zusammenschluß der Verbände für Jagd und Wildtiererhaltung in der EU (FACE) anwesend.

Die offizielle Eröffnungssitzung der 51. CIC-Generalversammlung fand im riesigen Parlamentspalast in Bukarest statt. Er wurde in den Jahren 1984 bis 1989 auf Anweisung des damaligen Diktators Nicolae Ceaucescu erbaut. Er ist der grandioseste Verwaltungsbau Europas, der 265.000 Quadratmeter Innenfläche umfaßt und nach dem Pentagon das zweitgrößte Regierungsgebäude der Welt ist. Für uns Besucher bis dato eine unvorstellbare Größe mit 6.000 Räumen. Nach der Revolution von 1989 wurde dieser Bau der Sitz des rumänischen Parlaments.

Dr. Adrian Nastase, Premierminister Rumäniens, begrüßte die CIC-Mitglieder und Gäste aus aller Welt und drückte seine große Freude aus, sie alle in Rumänien herzlich willkommen heißen zu können. In seiner Ansprache betonte der

Premier, daß diese Versammlung in Bukarest eine besondere Möglichkeit biete, die Beziehungen zwischen den Ländern, die wir repräsentieren, auszuweiten und gemeinsam Projekte zu identifizieren mit dem Ziel, die natürliche Umwelt und die Wildtiere zu erhalten und zu fördern. Er machte aber auch darauf aufmerksam, daß Rumänien bereits 1930 Gründungsmitglied des Internationalen Rates zur Erhaltung des Wildes und der Jagd war.

Der Premierminister ließ es sich nicht nehmen, an der Sitzung der Rats-Mitglieder teilzunehmen. Er war aber ebenso als Gastgeber beim Gala-Abend und der Schlußsitzung im Parlamentspalast dabei. Er hat sich sehr um seine Gäste bemüht.

Die Sitzungen der verschiedenen Kommissionen und Arbeitsgruppen fanden mit Simultanübersetzungen im Hotel Marriott, dem früheren Gästehaus der Regierung statt, das in unmittelbarer Nähe des Parlamentspalais liegt.

Sitzung der Kommission für Falknerei am 29.4.2004

Das Hauptthema der Sitzung lautete: Falknerei als Teil unserer Kultur. Dieses Thema war bewußt gewählt worden, denn die Kommission stellte ein neues Projekt vor, das sie mit Hilfe des CIC, aber auch mit der Unterstützung der Freunde in aller Welt zum Erfolg führen will: „Die Anerkennung der Falknerei als Weltkulturerbe".

Seit Jahrtausenden zieht die Kunst, mit Vögeln zu jagen, Menschen aller Kulturkreise und Gesellschaftsschichten in ihren Bann. Darüber hinaus hat die Falknerei weit in die Bereiche von Kunst und Wissenschaft ausgestrahlt. In Darstellungen und Erzählungen, in Gedichten und Liedern lebt die Falknerei seit Jahrhunderten. Nicht nur den Falknern ist die Ausstrahlung in die bildenden Künste bis hin zur Baukunst gegenwärtig. So ist es nicht vermessen, aufgrund des Alters der Jagd mit Greifvögeln, wegen der Kunst der Beizjagd, von der Falknerei als erhaltenswertem und schützenswertem Kulturgut zu sprechen, sondern auch, weil sich im Umfeld der Falknerei bildende Kunst und Literatur zu höchsten Höhen entwickelten. Deshalb strebt die Kommission Falknerei im CIC die Anerkennung der Beizjagd als ein „Phänomen" von allergrößter natur- und kulturhistorischer Bedeutung an. Die Falknerei soll als ein Bestandteil einer Kulturerbschaft der Menschheit am Leben erhalten bleiben und eine Nominierung der Falknerei in die UNESCO-Welterbeliste der Natur- und Kulturgüter ist anzustreben.

Um die kulturgeschichtliche Bedeutung, die herausragenden Beispiele bibliophiler Meisterwerke und kunstvollen Darstellungen der Beizjagd aufzuzeigen und zu veranschaulichen, wurde den zahlreichen Teilnehmern der Sitzung in Bukarest mit dem Vortrag ein kurzer Überblick über die Falknerei, ihre Kulturwerte- und werke geboten. In Anwesenheit unseres arabischen Gastes Majid Al Mansouri, Leiter der Delegation der Vereinigten Arabischen Emirate, machten wir darauf aufmerksam, daß sich besonders im 13. Jahrhundert in jenen Gebieten die Falknerei zu höchstem Ansehen entwickelte, wo morgenländische und abendländische Kultur einander begegneten. In diesen Gebieten kam es zur kulturellen Blüte, zum Aufschwung der Wissenschaft und zur Verbreitung der Beizjagd. Nur auf dieser kulturhistorischen Basis konnte so ein kritisches modernes naturwissenschaftliches Werk wie Friedrichs II. „De arte venandi cum avibus et de natura avium" entstehen.

Die Falknerei hat aber auch in den letzten tausend Jahren die Verbindung zwischen den verschiedenen Ländern und Völkern aufrechterhalten. Selbst die UNESCO hat sich in einer Deklaration über eine Sammlung von Falknereiliteratur in Frankreich über den sozialen Wert dahingehend geäußert: „Falknerei ist von größtem gesellschaftlichem Wert für das Verständnis von bedeutenden asiatischen und orientalischen Völkern; die lebendige Tradition dieser Kunstfertigkeit trägt in einzigartiger Weise zum kulturellen und gesellschaftlichen Selbstverständnis sowie gleichzeitig zum Verständnis und zur Verbindung von Gesellschaften bei. Die Falknerei gilt allgemein als edelste und natürlichste Jagdform, deren gesellschaftliche Bedeutung seit der Einführung auch in die westliche Welt klar beschrieben und verstanden ist".

Auch auf das Schaffen vieler Künstler für die Falknerei, vor allem bei den Darstellungen von Beizjagdszenen, wurde in diesem Vortrag hingewiesen. So auf die Reiherbeize von Tischbein in Form von sechs monumentalen Jagdgemälden. Aber auch auf Motive der Falknerei, die in der ganzen Welt zu finden sind. Hier seien nur einige Beispiele genannt: Meister wie Lorenzetti 1290, Pisano 1395, Holbein 1497, Tischbein 1751, Sonderland 1805, Motive der arabischen Falknerei von Fromentin 1820, Rousseau 1875, und selbst Bilder von Toulouse-Lautrec 1864 gehören zu den Sammlungen großer Museen. Aber auch die Tiermaler Joseph Wolf (1820–1899) und Renz Waller (1895–1979) sind in der Kulturgeschichte der Falknerei unvergessen. Die Ausstrahlung zeigte sich auch in der Baukunst. Hier sei nur stellvertretend eine der kostbarsten Bauschöpfungen des frühen Rokoko erwähnt: das Schlößchen Falkenlust bei Brühl, inzwischen zählt es zum Weltkulturerbe. Man hätte stundenlang über die Kulturgeschichte der Falknerei referieren können. Die Zeit dazu reichte nicht.

Der Vorsitzende der Kommission Falknerei beendete den Vortrag in Bukarest mit dem Versprechen, daß der CIC nichts unversucht lassen werde, damit die Falknerei als Weltkulturerbe anerkannt und in die UNESCO-Liste der „Meisterwerke traditioneller Weltkultur" aufgenommen würde, um ein für alle Mal die Falknerei vor Restriktionen und vor den immer wieder rein ideologisch motivierten Verbots-Forderungen zu schützen.

Unterschrift unter „Memorandum of Understanding" – Zusammenarbeit zwischen CIC und IAF: (von rechts) CIC-Präsident Dieter Schramm, Präsident der CIC-Kommission Falknerei Peter Sapara
FOTOS: HORST NIESTERS

Ein weiterer Tagungspunkt in der Sitzung der Kommission war die künftige enge Zusammenarbeit mit der International Association for Falconry and Conservation of Birds of Prey (IAF). Anläßlich der IAF-Generalversammlung im Dezember 2003 in Spanien wurde eine intensive Kooperation vereinbart, um gemeinsam Angriffen gegen Jagd und Falknerei zu begegnen. Die satzungsgemäßen Hauptaufgaben der IAF decken sich mit den Zielen der CIC-Kommission Falknerei: Die Falknerei im Sinne einer nachhaltigen Nutzung zu bewahren und zu fördern. Auf internationalem Gebiet Einfluß auf die Rechtsetzung zu nehmen und bei entsprechenden Übereinkommen mitzuwirken und damit den Erhalt der Falknerei zu bewahren. Im „Memorandum of Understanding" wurde das Kooperations-Bündnis zwischen CIC und IAF fest vereinbart und ein Pakt der gegenseitigen Mitgliedschaft durch Unterschrift besiegelt.

Um dies auch personell umzusetzen, entschieden beide Organisationen den Vizepräsidenten der IAF für den Bereich Europa, Jose Manuel Rodriguez-Villa, in die Arbeit des Vorstandes der CIC-Kommission Falknerei einzubinden. Dem Vorschlag stimmten die Mitglieder der Kommission zu und wählten ihn in Bukarest einstimmig zum Vizepräsidenten.

Die Ausflüge in die Umgebung von Bukarest gipfelten im Besuch des Schlosses Peles 120 Kilometer von der Hauptstadt entfernt. Das Schloß liegt in Sinaia, einem Gebirgskurort, der auch Perle der Karpaten genannt wird. Die Lage wurde vom deutschen Prinzen Carol I. von Hohenzollern ausgewählt, der König und Gründer des modernen Rumäniens werden sollte.

Beim festlichen Gala-Abend und der Schlußsitzung der Generalversammlung im Parlamentspalais dankte Präsident Dieter Schramm Premierminister Anastase und der rumänischen CIC-Delegation für die außergewöhnliche Unterstützung und den perfekten Ablauf der Versammlung. Majid Al Mansouri äußerte seine Freude darüber, alle CIC-Mitglieder bei der 52. Generalversammlung in Abu Dhabi vom 11. bis 17.März 2005 begrüßen zu dürfen. Mit der Nationalhymne und dem Hissen der Flagge der Vereinigten Arabischen Emirate klang die internationale Tagung des CIC in Bukarest aus.

Peter Sapara

52. Generalversammlung des Internationalen Rates zur Erhaltung des Wildes und der Jagd (CIC)
vom 12.–16. März 2005 in Abu Dhabi, Vereinigte Arabische Emirate (VAE)

Unter dem Motto „Falknerei ein Welterbe" wurde die 52. Generalversammlung des CIC im Frühjahr 2005 in Abu Dhabi am Persischen Golf veranstaltet. Mehr als 350 Teilnehmer aus 36 Ländern trafen sich in den VAE, um sich über die Zukunft von Jagd und Falknerei auszutauschen. Scheich Nahyan bin Mubarak Al Nahyan, Minister für Hochschulbildung und wissenschaftliche Forschung, begrüßte die Mitglieder des CIC, Vertreter von zehn Regierungen, internationale Experten, Organisationen und Verbände. Die Falknerei als eine traditionsreiche Form der nachhaltigen Jagd fungierte dabei als tragendes Beispiel. CIC-Präsident Dieter Schramm lobte die Falknerei als ein hervorragendes Vorbild, jungen Menschen die Natur näher zu bringen. Scheich Hamdan bin Zayed Al Nahyan, stellvertretender Premierminister, betonte in seiner Grußadresse

Abu Dhabi, Hauptstadt und Regierungssitz der VAE – Konferenzstadt der 52. Generalversammlung des CIC FOTO: VERFASSER

die Jahrhunderte alte Tradition der Falknerei in den VAE, die sich aus einer der Nahrungssuche dienenden Aktivität zu einer veredelten Kunstform entwickelte. Hierzu paßt das Thema dieser Generalversammlung: „Falknerei ein Weltkulturerbe". Die Experten aus allen Teilen der Welt waren sich einig: Falknerei wird durch die Anti-Jagd-Bewegung in Frage gestellt, daher muß die Tatsache, daß Falknerei natürliche Ressourcen in einer weisen und nachhaltigen Art benutzt, der Öffentlichkeit deutlicher vermittelt werden.

Die österreichische Bundesministerin Maria Rauch-Kallat betonte in ihrer Begrüßungsrede die hervorragende Zusammenarbeit und die besondere Beziehung zwischen Österreich und dem CIC, wodurch dem Internationalen Rat durch die österreichische Regierung der Status einer internationalen und im öffentlichen Interesse tätigen Nicht-Regierungsorganisation (NGO) zuerkannt wurde. Diese Anerkennung war die Grundlage für die überaus deutliche Entscheidung der Generalversammlung, den Sitz des CIC von Paris nach Wien zu verlegen. Mit diesem Schritt kann man nun alle Möglichkeiten nutzen, die sich aus der Anerkennung als internationale NGO in Österreich ergeben. Darüber hinaus wird mit dieser Entscheidung die Stimme des CIC in der internationalen Debatte über die Rolle der Jagd und Falknerei als nachhaltige Nutzung und über den Schutz der Natur weiter an Bedeutung zunehmen.

Der beste Beweis für diesen Bedeutungszuwachs war die offizielle Teilnahme einer chinesischen Regierungsdelegation und die Unterzeichnung der Vereinbarung zwischen der Volksrepublik China und dem CIC, in allen Fragen zu Wildschutz, Wildtiermanagement und Jagd in China eng zusammenzuarbeiten.

Im Verlauf der Generalversammlung verabschiedeten die Kommissionen einige Resolutionen und Empfehlungen. Mit der Wiederwahl des Präsidenten Dieter Schramm für weitere drei Jahre und der Aufnahme der Addis Abeba-Prinzipien und Richtlinien zur nachhaltigen Nutzung der biologischen Vielfalt als Grundlage für seine Politik, hat der CIC den Kurs für die Zukunft bestimmt.

Sitzung der Kommission für Falknerei am 13.3.2005

Gern gesehene Gäste in der Kommissionssitzung waren der Präsident der International Association for Falconry and Conservation of Birds of Prey (IAF), Patrick Morel, deren Vizepräsident Frank Bond, Dr. Robert Kenward als Vertreter der IUCN, sowie der Präsident des Österreichischen Falknerbundes Dr. Harald Barsch. Am Eröffnungstag der Generalversammlung wurde die IAF als Mitgliedsorganisation in den CIC aufgenommen. Es besteht nunmehr eine gegenseitige Mitgliedschaft CIC/IAF, um künftig gemeinsam Hand in Hand für die Falknerei einzutreten.

Zu Beginn der Sitzung legte der Vorsitzende Rechenschaft über die Arbeit der Kommission in den vergangenen Jahren ab. Er machte aber auch darauf aufmerksam, daß er nicht mehr zur Wiederwahl antreten werde. Peter Sapara war sechs Jahre Vizepräsident und sechs Jahre Präsident der Kommission Falknerei, außerdem als Delegierter des DFO schon Mitbegründer der damaligen Arbeitsgruppe anläßlich der CIC-Generalversammlung 1984 in Innsbruck. Die Motivation der Falkner bei der Gründung war, sich einer weltweit tätigen Jagdorganisation anzuschließen, die ihnen bei der Erhaltung der Falknerei hilfreich zur Seite steht. Bereits vor über einem Jahr hatten Gespräche mit dem Präsidenten Dieter Schramm darüber stattgefunden, die Verantwortung für die Kommission Falknerei an jüngere Mitglieder zu übertragen. Als Nachfolger stellte sich nun in Abu Dhabi Jose Manuel Rodriguez-Villa Matons aus Spanien zur Wahl. Auch die bisherigen Vizepräsidenten Dr. Gianpiero del Mastro aus Italien und Cees de Bruin aus den Niederlanden kandidierten nicht mehr zur Wiederwahl, um einem verjüngten Team den Start zu erleichtern.

Für die kommenden drei Jahre wurde in den Vorstand der Kommission Falknerei gewählt: als Präsident Jose Manuel Rodriguez-Villa Matons, Mitglied der spanischen CIC-Delegation und Vizepräsident der IAF, als Vizepräsidenten: Patrick Morel aus Belgien, Präsident der IAF, die nunmehr Mitglied im CIC ist, Frau Mag. Monika Reiterer aus Österreich, Mitglied der österreichischen CIC-Delegation und Dr. Igor Tavcar aus Deutschland, Mitglied der deutschen CIC-Delegation. Damit ist die Kommission Falknerei für die Zukunft gut aufgestellt.

In der Bilanz stand ein Anliegen der Kommission besonders im Vordergrund. Immer und immer war es höchste Priorität gewesen, alles daranzusetzen, die Falknerei zu erhalten und ihre Ausübung zu gewährleisten. Es muß noch einmal in Erinnerung gerufen werden: Die Kommission intervenierte, als es beachtliche bürokratische Hindernisse gab, die Grenzen mit dem Beizvogel zu passieren. Sie intervenierte bei den langwierigen Auseinandersetzungen um die Kennzeichnung von Greifvögeln. Sie bemühte sich, die Falknerei beim ersten Entwurf des polnischen Jagdgesetzes zu integrieren. Die Beizjagd als Jagdart war nicht erwähnt. Es wurde gekämpft, als es um gesetzliche Belange der Falknerei sowohl in Dänemark als auch in Italien, Spanien, Slowenien und der Türkei ging. Selbst in Spanien gab es das Königliche Dekret zum Verbot der Jagd mit Vögeln der Falknerei (Real Dekreto 1095/1989 des Ministerio Agricultura). Die damalige Arbeitsgruppe setzte sich beim Leiter der spanischen CIC-Delegation, Marquis de Laula, und dem zuständigen Ministerium für den Erhalt der Falknerei in Spanien ein. In Italien gab es vor Jahren zwei Entwürfe für einen Volksentscheid mit der Forderung nach einem Verbot der Falknerei. Es wurde interveniert.

Die Kommission Falknerei erarbeitete in den vergangenen Jahren Resolutionen, Empfehlungen, Stellungnahmen zum Tierschutz, zur Ethik der Falknerei, zur Stellung der Greifvögel im Jagdrecht, die die jeweilige Generalversammlung verabschiedete und die dann den zuständigen Regierungen, Behörden, Organisationen und Verbänden zugeschickt wurde. Beim Entwurf des neuen Bundestierschutzgesetzes in Österreich reichte die Kommission eine siebenseitige Stellungnahme zur Tierhaltungsverordnung in Wien ein. Die Gegner versuchten über die Anbindehaltung

Das Gemälde symbolisiert die sieben Vereinigten Arabischen Emirate FOTO: VERFASSER

Auftakt der 52. Generalversammlung des CIC – Falknerei ein Welterbe – CIC-Präsident Dieter Schramm, Peter Sapara, Jose Manuel Rodriguez-Villa, Majid Al Mansouri – Foto: Horst Niesters

von Wildtieren die Falknerei in Österreich abzuwürgen. Nach diversen Eingaben und Einsatz des Österreichischen Falknerbundes kam Entwarnung: Die Anbindehaltung zur Ausübung der Beizjagd ist während der Jagdperiode zulässig.

Aber auch in Deutschland war stets Engagement angesagt. Hatten früher nur Vogelschutz- und einige Naturschutzverbände ein Verbot der Falknerei gefordert, übernahmen in den vergangenen Jahren Tierschutzorganisationen die haltlosen Argumente. Es galt, ein Verbot zu verhindern, um einen möglichen Flächenbrand in Europa zu vermeiden. Bei der Reform des Bundesjagdgesetzes in Deutschland ist zur Zeit Ruhe eingetreten. Nach einer Verlautbarung des Bundeskanzleramtes vom September 2004 sollte es in der damaligen Legislaturperiode keine Änderung des BJG mehr geben.

Die epochale Bedeutung der Wiederbegründung der baumbrütenden Wanderfalken hat die Kommission sofort erkannt und sich intensiv um Sponsorengelder bemüht. Es war nicht immer einfach, Gelder aufzutreiben. Dennoch konnten wir in den letzten sechs Jahren einen Betrag von € 32.500,– sammeln und den Arbeitskreis Wanderfalkenschutz damit unterstützen. Daß nun wieder zehn Paare Wanderfalken in den Wäldern Ostdeutschlands vorkommen und wir helfen konnten, macht uns besonders stolz.

Im Verlauf der Sitzung hielt Dr. Dr. Sigrid Schwenk einen Vortrag über die Kultur der Falknerei, insbesondere über den historischen Zusammenhang und das Aufeinanderzugehen von Okzident und Orient in der Falknerei. Horst Niesters dokumentierte mit eindrucksvollen Bildern die 1000jährige Kulturgeschichte der Falknerei.

Abschließend sei das nunmehr wichtigste Projekt der Kommission Falknerei erwähnt. Seit Jahren machen wir uns Gedanken, wie die traditionsreiche Kulturform der Falknerei unvergänglich bleiben kann. So wurde das Projekt „Anerkennung der Falknerei als Weltkulturerbe" aus der Taufe gehoben. Und seit nun das Bündnis Jagdorganisation CIC und Falknerorganisation IAF

SIGRID SCHWENK

Weltkulturerbe Falknerei – eine im Zusammenwirken von Orient und Okzident entstandene Kulturtechnik

Die Geschichte der Falknerei gehört zu den faszinierendsten Teilen der Jagdgeschichte weltweit. Entstanden bei den Skythen und Sarmaten, ist die Falknerei unzweifelhaft seit dem dritten Jahrhundert n. Chr. dokumentiert. In Mittel- und Westeuropa finden sich positive Nachweise seit dem fünften Jahrhundert, beispielhaft genannt seien hier Paulinus von Pella und Sidonius Apollinaris, in Persien seit der Periode der Sassaniden (drittes bis siebtes Jahrhundert).

Das beeindruckendste Werk in der europäischen Jagdgeschichte ist zweifelsohne das großartige Werk Kaiser Friedrichs II. von Hohenstaufen „De arte venandi cum avibus". Dieses Buch, in der ersten Hälfte des dreizehnten Jahrhunderts geschrieben, war und ist bis heute die „Bibel" der Falkner, *das* Handbuch für Theorie und Praxis der Falknerei.

Friedrich II. von Hohenstaufen – Enkel Friedrichs. I. Barbarossa – kam 1194 in Jesi bei Ancona zur Welt und wuchs nach dem frühen Tod seines Vaters, Kaiser Heinrichs IV., 1197 und seiner Mutter, Konstanze von Sizilien, 1198 elternlos in Palermo auf. 1198 zum König von Sizilien gekrönt, heiratete er 1209 zum ersten Mal, sein erster Sohn, Heinrich, wurde 1211 geboren. Zum Deutschen König wurde Friedrich II. 1212 in Mainz und 1215 ein zweites Mal in Aachen gekrönt, zum Kaiser 1220 durch Papst Honorius III. in Rom. 1228 brach er zu seinem versprochenen Kreuzzug auf und krönte sich 1229 zum König von Jerusalem. Am 13. Dezember 1250 starb er in Fiorentino; sein Leichnam wurde im Dom zu Palermo, sein Herz in einer Urne in Foggia in seinem geliebten Apulien beigesetzt.

Angesichts seines politisch sehr erfolgreichen, aber auch äußerst aufreibenden Lebens – erinnert sei an die vielen Intrigen, Aufstände und Schlachten oder an die zweimalige Belegung mit der höchsten Kirchenstrafe, dem Bann – ist kaum zu verstehen, wie Friedrich II. die Zeit dafür fand, nicht nur intensiv der Falknerei nachzugehen, sondern obendrein das grundlegende Werk der Beizjagd zu verfassen (vor 1248), ein Werk, das bis auf unsere Tage seine Bedeutung behalten hat.

„De arte venandi cum avibus" (Von der Kunst, mit Vögeln zu jagen) – wie wir den Text aus sechs überlieferten Handschriften des 13. bis 15. Jahrhundert kennen – besteht aus sechs Büchern (geplant waren zumindest noch zwei Werke, eines über die Beize im niederen Flug, das heißt mit dem Habicht, und eines über die Krankheiten der Beizvögel).

Gemäß seiner Auffassung, daß man durch die Falknerei mehr über die Geheimnisse der Natur lernen könne als durch die anderen Bereiche der Jagd, gab Friedrich II. im ersten Buch einen durch genaue Beobachtung der Vögel und ihrer Verhaltensweisen bestehenden ornithologischen Grundriß, der dem Falkner das für ihn notwendige Wissen vornehmlich von den als Jagdbeute dienenden Vögeln vermittelte, während im zweiten Buch die Beschreibung der Beizvögel und ihrer Verhaltensweisen sowie der Methoden zu ihrer Zähmung in gleich genauer Beobachtungsweise wie im ersten Buch folgen. Im dritten Buch schildert Friedrich II. die folgenden Stufen der Abrichtung, das Abtragen auf das Federspiel und das Abtragen auf den Vorlaß, wobei er eigene Erfahrungen und die von anderen Kennern der Praxis, etwa aus dem Orient, kunstvoll miteinander verband. Die beiden Bücher vier und fünf sind der wegen der Stärke und Gefährlichkeit der Kraniche reizvollsten und aufwendigsten Beizjagd, der „königlichen Beize" mit dem Gerfalken auf den Kranich, und der nächst angesehenen Beizjagd, der Reiherbeize mit dem Sakerfalken, gewidmet. Im sechsten und letzten der uns überlieferten Bücher wendet sich Friedrich II. der Beizjagd auf Wasservögel mit Wanderfalken zu, die aufgrund der Besonderheit der Wasservögel sowie des Geländes, in dem gebeizt wird, eine andere Taktik und eine andere Art der Vorbereitung des Beizvogels erfordert als die Kranich- und die Reiherbeize.

Nach Friedrichs II. eigenen Worten war es seine Absicht, „die Dinge, die sind, so wie sie sind", darzustellen und dem den Rang einer Kunst zu sichern, wovon keiner bisher Wissen besaß und das noch keiner als Kunst angesehen hat. Als erster wagte Friedrich II., da er – sein oberstes Ziel – die Dinge objektiv so darstellen wollte, wie sie wirklich waren, sich von den Autoritäten, selbst von der des Aristoteles, abzusetzen, dem überlieferten Buchwissen seine eigene Erfahrung gegenüberzustellen. Sein Werk gründete auf „experientia" – Erfahrung – und „experimentum" – Experiment –; dies ist auch der Grund dafür, daß es als erste zoologische Abhandlung gilt, die im kritischen Geist moderner Naturwissenschaft verfaßt wurde. So wird Friedrich II., den seine Zeitgenossen „stupor mundi" – das Staunen der Welt – nannten, zurecht als Vater der modernen Verhaltensforschung bezeichnet.

Auch wenn er sich in seinem Werk „nur" mit einem Teilgebiet der Jagd – allerdings mit einem in der mittelalterlichen Jagd zentralen Gebiet – beschäftigte, so gab er doch ein allgemeingültiges Modell des Herangehens, der Annäherung an ein Sachgebiet, des wissenschaftlich-kritischen Forschens und wies in der Art der Bewältigung seines Themas einen bis in unsere Tage vorbildlichen Weg.

Bevor ich nun zur Verbindung von Friedrich II. zum arabischen Falknereiwissen komme, sei mir eine kleine, nur wenigen Kennern bekannte Bemerkung mit einem gewissen Nationalstolz, d. h. aus deutschsprachiger Sicht, erlaubt: Das älteste gedruckte Jagdbuch der Welt erschien um 1480 – d. h. am Ende des Mittelalters – bei Anton Sorg in Augsburg (das erste französische wurde wie das erste englische Jagdbuch 1486 gedruckt). Es ist ein Buch zur Beizjagd, genauer gesagt zur Habichterei, zur typisch deutschen Beizjagd mit dem Habicht, hat 50 unnumerierte Blätter mit je 22 Zeilen, einen Titelholzschnitt, wird nach dem „Gesamtkatalog der Wiegendrucke" als „Beizbüchlein" bezeichnet und beginnt mit den Worten: „Das erste buch vahet also an und leret paissen vnd auch den habich erkennen."

Das Hauptverdienst Kaiser Friedrichs II. auf dem Gebiet der Falknerei war es, daß er eine Brücke zwischen Orient und Okzident baute, indem er das Wissen und die Erfahrungen aus der arabischen (erinnert sei an das Werk Moamins) und der europäischen Welt miteinander verband. Friedrich II. konnte selbst die arabischen Falknereitraktate lesen, was für die meisten von uns heute unmöglich ist, da wir keine Arabisten sind. Doch Friedrich II., aufgewachsen in Sizilien, das über Jahrhunderte in der Hand der Araber gewesen war, beherrschte diese Sprache so gut, daß er die Genauigkeit der von ihm in Auftrag gegebenen Übersetzung des Moamin ins Lateinische während der Belagerung von Faenza selbst überprüfen konnte. Seit den Übersetzungen und Veröffentlichungen von Detlef Möller und Francois Viré wissen wir mehr über das Gebiet der arabischen Falknereiliteratur.

Der erste – indirekte – Hinweis auf Falknerei im Nahen und Mittleren Osten findet sich im babylonischen Talmud aus der zweiten Hälfte des dritten Jahrhunderts n. Chr. Um 600 n. Chr. werden am Hof der Sassaniden von byzantinischen, persischen und indischen Ärzten Arbeiten über die Falknerei verfaßt. Um 700 versammelt Emir Adham inb Muhriz al Bahili geschriebene Falknereizeugnisse in arabischer und nichtarabischer (aber ins Arabische übersetzter) Sprache. Im zweiten und dritten Jahrzehnt des achten Jahrhunderts verband in Damaskus der junge al-Gitrif ibn Qudama a-Gassani die schriftlich fixierten Traditionen auf dem Gebiet der Falknerei unter seinem Namen und dem Namen Adhams in einem großen Werk. Al-Gitrif war in der Zeit von 724 bis 744 oberster Jägermeister am Hof von Kalif Hischam und Kalif al-Walid II. in Damaskus. 775 erhielt der Kalif der Abbasiden Abu Abdallah Muhammad al-Mahdi ein Buch über Falknerei aus Byzanz als Geschenk. Dies war der Auslöser dafür, daß er al-Gitrif den Auftrag gab, alle zur damaligen Zeit bekannten Werke über Falknerei zu kompilieren. Al-Gitrif benötigte zehn Jahre harter Arbeit, um diesen Auftrag zu erfüllen, indem er sein bereits geschriebenes Buch mit dem eines türkischen Chacans zu einem Werk zusammenfaßte.

Unter der Herrschaft des Kalifen al-Ma'mun (813–833) kopierte al-Haggag ibn Haytama dieses Werk von al-Gitrif. Bei dieser Arbeit änderte er kleine Teile des geschriebenen Textes ab; dadurch entstand die sogenannte al-Haggag-Version von al-Gitrif. Ein anderer Autor stellte eine verkürzte Version des Werks von al-Gitrif her und stellte einen lehrhaften Diskurs über die Krankheiten der Beizvögel an die Spitze seiner Veröffentlichung – die sogenannte Iskandar-Version war geboren. Unter der Herrschaft des Kalifen al-Mutawakki (847–861) schrieb Hunayn ibn Ishaq, ein Arzt und Übersetzer griechischer Werke, ein Buch über die Falknerei für den Kalifen, indem er al-Gitrifs Veröffentlichung benutzte. In der ersten Hälfte des zehnten Jahrhunderts verfaßte der arabische Dichter Kusagim ein Buch über die Jagd (Kusagim al-masayid wal-maratid), wobei er die al-Haggag-Version von al-Gitrif mit zu Rate zog. Im Jahr 1200 stellte Abu l-Qasim das sogenannte „Buch von Gitrif" zusammen. Um 1240 wurde das Werk von „Moamin" (hinter dem sich vermutlich Hunayn ibn Ishaq verbarg) im Auftrag von Kaiser Friedrich II. von Hohenstaufen aus dem Arabischen in die lateinische Sprache übersetzt; es enthielt umfangreiche Partien aus dem ersten Teil des Werks von al-Gitrif.

Zweifellos erlebte die arabische Literatur über die Falknerei vom neunten bis zum dreizehnten Jahrhundert eine außerordentliche Blütezeit.

Das älteste datierte Manuskript der al-Haggag-Version, das wir kennen, stammt aus dem Jahr 1396; das älteste datierte Manuskript der Iskandar-Version aus dem Jahr 1444.

Um Ihnen die al-Haggag-Version des Werks von al-Gitrif etwas näher zu bringen, gebe ich einen kurzen Überblick über den Inhalt: Das Buch besteht aus 153 Kapiteln, die ersten 46 Kapitel beschäftigen sich mit den bei der Falknerei eingesetzten Greifvögeln, vornehmlich mit den vier hauptsächlich bei der Beizjagd benutzten Greifvogelarten, mit dem Habicht, dem Wanderfalken, dem Sakerfalken und dem Adler, mit deren Natur, Verhalten, Behandlung und Haltung, Fütterung und Abrichtung. Im 48. Kapitel werden die Anzeichen und Kriterien eines guten Gesundheitszustands, im 49. Kapitel die Anzeichen und Kriterien für die Erkennung von Krankheiten diskutiert. Die verbleibenden Kapitel behandeln die Krankheiten der Greifvögel, ihre medizinische Behandlung und Heilung.

Wenn wir das Werk Kaiser Friedrichs II. von Hohenstaufen betrachten, können wir sehr genau erkennen, wie stark er über die arabischen Quellen hinausging, wie viel moderner sein Blick und seine Kenntnis der Kunst zu beizen war und ist, und wir können verstehen, daß sogar heutzutage Friedrich II. eine führende Rolle in der Falknerei einnimmt und ein Modell für die Falkner abgibt. In allem, was Friedrich II. geschrieben hat, können wir sehen und fühlen, wie eng die partnerschaftliche Beziehung zwischen dem Falkner und seinem Beizvogel ist, wie vertrauensvoll die Interaktionen zwischen dem Menschen und dem Vogel, der immer bis zu einem gewissen Grad eine wilde Kreatur bleibt, sind und sein müssen, soll Falknerei erfolgreich ausgeübt werden. Nur ständige genaue Beobachtung, zeitaufwendiges und geduldiges Sich-aneinander-Gewöhnen und sorgfältiges Abtragen und Training bringen die Atmosphäre des gegenseitigen Vertrauens, die so wichtig und so nötig ist für eine über viele Jahre erfolgreiche Jagd mit dem Beizvogel.

Falknerei stellt ein Weltkulturerbe dar, das nahezu weltweit seit vielen Jahrhunderten existiert, in Teilen der Erde seit nahezu zweitausend Jahren geübt und geschätzt wird. Einzigartig und grundsätzlich ist bei dieser Art des Jagens – oder besser: dieser Kunst zu jagen – das enge Vertrauensverhältnis, das gegenseitige Verständnis zwischen Mensch und Wildtier. Sie leben zusammen, sie kennen sich gegenseitig genau, sie verstehen sich, und sie respektieren einander. Der Beizvogel hat gelernt, dem Falkner zu vertrauen – beim Training wie bei der Jagd fliegt er davon und kommt freiwillig zum Falkner zurück.

Falknerei als Jagdmethode lehnt sich sehr eng an die natürlichen Verhältnisse und an das Verhalten des Greifvogels in der Wildnis an, es ist absolut ökologisch. Falknerei ist verantwortungsvolles Handeln gegenüber der Umwelt, setzt sich ein für den Schutz sowohl des Beutewildes als auch der Greifvögel und kümmert sich um den Fortbestand der Greifvogelpopulationen wie geeigneter Habitate für Greifvögel und Beutearten. Damit ist sie ein gutes Beispiel für weise und nachhaltige Nutzung der Natur.

Im Jahr 1972 verabschiedete die UNESCO das „International Agreement on the Protection of the Cultural and National Heritage" (Internationales Abkommen zum Schutz des kulturellen und nationalen Erbes der Welt), das bis jetzt von 178 Nationen unterzeichnet wurde. Im Jahr 1992 wurde ein weiteres Programm – „Memory of the World", Gedächtnis der Welt – hinzugefügt; die neuesten Überlegungen zielen darauf ab, das immaterielle Kulturerbe weltweit zu schützen. Anerkennung durch die UNESCO als Weltkulturerbe („Cultural World Heritage by the UNESCO") bedeutet, die Verantwortung und die Verpflichtung zu akzeptieren, das betreffende kulturelle Erbe in seiner ursprünglichen Form zu erhalten. Zur Zeit unterziehen sich Falkner und Repräsentanten der Falknerei weltweit großen Anstrengungen, um für die Falknerei die Anerkennung als Weltkulturerbe bei der UNESCO zu erhalten (Cultural world heritage recognized by the UNESCO). Eine derartige Anerkennung wäre ein wichtiger Schritt auf dem Weg zu unserem gemeinsamen Ziel: ein Überleben der traditionellen Falknerei, ausgeübt in voller menschlicher Verantwortung für den Schutz und die Erhaltung der Natur, auf lange Sicht, um nicht zu sagen für immer, zu sichern.

LITERATUR:

AL GITRIF IBN QUADAMA AL-GASSANI (1988): Die Beizvögel (Kitab dawari at-tayr). Georg Olms, Hildesheim Zürich New York.

Friderici Romanorum Imperatoris Secundi De arte venandi cum avibus …edidit Carolus Arnoldus Willemsen, Tom. I, II. Lipsiae MCMXLII

Friederich des Zweyten…Kunst zu Beitzen. Onolzbach 1756. Reprint 1994 (Nachwort von SIGRID SCHWENK)

VIRÉ F. (1967): Sur l'identité de Moamin le Fauconnier. In: Comptes rendus de l'Académie des Inscriptions et Belles-Lettres. Paris: pp. 172–176

besteht, besteht auch ein doppeltes Interesse, das begonnene Werk zu vollenden. Nichts soll unversucht gelassen werden. Deshalb wurde die „Arbeitsgruppe UNESCO" gegründet, in der Wissenschaftler, Historiker, Experten mitarbeiten, auch solche, die nicht dem CIC oder der IAF angehören. Sie erarbeiten konkrete Schritte, um letztlich eine Bewerbung bei der UNESCO einreichen zu können. Eine Konferenz Mitte September 2005 in Abu Dhabi soll diese Arbeit unterstützen, an der auch der Direktor der Division Cultural Heritage (Kultur-Erbe), Gadi Y. Mgomezulu, als hochrangiger Vertreter der UNESCO teilnehmen wird. Dies dürfte ein weiterer positiver Schritt für die Vollendung unseres Projektes sein.

Im Rahmen des Begleitprogramms besichtigten die Teilnehmer der Generalversammlung während des mehrtägigen Aufenthalts auch das Abu Dhabi-Falkenhospital und informierten sich über die allerneuesten diagnostischen Methoden und Therapien.

Ein ganztägiger Ausflug führte in die Oase Al Ain, eine Stadt in der Wüste, die durch künstliche Bewässerung bis an die schroffen Hajar-Berge begrünt wurde.

Das Damenprogramm sah eine Fahrt zur Sir Bani Yas Insel vor. Der Gründervater und Präsident der Vereinigten Arabischen Emirate, Scheich Zayid bin Sultan Al Nahyan, der am 2. November 2004 verstarb, war ein leidenschaftlicher Falkner und großer Naturschützer. Mit der Sir Bani Yas Insel schaffte er eine der größten Privatinseln und damit ein Bioreservat, wo viele bedrohte Huftiere einen sicheren Lebensraum fanden. In den frühen 1960er Jahren veranlaßte er noch rechtzeitig den Fang zweier Paare der Arabischen Oryx-Antilope als Stamm eines Zuchtprogramms. Heute, 40 Jahre später, gibt es in den Arabischen Emiraten über 2500 Arabische Oryx-Antilopen, davon viele auf der Artenschutz-Insel, zusammen mit Hunderten von bedrohten Tierarten, wie der Arabischen Gazelle und der Säbelantilope.

Ein Höhepunkt war für Interessierte die Besichtigung des luxuriösesten und teuersten Hotels der Welt, das gerade eröffnet worden war: das Emirates-Palace. Der Anblick des sandsteinfarbenen Märchenpalastes ist spektakulär. Der ein Kilometer breite Koloß aus 1001 Nacht stellt alles in den Schatten, was es an Königspalästen auf der arabischen Halbinsel gibt. Hier bringen die Herrscher der Wüste vorwiegend ihre offiziellen Gäste unter. 1100 Angestellte, vergoldete Decken, an den Wänden Alabaster und Marmor zeigen ein prunkvolles Ambiente. Dazu weht eine laue Brise vom Persischen Golf.

Beim Empfang in der Deutschen Botschaft in Abu Dhabi am Abend des 14. März erfuhren die Mitglieder der deutschen CIC-Delegation von Botschafter Jürgen Steltzer einiges mehr über die allgemeine und die politische Lage der Vereinigten Arabischen Emirate.

Abu Dhabi ist die Hauptstadt der VAE, aber auch mit 86 Prozent der Gesamtfläche größtes Emirat. Gegründet wurden die VAE 1971 von Scheich Zayid bin Sultan Al Nahyan, der 2004 verstarb. Er hatte die VAE, bei allen Unterschieden der sieben kleinen Emirate, zu einem wohlhabenden und stabilen Staatswesen gemacht. Der Tod des Präsidenten löste in den VAE starke Betroffenheit aus. Denn er war nicht nur Staatsoberhaupt, sondern für viele auch eine Art Vaterfigur.

Der Organisator, Majid Al Mansouri, mit Peter Sapara
FOTO: DORIS SAPARA

Den Wohlstand begründete die Nutzung der Ölvorkommen ab 1962. Mit zehn Prozent der globalen Ölreserven erlebte das Land positive Veränderungen hinsichtlich der Entwicklung einer modernen sozialen und wirtschaftlichen Infrastruktur, die mit der in jedem entwickelten Land der Welt vergleichbar ist. Vier Millionen Menschen, 80 Prozent davon Ausländer, leben und arbeiten in totaler Harmonie nebeneinander. In der Deutschen Botschaft hieß es: „Die VAE sind politisch stabil". Zwar gelten strenge Aufenthaltsbestimmungen, aber es herrscht auch Toleranz, die das Zusammenleben mit den vielen Ausländern bestimmt. Weder Extremismus noch Unzufriedenheit sind erkennbar. Demokratische Strukturen gibt es nicht, dennoch eine gute Regierungsführung. Die Macht liegt bei der Herrscherfamilie der sieben Emirate. Wohlhabend und stabil werden die VAE auch unter dem Sohn des Gründervaters und Nachfolger Scheich Khalifa bin Zayid Al Nahyan bleiben. Abu Dhabi ist das mit Abstand reichste Emirat. Hier liegen 94 Prozent der gesamten Ölreserven der VAE.

Trotz aller Modernität haben die Ureinwohner des Landes ihre reiche Tradition erhalten. Nahezu im Zeitstillstand sind vor allem Falknerei, aber auch die Reiterei zu Pferde - und auf Kamelen sowie die Erhaltung alter Moscheen ein wesentlicher Bestandteil des Mosaiks dieses Landes geblieben.

Die VAE sind zum größten Markt für die deutsche Exportwirtschaft in der arabischen Welt aufgestiegen. Die Föderation hat sich zu einem der zuverlässigsten Partner Deutschlands in diesem schwierigen politischen Teil der Welt entwickelt.

Die nächste Generalversammlung des CIC findet Anfang Mai 2006 auf Zypern statt.

Peter Sapara

53. Generalversammlung des Internationalen Rates zur Erhaltung des Wildes und der Jagd (CIC)
vom 1.–5. Mai 2006 in Limassol, Zypern

Sie stand unter der Ägide des Staatspräsidenten der Republik Zypern, Seiner Exzellenz Tassos Papadopoulos.

„Erhaltung der Zugvögel: eine gemeinsame Verantwortung". Mit diesem Motto fand die Generalversammlung des CIC in Limassol auf Zypern statt. Die sehr gut besuchte Veranstaltung lockte über 350 Teilnehmer aus 42 Ländern, darunter Vertreter der Vereinten Nationen, von Regierungen und Jagdorganisationen sowie Wissenschaftler auf die sonnige Mittelmeerinsel.

In seiner Grußadresse betonte Staatspräsident Papadopoulos: Das Thema der 53. CIC-Vollversammlung „Erhaltung der Zugvögel: eine gemeinsame Aufgabe" könnte nicht passender sein, da dieses Treffen in Zypern stattfinde, einer der wichtigsten Stationen für Zugvögel in Südosteuropa. Zyperns Lage am Schnittpunkt dreier Kontinente und die geographische Trennung der Insel von anderen benachbarten Ländern führten trotz ihrer geringen Ausmaße zu einer großen Zahl von registrierten Vogelarten, sowohl Zugvögeln als auch zwei endemischen Arten und vier endemischen Unterarten. Dieser hochgradige Endemismus trete auch in anderen Regionen auf und sei besonders stark in Zyperns Fauna vertreten.

„Zugvogelarten kennen keine von Menschen gesetzten Grenzen und überwinden zweimal jährlich viele nationale Grenzen, wobei sie auf ihrer langen Reise Unwettern und anderen natürlichen Gefahren begegnen.

Diese Arten brauchen unsere besondere Aufmerksamkeit und unseren Schutz, indem wir dafür Sorge tragen, daß sie auf dem Weg zu ihrem Ziel und zurück sichere Rastplätze vorfinden.

Als große Weltorganisation und durch seine sachkundige, einflußreiche und breit gefächerte Mitgliedschaft hat der CIC die hervorragende Gelegenheit, verschiedene Länder zu beeinflussen bis hin in die Etagen der Entscheidungsträger, um das Verständnis dafür zu fördern, daß die Erhaltung von Zugvögeln eine gemeinsame Aufgabe für alle ist, für Entscheidungsträger, Politiker, Naturschützer, Sportler und die allgemeine Öffentlichkeit.

Die Tatsache, daß die 53. Vollversammlung in Zypern stattfindet, beweist unser starkes Engagement, aktiv an der Erhaltung des

Wildes und an Entscheidungen über Planungen unserer künftigen Schritte zur Erhaltung der wilden Zugvögel teilzunehmen. Die Regierung der Republik Zypern, die verschiedene internationale Abkommen unterzeichnet hat und seit Mai 2004 EU-Mitglied ist, wird ihre Bemühungen zur Erhaltung des Wildes fortsetzen.

Ich bin sicher, daß die Beschlüsse, die die CIC-Vollversammlung im Hinblick auf eine verstärkte Erhaltung der Zugvögel treffen wird, dokumentieren werden, daß der besondere Schutz der Zugvögel wegen ihrer Einzigartigkeit eine gemeinsame Aufgabe für uns alle darstellt.

Ich wünsche ihnen einen angenehmen Aufenthalt auf unserer Insel und viel Erfolg für die 53. CIC-Vollversammlung."

Schon auf der Eröffnungsfeier sprach sich der CIC entschieden gegen jegliche Form der unethischen Manipulation von Wildtieren zur Produktion von Trophäen aus. Aktueller Anlaß war ein im Herbst 2005 in Bulgarien geschossener, vermeintlicher „Weltrekord-Hirsch", der nach neuesten Erkenntnissen einer Gatterhaltung im Alpenraum entstammt und von dort zum Zwecke des Abschusses nach Bulgarien transportiert wurde.

In einer Erklärung der CIC-Kommission „Ausstellungen und Trophäen" heißt es, daß „ die Vermessung des Rothirsches, der am 3. Dezember 2005 in Traunreut, Deutschland, von der CIC-Kommission ad hoc mit 278,03 CIC-Punkten bewertet wurde, hiermit offiziell annulliert wird". Begründung: „Uns liegen in der Zwischenzeit deutliche Indizien vor, wonach dieser Hirsch unter art- und tierschutzwidrigen Bedingungen manipuliert aufgezogen wurde. Ferner ist der Erleger bei seiner Jagd in Bulgarien nach seinen Angaben betrogen worden."

Unterstützung fand die deutliche Stellungnahme des CIC auch von Maria Rauch-Kallat, Bundesministerin für Gesundheit und Frauen der Republik Österreich, die sich in ihrer Begrüßungsansprache gegen künstlich produzierte Trophäen aussprach, da diese nicht mit nachhaltiger Jagd vereinbar seien. Ministerin Rauch-Kallat rief den CIC auf, sich gegen jede Form der „Rekord-Manie" auszusprechen. Doping sei in der Welt des Sports geächtet, also müsse es in der Jagdwelt genauso sein. Darüber hinaus müßten die sogenannten „put and take"-Praktiken verboten werden, bei denen dem Jagdgast Wild in

Eröffnung der 53. CIC-Generalversammlung 2006

kleinen Gattern zur Auswahl vorgeführt wird, das er dann später seinem Gusto und Geldbeutel entsprechend „erlegen" kann.

Als Vertreterin Österreichs, das zu der Zeit die Europäische Union präsidierte, dankte die Ministerin dem CIC, insbesondere der Zugvogel-Kommission, für die profunde Mitarbeit bei der Einsatzgruppe der Vereinten Nationen zur Bekämpfung der Geflügelpest.

Die Bedeutung des CIC im internationalen Naturschutz wurde durch die Anwesenheit namhafter Organisationen, wie der Bonner Konvention über wandernde Tierarten (CMS), des Washingtoner Artenschutz-Abkommens (CITES) und der Welt-Naturschutz-Union (IUCN) unterstrichen.

Auch die Zusammenarbeit mit einflußreichen Jagdverbänden nimmt zu. So besuchten die Nordamerikanische Stiftung für Wildschafe (FNAWS), der Dallas-Safari-Club und als neues Mitglied die Vereinigung der Wild-Farmer Südafrikas, der Zusammenschluß der Jagdgesellschaften Südafrikas (CHASA) und die Berufsjäger-Vereinigung Südafrikas (PHASA) die Generalversammlung.

Zum dritten Mal nahm auch eine hochrangige chinesische Regierungsdelegation an der Veranstaltung teil und demonstrierte damit den Fortschritt der engen Zusammenarbeit Chinas und des CIC in Fragen des Naturschutzes und der Jagd. Weitere Regierungsvertreter kamen aus Deutschland, Österreich, der Tschechischen Republik, Finnland, Ungarn, Italien, Lichtenstein, Luxemburg, Marokko, den Niederlanden, Polen, der Slowakei und Spanien.

Die Position des CIC wird durch folgende Erklärungen, Empfehlungen und Resolutionen verdeutlicht:

In der „Limassol-Erklärung" ächtet der CIC die unethische Manipulation von Wildtieren zur Produktion von Spitzentrophäen. Dagegen betont er seine Unterstützung für faire Jagdprakti-

Die deutsche Delegation bei der Eröffnungsfeier

ken und fordert alle Jagdorganisationen auf, sich gegen manipulierte und ethisch nicht vertretbare Jagdarten zu stellen. In den kommenden Monaten wird deshalb der CIC seine Bewertungskriterien für Trophäen diesbezüglich überarbeiten und präzisieren.

Ferner hat der CIC mit einer Expertengruppe begonnen, Kriterien zur Beschreibung von nachhaltigem Jagdtourismus zu erarbeiten. Diese sollen zu mehr Transparenz der Auslandsjagd und zu einer angestrebten Zertifizierung führen.

Bezüglich der Vogelgrippe empfiehlt der CIC, daß Maßnahmen zur Einschränkung der Jagd (einschließlich der Maßnahmen, die von der EU in Überwachungszonen um Ausbruchgebiete vorgesehen sind) nur in Absprache mit den nationalen und internationalen Jagdverbänden beschlossen werden. Die russische Delegation im CIC wird beauftragt, ihrer Regierung zu empfehlen, überzogene Maßnahmen wie intensiven Zugvogelabschuß, Zerstörung von Zugvogel-Lebensräumen oder totale Jagdverbote zurückzunehmen.

Der CIC empfiehlt den betreffenden Staaten, sich aktiv an der Sammlung von Strecken-Daten bei der Bejagung von Zugvögeln zu beteiligen. Nur so kann eine wissenschaftlich kontrollierte, nachhaltige Bejagung erfolgen.

Der CIC setzt sich für eine langfristige Umsetzung von Flächenstillegungs-Programmen in der Landwirtschaft zur Förderung der Artenvielfalt ein. Die Anlage und Behandlung solcher Flächen muß wildtiergerecht erfolgen. Mahd- und Mulchzeiträume müssen mit Brut- und Aufzuchtperioden abgestimmt sein.

Vor der Generalversammlung wurden bereits zwei Symposien abgehalten. „Landschaftsmanagement und dessen Einfluß auf Wildtiere" war das Thema einer Expertenrunde am 29. April. Das Team des in Deutschland sehr erfolgreichen Projektes „Lebensraum Brache" stellte zypriotischen Kollegen die sinnvolle Nutzung von landwirtschaftlichen Stillegungsflächen zur Förderung der Artenvielfalt vor. Die daraus resultierenden Perspektiven und Chancen für die Fauna und Flora auf Zypern wurden sehr konstruktiv diskutiert. Es soll nun versucht werden, entsprechende Brache-Projekte auch auf Zypern zu verwirklichen.

Dem Motto der Generalversammlung „Erhaltung der Zugvögel – eine gemeinsame Verantwortung" entsprechend war das Thema des CIC-Zugvogel-Tages am 30. April die Situation der Zugvögel unter besonderer Berücksichtigung der Bedrohung durch die Geflügelpest. Die versammelten Experten waren sich darüber einig, daß die Verbreitung der „Vogelgrippe" in erster Linie durch den internationalen Geflügelhandel gefördert wird und nicht vordergründig durch den Vogelzug. Insofern wurden sowohl generelle Jagdverbote als auch gezielte Abschüsse oder Störungen von Zugvögeln strikt abgelehnt.

In der Sitzung der Kommission für Falknerei und Erhaltung der Greifvögel am 2. Mai war Hauptthema der nachstehende Tätigkeitsbericht für 2005 von Kommissionspräsident Jose Manuel Rodriguez-Villa.

2005 war für die Kommission Falknerei und Greifvögel des CIC ein ziemlich arbeitsreiches Jahr. Die Falknerei als althergebrachte Jagdart wird mancherorts in Europa mit Besorgnis erregender Beharrlichkeit von jagdfeindlichen Gruppierungen attackiert, und das mit zunehmender Tendenz. Unsere Allianz mit der International Association for Falconry, der IAF, hat sich bei der Abwehr solcher Angriffe gut bewährt. Zwischen IAF und CIC abgestimmte Aktionen zur Verteidigung der Falknerei wurden 2005 in Dänemark, Slowenien, Bulgarien und der Slowakei gegenüber den zuständigen Behörden durchgeführt. Der CIC konnte mit guten Kontakten vor allem in den osteuropäischen Ländern tätig werden und half dabei, die Interessen von Jägern und Falknern durch Ausräumen bestehender Mißverständnisse auf einen gemeinsamen Nenner zu bringen. Wir in der CIC-Kommission Falknerei sind stolz auf dieses Teamwork.

Die Zusammenarbeit zwischen CIC und IAF hat sich auch bei unserem derzeit wichtigsten Projekt bewährt, der angestrebten Anerkennung der Falknerei durch die UNESCO als immaterielles Weltkulturerbe. Wir haben eine IAF/CIC-Arbeitsgruppe für UNESCO- Gesuche unter dem gemeinsamen Vorsitz des Präsidenten der CIC-Kommission Falknerei Jose Manuel Rodriguez-Villa und Dr. Nick Fox gebildet.

Im September 2005 wurde in Abu Dhabi ein dreitägiges Symposium veranstaltet, das unter dem Motto stand: „Falknerei: ein Welterbe". Sein Ziel war es, das UNESCO-Projekt zu unterstützen. Dieses Symposium wurde abgehalten mit der großzügigen Unterstützung der Regierung der Vereinigten Arabischen Emirate (VAE) und organisiert unter Mithilfe des Profalcon Breeding Projects und des Emirates Falconers' Club, die prominente Falkner, Gelehrte, Naturschützer und andere Spezialisten aus aller Welt dazu einluden, Präsentationen zugunsten der Falknerei vorzustellen.

In seiner Eingangsrede sagte SE Mohamed Al Bowardi, daß die Erklärung der Falknerei zum Welterbe als Thema von äußerster Wichtigkeit angesehen werden müsse. „Heute sind wir alle hier versammelt, um ein Teil Verantwortung zu übernehmen und uns zu engagieren", meinte er.

Dr. Gadi Mgomezulu, Direktor der Division of Cultural Heritage der UNESCO, führte eine Delegation der UNESCO an. Er hielt einen Vortrag über „Perspektiven der Konvention über die Bewahrung des immateriellen Kulturerbes" und brachte während des Verlaufs der Tagung seine Expertenmeinung über viele Probleme zum Ausdruck, indem er die Regularien der Ratifikation und der Antragsstellung erläuterte und zum Verständnis vieler schwieriger Punkte beitrug, die Tatsache eingeschlossen, daß Anträge von den einzelnen Ländern gestellt werden müssen. Er führte aus: „Die Konvention von 2003 für die Bewahrung des immateriellen Kulturerbes wurde beschlossen angesichts der Globalisierung und des gesellschaftlichen Wandels, der das immaterielle Kulturerbe mit Verfall, Verlust und Zerstörung bedroht."

Dr. Benno Böer vom Büro der UNESCO in Doha, Katar, hielt ebenfalls einen Vortrag und meinte:„Die Kunst der Falknerei kann nicht nur durch die Konvention zur Bewahrung des immateriellen Kulturerbes unterstützt werden sondern auch durch die Einrichtung von Welterbestätten, in denen das Jagen mit Falken als nachhaltige Nutzung ein Grundbestandteil ist."

Die anwesenden CIC-und IAF-Funktionäre brachten die Begeisterung beider Organisationen für das Projekt zum Ausdruck und erläuterten, wie sie die Länder zu ermutigen gedenken: durch ein Angebot von Informationen, Rat und Ermunterung. Allerdings können sie kein Land zwingen, wenn die Falkner dort nicht bereit sind, die Arbeit auf sich zu nehmen, die notwendig ist, um den Antrag zu stellen.

Die Definition des „immateriellen Erbes" könnte von Land zu Land Unterschiede aufweisen und ist u. U. nicht der einzige Weg, mit dem die UNESCO den Falknern helfen kann.

Das Sammeln von Informationen von Ländern, die die Antragstellung in der Zukunft beabsichtigen, ist von entscheidender Bedeutung. Die Archives of Falconry und die zwei web-basierten, virtuellen Archive, Falconry Heritage Trust und das Archivo Iberoamericano de Cetreria (AIC) (Ibero-amerikanisches Falknereiarchiv) in Valladollid können im Rahmen eines abgestimmten Programms ihre „semi-körperlichen" und „körperlichen" Sammlungen benutzen, der Konvention und der Welt das Ideelle der Falknerei zu präsentieren. Es ist klar, daß wir ein lebendiges Erbe dokumentieren müssen und nicht einfach nur Geschichte. Das reicht nicht, wenn auch Historiker eine wesentliche Rolle dabei zu spielen haben.

In einem Zeitungsinterview kurz nach dem Symposium führte Dr. Mgomezulu aus, daß das Projekt ernst genommen werde, es sei eine der wichtigen Anmeldungen und könne gut unter die Konvention von 2003 zur Bewahrung des immateriellen Kulturerbes fallen. „Sehr wahrscheinlich wird es seinen Anfang nehmen mit einem „Memorandum of Understanding" (MoU) (Gemeinsame Erklärung) der beteiligten Parteien, das hoffentlich sehr bald erarbeitet und unterzeichnet wird." Um das UNESCO-Projekt voranzubringen, hätten einige Treffen zwischen den beteiligten Partnern stattgefunden: den VAE als beantragendem Land, der International Association for Falconry and Conservation of Birds of Prey (IAF), dem International Council for Game and Wildlife Conservation (CIC), den Falconry Archives und dem Falconry Heritage Trust, sagte er.

IAF/CIC-Arbeitsgruppe für UNESCO-Anträge

Nachdem sie die Vorträge über die drei Tage des Symposiums verfolgt hatten, wurden von den anwesenden Mitgliedern der IAF/CIC-Arbeitsgruppe, anderen Mitwirkenden und den Offiziellen der UNESCO Fragen gestellt und beantwortet und einige wichtige Punkte geklärt. Am Ende stand ein Workshop unter dem Titel „Der Weg nach vorn", in dem sich das Arbeitsgruppenkomitee und die Mitglieder der Arbeitsgruppe mit der UNESCO darum bemühten, den besten Weg in Richtung Anerkennung der Falknerei als Weltkulturerbe zu finden.

Einer der großen Erfolge von Abu Dhabi war, daß wir jetzt eine bessere Vorstellung des Reichtums an Wissen und Information haben, der uns in physischen Sammlungen, Museen, Galerien, Archiven und menschlicher Arbeitskraft zur Verfügung steht, und wir haben eine gute Vorstellung davon, wie wir all das, die physischen und halbphysischen Aspekte der Falknereitradition, als Hilfe nutzen können, um das Immaterielle zu präsentieren und zu bewahren. Wir wissen wohl, daß Falkner in Schutzprojekten erfolgreich tätig gewesen sind und dadurch dazu beigetragen haben, daß viele Nicht-Falkner in ihrer negativen Haltung umgeschwenkt sind. Der Hauptaspekt der Falknerei aber, der für zukünftige Generationen nicht gesichert ist, ist der immaterielle kulturelle Aspekt – das ist der, der weitergegeben wird durch Familien, Mentoren und den persönlichen Kontakt von Falkner zu Falkner, der, der nicht aus einem Buch gelernt werden kann.

Folgetreffen im UNESCO-Hauptquartier in Paris

Vor kurzem hatten die gemeinsamen Vorsitzenden der IAF/CIC-AG für die UNESCO-Anträge und der Präsident der IAF eine Sitzung, um die Sache voranzutreiben und aktuelle Informationen von der UNESCO zu bekommen. Das Treffen fand am 23. März im Hauptquartier der UNESCO in Paris statt.

Von Seiten der UNESCO waren anwesend: Herr Gadi Mgomezulu, Director Division of Cultural Heritage, Frau Assia Bedjaoui, Assistant Programme Spezialist, Intangible Heritage Section, Herr Fernando Brugman, Intangible Heritage Section, Culture.

Im Verlauf des Treffens wurden folgende Punkte bekräftigt: Die neue Konvention zur Bewahrung des Immateriellen Kulturerbes von 2003 ist bereits von 39 Ländern ratifiziert worden. Spanien, Belgien und Turkmenistan könnten bald unter den nächsten Mitgliedern sein.

Die Konvention ist am 20. April 2006 in Kraft getreten, und die vorausgehende über die „Proklamation der Meisterwerke des Mündlichen und Immateriellen Erbes der Menschheit" ist damit ausgelaufen.

Die Generalversammlung der Mitgliedsstaaten wird sich zum ersten Mal im Juni (24.–29. Juni 2006) treffen und ein Exekutivkomitee (Intergovernmental Committee), bestehend aus 18 Mitgliedern, ernennen (das auf 24 Mitglieder aufgestockt wird, wenn die Anzahl der Vertragsstaaten 50 erreicht). Im September 2006 wird das erste Treffen des Komitees stattfinden mit der Aufgabe, Arbeitsrichtlinien sowie Auswahlkriterien für die Eintragungen in die Anerkennungslisten zu entwerfen ebenso wie die Voraussetzungen für die Gewährung von internationalem Beistand. Diese Vorarbeiten des Komitees sollen voraussichtlich zum Ende des Jahres 2007 abgeschlossen werden, <u>so daß mit ersten Anträgen definitiv nicht vor dem Jahr 2008 zu rechnen sein wird.</u>

Obwohl, wie erwähnt, die Arbeitsrichtlinien noch nicht formuliert sind, steht fest, daß von der Konvention keine „internationalen" Anträge vorgesehen sind. Einzelne Vertragsstaaten und nur Vertragsstaaten der Konvention könnten einen multinationalen Antrag vorlegen. Im Prinzip spricht nichts dagegen, daß ein erster Antrag zu einem Gegenstand (etwa der der VAE zur Falknerei) von anderen Ländern als Muster verwendet wird oder direkt ein Antrag gestellt wird, um sich diesem Antrag „anzuschließen", oder aber ein Antrag gestellt wird, der ausgehend vom ersten Antrag diesen um nationale falknerische Besonderheiten „erweitert".

Das Komitee wird eine Beraterkommission ernennen, in der Organisationen mit großem Überblick wie die IUCN vertreten sind. Es ist unwahrscheinlich, daß so spezialisierte Nichtregierungsorganisationen wie IAF/CIC als Berater oder Experten in ein solches Gremium berufen werden, wenn es auch grundsätzlich nicht ausgeschlossen werden und das Komitee sie bei Falknereianträgen hinzuziehen kann. Auf jeden Fall wird das Komitee ein Sekretariat unterhalten, das sich aus dem Personal der UNESCO-Abteilung Immaterielles Kulturerbe zusammensetzt und das bereit wäre, bei Falknerei-Anträgen von der IAF/CIC Rat anzunehmen.

Als Ergebnis dieser aktualisierten Information ist nun unsere Aufgabe, vorbereitende Schritte zu unternehmen, die von den endgültigen Arbeitsrichtlinien, die erst noch von dem zu ernennenden Exekutivkomitee erstellt werden müssen, unberührt bleiben. Diesbezüglich gab das an diesem Treffen teilnehmende UNESCO-Team den Rat, an einem belegbaren Nachweis zu arbeiten, daß die zukünftigen Anträge und insbesondere der Erstantrag der VAE sich konform zur Definition in Artikel 2 der Konvention verhalten, weil dieser den grundlegenden gesetzlichen Rahmen darstellt, der in jedem Fall vom Komitee zu berücksichtigen ist, unabhängig davon, wie die endgültigen Arbeitsrichtlinien aussehen.

Unter Berücksichtigung all dessen wird die IAF/CIC-AG für die UNESCO-Anträge einen Plan ausarbeiten mit dem Ziel, ab 2008 so viele erfolgreiche nationale Falknerei-Anträge wie möglich auf den Weg zu bringen. Dieser Plan wird den beteiligten Parteien unterbreitet werden.

In diesem Sinne werden der Anfangserfolg durch die VAE und das Konzept dieses Antrags von entscheidender Bedeutung für die nachfolgenden Anträge sein. Das Konzept des „Anschließens" oder des „Erweiterns" in Bezug auf diesen ersten Antrag muß bei denen, die danach gestellt werden, in Betracht gezogen werden.

Kommission für Falknerei: Aktionsplan 2006
Unser Hauptprojekt, Anerkennung der Falknerei durch die UNESCO in einigen Ländern, steht im Jahre 2006 im Mittelpunkt und nimmt unsere Aufmerksamkeit weiterhin in hohem Maße in Anspruch. Obwohl nach den letzten Informationen der UNESCO erst ab dem Jahre 2008 aktuelle Anträge von Mitgliedsstaaten eingereicht werden können, werden wir schon jetzt dabei helfen, daß erste Anträge für die Falknerei vorgelegt werden, und wir werden auch Falkner von anderen Mitgliedsstaaten der Konvention ermutigen, Folgeanträge zu stellen. Wir haben einige Falknereiländer ausgemacht, die das Potential haben, sich mit guten Erfolgsaussichten bei der UNESCO darum zu bewerben, ihre Falknerei zum immateriellen Kulturerbe in der Nachfolge des sehr wahrscheinlichen ersten Antrags der Vereinigten Arabischen Emirate (VAE) erklären zu lassen. Solche Länder sind die Tschechische Republik, Marokko, Tunesien, Belgien, China, Turkmenistan und einige weitere. Einige dieser Staaten sind allerdings noch nicht Vertragsstaaten der Konvention.

Wie wir heute erfahren haben, werden wir die Unterstützung zweier Schutzprojekte fortsetzen: des DFO-Baumbrüterprojekts und des Irish Grey Partridge Conservation Trust- Projekts (Projekt Irische Rebhuhnschutzstiftung). Unsere Schutzbemühungen sind also zweigleisig: Wir unterstützen den Schutz von Greifvögeln, allen voran von Symbolarten wie dem Wanderfalken, aber auch den Schutz von Beutetieren in bester Übereinstimmung mit der generellen Politik des CIC der nachhaltigen Nutzung.

Festzustellen ist, daß uns Falknern in mancher Hinsicht die Zukunft unserer Beutetiere (vor allem durch Verlust an Lebensraum) mehr Sorgen bereitet als die Perspektiven des Schutzes unserer Greifvögel. So gesehen ist das Projekt der Irischen Rebhuhnschutzstiftung ein höchst bedeutsames Unternehmen.

Hingewiesen sei auch auf unsere Neuregelung, die von uns unterstützten Projekte aus der Nähe zu verfolgen und zu überwachen. Wir möchten nicht einfach als Geldgeber angesehen sondern mehr in die Projekte einbezogen werden, indem wir in ständiger Verbindung mit den Projektleitern bleiben und aus dem Wissen und den PR-Aktionen, die mit dem Projekt zusammenhängen, Nutzen ziehen. Dies wird 2006 auch Teil unserer Arbeit sein.

Im letzten Quartal des Jahres sollten wir es dann auch geschafft haben, den Falknereiteil der CIC-Website auf den neuesten Stand zu bringen und Faltblätter herauszugeben, die als PR-Mate-

Exotische Prachtfülle auf der Insel Zypern – Fotos: Verfasser

rialien unsere Projekte, Ziele und Aufgaben beleuchten.

Schließlich werden wir – wie auch schon 2005 – ein Auge auf alles behalten, was eine mit der IAF abgestimmte Aktion zum Schutz der Falknerei erfordert, um jeglichen Gefahren im Bereich von Gesetzgebung und Verwaltung zu begegnen. Wir werden nicht ablassen, weiterhin entschieden einem gemeinschaftlichen Vorgehen und dem Einvernehmen von Falknern und Jägern Vorschub zu leisten zugunsten ihrer gemeinsamen Interessen.

Das Baumbrüter-Projekt des Arbeitskreises Wanderfalkenschutz wird, wie im Aktionsplan 2006 aufgeführt, von der Kommission Falknerei weiterhin unterstützt. In einer Präsentation schilderte ich noch einmal die Anfänge der Wiederbegründung und die bisherigen Erfolge in der Wiederansiedlung. Der Vorsitzende des Arbeitskreises, Dr. Gert Kleinstäuber, hatte in einem Rundbrief, den ich den Zuhörern in der Sitzung zur Kenntnis brachte, auf die gute Zusammenarbeit aller Beteiligten hingewiesen. Er führte in seinem Schreiben aus: „Ohne die Aktivitäten des Deutschen Falkenordens wären bis heute weder die Wiederbesiedlung ostdeutscher Felslandschaften durch den Wanderfalken noch die sensationelle Wiederbegründung der baumbrütenden Wanderfalkenvorkommen erfolgt. Und viele Jahre haben uns wertvolle Zuwendungen des Internationalen Jagdrates zur Erhaltung des Wildes (CIC) erreicht, für die wir uns bei den dafür maßgeblichen Personen im Führungsgremium bedanken möchten."

Liam McGarry beschrieb in seinem Vortrag die Bemühungen der Falkner in Irland, die Rebhuhnvorkommen wieder neu zu begründen. Unterstützung erhalten die Falkner dort bei ihren Hegemaßnahmen von den Behörden und von örtlichen Farmern. Auch die Kommission Falknerei im CIC wird das Projekt der „Irischen Rebhuhnschutzstiftung" künftig unterstützen.

Als letzter Vortragender berichtete Marc Petroff über die Fortschritte bei der Entwicklung der Falknerei in Brasilien, die sich noch in den Anfängen befindet. Immerhin gibt es die bereits

1997 in Rio gegründete „Brazilian Association of Falconry and Preservation of Birds of Prey". Ihr gehören 40 Mitglieder an. Wer in Brasilien ein Wildtier halten will, muß eine Lizenz der Umwelt-Behörde vorweisen, die er nur dann erhält, wenn die erforderlichen Kenntnisse über die Tierart und darüber hinaus über die artgerechte Haltung nachgewiesen werden können. Die Ausübung der Beizjagd ist in Brasilien allerdings noch nicht erlaubt.

Eine Diskussion ergab sich am Ende der Kommissionssitzung aufgrund eines Antrags des Österreichischen Falknerbundes mit der Forderung und Begründung, den „wichtigen Aspekt der Falkenhöfe" in der Kommission zu diskutieren und zu behandeln, da ansonsten Schaden durch einen Verlust in der öffentlichen Akzeptanz dieser Einrichtungen entstehen könnte. In der Diskussion wurde reklamiert, daß die Kommission bisher vorwiegend das Leitbild der „Falknerei als Beizjagd" in den Vordergrund gestellt habe, was von einer jagdlichen Organisation wie dem CIC allerdings eigentlich auch nicht anders zu erwarten ist. Von den Kritikern wurde jedoch übersehen, daß sich die Arbeitsgruppe Falknerei schon in den 1990er Jahren mit diesem Problem befaßt hat. In der CIC-Broschüre „Falknerei" wurden bereits damals folgende Richtlinien erarbeitet und festgeschrieben: „Falknerei ist Jagd mit abgetragenen Greifvögeln auf Wild in seinem natürlichen Lebensraum". In der 1990 verabschiedeten Resolution heißt es: „Schaustellung und Schauflüge von Greifvögeln zu anderen Zwecken als zur Jagd, ist keine Falknerei." An dieser Präzisierung hat sich bis heute nichts geändert. Es wurde aber auch schon damals positiv vermerkt: „Obwohl es problematisch ist, Greifvögel öffentlich zur Schau zu stellen, kann dies in besonderen Fällen sinnvoll sein. Gut geführten Falkenhöfen oder Greifvogelwarten kann nicht abgesprochen werden, daß sie zum Umweltverständnis und zur Erziehung zum Naturschutzgedanken beitragen."

Der Dialog konnte aus Zeitmangel nicht beendet werden. Er wird sicher fortgesetzt.

Die 54. CIC-Generalversammlung findet Anfang Mai 2007 in Belgrad statt.

Ich möchte Kuno Seitz meinen Dank aussprechen, der freundlicherweise den Tätigkeitsbericht 2005 der Kommission Falknerei aus dem Englischen übersetzt hat.

Kilian Weixler & Henning Werth

Zur Situation des Steinadlers *Aquila chrysaëtos* in den Allgäuer Alpen

Ein Bericht aus dem Artenhilfsprogramm Steinadler im Allgäu

1 Einleitung

Mit einer Spannweite von über zwei Metern und einem Gewicht von vier bis sechs Kilogramm zählt der Steinadler neben dem Seeadler zu den imposantesten heimischen Greifvögeln. In den Augen vieler Menschen strahlt der Steinadler Stärke, Majestät, Eleganz und Kraft zugleich aus, was ihn zu einem beliebten Symbol- und Wappenvogel machte. Nichtsdestotrotz wurden im Zuge der großen Ausrottungswelle gegen Ende des 19. Jahrhunderts, bei der Bär und Luchs ihr Ende fanden, auch die Adler im deutschen Alpenraum an den Rand des Aussterbens gebracht. Allein im Allgäu und dessen Nachbargebieten wurden zwischen 1875 und 1925 über 200 Steinadler erlegt (Glutz von Blotzheim u. a. 1989)! Während es noch bis ins 18. Jahrhundert auch im deutschen Flachland Steinadler-Populationen gab (z. B. Thüringer Wald, Schwäbische Alb), wurden die Bestände durch diesen Vernichtungszug in Deutschland vollständig auf die bayerischen Alpen zurückgedrängt (GLUTZ VON BLOTZHEIM u. a. 1989). Erst im Laufe des 20. Jahrhunderts erholten sich die Bestände wieder und wuchsen auf den heutigen Bestand von ca. 48 Paaren an (BEZZEL u. a. 2005). Die unmittelbare Bejagung stellt glücklicherweise aufgrund der ganzjährigen Schonzeit heutzutage keine Bedrohung mehr dar. Der bayerische Bestand ist zwar gegenwärtig als stabil zu bewerten, doch gab die im alpenweiten Vergleich geringe Reproduktionsrate Anlaß zu der Annahme, daß der bayerische Bestand, um langfristig bestehen zu können, auf Zuzug angewiesen sei. Um die Bestände und den Bruterfolg der bayerischen Steinadler genau zu dokumentieren und mögliche Schutzmaßnahmen zu ergreifen, wurde 1998 im Auftrag des Landesamts für Umwelt (LfU) und des bayerischen Umweltministeriums im gesamten bayerischen Alpenraum das Artenhilfsprogramm Steinadler ins Leben gerufen (www.bayern.de/lfu/natur/vogelschutzwarte/steinadler/index.html). Die regionale Umsetzung des Projekts im Allgäu wurde vom Landesbund für Vogelschutz (LBV) übernommen (www.steinadlerschutz.de). Auf der Grundlage der vorausgegangenen Erfassung durch ehrenamtliche Mitarbeiter ist seither im Allgäu ein intensives Monitoring- und Schutzprogramm entstanden, über dessen Ergebnisse und Inhalte der folgende Artikel in Einzelaspekten einen Überblick geben soll.

2 Untersuchungsgebiet

Das Untersuchungsgebiet im Allgäu liegt im äußersten Südwesten Bayerns an der Grenze zu Österreich. Auf einer Fläche von rund 1400 km² umfasst es in etwa den bayerischen Alpenanteil zwischen Oberstaufen im Westen und Füssen im Osten. Ein wesentlicher Teil dieses Bereichs liegt im Naturschutzgebiet Allgäuer Hochalpen (www.allgaeuer-hochalpen.de). Neben den Bergen prägen die Iller und ihre Zuflüsse das Landschaftsbild.

3 Bestandssituation

Der gesamte Alpenraum wird derzeit von ca. 1.100 Steinadlerpaaren sowie einer unbekannten Anzahl an jungen bzw. unverpaarten Einzeladlern besiedelt. Der Bestand gilt derzeit als stabil und als nicht akut sondern lediglich potentiell gefährdet (BRENDL 2004). Der hohe Sättigungsgrad äußert sich besonders in zentralalpinen Bereichen, wo auch dichteabhängige Regulationsmechanismen zum Tragen kommen (HALLER 1996). Im Allgäu wurden seit 1987 zunächst auf ehrenamtlicher Basis die Steinadlerbestände sowie deren Bruterfolg erfaßt. Zwar wurden seit Beginn der Erhebungen im Untersuchungsgebiet konstant zehn besetzte Reviere registriert, jedoch erwies sich der Bruterfolg wie auch in den anderen bayerischen Teilgebieten als relativ gering. Zwischen 1987 und 1997 waren von diesen zehn Paaren im Allgäu durchschnittlich nur 1,8 (± 1,4) Paare pro Jahr erfolgreich. Pro Paar und Jahr flogen in diesem Zeitraum im Durchschnitt nur 0,19 Jungvögel aus. Zum Vergleich seien hier Werte aus anderen Regionen der Alpen bzw. Europas erwähnt: HALLER (1996) gibt für den Zeitraum zwischen 1970 und 1994 für Graubünden eine Nachwuchsrate von 0,48 Jungen an, WATSON (1997) gibt für drei verschiedene Untersuchungsgebiete in Schottland Mittelwerte zwischen 0,33 und 0,81 Jungen pro Jahr und Paar an. Eine Zusammenstellung weiterer regional ermittelter Nachwuchsraten aus den Alpen findet sich bei MEBS & SCHMIDT (2005) und BRENDL (2004). Auch die hier angegebenen Werte liegen zwischen 0,34 (Hoch-Savoyen) und 0,67 (Parc national des Ecrin) und sind somit markant höher als die Allgäuer bzw. bayerischen Werte. 1998 wurde schließlich aufgrund dieser geringen Werte das Artenhilfsprogramm Steinadler initiiert. Seitdem hielt sich die Anzahl der Revierpaare im Allgäu weiterhin bei zehn, die Reproduktionsraten stiegen jedoch zwischen 1998 und 2005 auf 0,31 Junge pro Paar und Jahr an. Im Vergleich zum Zeitraum zwischen 1987 und 1997 wurde somit eine Steigerung des Bruterfolgs um rund 63 % festgestellt. Ob es sich bei dieser positiven Entwicklung nur um ein kurzfri-

Blick ins Obertal

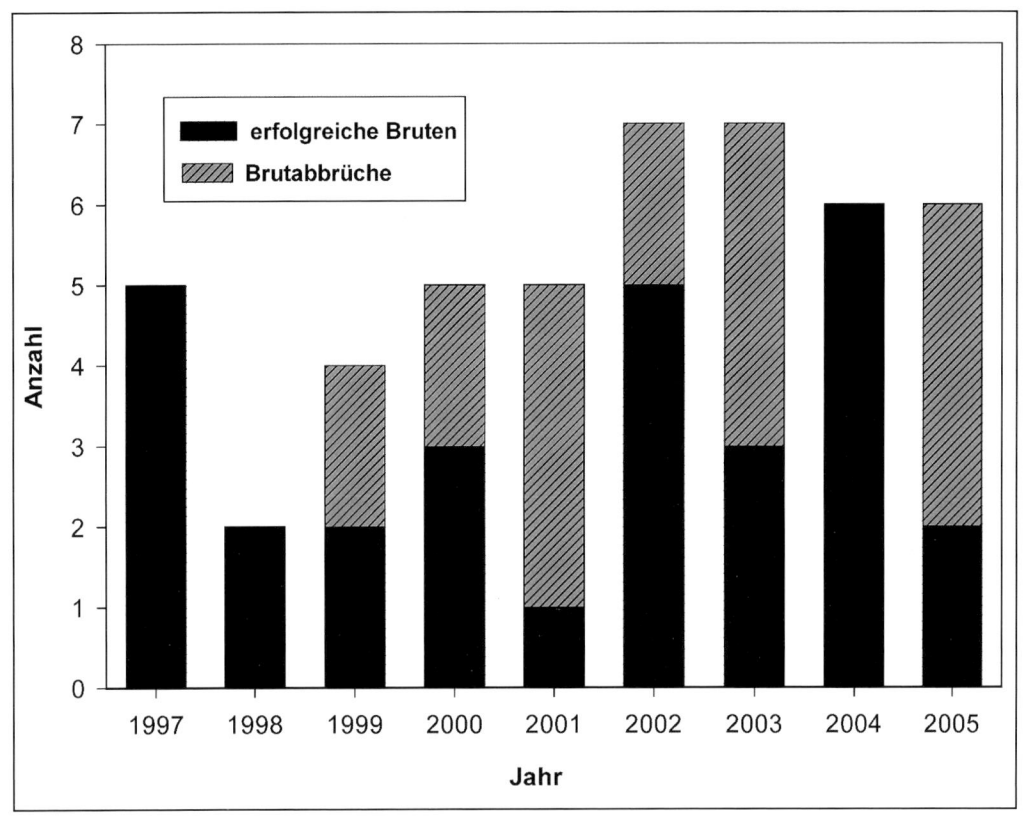

Anzahl Brutabbrüche und erfolgreicher Steinadler-Bruten im Allgäu im Zeitraum 1997 bis 2005

stiges Phänomen oder um einen längerfristigen Trend handelt, muß durch weitere Daten in den kommenden Jahren erst noch bestätigt werden. Da Steinadler in freier Wildbahn ein Alter von 20–30 Jahren erreichen können, müssen zur Beurteilung von Bestandstrends und populationsdynamischen Prozessen lange Zeitreihen betrachtet werden. Die Aufrechterhaltung des intensiven Monitorings, wie es seit 1998 betrieben wird, ist daher dringend anzustreben.

4 Gefährdungen und Schutzmaßnahmen

Der bayerische Bestand gilt zwar als stabil, ist jedoch aufgrund der geringen Größe und der geographischen Begrenzung durch lokale Eingriffe einem ständigen potentiellen Risiko ausgesetzt. Wie bereits eingangs erwähnt, spielt die direkte Verfolgung des Steinadlers durch den Menschen in Mitteleuropa nur noch regional eine Rolle. Heutzutage treten vielmehr Gefährdungen in den Vordergrund, die auf menschliche Einflüsse auf den Lebensraum und die Lebensweise des Steinadlers zurückzuführen sind. In welchem Umfang sich der zunehmende Freizeitdruck in den Alpen negativ auf die Reproduktionsraten und somit letztlich auch auf den Bestand auswirkt, ist derzeit nur schwer abzuschätzen (BEZZEL u. a. 2005). Insbesondere in der Vorbrut- und Bebrütungsphase gelten Steinadler im allgemeinen als recht sensibel und störungsanfällig (BRENDL 2004). Störungen in unmittelbarer Horstnähe durch Erholungssuchende, Hubschrauberflüge, verantwortungslose Naturbeobachter und -fotografen, aber auch revierlose Fremdadler können lange Horstabwesenheiten der Altvögel verursachen und Brutab-

Giebel-Panorama

Beutereste des Steinadlers

brüche zur Folge haben (BAUER u. a. 2005). Um Störungen im Horstbereich zu reduzieren, werden seit 2002 im Rahmen des Artenhilfsprogramms Sperrbereiche für Hubschrauberflüge in einem Ein-Kilometer-Radius um die besetzten Horste eingerichtet. Diese Flugeinschränkungen basieren

Ausflug zu einem Steinadlerhorst – FOTOS: VERFASSER

auf freiwilligen Vereinbarungen mit den einzelnen Verantwortlichen (z. B. Bundeswehr, Polizei, private Unternehmer). Darüber hinaus besteht im Allgäu auch eine gute Zusammenarbeit mit dem Oberstdorfer Drachen- und Gleitschirmfliegerverein (ODV). Auch hier verpflichten sich die Mitglieder, freiwillig bestimmte Flugeinschränkungen einzuhalten, um die sensiblen Horstbereiche zu umfliegen.

Eine weitere Gefährdung geht für Steinadler von der Verwendung bleihaltiger Munition aus. Momentan lassen sich Umfang und die weiteren Auswirkungen dieser Gefährdung jedoch nur schwer abschätzen. Erst im Januar 2006 wurde im Ammergebirge erneut ein Steinadler mit schwerer Bleivergiftung geborgen. Aufgrund der hohen Belastung kam für diesen Adler jedoch jede Hilfe zu spät. Im Raum Garmisch-Partenkirchen ist dies bereits der vierte bekannt gewordene Fall von Steinadler-Bleivergiftung innerhalb nur weniger Jahre, wobei jedoch mit einer deutlich höheren Dunkelziffer zu rechnen ist. Aus dem Allgäu ist bislang kein Fall von Bleivergiftung bekannt geworden. Es muß jedoch davon ausgegangen werden, daß diese Problematik in einem derzeit schwer einschätzbaren Umfang auch die Allgäuer Steinadler betrifft. Vor allem jüngere Steinadler ernähren sich in der Regel zu einem großen Anteil von Aas. Geraten sie hierbei an mit bleihaltiger Munition geschossene Wildüberreste, kann sich der Giftstoff schnell im Körper der Greifvögel anreichern und eine letale Dosis erreichen. Als Endglieder der Nahrungskette sind Greifvögel von derartigen Gefahren besonders stark betroffen.

Ab dem 1.7.2007 tritt ein Verbot von Bleischrot bei der Wasservogeljagd in Kraft. Der LBV fordert nun, dieses Verbot auch auf die übrige Jagd auszuweiten, um die weitere Anreicherung dieses gefährlichen Schwermetalls in der Umwelt und seine lebensbedrohende Aufnahme durch verschiedene Beutegreifer (u. a. Stein- und Seeadler) zu unterbinden. In Bayern – so schätzt man – gelangen auf diesem Weg alljährlich rund 200 Tonnen dieses hochgiftigen Schwermetalls in die Landschaft. Bundesweit geht man von rund 1.000 Tonnen aus. In anderen europäischen Ländern wie Dänemark und den Niederlanden wurde bereits ein Totalverbot von Bleimunition ausgesprochen. Diese Beispiele zeigen, daß es hinreichende Alternativen für Bleimunition gibt und daß auch einer Umsetzung hierzulande nichts im Wege stünde.

Der Steinadler übernimmt als sogenannte Schirmart eine stellvertretende Rolle für das gesamte komplexe Gefüge seines Lebensraumes. Wie keine andere Art gilt der Adler als Symbol für den naturnahen Zustand, in dem sich die Alpen noch über weite Strecken befinden. Um auf die ökologischen Zusammenhänge und Beziehungen des Steinadlers in seinem alpinen Lebensraum aufmerksam zu machen, stellt die Öffentlichkeitsarbeit im Rahmen des Projekts einen wichtigen Aspekt dar. Die Chance, diesen großen Beutegreifer der bayerischen Alpen in freier Natur zu erleben, stößt in der Öffentlichkeit auf großes Interesse. Von befestigten Wegen aus wird den Besuchern der Steinadlerexkursionen die Möglichkeit geboten, die Vögel in ausgewählten Revieren in ihrer natürlichen Umgebung zu beobachten, ohne sie dabei zu stören, und dabei mehr über die Lebensweise und Zusammenhänge ihres Ökosystems zu erfahren. Durch diese Form der Öffentlichkeitsarbeit wurden in den letzten Jahren neue Wege im Naturschutz beschritten. Unterlagen die Horststandorte vor einigen Jahren noch absoluter Geheimhaltung, wird nun die Öffentlichkeit bewußt mit eingebunden, um letztlich eine Sensibilisierung für den Schutz des Steinadlers und seines Lebensraums herbeizuführen.

5 Fazit und Ausblick

Wie bereits dargestellt, ist die Betrachtung langer Zeitreihen beim Steinadler eine Voraussetzung für die seriöse Beurteilung von Bestandsentwicklungen. Ein intensives Monitoring, wie es besonders seit 1998 bayernweit durchgeführt wird, liefert Ergebnisse, die hierfür die entsprechenden Grundlagen schaffen. Zum gegenwärtigen Zeitpunkt muß die weitere Förderung des Projekts jedoch als gefährdet und der weitere Verlauf als ungewiß eingestuft werden. Da der Steinadler nach der EU-Vogelschutzrichtlinie (Anhang I) zu den Vogelarten zählt, für die besondere Schutzmaßnahmen zu ergreifen sind, sollte versucht werden, zumindest das intensive Bestandsmonitoring in dieser Form aufrecht zu erhalten. Nur so läßt sich erkennen, ob es sich bei den jüngsten positiven Entwicklungen um einen langfristigen Trend oder nur um ein kurzfristiges Phänomen handelt.

LITERATUR:

BAUER, H. G., W. FIEDLER & E. BEZZEL (2005): Das Kompendium der Vögel Mitteleuropas. Nonpasseriformes – Nichtsingvögel. Aula, Wiesbaden.

BEZZEL, E., I. GEIERSBERGER, G. V. LOSSOW & R. PFEIFER (2005): Brutvögel in Bayern. Verbreitung 1996 bis 1999. Eugen Ulmer, Stuttgart.

BRENDL, U. (2004): Der Steinadler in den Alpen – Lebensweise und Schutz. Jahrbuch des Vereins zum Schutz der Bergwelt. 68./69. Jahrgang. S. 63–86.

GLUTZ VON BLOTZHEIM, U., K. M. BAUER & E. BEZZEL (1989): Handbuch der Vögel Mitteleuropas. Bd. 4 Falconiformes. 2. Aufl.. Aula, Wiesbaden.

HALLER, H. (1996): Der Steinadler in Graubünden. Langfristige Untersuchungen zur Populationsökologie von Aquila chrysaetos im Zentrum der Alpen. Ornithol. Beob., Beiheft 9: 167 pp.

MEBS, T. & D. SCHMIDT (2005): Die Greifvögel Europas, Nordafrikas und Vorderasiens. Biologie, Kennzeichen, Bestände. Kosmos, Stuttgart.

WATSON, J. (1997): The Golden Eagle. T & A Poyser, London.

ERHARD GENTNER

War der Sakerfalke (*Falco cherrug*) früher heimischer Brutvogel?

Ist der Sakerfalke früher heimischer Brutvogel in Deutschland gewesen oder nicht? Zu diesem zur Zeit besonders für Falkner hochaktuellen Thema sollen nachstehend einige Recherchen in der Falknereiliteratur vorgestellt werden.

Immer wieder gibt es Autoren, die von historischen Schriften berichten, in denen der Sakerfalke als deutscher Brutvogel geschildert wird.

R. WALLER schreibt ohne Quellenangabe im DFO-Jahrbuch 1952/53: „„...es ist bekannt, daß der Saker früher in Süddeutschland gehorstet hat", was wir auch in alten Fachbüchern häufig bestätigt finden. Erst im Jahrbuch 1963 gibt er Auskunft über die nachlesbaren Quellen. Darin ist vom Blaufuß die Rede. Die Zuordnung, daß es sich um den Saker handeln könnte, erscheint mir nicht korrekt, wie ich nachstehend zu belegen versuche.

R. WALLER schreibt weiter: „Wenn ich einer alten Schrift glauben darf, die bis nach Mitteldeutschland hinein viele Plätze genau bezeichnet, an der Saker-Horste gestanden haben, so wäre der Saker im Mittelalter durchaus ein deutscher Brutvogel gewesen!" Leider fehlt hier eine genaue Literaturangabe. Er war sich aber auch im klaren, daß die einzelnen Arten, wie Lanner-, Saker- und Gerfalke, die man als Blaufüße bezeichnet, sehr durcheinandergeworfen wurden.

Im DFO-Jahrbuch 1959 berichtet D. KOLLINGER von Personen, die Blaufalken oder Würgfalken im südöstlichen Teil der Bundesrepublik gesehen hätten. Er erwähnt aber am Schluß seiner Ausführungen, daß ein endgültiger Beweis fehle.

Dem Autor des Berichts „Die Falknerei unter den sächsischen Herrschern des 16.–18. Jh.", A. BECKERS (Greifvögel und Falknerei 2004), dessen vorzügliche Ausführungen ich zu schätzen weiß, ist mit seiner Schlußfolgerung: „Der Sakerfalke war ehemals deutscher Brutvogel" vielleicht etwas voreilig gewesen. Er schreibt weiter: „Die Wiederbesiedlung Böhmens und des Elbsandsteingebirges durch den Sakerfalken gibt nun die Lösung. Der „Blaufuss" wird in historischen Schriften als heimischer, auch in Wäldern brütender Vogel (Baumbrüter!) bezeichnet."

K. Lindner („Ein Ansbacher Beizbüchlein" und „Von Falken, Hunden und Pferden") beschreibt ausführlich und wissenschaftlich präzise wie kein anderer zuvor, daß es sich beim Blaufuß um den Lannerfalken handelt.

Albertus Magnus („Von den Falcken und Habichten") beschreibt den Saker in einem Abschnitt sehr korrekt. In einem anderen Kapitel jedoch mit der Angabe, der Saker komme aus Britannien, habe gelbe Augen usw., handelt es sich ganz offenbar nicht um einen Sakerfalken. Im 13. Kapitel beschreibt er den „Blau-Fuß", ohne Zweifel dreht es sich dabei um den Lannerfalken. Leider fehlen jegliche geographischen Angaben, wo beide Falkenarten brüteten.

Aus dem Bericht von G. Knabe (DFO-Jahrbuch 1962) über die Beizjagd beim Deutschen Ritterorden geht hervor, daß es in der Zeit von 1226 bis Anfang des 17. Jh. weder in Ostpreußen noch in Preußen horstende Blaufüße gegeben habe noch solche durchgezogen seien. Was den Blaufuß betrifft, berichtet er weiter über ein bei den Geschichtsschreibern, Vogelkundlern und Jagdschriftstellern herrschendes Durcheinander, das sich aus vielen vorhandenen Unterlagen ergebe.

Ähnlich irreführende Angaben liest man auch in F. v. Kobells „Wildanger", in dem vom Blaufuß, Würgfalken und Falco Lanarius gesprochen wird. Den speziell als Saker bezeichneten Vogel erhielt man danach aus Island über Dänemark, aus Schweden und Norwegen, Irland und aus der Tatarei. Zweifellos kann es sich hierbei nicht um den Sakerfalken handeln.

Bei Täntzer („Das geöffnete Jäger-Hauß", 1706) finden wir die Darstellung, der Saker komme aus Irland, Podolien (Landschaft in der westlichen Ukraine), aus der Tatarei, Zypern und Candia (Kreta). Irland kann man wohl ausschließen, die restlichen Länder treffen aber auf den Saker zu. Auch ein Laneten-Falk wird bei Täntzer erwähnt, der sich im Februar zu seinem Nistplatz auf Bäumen und Felsen begibt. Aber wie so oft: Keine Angaben als deutscher Brutvogel.

Einer der wenigen glaubhaften, mit der Materie vertrauten Schreiber ist Charles d'Arcussia. Er schreibt in seinem Buch „Falconaria" über den Saker sehr genau und erwähnt auf Seite 46: „Man findet in diesen Landen keine Nester dieses Vogels." Zwar handelt es sich hierbei um französische Literatur, aber es ist doch sicher anzunehmen, daß der Saker, wäre er deutscher Brutvogel, dies auch in Frankreich gewesen wäre.

Liest man in H. Schlegels und V. v. Wulverhorsts „Traité de Fauconnerie" die genaue Beschreibung über den Sakerfalken, stellt man fest, daß dieser Falke oft mit verwandten Arten verwechselt wurde. Schlegel schreibt, diese Irrtümer seien sogar soweit gegangen, daß dem Namen „Lannerfalke" sogar der Ger-, Wander-, Sakerfalke und viele andere Falken zugeordnet wurden.

Ein weiterer, und der wohl entscheidende Gesichtspunkt ist das Beuteangebot, welches der Saker für sein Überleben braucht, nämlich das Ziesel. Natürlich erbeutet der Saker außer Nagern auch Kleinvögel und Hühnervögel, aber für eine erfolgreiche Aufzucht der Brut sind diese Tiere wenig geeignet. Baumgart, der in seinem Buch „Der Sakerfalke" ausführlich über das Beutespektrum des Sakers berichtet, stellt überzeugend dar, daß zu einer erfolgreichen Jungenaufzucht nur solche Beutetiere in Betracht kommen, die unzerkleinert über weite Entfernungen zum Horst getragen werden können. Dazu ist das Ziesel hervorragend geeignet. War jedoch der Saker in früheren Zeiten deutscher Brutvogel, müßte in Deutschland eine ausreichende Zieselpopulation vorhanden gewesen sein. Dazu liegen jedoch keine historischen Hinweise vor.

Zusammenfassung:

Ob der Sakerfalke, so wie wir ihn heute als „Falco cherrug" kennen, jemals ein deutscher Brutvogel war, läßt sich trotz zahlreicher historischer Literatur (weitere Literaturstellen kommen zu demselben Ergebnis wie ich) nicht beweisen. Zu irreführend ist die Bezeichnung für den Blaufuß, der sowohl Saker-, Lanner- oder Gerfalke sein kann. Mit den literarischen Überlieferungen ist es nicht möglich.

Asservate, wie Präparate oder Federn, dürften nicht mehr vorhanden sein, um alle noch offen stehenden Fragen zu klären. Dies hat auch H. Kumerloeve im DFO-Jahrbuch 1963 zum Ausdruck gebracht.

Es liegt also die Schlußfolgerung nahe: Welcher Greifvogel als Blaufuß bezeichnet wurde, läßt sich an Hand der alten Literatur nicht eindeutig feststellen. Außerdem gibt es keine historisch glaubhaften Nachweise, daß es in früheren Zeiten eine Brutpopulation des Sakerfalken gegeben hat.

LITERATUR:

ARCUSSIA, C. DE (1617/1980): Falconaria. Franckfurt am Majn.Nachdruck Leipzig.

BAUMGART, W. (1991): Der Sakerfalke. Die Neue Brehm Bücherei, Ziemsen Verl.,Wittenberg-Lutherstadt.

BECKERS, A. (2004): Die Falknerei unter den sächsischen Herrschern des 16. bis 18. Jh. – Teil I. Greifvögel und Falknerei 2004: 193–201.

FRIEDRICH DER ZWEYTE (1756/1994): Kunst zu Beitzen. Verlag J. Neumann-Neudamm, Morschen/Heina.

KNABE, G. (1962): Beizjagd und politische Falkengeschenke in vier Jahrhunderten beim Deutschen Ritterorden in Preußen und dem späteren Herzogtum Preußen (1226–Anfang 17. Jahrh.). Deutscher Falkenorden 1962: 22–27.

KOBELL, F. VON (1859): Wildanger. Verlag J. G. Cotta, Stuttgart

KOLLINGER, D. (1959): Der Saker (Falco cherrug) als Brutvogel in Deutschland? Deutscher Falkenorden 1959: 42–43.

KUMERLOEVE, H. (1963): War der Lannerfalke (Falco biarmicus Temminck) vor Jahrhunderten Brutvogel in Teilen Spaniens, Frankreichs, der Schweiz und Deutschlands? Deutscher Falkenorden 1963: 57.

LINDNER, K. (1962): Von Falken, Hunden und Pferden. Deutsche Albertus-Magnus-Übersetzungen aus der ersten Hälfte des 15. Jahrhunderts. Verlag Walter de Gruyter & Co., Berlin.

LINDNER, K. (1967): Ein Ansbacher Beizbüchlein aus der Mitte des 18. Jahrhunderts. Verlag Walter de Gruyter & Co., Berlin.

SCHLEGEL, H. und A. H. VERSTER VAN WULVERHORST (1844–1853/1999): Traité de Fauconnerie. Deutsche Ausgabe. Verlag Peter N. Klüh, Darmstadt.

TÄNTZER, J. (1706): Das Geöffnete Jäger-Hauß. Bei Benjamin Schillern, Buchhändler im Thum.

WALLER, R. (1953): Der Saker in Deutschland. Deutscher Falkenorden 1952/53: 5–7.

WALLER, R. (1963): Der Alphanet. Deutscher Falkenorden 1963: 53–56.

HANS KURT HUSSONG

Wechsel des weiblichen Falken bei einem Wanderfalkenpaar

Wie ich im Jahrbuch 2004 berichtete (S. 50 ff.), wurde der weibliche Falke des Wanderfalkenpaares auf einer Kirche meiner Heimatstadt während der Brutzeit ausgetauscht.

Der Falke, der bis dahin dort brütete, war unverwechselbar durch die fehlende Kralle an der rechten Hand zu erkennen. Er war in der Brutsaison 2005 von einem Falken mit intakter Atzklaue ersetzt worden. War das alte Weib umgekommen oder war es nur durch das neue Weib verdrängt worden? Über die Hintergründe dieses Wechsels konnten nur Vermutungen aufgestellt werden.

In der Brutsaison 2006, die wiederum vier Junge erbrachte, war es wie im Vorjahr das Weibchen mit Atzklaue (Foto 1). Ich konnte es auch am 11.10.2006 fotografieren, als ich nach der Brutperiode den Turm bestieg, um den Horstplatz von Beuteresten zu säubern (Foto 2).

Am 27.02.2007 lag das erste Ei dieser Saison im Horst. Bei der nächsten Kontrolle am 02.03.07 war das zweite Ei gelegt, und ich konnte eine Beuteübergabe beobachten. Der Terzel übergab dem Weib mit dem er gemeinsam am Nistkasten landete, eine gerupfte Amsel. Durch einen kleinen

Spalt an der Türe des Nistkastens konnte ich ganz deutlich erkennen, daß dem Falken, der nur ca. 50 cm vor mir atzte, an der rechten Hand die Atzklaue fehlte. Leider hatte ich an diesem Tag keine Kamera bei mir, um das zu dokumentieren. Doch am nächsten Tag, dem 3. März, ergab sich die Gelegenheit für mehrere Fotos (s. Fotos 3 und 4). Mir stellt sich die Frage: Wo war dieser Vogel die beiden letzten Brutperioden? War er in Wartestellung, um seinen alten Brutplatz und Terzel wieder zu übernehmen, wenn der andere Falke den Platz wieder geräumt hat?

Foto 1 vom 15.04.2006

Foto 2 vom 11.10.2006

Fotos 3 und 4 vom 03.03.2007 – Fotos: Verfasser

CHRISTIAN SAAR
Wanderfalken-Auswilderungsberichte 2005 und 2006

In Greifvögel und Falknerei 2004 hatten wir über das Wanderfalkenpaar in Dänemark informiert und angekündigt, daß wir im Frühjahr 2005 versuchen würden, die individuelle Identität des weiblichen Falken zu klären. Zur Erinnerung: Nach dem Zusammenbruch der Wanderfalkenpopulation und dem vollständigen Aussterben der Art in Dänemark vor mehr als 30 Jahren konnten wir über die Ansiedlung und die erfolgreichen Bruten eines Wanderfalkenpaares berichten. Beide Altfalken wurden als beringt erkannt. Während der Terzel von Dr. Peter Lindberg, dem Leiter des schwedischen Wanderfalken-Projektes, eindeutig als in Schweden gezüchtet, beringt und dort auch ausgewildert identifiziert werden konnte, ergaben sich bei dem weiblichen Vogel Schwierigkeiten, die wir im letzten Bericht aufgezeigt haben. Erst durch ein Foto von John Larsen, auf dem die Ring-Kombination dieses Falken gut zu erkennen ist, und das mir von Herrn Bünning zugespielt wurde, war eine Zuordnung endlich möglich. Es handelte sich um einen in Hamburg 1997 gezüchteten und in Mecklenburg im selben Jahr von einem künstlichen Baumhorst ausgewilderten Falken. Die Symbole des Kennrings waren mit den vor Ort vorhandenen optischen Geräten allerdings nicht abzulesen, so daß die individuelle Identität zu unserem großen Bedauern nicht ermittelt werden konnte. Aus diesem Grund hatten wir beschlossen und verabredet, im folgenden Frühjahr vor Ort zu sein, um dies mit unserem Celestron-Teleskop, mit dem auch über große Distanzen Ringerkennungen und -ablesungen gelingen, nachzuholen. Immerhin konnten wir schon damals unserer Freude darüber Ausdruck geben, daß Wanderfalken aus dem schwedischen und dem deutschen Auswilderungsprojekt einander gefunden hatten! Und daß dies auch noch in dem bisher seit Jahrzehnten wanderfalkenleeren Dänemark geschah, erschien uns einigermaßen symbolträchtig. Leider war die geplante Identifizierung dann doch nicht mehr möglich, weil ein Wechsel der weiblichen Falken an diesem Brutplatz stattfand. Der alte Falke verschwand und wurde durch einen anderen, unberingten ersetzt. Der Wechsel von Brutpartnern, insbesondere der weiblichen, ist beim Wanderfalken kein seltenes Vorkommnis, wie wir durch Ringablesungen lernen konnten. Es ist sehr zu bedauern, daß die zuständigen Stellen in Dänemark die Beringung der dortigen Jungfalken zu verhindern wissen! Gerade beim Entstehen einer neuen Population wäre ein Informationsgewinn auf diesem Gebiet von immenser Bedeutung; hier wird wieder einmal eine einmalige Chance vertan!

Doch die dänischen Wanderfalken-Ereignisse sind hiermit noch nicht abgeschlossen. Am 24.10.2006 traf bei mir ein Schreiben aus Schweden von Peter Lindberg (Dep. Zoologie, Universität Göteborg) mit der Anfrage ein, ob wir Auskunft über einen weiteren Wanderfalken geben könnten, der sich an einer anderen Stelle etwas weiter nördlich an der dänischen Ostseeküste angesiedelt hat (es handelt sich dabei wie auch am ersten Platz um einen Kreidefelsen, wie wir ihn auch als Wanderfalkenbrutplatz auf der Insel Rügen kennen). Bei diesem Falken war es gelungen, nicht nur die Ringkombination zu erkennen, sondern auch die Daten abzulesen: rechts schwarzer Kennring mit den weißen Symbolen 8 AJ, links schwarz-blauer (?) Ring, darüber schmaler schwarzer Ring. Auch dieses Wanderfalkenweib ist in Hamburg gezüchtet worden und von einem künstlichen Baumhorst in Mecklenburg (Auswilderungsplatz 45) ausgeflogen. Der schmale schwarze DFO-Zuchtring gibt uns über das Geburtsjahr Auskunft: 2005. Bei dem „schwarzblauen" Ring handelt es sich in Wirklichkeit um den grün eloxierten Vogelwarten-Ring. Jeder, der sich mit der Farberkennung von Ringen herumär-

Na, na, wem soll denn diese Attacke gelten? Altterzel aus dem schwedischen Auswilderungsprojekt (Insel Mön, Dänemark) FOTO: JOHN LARSEN

Die Jungfalken bleiben in Dänemark leider unberingt! FOTO: JOHN LARSEN

gern muß, weiß, wie leicht man bei unterschiedlichen Lichtverhältnissen irregeführt wird. Ganz sicher erkannt ist hier jedoch die Kennringfarbe und -beschriftung, die uns genaue Auskunft über Herkunft, Abstammung und sogar Schlupfdatum gibt. Als besonders delikater Umstand kann vermeldet werden, daß es sich bei diesem Falken um eine Tochter meines langjährigen Beizfalken „Schubiduh" handelt, den ich Jahr für Jahr in Schottland geflogen, aber auch zur Zucht eingesetzt habe. Wieder hat uns die Beringung (nach dem Wachberg-Protokoll des AWS) zu wichtigen und interessanten Informationen verholfen, die auf andere Weise niemals zu erhalten gewesen wären! Man stelle sich nur einmal vor, die Wanderfalken in Dänemark wären unberingt gewesen, den Spekulationen gewisser Ornithologen wären Tür und Tor geöffnet! Manchmal habe ich mich auch gefragt, warum die Informationen immer den Umweg über Schweden nehmen müssen. Könnte es sein, daß es bestimmten Kreisen peinlich ist, daß bei der so aufregenden und herbeigesehnten Wiederbesiedlung Dänemarks mit dem „Symbol-Vogel" Wanderfalke auch Falkner eine nicht ganz unerhebliche Rolle gespielt haben?

Im Bericht 2004 hatten wir vom 1000. Wanderfalken, der aus unseren gemeinsamen Auswilderungsprogrammen stammt, berichten können. Im selben Jahr wußten wir von zehn auf Bäumen brütenden Wanderfalken-Paaren, die alle unseren Auswilderungen im Baumbrüter-Areal entstammen. Zwei Jahre später hat sich die Anzahl der besetzten Baumbrüterreviere auf 15 erhöht. Wahrschein-

„Schubiduh", Beizfalke und Mutter des in Dänemark entdeckten weiblichen Wanderfalken mit der Kennring-Nr. 8 AJ (s. Text)
FOTO: PETER URBAN

lich gab es aber noch eine weitere, nicht entdeckte Brut. Darüber hinaus konnte noch ein Paar, das aber sicher noch nicht zur Brut geschritten ist, beobachtet werden. Detaillierte Informationen können den anschließenden Ausführungen der regionalen Betreuer entnommen werden.

Um mit unseren Auswilderungen das Baumbrüter-Areal besser abdecken zu können, wurde ein zusätzlicher Auswilderungsplatz (52 Niederlausitz) eingerichtet und mit jungen Wanderfalken versorgt. Darüber hinaus ist für 2007 noch ein weiterer Platz vorgesehen.

Ich bin der Überzeugung, daß wir in absehbarer Zeit unser gesetztes Ziel, nämlich ein Wiederentstehen einer auf Bäumen brütenden Wanderfalken-Population zu erreichen, erfolgreich abschließen können. Wir befinden uns auf einem guten Weg, der Anfang ist gelungen. Ein nicht wegzudiskutierender Erfolg, der das Ergebnis einer beispiellosen Zusammenarbeit vieler engagierter Mitarbeiter und Förderer in Verbänden, Behörden, aber auch einzelner Wanderfalken-Freunde ist, und das Engagement der Falkner soll hier auch nicht vergessen sein. Das Wanderfalken-Projekt in Hamburg wird weiterhin vom Brehm-Fonds, dem Landesjagd- und Naturschutz-Verband Hamburg und dem Deutschen Falkenorden gefördert. Dafür sind wir dankbar. Ganz besonders möchten wir hier die gewaltige Leistung des Arbeitskreises Wanderfalkenschutz (AWS) unter Leitung von Dr. Gert Kleinstäuber und Prof. Dr. Wolfgang Kirmse hervorheben, ohne den Einsatz der gar nicht so zahlreichen Mitarbeiter wäre dieser Erfolg überhaupt nicht denkbar.

Paul Sömmer
Brandenburgs Wanderfalken-Baumbrüter anno 2005

OHV 2:
Wie immer in den letzten Jahren, wurde im Kunsthorst in der Kiefer gebrütet. Das Weibchen war das des Vorjahres: rechts hoch schwarz „2 V". Es stammt damit aus dem Zuchtprojekt von Christian Saar und wurde 2002 in einem Baum in der Oranienbaumer Heide (Sachsen-Anhalt) ausgewildert. Beim Terzel wurde links der grüne Vogelwartenring ohne Zuchtring erkannt und rechts auf dem schwarzen Kennring „4..." in kleinen Ziffern. Mit hoher Wahrscheinlichkeit ist es also der aus den Vorjahren bekannte „ 4 JH", der 1999 dem gefährlichen Kraftwerksbrutplatz Berlin-Wilmersdorf entnommen und im Baum im Revier OPR 1 adoptiert wurde.

Zwischen dem 29.4. und 15.5. scheiterte die Brut. Unter dem Horst wurden Eischalen gefunden.

Es ist zu vermuten, daß ein unverpaartes Uhuweibchen wie im Vorjahr für ständige Störungen sorgte.

Unter diesen Voraussetzungen verzichteten wir auch in diesem Jahr auf die Auswilderung per hacking am Standort Woblitz.

OPR 1:
Nach dem Verlust des Terzels im Vorjahr mit dem Selbständigwerden der Jungen wurde das Weibchen noch am 14.4. allein und desorientiert angetroffen. Zu unserem Erstaunen ist offenbar der fehlende Partner in diesem attraktiven Revier nicht ersetzt worden. Links trug sie den grünen Vogelwartenring unter einem grünen Zuchtring, rechts einen schwarzen Kennring „,...V...". Wir gehen also davon aus, daß es sich um die altbekannte „6 VH" handelte, die ja 1996 in Hamburg gezogen und beim Baumbrüterpaar OHV 2 adoptiert wurde.

Am 12.5. wurde sie schließlich völlig abgemagert mit einer alten Perforation der Muskulatur im Bereich der ersten rechten Rippe und chronischen Folgeveränderungen ca. 29 km vom Brutrevier entfernt gefunden. Trotz veterinärmedizinischer Versorgung verendete der Falke am 24.5.

Er hatte einen großen Brutfleck, muß also irgendwo doch gelegt haben. Dennoch bleibt zu vermuten, daß mangels Terzel keine geregelte Brut stattfand. So bleibt die Sorge, daß dieses schöne Revier verwaist.

OPR 2:
Das Paar tat uns nicht den Gefallen, im Kunsthorst zu brüten, sondern entschied sich für einen älteren Kolkrabenhorst im benachbarten Kiefernreinbestand, nachdem der vorjährige Bruthorst vollständig erodiert war. Der auch in diesem

Jahr wieder geplante Holzeinschlag konnte gerade noch abgewendet werden, weil der aktuelle Horst zeitig genug gefunden wurde. Das Weibchen konnte durch die vollständige Kombination und den schwarzen Kennring „8 O" identifiziert werden. Im Vorjahr war diese Ablesung nur unter Vorbehalt gelungen. Jedenfalls ist es aus dem Hamburger Zuchtprojekt und wurde 2002 an der Woblitz im Baum ausgewildert. Auch der Terzel, rechts mit dem Kennring Alu „3 CO", ist zweifelsfrei der vom Vorjahr und wurde 2002 in einer Wildbrut im Kolkrabenhorst im Revier UM 2 flügge. Die beiden diesjährigen Nestlinge erhielten am 1.6. im Alter von ca. 26 Tagen folgende Beringungen:

– M links grün „Hidd. EA 117136"; rechts hoch Alu „2 FS",
– M links grün „Hidd. EA 117137"; rechts hoch Alu „3 FS".

Ein weiterer weiblicher Nestling verendete kurz zuvor im Horst an den Folgen einer vor dem Drüsenmagen steckengebliebenen Taubenschulter. Die beiden anderen wurden gut flügge, wobei das marode Nest deutlich Schaden nahm.

OPR 3:
In diesem Jahr wurde in einem Fischadlerhorst auf einer Kiefer gebrütet. Das Adlerpaar baute etwa 300 m entfernt einen alten Horst aus und brütete dort erfolgreich. Das Falkenweibchen trug links einen grünen Vogelwartenring, darüber einen etwas zu groß wirkenden alufarbenen Zuchtring und rechts hoch schwarz „1 O". Es stammt also aus einer Baumauswilderung 2001 in der Oranienbaumer Heide. Der Terzel trug links einen grünen Vogelwartenring und rechts hoch Alu „4 C...". Der zweite Buchstabe war wahrscheinlich „....O". Der Terzel „4 CO" stammt aus einer Naturbrut von 2002 im Baum im Revier UM 2.

Am 1.6. wurden vier 24 Tage alte Nestlinge beringt:

– W links grün „Hidd. EA 117139"; rechts hoch Alu „7 DS",
– M links grün „Hidd. EA 117140"; rechts hoch Alu „4 FS",
– M links grün „Hidd. EA 117141"; rechts hoch Alu „5 FS",
– M links grün „Hidd. EA 117142"; rechts hoch Alu „6 FS".

Dazu wurde ein Küken vom gefährdeten Gebäudebrutplatz SPN 3 gegeben:

– M links grün „Hidd. EA 117138"; rechts hoch schwarz „6 AU".

Alle fünf wurden flügge.

UM 2:
Bei den Altvögeln handelt es sich um das altbekannte Weibchen mit ominöser Beringung, dessen Herkunft aus der Ferne nicht zu klären ist. Der Terzel trägt rechts Alu „5 CO" und stammt aus einer Baum-Wildbrut in OHV 2.

Am 20.5. wurden drei etwa 15 Tage alte Küken beringt:

– M links grün „Hidd. EA 117131"; rechts hoch Alu „6 CW",
– W links grün „Hidd. EA 117130"; rechts hoch Alu „5 DS",
– M links grün „Hidd. EA 117132"; rechts hoch Alu „9 DB".

Ein Nesthäkchen aus der Baumbrut BAR 1 wurde dazugesetzt, weil hierzu kein auffälliger Entwicklungsunterschied mehr bestand:

– W links grün „Hidd. EA 117127"; rechts hoch schwarz „4 BD".

Alle Jungen wurden flügge.

BAR 1:
Es wurde wieder im Rabennest gebrütet, welches ja schon im Vorjahr etwas renoviert worden war. Beim weiblichen Falken wurde links ein grüner Vogelwartenring unter einem gelben Zuchtring gesehen. Rechts trug er den schwarzen Kennring „4 W". Das Weibchen ist also 2000 in Hamburg gezogen und bei Parchim (Mecklenburg-Vorpommern) im Baum ausgewildert worden.

Leider wissen wir nicht sicher, ob der Terzel derselbe wie im Vorjahr war.

Doch fanden wir wenigstens am 13.5. vier Nestlinge im Alter von ca. 14 Tagen vor:

– M links grün „Hidd. EA 117124"; rechts hoch Alu „5 EB";
– M links grün „Hidd. EA 117125"; rechts hoch Alu „5 DA";

Paul Sömmer besteigt den Wanderfalken-Horstbaum OPR 3 zur Beringung der vier Nestlinge. Gleichzeitig wird ein Jungfalke aus einer gefährdeten Bauwerksbrut zugesetzt (der mittlere Nestling).
FOTO: SILVIO HEROLD

– M links grün „Hidd. EA 117126"; rechts hoch Alu „6 DA".

Das weibliche Nesthäkchen entnahmen wir und päppelten es etwas, bis wir es eine Woche später in UM 1 zur Adoption einsetzten. An seiner Statt setzten wir in den hiesigen Horst ein Junges, welches einer gefährdeten Gebäudebrut in SPN 2 entnommen wurde:

– M links grün „Hidd. EA 117122"; rechts hoch schwarz „2 BA".

Alle Junge flogen aus.

BAR 2:
Trotz Kunsthorst gelangen in diesem Revier keine weiteren Beobachtungen. Indes hielt sich aber ein altes Wanderfalkenweibchen mit grünem Ring etwa drei km entfernt von BAR 1 an einem Fischadlerhorst auf und versuchte, die Horstinhaber zu vertreiben. Schließlich brüteten aber die Fischadler. Im Sommer war wieder der Falke am Horst. Die Anwesenheit eines Terzels ist nicht auszuschließen, wenn es auch zu keiner erfolgreichen Brut kam. Alle Beobachtungen stammen vom Horstbetreuer Otto Manowski.

Paul Sömmer
Einige Wanderfalkenbruten in Gebäuden im Jahr 2005

B 1:

Leider konnten wir in diesem Jahr keine Ringablesungen tätigen, wußten also bis zum Tag der Beringung der Jungen, am 8.6., nichts über die Identität der Reviervögel. An diesem Tage konnten wir in der künstlichen Brutnische am Roten Rathaus nach Jahren der Fehlschläge drei Nestlinge im Alter von ca. 20 Tagen markieren:

- M links gelb „Rad. JC 41511"; rechts hoch Alu „7 FS",
- W links gelb „Rad. JC 41512"; rechts hoch Alu „8 DS",
- W links gelb „Rad. JC 41513"; rechts hoch Alu „9 DS".

Am Nachmittag des 8.6., also nur Stunden nach der Beringung der Jungen, brachte die Polizei ein Wanderfalkenweibchen, gefunden ca. 4 km entfernt, in eine Berliner Tierarztpraxis. Dessen Flughaut war von einem Drillings-Angelhaken perforiert. Am anderen Ende der etwa einen Meter langen Angelsehne war eine unberingte Haustaube am Fuße angebunden. Beide Tiere waren noch unverletzt, so daß Zeitpunkt und Ort des Dramas in direkter Nähe zu suchen waren. Die polizeilichen Ermittlungen, denn wir vermuteten sofort menschliche Nachstellung, führten zu keinem Ergebnis. Am 23.6. ließen wir den Vogel an der Woblitz, also etwa 90 km nördlich seines Fundortes, frei, da wir zu diesem Zeitpunkt noch nicht ahnten, daß er zum Brutpaar in Berlin-Mitte gehörte. Kaum fliegend, wurde er sogleich vom hiesigen Revierweibchen attackiert.

Wie Herr Engel, der Horstbetreuer, später in seinen Aufzeichnungen fand, wurde zwischen dem 8. und 23.6. nur der Terzel am Brutplatz B 1 beobachtet. Am 24.6. war wieder ein adulter weiblicher Falke vor Ort.

Am 28.6. fiel das diesjährige Weibchen „8 DS" beim Ausfliegen auf die Straße und konnte am 1.7. zurück aufs Dach gesetzt werden. Das Weibchen „9 DS" hatte kein Glück. Es wurde am 1.7. mit einer Wirbelsäulenluxation gefunden und mußte euthanasiert werden. Der Bettelflug der beiden gesunden Jungen verlief dann aber normal.

Am 22.8. wurde deren oben beschriebene Mutter mit dem schwarzen Kennring „1 AC" frischtot auf dem Fernsehturm in fast 200 m Höhe gefunden. Es war abgekommen, fast verhungert und starb schließlich an einem Schock. Dieser Vogel wurde 2003 in Hamburg gezogen, bei Parchim im Baum ausgewildert und brütete erstmals 2005 im Berliner Stadtzentrum. 2006 werden auch am Turm des Roten Rathauses wieder Bauarbeiten durchgeführt; schon im Winter wurde die Brutplattform entfernt.

PM 1:

An diesem langjährigen Brutplatz wurden am 4.5. im doppelwandigen Schornstein drei verendete Wanderfalken entdeckt, die auf der Suche nach einem Hohlraum den Ausgang nicht mehr gefunden hatten:

- ad. M mumifiziert, wohl schon Monate tot; langjähriger Brutvogel am Platz: links grün abgescheuert „Hidd. ..." unter „DFO 43 96"; rechts hoch schwarz „3 UH"; also 1996 an der Woblitz im Baum ausgewildert,
- ad. W wohl schon im Spätsommer 2004 verendet; langjähriger Brutvogel am Platz:links grün „Hidd. EA 079138" unter blau „DFO 48 97"; rechts hoch schwarz „9 B";also 1997 an der Woblitz im Baum ausgewildert,
- immat. W etwas kürzere Zeit tot:links grün „Hidd. EA 116588"; rechts hoch schwarz „2 AR"; also 2003 im Rahmen einer Rettungsumsetzung im Kraftwerk Berlin-Wilmersdorf entnommen und in der Oranienbaumer Heide im Baum ausgewildert.

Trotz der vielen Verluste von Vögeln mit höchstem Reproduktionswert gab es in diesem Jahr wieder eine späte „erfolgreiche" Brut von einem unbekannten Terzel und dem Weibchen Alu „3 CC", welches aus einer Wildbrut aus dem Stahlwerk Hennigsdorf von 2003 stammt.

Ein einziges Junges wurde am 8.6. mit etwa 30 Tagen beringt, das durch ein beim Ausfliegen erlittenes Schädeltrauma erblindete und euthanasiert werden mußte:
- M links gelb „Hidd. EA 116544"; rechts hoch Alu „9 FS".

Der Abriß auch dieses Schornsteins ist nur noch eine Frage der Zeit.

OHV 1:
Ein Paar unbekannter Identität bewohnte den Nistkasten am Schornstein. Auf Junge warteten wir aber wieder erfolglos. Deshalb wurde auf eine aufwendige Besteigung verzichtet.

UM 1:
Am 4.2. wurde das langjährige Brutweibchen tot neben seinem Brutplatz gefunden. Die Todesursache ließ sich aufgrund beginnender Autolyse nicht mehr ermitteln; auffällige Verletzungen fanden sich nicht. Es trug die Beringung:
- links hoch schwarz „3 ZE"; rechts gelb „POLAND Gdansk DA 10381".

Dieser Vogel wurde 1996 in einem Gebäude in Warschau ausgewildert und ist offenbar seit 1998 am Brutpaar in der Raffinerie Schwedt beteiligt. Die Prägung auf dem Kennring war so stark verschmutzt, daß wir sie nie ablesen konnten. Heute wissen wir, daß diese Art der Beschriftung immer dieselben Probleme bereitet und verwenden sie schon lange nicht mehr.

2005 war schließlich ein unberingtes Weibchen im Cornecum-Kleid anwesend. Beim Terzel konnten rechts ein grüner Vogelwartenring und links ein schwarzer Kennring „.... MH" erkannt werden. Es handelt sich also mit größter Wahrscheinlichkeit um den bekannten „2 MH", der 1995 von Prof. Saar gezogen und an der Woblitz im Baum ausgewildert wurde.

Am 19.5. fanden wir in der engen Brutnische drei etwa 18 Tage alte Nestlinge vor. Einer wurde beringt und flog später hier aus:
- M links gelb „Hidd. EA116543"; rechts hoch Alu „6 EB".

Die beiden männlichen Geschwister wurden aufgrund einer Genehmigung der Obersten Jagdbehörde entnommen, weil von diesem Industriestandort enorme Gefahren ausgehen. Einer wurde im Baumhorst PCH 1 adoptiert, der andere in der Rochauer Heide im Baum ausgewildert.

Bildunterschrift: Rechts und links die Hybridfalken-Nestlinge vom Bauwerksbrutplatz OHV 2, in der Mitte der an Stelle der Hybriden eingesetzte Wanderfalken-Nestling. Foto: Christian Saar

SDL 1:
Am Reaktorgebäude, dem langjährigen Brutplatz, hielten aufwendige Abrißarbeiten an. Im benachbarten Zellulosewerk verkämpften sich am 21.3. zwei ad. Wanderfalkenweibchen und wurden am Boden ergriffen. Eines war unberingt und wurde am 23.3. am Fundort freigelassen, nachdem es von Birgit Block beringt worden war:
– links Alu „Hidd. EA 132695".

Das Revierweibchen von 2004 war ebenfalls unberingt; denkbar ist, daß sie identisch sind.

Der andere Vogel hatte einige Läsionen und konnte erst am 2.4. bei Blumenow (OHV) freigelassen werden. Er trug die Beringung:
– links grün „Hidd. EA 079328" unter rot „DFO 99 16"; rechts hoch schwarz „5 I"; also 1999 in Hamburg gezogen und bei Parchim im Baum ausgewildert.

Informationen über eine Brut haben wir in diesem Jahr nicht.

Wolfgang Köhler

Auswilderung und Brutverlauf des Wanderfalken in Mecklenburg-Vorpommern 2005

Auswilderungen

Im Jahr 2005 wurden insgesamt 21 Jungfalken aus Zuchten von Prof. Saar in unserer Auswilderungsstation bei Parchim ausgewildert, davon 19 Exemplare in den Kunsthorsten, zwei Jungfalken wurden der Naturbrut zugesetzt.

Alle Falken konnten ohne Probleme die Horste verlassen und wurden bis 25.08. mit weiterer Atzung auf der Futterplattform versorgt.

Brutgeschehen

Brutplatz Parchim (PCH 1)

Erste Beobachtungen der Altvögel ab 10. März, die Brut erfolgte ab Anfang April. Durch Herrn Schultz konnten am 5. Mai drei Jungfalken und ein angepicktes Ei festgestellt werden. Bei der Beringung am 23. Mai wurde nur noch ein Jungfalke vorgefunden, diesem wurde am gleichen Tag ein Küken vom Platz UM 1 zugesetzt und später zwei weitere aus der Zucht von Prof. Saar, alle Jungfalken wurden ohne Probleme aufgezogen und flogen ab 12. Juni aus.

Die Ringablesungen ergaben, daß das Weibchen mit Sicherheit und der Terzel mit hoher Wahrscheinlichkeit dieselben Brutvögel wie in den Vorjahren waren.

Brutplatz Lubmin (OVP 1)

Bei der Beringung am 13.06. wurde das Weibchen als „3 AC" identifiziert. Es ist der bereits im Vorjahr als Drittvogel am Brutplatz vorgefundene Falke und entstammt aus der Auswilderung von 2003 in Parchim.

Der Terzel war unberingt und fiel durch seine abweichende Färbung auf. Die Vermutung auf einen Hybridfalken war schnell aufgestellt. Mit Zustimmung der Naturschutzbehörde wurden die beiden Nestlinge zur endgültigen Klärung der genetischen Abstammung gegen ein etwa gleich altes Weibchen ausgewechselt, die Adoption erfolgte problemlos.

Nach einer DNA-Analyse bei Prof. M. Wink in Heidelberg handelt es sich bei dem Terzel um einen Hierofalken, evtl. Hybrid aus Ger- und Sakerfalken. Leider konnte der Terzel noch nicht abgefangen werden.

Die beiden Jungfalken wurden kastriert und sind bei erfahrenen Falknern untergebracht worden.

Brutplatz MST 1

Der Kiefernhorst des Vorjahres war erfolgreich vom vorjährigen Paar besetzt worden, das zwei Jungfalken aufzog, die am 23.05. beringt wurden. Da die Nationalparkverwaltung keine Adoptio-

Wanderfalken-Brutplatzübersicht mit Zahl der ausgeflogenen Jungen (+ = zur Adoption zugesetzt)									
Standort	1997	1998	1999	2000	2001	2002	2003	2004	2005
OVP 1	2	4	3	3	4	–	–	1	(2)+1
PCH 1				2+2	2+2	–	4+1	4+1	1+3
MST 1						3	–	3	2
MST 2								–+1	–
RÜG 1								3	3

nen erlaubt, mußte auf die eigentlich zweckmäßige Zusetzung von zwei weiteren Jungfalken verzichtet werden.

Brutplatz MST 2

Das Paar vom Vorjahr wurde wieder mit Horstbindung an dem Fischadler-Kunsthorst festgestellt. Es stellte sich aber leider heraus, daß eine leere Horstmulde bebrütet wurde, wahrscheinlich also keine Gelege gezeitigt worden war. Die Hoffnung auf eine erfolgreiche Brut dieses Paares muß auf das Folgejahr verschoben werden.

Brutplatz Rügen Rüg 1

Dieser historische Platz ist seit dem Jahre 2004 wieder besetzt. Nach einem sehr konstruktiven Gespräch in der Nationalparkverwaltung konnten wir die diesjährige erfolgreiche Dreierbrut am 23.05. beringen.

Das Weibchen trägt rechts den schwarzen Kennring „4 W", sie stammt damit aus der Baumauswilderung von 2000 in Parchim. Leider konnte der Terzel noch nicht abgelesen werden.

Verluste

Im Berichtsjahr wurden leider wieder drei Jungfalken als Verlust gemeldet:

- 06. Juli Fund nur des Fanges mit den Ringen EA 116889 und DFO 0527
- 07. Juli Fund eines angeschnittenen Falken, nur noch der Kennring 1 AH konnte geborgen werden
- ein weiterer Fund von zwei Ständern aus dieser Zeit trug die Ringe 6 AJ und EA 116869

Sonstiges

Die Meldungen über eine Brut auf der Karniner Brücke haben sich nicht bestätigt, die Beobachtungen betrafen eindeutig einen Durchzügler. Das im Fernsehbeitrag gezeigte Gelege gehörte zu einem dort brütenden Turmfalken.

Im Raum des Krakower Sees wurden 2005 wiederholt Wanderfalken beobachtet, ohne daß eine Ansiedlung gefunden werden konnte. 2006 muß dieses Gebiet weiter intensiv beobachtet werden.

Mein kurzer Bericht wird ergänzt durch die Tabelle zur Beringung und Auswilderung sowie die nachfolgenden Aufzeichnungen von Paul Sömmer, der dankenswerterweise wieder einen großen Teil der Kletterarbeit übernahm.

Im Jahr 2005 wurden in Mecklenburg-Vorpommern folgende Wanderfalken beringt bzw. freigelassen

Datum der Beringung bzw. Freilassung	Ort	Geschlecht	links			rechts		Bemerkung
			unten		oben	Kennring		
			Vogelwarte Hiddensee		DFO-Zuchtr.			
			Farbe	Nummer		Farbe	Kennung	
23.5.	Rügen	M	rot	EA 117031	–	alu	7 EB	
		M	rot	EA 117032	–	alu	8 EB	
		M	rot	EA 117033	–	alu	9 EB	
23.5.	Parchim	M	grün	EA 117133	–	alu	1 FS	
		M	grün	EA 117129	–	schwarz	2 AU	zugesetzt aus Schwedt
24.5.	Fürstensee	M	grün	EA 117134	–	alu	0 FS	
		W	grün	EA 117135	–	alu	6 DS	
28.5.	Parchim	W	grün	EA 116863	0501	schwarz	0 AJ	
		M	grün	EA 116864	0502	schwarz	1 AJ	
		W	grün	EA 116865	0503	schwarz	2 AJ	
		M	grün	EA 116866	0504	schwarz	3 AJ	
		M	grün	EA 116867	0505	schwarz	4 AJ	
		W	grün	EA 116873	0511	schwarz	0 AI	zur Naturbrut
		W	grün	EA 116875	0513	schwarz	2 AI	
4.6.	Parchim	W	grün	EA 116868	nicht lesbar	schwarz	5 AJ	
		W	grün	EA 116869	0507	schwarz	6 AJ	Totfund, nur Ständer
		W	grün	EA 116870	0508	schwarz	7 AJ	
		W	grün	EA 116871	0509	schwarz	8 AJ	2006 Brutvogel in Dänemark
		M	grün	EA 116872	0510	schwarz	9 AJ	
13.6.	Lubmin	w	gelb	EA 116545	0525	schwarz	5 AH	
18.6.	Parchim	W	grün	EA 116884	0522	schwarz	1 AH	Totfund Juli 2005
		M	grün	EA 116885	0515	schwarz	2 AH	
		M	grün	EA 116886	0524	schwarz	3 AH	
		M	grün	EA 116887	0526	schwarz	4 AH	
		M	grün	EA 116889	0527	schwarz	6 AH	Ring gefunden am 6.7.
		W	grün	EA 116890	0528	schwarz	7 AH	
23.7.	Parchim	W	grün	EA 116896	nicht lesbar	schwarz	6 BH	
		M	grün	EA 116897	0568	schwarz	7 BH	
		M	grün	EA 116898	0597	schwarz	8 BH	

Paul Sömmer
Zum Wanderfalken in Mecklenburg-Vorpommern im Jahr 2005

Platz OVP 1:

Am 13.6. sollte die Beringung der beiden Nestlinge im Wanddurchbruch des Reaktorgebäudes, also dem langjährigen Brutplatz, erfolgen. Das Weibchen war ein neues, auf dessen schwarzem Kennring wir im Vorjahr bereits eine 8 oder 3 und die Buchstaben „AC" erkannten, als es sich als Drittvogel am Brutplatz seiner Vorgängerin zeigte. Nun sicher als „3 AC" identifiziert, wissen wir, daß der Falke 2003 bei Parchim im Baum ausgewildert wurde.

Der Terzel war unberingt und trug auch keinerlei Geschühreste. Während er von normaler Größe war, fiel er sofort durch seine aparte Färbung auf. Er machte einen sehr hellbraunen Gesamteindruck, hatte einen sehr dünnen Wangenstreif, eine beige Stirn und ein hell sandfarbenes Dach. Die Fänge waren gelb; die 4. Handschwingen waren eben gewechselt und hatten im Gegensatz zum restlichen, bräunlichen Großgefieder einen grauen Anflug. Phänotypisch mußte man also eher einen immat. Lanner- als einen Wanderfalkenterzel in Erwägung ziehen. Im Alter von 25 Tagen war den Nestlingen aber noch nichts Auffälliges anzusehen; graublaue Fänge kommen auch bei reinen Wanderfalken vor. Die zuständige Naturschutzbehörde erlaubte uns die vorübergehende Entnahme des Nachwuchses zum Zwecke der Klärung der Abstammung.

Von Prof. Chr. Saar erhielten wir ein Weibchen, etwa im gleichen Alter, aus seiner Zucht. Dieses wurde am selben Tage problemlos adoptiert und flog später auch aus:
- W links gelb „Hidd. EA 116545" unter schwarz „DFO 05 25"; rechts hoch schwarz „5 AH".

Erst danach erhielten wir den Befund von Prof. M. Wink aus Heidelberg. Der Vater ist ein Hierofalke, evtl. ein Hybrid aus Ger und Saker. Hier kommen wir aber mit den Blutproben der Nachkommen nicht weiter. 2006 werden wir deshalb den Terzel selbst fangen müssen. Die beiden Jungvögel wurden kastriert. Wir sind auf deren Alterskleid gespannt, denn sie wurden selbstverständlich nicht wieder freigelassen.

Platz PCH 1:

Im seit Jahren genutzten Kiefern-Kunsthorst wurde ein Vierergelege gezeitigt. Nachdem offenbar die kleinen Jungen verloren gingen, konnte am 23.5. ein einziger Nestling mit ca. 18 Tagen beringt werden:
- M links grün „Hidd. EA 117133"; rechts hoch Alu „1 FS".

Am selben Tage wurde ein Küken vom Gebäudebrutplatz UM 1 adoptiert:
- M links grün „Hidd. EA 117129"; rechts hoch schwarz „2 AU".

Später wurden zwei weitere Nestlinge aus der Zucht von Chr. Saar adoptiert, die auch gut ausflogen (s. Bericht von Wolfgang Köhler!).

Platz MST 1:

Im Kiefern-Kunsthorst des Vorjahres wurde erfolgreich vom bekannten Paar gebrütet.

Das Weibchen trug rechts den schwarzen Kennring „4 J" und stammt aus einer Baum-Auswilderung 2002 bei Parchim. Der Terzel mit dem alufarbenen Ring „6 BM" wurde 2000 aus einer Baumbrut bei OPR 1 flügge. Am 24.5. wurden beide Nestlinge mit ca. 18 Tagen beringt:
- M links grün „Hidd. EA 117134"; rechts hoch Alu „0 FS",
- W links grün „Hidd. EA 117135"; rechts hoch Alu „6 DS".

Leider erlaubt die Nationalparkverwaltung keine Adoptionen, doch wenigstens die beiden Jungen wurden gut flügge.

Platz MST 2:

Das bekannte Paar des Vorjahres hielt eine feste Bindung zum Fischadler-Kunsthorst auf einem Kiefernüberhälter, der schon 2004 benutzt wurde. Das Weibchen trug rechts den schwarzen Kennring „.... AL".

„1 AL" wurde im Vorjahr erkannt und 2002 vom Kraftwerk im Abbruch AZE 1 zum Auswilderungsplatz an der Woblitz gebracht und dort vom Baum ausgewildert. Der Terzel Alu „6

CO" stammt aus einer Baum-Wildbrut von 2003 an der Woblitz und war, noch jugendlich, wohl 2004 für die fehlende Eiablage am hiesigen Platz verantwortlich.

Wir staunten aber nicht schlecht, als der Falke am 24.5. in einer leeren Horstmulde brütete, und nehmen an, daß gar kein Gelege gezeitigt wurde. Auch hier werden uns keine Adoptionen erlaubt.

Die Hoffnung auf dringend benötigten Bruterfolg zerschlug sich also diesmal wieder.

Platz RÜG 1:
Nach einer erfolgreichen Brut 2004 konnten an diesem historischen Brutplatz an der Kreideküste am 23.5. seit Jahrzehnten wieder drei etwa 22 Tage alte Nestlinge beringt werden:

- M links rot „Hidd. EA 117031"; rechts hoch Alu „7 EB",
- M links rot „Hidd. EA 117032"; rechts hoch Alu „8 EB",
- M links rot „Hidd. EA 117033"; rechts hoch Alu „9 EB".

Die Mutter trägt links den grünen Vogelwartenring mit Schlaufe unter gelbem DFO-Ring und rechts den schwarzen Kennring „4 W...". Sie stammt also aus einer künstlichen Vermehrung und wurde 2000 in unserem Baumbrüterprojekt ausgewildert. Im Jahr 2004 konnte Gert Kleinstäuber mindestens am linken Fang keinen Ring erkennen. Ein Wechsel ist hier also sehr wahrscheinlich. Über die Beringung des Terzels haben wir in diesem Jahr leider keine Erkenntnisse.

Silvio Herold, Adelheid Hamrich, Katharina Illig und Peter Schonert
Wanderfalken-Baumauswilderung 2005 in der Rochauer Heide

An unserer nordbrandenburgischen Auswilderungsstation Woblitz hat seit Anfang des Jahres 2004 ein Uhu seinen Einstand. Daher wurde hier die Auswilderung von Jungfalken vorerst eingestellt und nach einem neuen Auswilderungsplatz südlich Berlins gesucht. Die großen Kiefernwälder der Niederlausitz boten sich aus strategischen Gründen hierfür an, und am 12.01.2005 wurde bei einer Begehung durch A. Hamrich, K. Illig, S. Herold und G. Kleinstäuber der genaue Auswilderungsstandort festgelegt.

Der Platz liegt 150 km südlich der Naturschutzstation Woblitz und ziemlich genau 80 km östlich des sachsen-anhaltinischen Auswilderungsplatzes inmitten eines etwa 120 km^2 großen, kompakten Waldgebietes – der Rochauer Heide. Dieser Standort schließt mit seiner Lage eine Lücke in der geographischen Verteilung der bisherigen polnischen und ostdeutschen Auswilderungsplätze.

Konzipiert ist dieser Platz als gemeinsames Projekt des AWS, der Oberförsterei Luckau und des Biologischen Arbeitskreises Luckau und hat damit die Voraussetzung für eine kontinuierliche, wenig aufreibende Arbeit.

Anfang April wurde die Auswilderungsplattform in einer starken Randkiefer mittels eines Hubsteigers in 20 m Höhe angebracht. Der Standort bietet aufgrund seiner Hanglage eine gute Übersicht über den westlichen Teil der von oben recht monoton wirkenden Rochauer Heide. Die nächsten offenen Flächen liegen 3 km östlich des Auswilderungsplatzes. Größere Wasserflächen oder Flußläufe sind in diesem Teil des Niederlausitzer Landrückens nicht vorhanden. Im Zentrum der Rochauer Heide finden sich heute noch großflächige Reste des standortgemäßen Traubeneichen-Kiefern-Mischwaldes.

Für das erste Auswilderungsjahr war eine Charge mit fünf Wanderfalken geplant, aber wie so oft kam es anders. An einem Industrieschornstein in Plauen/Vogtland wurden im Rahmen einer Rettungsumsetzung am 30.04.2005 von Gert Kleinstäuber zwei etwa 20 Tage alte Wanderfalkennestlinge entnommen und an die Naturschutzstation Woblitz gebracht. Diese beiden

Funktionsprobe Fütterung – hat funktioniert, aber nicht geschmeckt

0 BA und 1 BA nach dem Transport von der Woblitz in die Rochauer Heide

Terzel setzten wir am Nachmittag des 11.05.2005 in unsere Plattform ein. Zur Begrüßung mußten die beiden charakterlich völlig verschiedenen Falken einen viertelstündigen Hagelschauer über sich ergehen lassen. Während der eine (1BA) in den nächsten Tagen buchstäblich ständig auf Achse war und wohl jedes Rindenstück des Bodenbelages umdrehte, stand der andere (0BA) meist phlegmatisch auf der Sitzstange in der Plattform und beobachtete das Treiben nur. Überfliegende Mäusebussarde, Wespenbussarde und Fischadler wurden hingegen von beiden neugierig gemustert, lösten aber sonst keine weiteren Reaktionen aus. Die folgenden zwei Wochen meisterten wir und die Falken problemlos.

Am 26.05.2005 öffneten wir 7.30 Uhr nach vorausgegangener Fütterung vorsichtig die Plattform – kurz gesagt: Klappe hoch, Falken weg. Uns schwante nichts Gutes, doch am Tag darauf stand ein Falke abends in der Plattform und am 01.06. waren dann beide Falken wieder am Platz und verbrachten die Nacht in einer Nachbarkiefer.

An diesem Tag stellten wir unsere zweite Charge in die Plattform, die wiederum aus Rettungsumsetzungen aus Gebäudebruten in Sachsen und Brandenburg (Leipzig Piano-Forte-Turm, PCK Schwedt, Kraftwerk Schwarze Pumpe) bestand. Diese vier Falken verhielten sich anfänglich völlig normal und zeigten untereinander keine Aggressionen. Ab und an landeten die beiden gut beflogenen Falken der ersten Charge auf der Plattform und beäugten die Neulinge; der Lieblingsplatz dieser zwei „Alt"-Falken lag aber 300 m westlich der Auswilderungsplattform in mehreren wipfeldürren Eichen, die eine ausgezeichnete Rundumsicht und gute An- und Abflugmöglichkeiten boten. Versorgt wurden diese beiden ab jetzt über ein Futterbrett in einer Kiefer, das rasch angenommen wurde.

Der 12.06.2005 war der nächste „Entlassungstermin". Wie üblich war am Vortag nicht mehr gefüttert worden. So hatten die Falken erwartungsgemäß an diesem Morgen mit dem Futter zu tun und schenkten dem Öffnen der Plattform keine Aufmerksamkeit. Nach fünf Minuten flog das Weibchen (3BD) mit einem Eintagsküken im Fang ab und war wenige Augenblicke später wieder da. Die drei Terzel wirkten recht ausgeglichen, standen lange auf dem Rand der Plattform und flogen hin und wieder sicher über der vorgelagerten Kiefernschonung. Die beiden „Alt"-Falken beobachteten den ganzen Vorgang aus sicherer Entfernung von ihrem Lieblingsplatz aus.

Am 16.05.2005 fehlte bei den Ablesungen der Terzel 3AU, und am 18.05. ließ sich der Terzel 5AU widerstandslos von A. Hamrich in der Nähe der Auswilderungskiefer auf dem Waldboden greifen und starb in der Nacht vom 20. zum 21.06. völlig abgemagert (380 Gramm). Eine Untersuchung dieses Falken am 11.08.2005 am Institut für Veterinär-Pathologie der FU Berlin ergab keine weiteren inneren oder äußeren Verletzungen oder Auffälligkeiten. Der Falke ist wie offensichtlich auch sein Geschwister 3AU verhungert. 3AU fanden wir beim Einsetzen der dritten Charge in der Auswilderungsplattform.

Die letzte Charge für dieses Jahr stammte aus der Zucht von Christian Saar und wurde uns am 25.06.2005 durch

Die Falken sind eingesetzt, das Abseilen macht dann so richtig Spaß

Wolfgang Kirmse „angeliefert". Das Einsetzen dieser vier Wanderfalken erfolgte nun schon mit gewisser Routine und wurde von den Falken der vorangegangenen Chargen aufmerksam verfolgt. Ab diesem Zeitpunkt wurde den nunmehr vier „Alt"-Falken die Atzung wieder auf das Futterbrett gelegt und zusätzlich auch das Dach unserer Beobachtungskanzel als Futterplatz verwendet.

Die vier Zuchtfalken sind am 06.07. in einem Alter von 50 Tagen in die Freiheit entlassen worden. Die Freilassung erfolgte nach dem üblichen Procedere, und wieder war es das Weibchen (8AI), das zuerst die Plattform verließ und auf einer nahen Kiefer aufblockte. Die drei Terzel hatten keine Lust auf derlei Ausflüge und standen noch stundenlang mit vollen Kröpfen auf dem Plattformrand.

In den folgenden Wochen wurde wieder in der Plattform gefüttert, die Futtermenge aber schon zum Ende Juli reduziert – wie sich zeigen sollte offensichtlich zu früh, denn am 28.07.2005 wurde unser Falke 7AI abgemagert (430 Gramm) 30 km südwestlich der Rochauer Heide gegriffen und von uns sofort an die Klinik für Klein- und Haustiere der FU Berlin gebracht. Von dort kam er am 11.08. mit einem Gewicht von 600 Gramm zur Rehabilitation an die Naturschutzstation Woblitz und am 19.08. für zwei Tage wieder in unsere Auswilderungsplattform in der Rochauer Heide. Dann wurde er zum zweiten Mal freigelassen und verschwand, wohl um nicht noch eine Gefangenschaft zu riskieren, auf Nimmerwiedersehen.

Da sich die Bindung der Wanderfalken an den Auswilderungsplatz Mitte August vollständig gelöst hatte, stellten wir die Betreuung Ende dieses Monats ein. Bei mehreren Kontrollgängen im September sahen wir keine Falken mehr.

Die Markierung der von uns ausgewilderten Wanderfalken erfolgte entsprechend dem länderübergreifenden Schema des Wachberg-Protokolls:

Katharina Illig bei der ersten Fütterung

AW-Korb Rochauer Heide nach dem Öffnen – ein Jungvogel steht auf dem Rand   FOTOS: KATHARINA ILLIG

1. Charge

	links	rechts
	VoWa Hiddensee	Kennring (offen)
	grün	hoch, schwarz

1.M	EA 116699	0
		BA

2.M	EA 116700	1
		BA

2. Charge

	links	rechts
	VoWa Hiddensee	Kennring (offen)
	grün	hoch, schwarz

3.W	EA 117123	3
		BD

4.M	EA 117128	4
		AU

(5.)M	EA 117174	5
		AU

(6.)M	EA 117175	3
		AU

3. Charge

	links	rechts
	Zuchtring schwarz	Kennring (geschlossen)
	VoWa Hiddensee	hoch, schwarz
	grün	

7.M	DFO 0518	7
	EA 116880	AI

8.W	DFO 0519	8
	EA 116881	AI

9.M	DFO 0520	9
	EA 116882	AI

10.M	DFO 0523	0
	EA 116883	AH

Silvio Herold
Wanderfalken in der Niederlausitz – Kurzbericht 2005

Das bearbeitete Gebiet umfaßt die Kreise Spree-Neiße (SPN/1662 km²), Oberspreewald-Lausitz (OSL/1217 km²), den Stadtkreis Cottbus (CB/150 km²), die Altkreise Luckau (720 km²) und Lübben (806 km²) des Kreises Dahme-Spreewald (LDS) sowie Randbereiche des Kreises Elbe-Elster (EE/ca.500 km²).

1. Kraftwerk Jänschwalde (SPN 1)
Wie in den Vorjahren wurde auch diesmal der installierte Kasten nicht angenommen. Das Paar hielt sich ausschließlich am letzten verbliebenen Schornstein (Y3) des Kraftwerks auf. Trotz aufwendiger Beobachtungen wurde keine erfolgreiche Brut nachgewiesen. Es waren zu keiner Zeit ausgeflogene Jungfalken zu sehen.

Der Brutplatz befand sich wahrscheinlich auf dem oberen Betonumlauf des Schornsteins, und das Gelege wurde wohl durch extreme Witterung vernichtet. Eine direkte Kontrolle des Brutplatzes wurde uns aus Sicherheitsgründen von der Betriebsleitung verwehrt.

Mit Vorbereitungsarbeiten zum Abriß des Schornsteins Y3 wurde im August dieses Jahres begonnen, so daß ab Anfang des Jahres 2006 dieser als Brutmöglichkeit nicht mehr zur Verfügung steht.
Ringablesung:
– M: links unberingt, rechts unberingt
– W: links unberingt, rechts unberingt

2. Kraftwerk Schwarze Pumpe (SPN 2)
Der am Kühlturm angebrachte Kasten wurde auch in diesem Jahr als Brutplatz genutzt. Die Brut verlief unspektakulär, und in der letzten Aprilwoche schlüpften Küken aus den drei gelegten Eiern. Am 10.05. wurden zwei Jungvögel (1M, 1W) entnommen und zur weiteren Aufzucht nach Woblitz gebracht. Das im Kasten verbliebene junge Weibchen wurde beringt (links gelb EA 116505, rechts alu 3 CD; gelblich-grüne Fänge), stürzte fast schon erwartungsgemäß beim ersten Ausflug ab und wurde am 04.06. unterhalb des Kühlturms vom Werkschutz unverletzt gefunden. Am 07.06. konnte dieses Weibchen auf dem Generatorhaus des Kraftwerks freigelassen werden und flog eine Stunde später sicher mit den beiden Altfalken zwischen den Kühltürmen.

Die beiden entnommenen Küken wurden im Rahmen des AWS-Baumbrüterprojekts ausgewildert: das Männchen (links grün EA 117122, rechts schwarz 2 BA) wurde im Wildhorst Kienhorst (BAR 1) am 13.05. zugesetzt; das Weibchen (links grün EA 117123, rechts schwarz 3 BD) wurde am Auswilderungsplatz Rochauer Heide zusammen mit drei Männchen am 12.06. freigelassen.
Ringablesung:
– M: links grüner Schlaufenring, rechts schwarz 1 H
– W: links grüner Schlaufenring, rechts schwarz 1 AH (Ring verschmutzt)

Da trotz mehrfacher und unabhängiger Ablesungen des Männchen-Ringes die abgelesene Kombination nicht richtig sein kann, versuchen wir diesen Vogel im nächsten Jahr zu fangen.

3. Heizkraftwerk Guben (SPN 3)
Der eigentliche Brutplatz war in diesem Jahr wieder die sehr leicht zugängliche Kolonne zwischen dem Schornstein und dem Maschinenhaus. Allerdings brütete diesmal das Weibchen nicht auf dem Gitterrost, sondern in einer „Dreckecke" direkt unterhalb des Rostes. Am 31.03 wurde das erste, am 06.04. das vierte Ei gelegt. Das Gelege wurde am 08.04. vollständig entnommen und nach Woblitz gebracht.

Das Nachgelege bestand am 26.04. aus drei Eiern und lag diesmal wie gewohnt auf dem Gitterrost in 35 m Höhe. Die Eier waren Mitte Mai verschwunden; eine Ursache hierfür war nicht mehr zu ermitteln.

Der Kraftwerkskomplex wird bis Ende 2005 abgerissen, so daß dieser Platz trotz angebotenen Nistkastens an einem niedrigen Nachbargebäude wohl aufgegeben werden wird.

Ringablesung:
– M : links unberingt, rechts unberingt
– W : links grüner Schlaufenring, rechts alu 7 BD

4. Heizkraftwerk „Sonne" Freienhufen (OSL 1)
Nachdem Ende Februar der Vorjahresbrutplatz (Rabennest auf Kohlestaubanlage in 60 m Höhe) vollständig zerfallen und die gesamte Anlage am 16.03. gesprengt worden war, mußte sich das Paar neu orientieren und war damit augenscheinlich überfordert. Die vom Männchen angebotenen Niststellen (Abschlußkante des sanierten Kühlturms, Krähennest auf Bandbrücke) und die von uns angebotenen Nistkästen gefielen dem Weibchen ganz offensichtlich nicht. Es wurde zu keinem Zeitpunkt gebrütet.

Da an diesem Heizkraftwerk in allen Bereichen bis Ende 2006 grundlegende Umbauarbeiten stattfinden und ein ungestörter Brutabauf daher auch im nächsten Jahr nicht möglich ist, werden wir Ende dieses Jahres auf einem Gittermast einer 110 kV-Leitung in Kraftwerksnähe einen Nistkorb anbieten.

Ringablesung:
– M: links unberingt, rechts unberingt
– W: links grüner Schlaufenring, rechts alu 0 CE

5. EKO Eisenhüttenstadt (LOS ?)
Da dieser Platz im „AWS-Niemandsland" liegt, kam es leider nur zu einer genaueren Kontrolle. Nach Aussagen von M. Dittrich und von Werksangestellten hat das Paar in einem Krähennest auf einem Schornstein der Hochofenanlage gebrütet.

Bei unserer (P. Sömmer, S. Herold) Kontrolle am 26.05. war das Paar aber ständig an einem hohen Scheibengasbehälter an der Hochofenstraße zu sehen. Dieses Paar hatte dem Verhalten nach ganz sicher keinen Bruterfolg.

Ringablesung:
– M: links schwarzer, hoher Ring, rechts gelber Schlaufenring (nicht lesbare Inschrift) (letzte Ziffern: ... 665) darüber roter Z-Ring
– W: links alufarbener Vo-Wa-Ring, rechts schwarzer, hoher Ring darüber grüner Z-Ring mit gestanztem Code

6. Lübben „Polder" Kockrowsberg (LDS)
Das seit April 2004 in diesem Gebiet anwesende Wanderfalkenweibchen hat seit Mitte August dieses Jahres einen Partner. Dies veranlaßte uns zur Anbringung eines Nistkorbes in einem der Lieblingsgittermasten des Weibchens. Dem Paar steht also nun für eine eventuelle Brut im nächsten Jahr außer den meist desolaten Rabennestern auf dieser 380 kV-Leitung noch eine sichere Nistmöglichkeit zur Verfügung.

Ringablesung:
– M: links unberingt, rechts unberingt
– W: links grüner Schlaufenring, rechts schwarz 3 AB

GÜNTHER RÖBER

Wiederansiedlungsprojekt baumbrütender Wanderfalken (*Falco peregrinus*) in den Forsten der Oranienbaumer Heide, Sachsen-Anhalt – Auswilderungsbericht 2005 und 2006

Ein Gemeinschaftsprojekt des Arbeitskreises Wanderfalkenschutz e.V. (AWS) und der Biosphärenreservatsverwaltung Mittelelbe

Das im Jahr 2001 begonnene Artenschutzprojekt im ehemaligen Baumbrüterareal Sachsen-Anhalts wurde in den Jahren 2005 und 2006 mit gleichem engagierten Einsatz aller Beteiligten fortgeführt. Darüber berichtete das MDR-Fernsehen in seinem Landesregionalprogramm „Sachsen-Anhalt heute" am 23. Mai 2005.

Am 2. April 2005 besuchte der bekannte Greifvogelexperte und Sachbuchautor Dr. Theodor Mebs den Auswilderungsplatz in der Oranien-

Wanderfalkenschutz im Doppelpack! Dr. Theodor Mebs und Prof. Dr. Wolfgang Kirmse am Wanderfalkenplatz an der Mittelelbe, 2. April 2005. Foto: G. Röber

Ein starkes, erfolgreiches Team! Falkenübernahme an der Naturschutzstation Woblitz, Mai 2005 (von links: A. Laubner, P. Sömmer, G. Röber, St. Raabe, Prof. Dr. Ch. Saar). Foto: K. Röber

Fischadlerhorst auf einer 110-kV-Freileitung in der Dübener Heide bei Burgkemnitz, Landkreis Bitterfeld. Wird hier die erste Wanderfalkenbrut in den Heideforsten Sachsen-Anhalts stattfinden? Foto: G. Röber

baumer Heide und im Anschluß daran den ersten im Betreuungsbereich des AWS bekannten Gittermastbrutplatz an der mittleren Elbe bei Vockerode. Auf Betreiben des AWS und mit Unterstützung des regionalen Energieanbieters *envia M* wurde im Spätherbst 2002 im oberen Mastbereich eines Gittermastes ein Nistkorb angebracht. Von 2003–2006 flogen insgesamt zwölf junge Wanderfalken aus, die alle mit einem habitatfarbenen Vogelwartenring und einem fernoptisch ablesbaren Kennring gekennzeichnet worden waren.

Im zeitigen Frühjahr 2005 und 2006 wurden wiederholt Wanderfalken im weiteren Umfeld des Auswilderungsplatzes beobachtet, so daß eine eventuell bisher unentdeckte Ansiedlung in den weiträumigen Heideforsten um Dessau derzeit nicht auszuschließen ist. Ein kurzer historischer Abriß über einen der Verbreitungsschwerpunkte baumbrütender Wanderfalken in Sachsen-Anhalt soll die vorangestellte Ansicht bestätigen.

Die weiträumigen, gut strukturierten Waldgebiete, umschlossen von abwechslungsreichen offenen Landschaftsräumen um Dessau, bildeten bis Mitte des letzten Jahrhunderts ein Verbreitungszentrum baumbrütender Wanderfalken mit hoher Siedlungsdichte in Deutschland.

So berichten regionale Ornithologen von elf bekannten Wanderfalkenplätzen im Elbraum zwischen Dessau und Schönebeck zu Beginn des 20. Jahrhunderts. Nach Aufzeichnungen Dessauer Ornithologen brüteten in den

1930er Jahren allein in der 32 km² großen Mosigkauer Heide bei Dessau vier bis fünf Wanderfalkenpaare.

Aus den Forsten der Oranienbaumer Heide bei Dessau, dem heutigen Auswilderungsareal, datieren aus den 1930er Jahren Angaben von ein oder zwei Brutpaaren. Hier bestätigte der in Dessau geborene Alfred Hinsche (1900–1980), einer der versiertesten Ornithologen des 20. Jahrhunderts in der Mittelelberegion, am 9. Juni 1937 ein Paar mit Jungen im Bettelflug.

Auch der Raum um Dessau wurde vom katastrophalen Rückgang der Art ab der zweiten Hälfte der 1950er Jahre nicht verschont.

Die nachweislich letzte erfolgreiche Brut fand in der Mosigkauer Heide 1958 statt. Letztmalig zeitigte hier 1965 ein Paar in einem Krähenhorst ein Vierergelege. Aufgrund der Dünnschaligkeit der Eier schlüpften keine Jungen. Danach verwaiste dieser Brutplatz bis zur Gegenwart.

Der Saisonablauf 2005 und 2006

Im Projektzeitraum 2005–2006 wurden 28 junge Wanderfalken im Geschlechterverhältnis 21 : 7 mittels Wildflug-Methode in zwei Auswilderungskörben ausgewildert (s. Tabellen). Wie in den vorangegangenen Jahren stellte uns der Deutsche Falkenorden (DFO) aus seiner Wanderfalkenforschungs- und Nachzuchtstation, vertreten durch Herrn Prof. Dr. Christian Saar, Hamburg, wieder junge Falken zur Verfügung. Vielen herzlichen Dank. Im Jahr 2005 waren es acht Terzel, die zusammen mit den aus behördlich genehmigten Rettungsumsetzungen von gefährdeten Gebäudebruten (in den Tabellen mit einem ✱ dokumentiert) entnommenen vier Terzeln und drei Falken ausgewildert wurden. Im Jahr 2006 stellte der DFO unserem Projekt fünf junge Wanderfalken aus seiner Nachzucht im Geschlechterverhältnis 3 : 2 zur Verfügung. Aus Rettungsumsetzungen bekamen wir sechs Terzel und zwei Falken, so daß insgesamt 13 junge Wanderfalken per hakking ausgewildert werden konnten. Der gesamte Verlauf der Auswilderung wurde, wie in den Vorjahren, vom Team täglich protokolliert. Die Angaben über täglichen Futterverbrauch, Verhalten und Anwesenheit der Vögel im Bereich der Auswilderung wurden von Holger Gabriel aufgearbeitet und der AWS-Datenbank zugeführt.

Leider gab es wie bereits schon im Vorjahr im Berichtszeitraum nachweislich Probleme mit einem Habicht am Auswilderungsplatz, wie folgende Beispiele belegen: Am 15. Juni 2005, 10 Tage nach Öffnen des Korbes, wurde die Rupfung des Terzels aus einer Rettungsumsetzung mit Kennringnummer 4 BA ca. 100 m entfernt vom Auflassungsort in einem Kiefernstangenholz gefunden. Die Rupfung des Terzels mit der Kennringnummer 4 AF fanden die Betreuer bei der morgendlichen Kontrolle am 14. Juni 2006 im Bereich des Auswilderungsplatzes. Zwei weitere Rupfungen wurden unweit vom Auflassungsort bis zum 19. Juni 2006 gefunden.

Mit besonderer Freude registrierten wir die Anwesenheit eines Terzels aus dem Vorjahr, der sich erstmals am 5. Juli 2005 auf der Spitze einer abgestorbenen Kiefer zwischen den beiden Körben einstellte und bis zum 18. August an insgesamt 14 Tagen anhand der AWS-Baumbrüter-Kennberingung, rechts schwarz mit weißer Gravur 7 AE, erkannt wurde und so eindeutig unserem Projekt zuzuordnen war. Gezogen im Jahr 2004 bei Prof. Dr. Saar, kam er am 5. Juni 2004 zur Auswilderungsstation und blieb nach Öffnen des Korbes am 18. Juni nachweisbar bis zum 25. August 2005 im Bereich der Station.

Am Sonntag, dem 2. Juli 2006, stellte sich während der morgendlichen Fütterung ein Wanderfalke im ersten Alterskleid am Auswilderungskorb II ein. Der Terzel trug links einen grünen Vogelwartenring und rechts den schwarzen Kennring mit der Gravurnummer 2 AK. Er stammt also aus der Falkenzuchtstation von Prof. Saar und wurde zusammen mit vier weiteren Männchen im dritten Schub des Jahrgangs 2005 ausgewildert. Der Vogel wurde nur einmal im Bereich des Auswilderungsplatzes beobachtet.

Im Rahmen der Mitgliederversammlung des Arbeitskreises Wanderfalkenschutz vom 28. 9. bis 30. September 2006 in Schlaitz, Landkreis Bitterfeld, nahmen einige Vereinsmitglieder in den Vormittagsstunden des 1. Oktobers bei schönem Herbstwetter an einer Exkursion zu den ehemaligen Baumbrüterplätzen in der südwestlichen

Vor dem Start in die Zukunft! Oranienbaumer Heide Juni 2005 – Foto: G. Röber

Juli 2005: Vorjähriger Falkenterzel 7 AE beim morgendlichen Sonnenbad am Auflassungsort. – Foto: G. Röber

Dübener Heide teil. Von einer rekultivierten, ca. 100 m hohen aufgeschütteten Kippe bei Gröbern beobachteten die Exkursionsteilnehmer eine Vielzahl von Greifvögeln, so u. a. Habicht, Sperber, Mäusebussard, Seeadler und Turmfalke.

Von diesem Platz aus wurden an den zwei Schornsteinen des stillgelegten Kraftwerkes in Zschornewitz, ca. 10 km vom Auswilderungsplatz entfernt, zwei Wanderfalken im Alterskleid beobachtet, die Paar- und Revierbindung zeigten. Am 30. Oktober gelang am o. g. Platz die Kennringablesung mittels hochauflösender Fernoptik. Der Falke ist unberingt, der Terzel trägt die Baumbrüter-Kennberingung des AWS, links grüner Vogelwartenring, rechts schwarzer Aluring mit weißer Gravur 9 AH. Er wurde 2005 bei Prof. Dr. Saar gezogen und im Baum in der Oranienbaumer Heide ausgewildert.

Alle vorgenannten Beobachtungen der drei Falkenterzel entsprechen dem vom AWS erforschten Ansiedlungsmuster, d. h. sie sind in der Nähe ihres Auflassungsortes im zweiten Lebensjahr direkt oder in einer Entfernung von bis zu 25 km durch Ringablesung bestätigt worden.

An einem Fischadlerhorst auf einer 110-KV-Freileitung mitten in der Dübener Heide bei Burgkemnitz, ca. 4 km südwestlich von Zschornewitz, beobachtete Andre Laubner am 2. Oktober 2006 gegen Mittag zwei ad. Wanderfalken. Am gleichen Platz notierte am 29.12.2006 Günther Röber einen Wanderfalken im Alterskleid. Der Vogel stand auf der Traverse neben dem Fischadlerhorst und strich nach intensiver Gefiederpflege in Richtung Oranienbaumer Heide ab.

In der Auswilderungsstation in der Oranienbaumer Heide bei Dessau wurden im Projekt-Zeitraum von 2001–2006 insgesamt 73 junge Wanderfalken (35, 38) mittels Wildflug-Methode aus Bäumen ausgewildert.

Die folgenden Tabellen informieren über die Auswilderungsjahre 2005 und 2006 und geben Auskunft über Herkunft, Beringung und Verweildauer der Falken im Bereich der Station.

Auswilderungssaison 2005

Schub 01:
Korb I – eingesetzt am 20.05.; geöffnet am 06.06.

Lfd. Nr.	♂/♀	Habitatr. grün Hiddensee	Kennr. rechts schwarz	Herkunft	Bemerkung
1	♂	EA 117171	1 AU	✸	
2	♀	EA 117172	1 BF	✸	
3	♀	EA 117173	6 BD	✸	
4	♂	EA 117161	4 BA	✸	Am 15.06. von einem Habicht geschlagen
5	♀	EA 117162	5 BD	✸	
6	♂	EA 117163	3 BA	✸	Vor dem Öffnen im Korb verstorben

Schub 02:
Korb II – eingesetzt am 12.06.; geöffnet am 27.06.

Lfd. Nr.	♂/♀	DFO-Zuchtr. geschl. schwarz links über	Habitatr. grün Hiddensee	Kennr. rechts schwarz	Herkunft	Bemerkung
1	♂	DFO-0514	EA 116876	3 AI	Nachzucht	
2	♂	DFO-0515	EA 116877	4 AI	Nachzucht	
3	♂	DFO-0516	EA 116878	5 AI	Nachzucht	
4	♂	DFO-0517	EA 116879	6 AI	Nachzucht	

Schub 03:
Korb II – eingesetzt am 10.07.; geöffnet am 22.07.

Lfd. Nr.	♂/♀	DFO-Zuchtr. geschl. schwarz links über	Habitatring grün Hiddensee	Kennring rechts schwarz	Herkunft	Bemerkung
1	♂	DFO	EA 116892	9 AH	Nachzucht	
2	♂	DFO-0530	EA 116895	0 AK	Nachzucht	
3	♂	DFO	EA 116894	1 AK	Nachzucht	
4	♂	DFO	EA 116893	2 AK	Nachzucht	
5	♂		EA 117164	4 BH	✸	

Auswilderungssaison 2006

Schub 01:
Korb I – eingesetzt am 25.05.; geöffnet am 07.06

Lfd. Nr.	♂/♀	DFO-Zuchtr. geschl. schwarz links über	Habitatr. grün Hiddensee	Kennr. rechts schwarz	Herkunft	Bemerkung
1	♀	DFO-0601	EA 116899	0 AF	Nachzucht	
2	♂	DFO-0602	EA 116900	1 AF	Nachzucht	
3	♂		EA 117176	8 AU	✹	
4	♂		EA 117143	4 AT	✹	
5	♀		EA 117144	1 BE	✹	

Schub 02:
Korb II – eingesetzt am 25.05.; geöffnet am 11.06.

Lfd. Nr.	♂/♀	DFO Zuchtr. geschl. schwarz links über	Habitatr. grün Hiddensee	Kennr. rechts schwarz	Herkunft	Bemerkung
1	♀	DFO-0603	EA 144652	2 AF	Nachzucht	
2	♂	DFO-0604	EA 144653	3 AF	Nachzucht	
3	♂	DFO-0605	EA 144654	4 AF	Nachzucht	Am 14.06. Rupfung gefunden
4	♂		EA 117158	9 AU	✹	
5	♂		EA 117157	3 AT	✹	

Schub 03:
Korb I – eingesetzt am 12.06.; geöffnet am 17.06.

Lfd. Nr.	♂/♀	Habitatr. grün Hiddensee	Kennr. rechts schwarz	Herkunft	Bemerkung
1	♂	EA 117184	5 BA	✷	
2	♂	EA 117185	6 BA	✷	
3	♀	EA 117183	7 BD	✷	

Die seit 1984 fortgeschriebene Tabelle beschließt auch hier unsere Auswilderungsberichte:

Auswilderung gezüchteter Wanderfalken in Deutschland 2005*

Lfd. Nr.	Jahr	Auswilderungsplatz Nr. Ort	Anzahl der WF	A = Adoption K = Kunsthorst
1–213	1977–2004	s. Auswilderungsberichte 1984–2004	1.049**	
	2005			
214		41 Baumhorste (2) Brandenburg	2	A Wanderfalke
215		45 Bäume (2) Mecklenburg	19	K
216		51 Gebäude Mecklenburg	1	A Wanderfalke***
217		49 Baumhorst Mecklenburg	3	A Wanderfalke
218		50 Bäume (2) Sachsen-Anhalt	15	K
219		52 Baum Niederlausitz	10	K
			1.099	

* 70 der hier mit aufgeführten Jungfalken stammen nicht aus der Zucht, sondern aus gefährdeten Wildhorsten (Stadt-Bauwerks-Bruten), davon 16 im Jahr 2005 (siehe Text).

** In der Auswilderungstabelle des Berichts 2004 ist uns ein bedauerlicher Fehler unterlaufen: Statt der genannten Gesamtzahl ausgewilderter Falken (1.084) muß es richtig heißen: 1.049!

*** Das Adoptiv-Elternpaar bestand aus einem weiblichen Wanderfalken und einem Falken Hybrid-Terzel (siehe Text).

Paul Sömmer
Brandenburgs baumbrütende Wanderfalken anno 2006

OHV 2:
Zur Balzzeit tummelten sich am langjährigen Brutplatz noch Eisangler, nachdem zuvor der Baumbestand durchforstet wurde. Vielleicht aber auch als Reaktion auf ein das dritte Jahr stationäres Uhuweibchen wurde das Wanderfalkenpaar am 21.3.2006 nach einem Umzug über etwa 1,2 km in einem fast vergessenen und windschiefen Baumfalkenkunsthorst beim Drehen der Brutmulde entdeckt. Mauserfedern belegten, daß die Vögel schon im Sommer des Vorjahres auf diesen kleinen Korb in einer Kiefer spekulierten. Auch hier laufende Forstarbeiten mußten sogleich mit dem zuständigen Revierförster koordiniert werden.

Das Weibchen mit der Beringung rechts schwarz „2 V" wurde 2002 von Christian Saar gezogen und in der Oranienbaumer Heide im Baum ausgewildert. Beim Terzel konnte neben der Ringkombination auf dem rechten schwarzen Kennring nur die klein geprägte „4" abgelesen werden. Mit größter Sicherheit ist es „4 JH", also der 1999 dem gefährdeten Kraftwerksbrutplatz Berlin-Wilmersdorf entnommene und in OPR 1 im Baum adoptierte Wanderfalkenterzel.

Unmittelbar vor der Eiablage am 28.3.2006 während eines Regenschauers erschien plötzlich ein Eichhörnchen direkt am Horst und löste heftige Attacken beider Altvögel aus.

Etwa um den 6.5.2006, also wie bei den meisten Paaren etwas später als in anderen Jahren, schlüpften drei Terzel, die am 1.6.2006 beringt wurden:
– M links grün „Hidd. EA 117147"; rechts hoch Alu „8 FT" mit grüngelben Fängen,
– M links grün „Hidd. EA 117150"; rechts hoch Alu „9 FT" mit grüngelben Fängen,
– M links grün „Hidd. EA 144613"; rechts hoch Alu „9 DX" mit gelben Fängen.

Nach zwei erfolglosen Jahren konnten wir endlich wieder regelmäßig am Samstag über unserer Naturschutzstation faszinierende Kompanieflüge auf Reisetauben sehen.

Noch nach dem 12.8.2006 hielt sich mindestens ein lahnender Vogel im Revier auf. Wie in den anderen Revieren waren die Altvögel auch im kommenden Winter präsent. Diese Erfahrung lag vorm Aussterben der Baumbrüter so nicht vor.

OHV 3:
Das Revier geht sehr wahrscheinlich auf das im Jahr 2004 als BAR 2 bezeichnete nicht brütende Wanderfalkenpaar zurück, welches 2005 nicht bestätigt werden konnte. Die Distanz beträgt kaum mehr als 1 km. Unbemerkt wurde erstmals in einem Fischadlerhorst gebrütet. Während die Fischadler etwa 300 m entfernt einen neuen Horst errichteten, aus dem auch Junge ausflogen, wurden vom Revierförster im „Falkenhorst" wenigstens zwei Dunenjunge gesehen. Ob diese auch ausflogen, bleibt ungewiß, denn der Horst erodierte stark. Auch die Identität der Altvögel liegt im Dunkeln. Für das Jahr 2005 wird der Einstand anderenorts angenommen, denn ein Zusammenhang zum Fund des Weibchens „6 VH" aus OPR 1 (s. ebenda!) ist denkbar. Hoffentlich gelingt im nächsten Jahr die Ansiedlung im Kunsthorst in diesem ausgedehnten und langweiligen Waldgebiet!

OPR 1:
Hatten wir dieses Revier schon verlassen geglaubt, weil der Falke 2005 und der Terzel 2004 verendeten, so konnte Gert Kleinstäuber in diesem Jahr doch mehrfach für kurze Zeit ein scheues und nur locker zusammenhaltendes Paar in der Nähe des alten Kunsthorstes nachweisen. Mit Sicherheit wurde nicht gebrütet; die Horstbindung war nur schwach. Der Terzel mit einem grünen Vogelwartenring und einem alufarbenen Kennring stammt aus einer Wildbrut im Baum, er war noch im Jugendkleid.

Das beobachtete Weibchen im Cornicum-Kleid, links mit einem gelben Hiddenseering ohne Zuchtring und rechts mit alufarbenem Kennring, stammt aus einer Schornsteinbrut 2004 in PM 1. Ob ein reviergründender, baumbrutgeprägter Terzel es an einen Baumhorst binden können wird, erwarten wir mit Spannung.

Im Sommer bauten die Fischadler, deren Brut im Kunsthorst in ca. 400 m Entfernung scheiterte, ein Frustrationsnest an alter Stelle direkt überm Kunsthorst der Falken.

OPR 2:

Das Paar hatte sich dankenswerterweise für eine Brut im Kunsthorst im aufgelichteten Kiefernaltholz entschieden, etwa 300 m vom völlig zerfallenen Vorjahreshorst entfernt. Der Horstbetreuer Henry Lange bestätigte die Identität beider Partner mit dem bekannten Paar vom Vorjahr: Das Weibchen mit dem schwarzen Kennring „8 O" am rechten Fang wurde 2002 von Chr. Saar gezogen und am Platz OHV 2 im Baum ausgewildert. Der Terzel rechts mit dem alufarbenen Kennring „3 CO" flog 2002 aus einer Wildbrut im Revier UM 2 aus.

Die Nestlinge schlüpften, ebenfalls etwas später, um den 13.5.2006 und konnten am 31.5.2006 beringt werden:
– W links grün „Hidd. EA 144611"; rechts hoch Alu „8 FI" mit grüngelben Fängen,
– W links grün „Hidd. EA 144612"; rechts hoch Alu „9 FI" mit grüngelben Fängen.

Natürlich wollten wir auf die Adoption eines Nestlings aus dem Kohlestaub einer Leipziger Kraftwerksruine nicht verzichten:
– W links grün „Hidd. EA 117182"; rechts hoch schwarz „2 BF" mit bläulichgelben Fängen.

Alle Jungen flogen brav aus und absolvierten ihren Bettelflug.

OPR 3:

Nachdem der im Vorjahr benutzte Fischadlerhorst einigen Schaden genommen hatte, entschieden sich die Falken nach der Balz für eine Brut im 200 Meter entfernten Kunsthorst in einer Kiefer. Es war für die Fischadler zu spät, um sich über etwa 300 Meter wieder umzuorientieren, weshalb sie in ihrem im Vorjahr angelegten Ausweichhorst erfolgreich brüteten. Beim Falkenpaar handelte es sich um beide Vögel des Vorjahres, wie Herr Lange herausfand:Der Falke rechts schwarz „1 O" wurde 2001 von Herrn Saar gezogen und in der Oranienbaumer Heide im Baum ausgewildert. Der Terzel trägt rechts den alufarbenen Ring „4 CO" und wurde 2002 in einer Wildbrut im Revier UM 2 in einer Kiefer flügge.

Um den 15.5.2006 schlüpften drei Junge, die am 31.5.2006 markiert wurden:
– M links grün „Hidd. EA 144608"; rechts hoch Alu „5 FT" mit graugrünen Fängen,
– M links grün „Hidd. EA 144609"; rechts hoch Alu „6 FT" mit gelben Fängen,
– M links grün „Hidd. EA 144610"; rechts hoch Alu „7 FT" mit grüngelben Fängen.

Hier wurden zwei Nestlinge adoptiert, die aus einem gefährdeten Brutplatz in der Raffinerie UM 1 entnommen wurden (s. ebenda!):
– W links grün „Hidd. EA 117148"; rechts hoch schwarz „0 BF" mit bläulichgelben Fängen,
– M links grün Hidd. EA 117149"; rechts hoch schwarz „7 AU" mit gelblichgrünen Fängen.

Alle Vögel flogen gesund aus und behielten über Wochen die absolute Lufthoheit.

OPR 4:

Von Herrn H. Lange wurde am 4.4.2006 ein Wanderfalkenpaar balzend an einem Fischadler-Kunsthorst auf einer Kiefer entdeckt. Wenigstens das Weibchen war adult und trug unsere Ringkombination aus der Baumauswilderung. Am linken Ständer ist ein grüner Vogelwartenring; am rechten Fang ein schwarzer Kennring mit den Zeichen „0 L". Dieser Vogel wurde am 12.7.2004 via hakking bei Parchim ausgewildert.

Der ehrenwerte Horstbetreuer hatte Sorge, das Paar am Horst zu stören, und verzichtete zunächst auf weitere Kontrollen. Die Ringe sollten abgelesen werden, wenn das Paar schon einige Zeit fest brüten würde, auch wenn es dann schwieriger würde. Leider geschah, was wir befürchten mußten: Das Paar war plötzlich verschwunden. Nach aller Erfahrung ist ein Umzug in einen versteckteren Horst unmittelbar vor der Eiablage wahrscheinlich, aber selbst tagelange Suchaktionen durch Prof. Wolfgang Kirmse im unübersichtlichen Privatwald blieben ohne Erfolg. Das hieige Fischadlerpaar brütete erfolgreich in einem Kunsthorst in drei km Entfernung. Ein anderes Fischadlerpaar war zwar nach dem „Verschwinden" der Falken bald am Horst, schritt aber nicht mehr zur Eiablage.

Trotz allem sind wir willens, den Brutplatz der Wanderfalken im nächsten Jahr aufzufinden und dann nicht mehr aus den Augen zu verlieren.

OPR 5:

Bernd Ewert und Daniel Schmidt bemerkten am 3.4.2006 bei der ersten Kontrolle eines Fischadler-Kunsthorstes auf einer Kiefer ein Wanderfalkenpaar. Der Falke war im Alterskleid und trug links einen grünen Vogelwartenring und rechts einen schwarzen Kennring, also die Auswilderungsberingung des AWS-Baumbrüterprojektes. Am Terzel im Jugendkleid konnte später links ein grüner Vogelwartenring mit Schlaufe und rechts ein alufarbener Kennring „4..." erkannt werden. Es kann sich nur um „4 FS" handeln, der 2005 am Platz OPR 3 mit drei Geschwistern im Fischadlerhorst beringt wurde. Nicht ganz unerwartet wechselte das Paar über etwa 800 m den Horst und hielt sich dann monatelang an einem dezenteren Rabennest auf, ohne allerdings zu brüten. Das ist ja bei juvenilen Terzeln die Regel. Die Fischadler wurden an einen anderen, etwa 300 m entfernten Kunsthorst abgedrängt. Nachdem sie hier erfolglos blieben, wurde der von den Falken geräumte wieder von Adlern bezogen, ohne daß es aber noch zur Eiablage kam. Auf dem Rest eines alten Naturhorstes, etwa 200 m neben dem Rabenhorst mit den Falken, bauten Fischadler schließlich im Sommer noch ein Frustrationsnest. Ab dieser Zeit hielten sich die Falken überwiegend wieder am auffälligen ersten Platz auf. Für 2007 rechnen wir mit einer erfolgreichen Wanderfalkenbrut in einem unserer diskreteren Falken-Kunsthorste.

OPR 6:

Herr Dr. G. Oehme berichtete aufgeregt am Telefon, daß er bei einer Kontrolle am Seeadlerhorst am 17.6.2006 laut lahnende sowie die Adler attackierende Wanderfalken festgestellt hätte. Ganz sicher muß in der Nähe eine erfolgreiche Falkenbrut im Baum stattgefunden haben. Eine erste kurze Revierbegehung erbrachte keine neuen Hinweise, lediglich einen ersten Überblick über die Topografie.

Noch viel aufgeregter rief Torsten Langgemach am 11.7.2006 in der Naturschutzstation Woblitz an und war sich im Angesicht eines adulten Falkenweibchens nebst einem lahnenden Flügen an einer Waldbestandskante ziemlich sicher, in der näheren Horstumgebung zu stehen. Über eine Beringung ist nichts bekannt. Der Horstfund im unübersichtlichen Gelände blieb dann aber doch aus. Ein gut plazierter Kunsthorst soll uns ein Zusammentreffen mit unseren neuen Nachbarn und den Schutz des Brutplatzes im kommenden Jahr erleichtern.

UM 2:

Im altbekannten Kiefern-Kunsthorst wurde gebrütet. Der Falke war ein neuer, nämlich links mit einem grünen Vogelwartenring mit Schlaufe unter einem DFO-Zuchtring und rechts mit einem schwarzen Kennring „0 AC". Dieser Vogel schlüpfte 2003 bei Herrn Saar in Hamburg und wurde bei Parchim in einer Baumplattform ausgewildert. Der Terzel ist der bekannte mit rechts Alu „5 CO" aus der Wildbrut im Baum in OHV 2 vom Jahr 2002.

Am 27.5.2006 wurden drei Nestlinge beringt:
– M links grün „Hidd. EA 144605"; rechts hoch Alu „4 FT" mit gelblichen Fängen,
– W links grün „Hidd. EA 144606"; rechts hoch Alu „5 FI" mit bläulichgelben Fängen,
– W links grün „Hidd. EA 144607"; rechts hoch Alu „7 FI" mit bläulichgelben Fängen.

Adoptiert wurde ein schmutziges Fälkchen aus einer Kraftwerksruine bei Leipzig:
– W links grün „Hidd. EA 117181"; rechts hoch schwarz „3 BF" mit bläulichgelben Fängen.

Alle flogen gesund aus.

BAR 1:

In diesem Jahr zogen die Falken über etwa 800 m um und brüteten erstmals im Kiefernkunsthorst am Ort der Erstansiedlung in einer stattlichen Kiefer. Dieses bekannte Paar schritt heuer am zeitigsten zur Brut. Der Falke trug links einen grünen Vogelwartenring unter einem gelben Zuchtring und rechts den schwarzen Kennring „4 W". Die Auswilderung erfolgte 2000 bei Parchim. Der Terzel trug die gleiche Kombination mit den Zeichen „4 K" und wurde im selben Jahr im Baum bei OHV 2 ausgewildert.

Etwa am 28.4.2006 schlüpften die vier Küken, die am 24.5.2006 beringt wurden:

– M links grün „Hidd. EA 144601"; rechts hoch Alu „0 FT" mit gelblichen Fängen,
– M links grün „Hidd. EA 144602"; rechts hoch Alu „1 FT" mit gelblichen Fängen,
– M links grün „Hidd. EA 144603"; rechts hoch Alu „2 FT" mit gelblichen Fängen,
– M links grün „Hidd. EA 144604"; rechts hoch Alu „3 FT" mit gelblichen Fängen.

Zur Adoption kam ein Küken, das einem gefährdeten Gebäudebrutplatz in Leipzig entnommen wurde:

– M links grün „Hidd. EA 117159"; rechts hoch schwarz „0 AU" mit gelblichgrünen Fängen.

Am 20.6.2006 wurden die Reste des Nestlings „3 FT" unterm Horst gefunden. Die anderen flogen aus.

PAUL SÖMMER
Einige Wanderfalkenbruten in Gebäuden im Jahr 2006

B 1:
Da das Rote Rathaus wieder einmal eingerüstet und an der Marienkirche seit über einem Jahrzehnt die Bauarbeiten am Turm vorläufig abgeschlossen wurden, haben die Falken hier einen schlecht gebauten Kasten bezogen.

Beide Altvögel wurden identifiziert: Der Falke trug links einen gelben Vogelwartenring mit Schlaufe und rechts den alufarbenen Kennring „4 CV". Er stammt also aus einer Naturbrut im Gebäude bei Leipzig (L 2) von 2003.

Der Terzel trug die gleiche Kombination und einen Kennring „1 O". Er flog also 1996 aus dem Schornstein des Brutplatzes PM 1 aus.

Etwa am 23.4.2006 schlüpften zwei Küken, die am 17.5.2006 beringt wurden:
– W links gelb „Rad. JC 41514"; rechts hoch Alu „0 FI" mit gelblichgrünen Fängen,
– W links gelb „Rad. JC 41515"; rechts hoch Alu „1 FI" mit bläulichgrauen Fängen.

Leider kam es trotz vorbeugender anderer Absprachen immer wieder zu anhaltenden Störungen durch Fremdfirmen, die Kameras am Turm zu warten hatten.

Schließlich wurde am 5.6.2006 der Flügge „0 FI" am Boden mit einem leichten Schädeltrauma aufgefunden. Am 9.6.2006 wurde er am Fundort freigelassen.

B 3:
Durch Rekonstruktion der denkmalgeschützten Schornsteine am Kraftwerk Reuter und ein ungeeignetes Ausweichangebot an diesem traditionellen Horstplatz, zog das Falkenpaar über etwa 1200 m zum ehemaligen Wasserturm auf dem Gelände der Firma Siemens um. Dort wurde in einer Nische, die als Turmfalkenbrutplatz präpariert war, nur einen engen Eingang und ein schmales Anflugbrett hatte, gebrütet. Drei Eier wurden gelegt. Aus einem schlüpfte kein Junges und ein kleines pull. ging verloren.

Der Betreuer Stefan Kupko identifizierte beide Brutvögel durch einen Spion in der Kastenrückwand:

Das Weibchen trug neben einem roten Vogelwartenring am linken Fang rechts den alufarbenen Kennring „0 CY". Es stammt also aus einer Felsenbrut in der Sächsischen Schweiz (PIR 13) von 2003

Der Terzel wurde 1996 im Gebäude in B 2 flügge, ausweislich seiner Beringung links gelb „Rad. JC 25489" und rechts Alu „5 K".

Das etwa am 16.5.2006 geschlüpfte Junge wurde am 6.6.2006 beringt:
- M links gelb „Rad. JC 41516"; rechts hoch Alu „2 HA" mit grünlichgrauen Fängen.

90 Grad um die Ecke, auf der anderen Seite des Turmes, befindet sich eine ebenso präparierte Nische, in der die Turmfalken aus 6 Eiern 5 Küken erbrüteten, die etwa am 8.5.2006 geschlüpft sein müssten.

Am Tage der Wanderfalkenberingung staunten wir nicht schlecht, als wir auf dem kleinen Sitzbrett vor dem engen Wanderfalken-Kasteneingang den Terzel antrafen, der, einen unbearbeiteten Mauersegler im Schnabel, darauf wartete, dass das Weibchen erscheint und die Beute an den bettelnden Nestling veratzt. Da dies nicht geschah – neben dem Terzel war auch überhaupt kein Platz mehr –, ging er in den Kasten, ließ sich die Beute gierig abnehmen, und der etwa dreiwöchige Nestling machte sich daran zu schaffen. Wo war die Mutter?

Die huderte um die Ecke die kleinen wimmernden Turmfalken. Sie kann diese nur entdeckt haben, als sie mangels anderer Sitzwarten auf dem Brettchen davor stand und die Kleinen sich akustisch bemerkbar machten. Da die Topografie des Kastens völlig baugleich war, hatte sie auch keine Hemmungen, diesen zu betreten. Die Turmfalken hätten keine Chance gehabt, auch nur auf den Falken zu hassen und mussten tatenlos zusehen. Wir haben zugesehen, wie sich das Wanderfalkenweib einigermaßen verlegen auf die etwa einwöchigen Turmfalken setzte, um diese zu wärmen. Die richtigen Eltern waren schon nicht mehr nachweisbar. So beschäftigten sich das Weibchen ausschließlich mit den Turmfalken und der Terzel mit dem eigenen Sohn. Letzterer flog aus, genauso wie drei Turmfalken, von denen aber einer zeitig verschwand und einer tot aufgefunden wurde. Man mag sich den Bettelflug und die Übergabe von Tauben in der Luft an die Turmfalken vorstellen!

Sicher ist die Stiefmutter durch die ungünstigen Platzverhältnisse nur dahin umorientiert worden, wo ihr der Terzel nicht mehr im Wege stand. Den starken Schlüsselreizen von den neue Adressaten für ihr aufgestautes Brutpflegeverhalten konnte sie sich nicht entziehen. Wir können also nicht von einem Fehlverhalten sprechen!

PM 1:
Wie alljährlich, wurde der Nistkasten im Schornsteininneren zur Brut benutzt. Beide Reviervögel sind schon wieder neue. Deren Ringe konnten leider nur unvollständig abgelesen werden. In beiden Fällen waren es links grüne Vogelwartenringe sowie rechts schwarze Kennringe. Deren Träger stammen also aus Baum-Auswilderungen:

Das Weibchen trug die Gravur „3...D"; Beim Terzel konnten die Zeichen „6...A..." erkannt werden.

Etwa am 4.5.2006 schlüpfte neben einem Restei das einzige Junge, welches am 20.5.2006 beringt wurde:
- W links gelb „Hidd. EA 116546"; rechts hoch Alu „4 FI".

Es wurde später im Bettelflug bestätigt.

OHV 1:
Weder über die Identität der Altvögel an diesem Schornsteinbrutplatz noch über die Ursache der ausgebliebenen Reproduktion im Nistkasten können Aussagen gemacht werden.

UM 1:
Es wurde im jährlich genutzten Sicherungskasten an einer Kolonne gebrütet. Der Falke befand sich im Cornicum-Kleid, war links unberingt und trug rechts einen alufarbenen Vogelwartenring ohne Schlaufe. Der Vogel stammt also nicht aus dem Arbeitsbereich des AWS; ihn zu identifizieren erforderte, ihn in die Hand zu bekommen! Jedoch ist es ein anderer als im Vorjahr. Der Terzel ist rechts grün mit Schlaufe beringt und trägt links einen schwarzen Kennring „2 MH". Dieser Zögling von Chr. Saar ist schon aus den Vorjahren bekannt und wurde 1995 an der Woblitz im Baum ausgewildert.

Von 1,2 Nestlingen, die etwa am 7.5.2006 schlüpften, wurde nur einer beringt:
- W links gelb „Hidd. EA 116547"; rechts hoch Alu „6 FI" mit bläulichgelben Fängen.

Die beiden anderen Jungen wurden mit Genehmigung der Obersten Jagdbehörde von diesem gefährlichen Brutplatz entnommen und am 31.5.2006 einer Baumbrut (OPR 3) zur Adoption überlassen, wo sie auch ausflogen (s. ebenda!).

Die Rekonstruktion dieser Anlage in den nächsten Jahren ist unvermeidbar.

Wolfgang Köhler
Auswilderung und Brutverlauf des Wanderfalken in Mecklenburg-Vorpommern 2006

Brutgeschehen

In diesem Jahr ist erfreulicherweise der Nachweis eines weiteren Brutplatzes geglückt, damit sind jetzt nachweislich sechs Brutpaare in Mecklenburg-Vorpommern fest etabliert.

Brutplatz Parchim (PCH 1)
Bereits Ende Februar wurden Falken balzend am alten Horst beobachtet, Anfang Mai bestätigte sich der Bruterfolg. Am 29.5.2006 fand die Beringung von zwei Jungfalken statt, wobei drei Vögel aus der Zuchtstation in Hamburg zugesetzt wurden. Alle Vögel wurden erfolgreich aufgezogen.

Bei den Altfalken handelte es sich um das Paar der Vorjahre, die Kennringe konnten einwandfrei abgelesen werden, die des Terzels (7 CJ) sogar mit der Kamera festgehalten werden. Das Weibchen trägt den Kennring 0 G und entstammt der Auswilderung 1998 in Woblitz.

Brutplatz MST 1
Im noch dick zugeschneiten Kiefern-Kunsthorst der Vorjahre wurde nach den Beobachtungen durch Herrn Sömmer am 16.3.2006 eine Mulde gescharrt. Der Falke trug rechts den schwarzen Kennring „4 J" und wurde 2002 bei Parchim im Baum ausgewildert. Der Terzel mit dem alufarbenen Kennring „ 6 BM" flog 2000 aus einer Wildbrut im Baum in OPR 1 aus.

Bei der behördlich veranlaßten Suche nach Vogelgrippe-Opfern wurde mehrmals wöchentlich der Horst auf dem Eis des völlig zugefrorenen Sees unterlaufen, was die Falken ungewöhnlich scheu machte und immer wieder vom sonst völlig abgelegenen Horstplatz vertrieb. Das Revier schien verlassen, als beide Vögel brütend etwa fünf Kilometer entfernt am von ihnen neu gegründeten Platz MST 3 gefunden wurden (s. ebenda).

Eine Nachsuche am 11.5.2006 ergab schließlich den Nachweis eines neuen reviertreuen heimlichen Paares, welches dann ständig nachzuweisen war. Beim Terzel konnte die Beringung abgelesen werden: links grün, rechts schwarzer Kennring „3 AV". Er war im Zuge einer Rettungsumsetzung als Nestling an einer gefährdeten Gebäudebrut in Thüringen mit behördlicher Genehmigung von Dr. Kleinstäuber geborgen und am 22.5.2004 dem Baumbrüterpaar OPR 1 zur Adoption hinzugegeben worden. Das Weibchen im Fortschrittskleid war sehr wahrscheinlich unberingt. Eine Brut fand in diesem Jahr im Revier nicht statt. Wenn auch Chronologie und Kausalität dieses spannenden Wechsels unbekannt bleiben, so können wir doch endlich mit gutem Gewissen von einer interessanten Populationsdynamik sprechen.

Brutplatz MST 2
Nach den Beobachtungen von P. Sömmer waren beide Vögel des Vorjahres wieder am Horst (Weibchen „1 AL", Terzel nur „C" erkannt, aber wahrscheinlich wie im Vorjahr „ 6 C0"). Es wurde wieder im leeren Nest gebrütet, Ursache unbekannt. Im Jahr 2007 soll deshalb ein versteckter und streßfreier Kunsthorst angeboten werden.

Brutplatz MST 3
Überraschenderweise siedelte sich das Brutpaar MST 1 in einem Fischadlerhorstrest auf einem

Hochspannungsmast einer z. Z. spannungslosen Leitung an. Am 15.6.2006 konnten von P. Sömmer drei Nestlinge beringt werden. Mit großem Interesse werden wir dieses ungewöhnliche Verhalten beobachten. Vorsichtshalber wurde in der Nachbarschaft am Seeufer ein Korb angebracht, denn die Masten dieser 380 kV-Leitung stehen zur Generalüberholung an.

Brutplatz RÜG 1
Es wurde in demselben Sims der Kreideküste wie im letzten Jahr gebrütet. Andre Laubner konnte am 30.6.2006 die Beringung beider Altvögel ablesen. Das Weibchen war ein anderes als im Vorjahr. Es war links grün und rechts alufarben mit den Zeichen „9 CE" beringt. Somit stammt der Vogel aus der Wild-Baumbrut in OHV 2 aus dem Jahre 2003. Es ist wieder so, wie es vor dem Aussterben gewesen sein muß: Dieser attraktive Felsbrutplatz im Flachland steht im Austausch mit den vorherrschenden Baumbrütern. Der Terzel trug links einen gelben Vogelwartenring und rechts den alufarbenen Kennring „2 BJ". Damit wurde die im Jahr 2004 nicht ganz vollständig gelungene Ablesung von Dr. Kleinstäuber und seine Aussage, daß der Terzel am Kraftwerksbrutplatz OVP 1 im Jahr 2000 ausgeflogen sei, bestätigt. Am 2.6.2006 wurden vier Jungfalken beringt.

Unmittelbar nach der Beringung erhielten wir Kenntnis von Hubschrauberflügen, die anläßlich der Hafftage, entgegen den ausgesprochenen Genehmigungen, bis ca. 50 m an die Kreideküste heran durchgeführt wurden. Damit waren die Falken in höchstem Maße bedroht. Ein entsprechendes Protestschreiben an das Wirtschaftsministerium als zuständige Genehmigungsbehörde brachte die erhoffte Wirkung: Die Flüge wurden nur noch in von den Vögeln tolerierbarer Entfernung durchgeführt.

Brutplatz OVP 1
Wie in den Vorjahren brüteten die Falken wieder in einem Wanddurchbruch, allerdings nicht im vorbereiteten Kasten, sondern dicht daneben. Da sich der im Vorjahr geäußerte Verdacht eines Hybridterzels anhand des DNA-Tests der vorjährigen Nachkommenschaft durch Prof. Wink bestätigt hatte, wurde mit Genehmigung der Obersten Naturschutzbehörde das komplette Gelege entnommen und der unberingte Terzel gefangen. Das Weibchen trug wie im Vorjahr den Kennring „3 AC" und ist 2003 im Baumhorst bei Parchim ausgewildert worden.

Natürlich war die Freude groß, als Anfang Juni 2006 ein neues Vierergelege etwa 10 m unter dem ersten Brutplatz gemeldet wurde. Etwa am 14.6.2006 schlüpften unter demselben Weibchen drei Junge. Der Verbleib des vierten Eies oder Jungen blieb unklar.

Am 28.6.2006 wurde mit einem flauen Gefühl der neue Terzel unberingt beobachtet. Die Herkunft auch dieses Vogels ist damit leider ungeklärt. Die Nestlinge wurden am 28.6.2006 beringt und Federkielproben für genetische Untersuchungen entnommen, auf deren Ergebnisse wir mit Spannung warten.

Auswilderungen

In diesem Jahr konnten wir insgesamt 15 Vögel zur Auswilderung von der Zuchtstation in Hamburg erhalten. Davon wurden drei der Wildbrut zugesetzt, die übrigen in drei Schüben zu je vier Exemplaren in den Auswilderungskörben an der Waldkante freigelassen. Leider wurden zwei Jungterzel an der Futterplattform vom Habicht geschlagen.

Sonstiges

Im Zuge der Vogelgrippeprophylaxe wurden im Landesamt überraschenderweise fünf tote Wanderfalken eingeliefert, bei zwei Vögeln konnte das Grippevirus H5N1 nachgewiesen werden. Nur ein Falke war beringt, das Weibchen wurde am 7.5.2004 als Nestling bei Porta Westfalica/Veltheim, Reg.-Bez. Detmold, von Thomas Höller beringt. Es wurde somit nach 701 Tagen in einer Entfernung von 299 km in einer ungewöhnlichen Richtung gefunden. Die Herkunft der übrigen Exemplare bleibt vorläufig ungewiß, zugesagte Gewebeproben könnten eventuell weiteren Aufschluß geben.

Im Jahr 2006 wurden in Mecklenburg-Vorpommern folgende Wanderfalken beringt bzw. freigelassen

Datum der Beringung bzw. Freilassung	Ort	Geschlecht	links unten Vogelwarte Hiddensee		links oben DFO-Zuchtring rot	rechts Kennring		Herkunft	Bemerkung
			Farbe	Nummer		Farbe	Kennung		
19.05.	Parchim	M	grün	EA 144655	DFO 06	schwarz	5 AF	Zucht Saar	
		W	–„–	EA 144656	DFO 07	–„–	6 AF	–„– –„–	
		M	–„–	EA 144657	DFO 08	–„–	7 AF	–„– –„–	
		W	–„–	EA 117145	–	alu	2 FI	Naturbrut	
		W	–„–	EA 117146	–	–„–	3 FI	–„– –„–	
02.06.	Rügen	W	rot	EA 117034	–	alu	0 GN	Naturbrut	
		M	–„–	EA 117035	–	–„–	0 HA	–„– –„–	
		W	–„–	EA 117036	–	–„–	1 GN	–„– –„–	
		M	–„–	EA 117037	–	–„–	1 HA	–„– –„–	
28.06.	Lubmin	W	gelb	EA 116548	–	alu	0 GO	Naturbrut	
		W	–„–	EA 116549	–	–„–	1 GO	–„– –„–	
		M	–„–	EA 116550	–	–„–	0 HB	–„– –„–	
17.06. bis 01.07.	Parchim	M	grün	EA 144658	DFO 0609	schwarz	8 AF	Zucht Saar	
		M	–„–	EA 144659	DFO 0610	–„–	0 AG	–„– –„–	
		W	–„–	EA 144660	DFO 0611	–„–	9 AF	–„– –„–	
		W	–„–	EA 144661	DFO 0612	–„–	2 AG	–„– –„–	
01.07. bis 15.07.	Parchim	W	grün	EA 144651	DFO 0616	schwarz	6 AG	Zucht Saar	
		W	–„–	EA 144665	DFO 0617	–„–	7 AG	–„– –„–	
		W	–„–	EA 144666	DFO 0618	–„–	8 AG	–„– –„–	
		M	–„–	EA 144667	DFO 0619	–„–	9 AG	–„– –„–	
15.07. bis 29.07.	Parchim	W	grün	EA 144668	DFO 0620	schwarz	6 BT	Zucht Saar	
		M	–„–	EA 144669	DFO 0621	–„–	7 BT	–„– –„–	
		W	–„–	EA 144670	DFO 0622	–„–	8 BT	–„– –„–	
		M	–„–	EA 144671	DFO 0623	–„–	9 BT	–„– –„–	
15.06.	MST 3	M	grün	EA 144614	–	alu	3 HA	Naturbrut	
		M	–„–	EA 144615	–	–„–	4 HA	–„– –„–	
		W	–„–	EA 144616	–	–„–	2 GN	–„– –„–	

Auf Bitten des AWS hat der LJV einen Auswilderungskorb für einen neuen Auswilderungsplatz in der Lausitz zur Verfügung gestellt.

Ein 2005 bei Parchim ausgewildertes Weibchen (8 AJ) wurde als Partner eines zweiten Brutplatzes in Dänemark an der Kreideküste bestätigt.

Silvio Herold
Wanderfalken in der Niederlausitz 2006
Beringungsdaten/Kurzbericht

Landkreis Spree-Neiße
Kraftwerk Jänschwalde (SPN 1)

Ringablesung Altvögel:
– M: links unberingt, rechts unberingt
– W: links dunkler Ring, rechts hoher alufarbener Ring mit schwarzer Schrift

Entgegen der betrieblichen Ankündigung, den letzten verbliebenen Schornstein (Y3) bis zu Be-

Schornstein im Kraftwerk Jänschwalde – zum Abriß vorgesehen

ginn der Brutzeit 2006 abgerissen zu haben, steht dieser auch Ende dieses Jahres noch in fast voller Höhe. Für das ansässige Wanderfalkenpaar ist er aber weder als Brutplatz noch als Ansitzwarte nutzbar, da alle Umläufe demontiert sind und auf dem oberen Rand seit Anfang April die Abrißmaschine installiert ist. Bis dahin nutzten die Falken den Schornstein noch regelmäßig als Sitzwarte.

Seit Mitte April ist das Falkenpaar verschwunden. Trotz Kontrolle aller bekannten Fischadler-, Raben- und Krähennester auf den Gittermasten um das Kraftwerk sowie vieler Seeadlerhorste in der Gegend, konnte das Paar nicht wieder gefunden werden.

Kraftwerk Schwarze Pumpe (SPN 2)
Beringung am 12.05.:
– W: links gelb EA 116506, rechts alu 5 FJ, Alter ~21 Tage

– M: links grün EA 117143, rechts schwarz 4 AT, Alter ~21 Tage
– W: links grün EA 117144, rechts schwarz 1 BE, Alter ~20 Tage

Ringablesung Brutvögel:
– M: links grüner VoWa-Ring mit Lasche, rechts schwarz 1 H
– W: links grüner VoWa-Ring mit Lasche, rechts schwarz 1 AH

Die Jungvögel 4 AT und 1 BE wurden am 12.05. für das Baumauswilderungsprojekt entnommen und sind in der Oranienbaumer Heide, Sachsen-Anhalt, ausgewildert worden. Im Gegensatz zu den Vorjahren flog das im Kasten verbliebene junge Weibchen (alu 5 FJ) problemlos aus.

Heizkraftwerk Guben (SPN 3)
Das Kraftwerk wurde Ende 2005 vollständig abgerissen. Der Platz ist nicht mehr beflogen. Trotz Suche auch auf der polnischen Seite Gubens wurde kein neuer Brutplatz in der Umgebung gefunden.

Der als Ersatz nahe dem ehemaligen Heizkraftwerk an einem Fabrikgebäude angebrachte Kasten wurde von Turmfalken zur Brut benutzt.

Landkreis Teltow-Fläming
Auswilderungsplatz Rochauer Heide

13.05. drei Jungvögel eingesetzt (1. Charge):
– M: links grün EA 117154, rechts schwarz 0 AT, Alter: 35 Tage
– M: links grün EA 117155, rechts schwarz 1 AT, Alter: 35 Tage
– M: links grün EA 117156, rechts schwarz 2 AT, Alter: 37 Tage

Alle drei Vögel stammen aus einer Vierer-Brut vom Platz PL 1 (Heizkraftwerk Plauen, Sachsen). Am 25.05. Falken freigelassen.

Auswilderung Rochauer Heide

Beringung Saalhausen – Fotos: P. Reusse

Polder Kockrowsberg – FOTOS: VERFASSER

20.06. vier Jungvögel eingesetzt (2. Charge):
- M: links grün EA 144662/DFO rot 0613, rechts schwarz 3 AG, Alter: 34 Tage
- W: links grün EA 144663/DFO rot 0614, rechts schwarz 4 AG, Alter: 33 Tage
- M: links grün EA 144664/DFO rot 0615, rechts schwarz 5 AG, Alter: 33 Tage
- M: links grün EA 117160, rechts schwarz 5 AT, Alter: 31 Tage

Die Falken 3 AG bis 5 AG stammen aus der Zucht Saar, Falke 5 AT ist einer Zweier-Brut am Platz L 4 (Kraftwerksruine Thierbach/Espenhain, Sachsen) entnommen.

Am 05.07. Falken freigelassen.

Seit Anfang April waren immer wieder Schmelzflecken und Gewölle unter dem Auswilderungskorb zu finden und am 15.04. stand dann auch wirklich ein vorjähriger Wanderfalkenterzel auf einer wipfeldürren Eiche am Auswilderungsplatz. Er trägt die Beringung links grün/rechts schwarz 0 BA und ist von uns im Vorjahr an diesem Platz ausgewildert worden. An so einen schnellen „Erfolg" hatten wir nicht geglaubt. Zu unserer Überraschung hält sich am Auswilderungsplatz seit Anfang Juni auch noch ein altes Wanderfalkenweibchen auf, dessen Beringung leider bisher nur unvollständig erkannt wurde (rechts hoher schwarzer Ring 3 ??). Dieses Weibchen stammt aber mit großer Wahrscheinlichkeit aus dem AWS-Auswilderungsprojekt oder von einem polnischen Auswilderungsplatz.

Das „Paar" hat einen unserer Kunsthorste schon entdeckt und zumindest das Männchen war auch im November noch am Auswilderungsplatz präsent. Das Weibchen verhält sich wesentlich heimlicher als unser Terzel und ist oft nur über Indizien nachzuweisen (Mauserfeder, Männchen kündigt sich beim abendlichen Anflug laut an). Wir hoffen, daß das „Paar" die Winterperiode übersteht und sich im kommenden Jahr in der Rochauer Heide endgültig etabliert.

Auswilderungsteam: A. Hamerich, S. Herold, K. Illig, P. Schonert.

Landkreis Oberspreewald-Lausitz
Saalhausen (Freienhufen OSL 1)

Beringung am 23.05.:
- M: links grüngelb EA 079239, rechts alu 3 CF, Alter: 17 Tage
- M: links grüngelb EA 079240, rechts alu 4 CF, Alter: 20 Tage
- W: links grüngelb EA 079241, rechts alu 4 CD, Alter: 20 Tage
- M: links grüngelb EA 079242, rechts alu 5 CF, Alter: 21 Tage

Ringablesung Brutvögel:
- M: links unberingt, rechts unberingt
- W: links grüner VoWa-Ring mit Lasche, rechts alu 0 CE

Für uns war der Bruterfolg dieses Paares die nächste Überraschung, da beide Wanderfalken Mitte März noch regelmäßig am Schornstein des ehemaligen Kraftwerkes „Sonne"/Freienhufen zu sehen waren und die massiven Abriß- und Umbauarbeiten im Werk auch für diese Brutperiode wieder nichts Gutes erwarten ließen. Ab Ende März war das Paar dann auch verschwunden, und die anfänglich erfolglose Suche nach dem neuen Brutplatz konzentrierte sich hauptsächlich auf die Fördergeräte im Tagebau südlich des Kraftwerkes. Am 04.04. fand dann A. Natusch den neuen Brutplatz an einer unerwarteten Stelle – ein Fischadlerkunsthorst auf einem Gittermast in vier Kilometer Entfernung zum Kraftwerk. Das Weibchen lag bei der Entdeckung schon fest in der Nistmulde und vom Nachbargittermast schaute betrübt der eigentliche Horstbesitzer, der Fischadlermann gelb IG, zu.

Die Brut verlief trotz der unter Ornithologen plötzlich entstandenen Popularität dieser eintönigen 110 kV-Leitung erfolgreich, und alle vier Jungfalken flogen aus. Mitte Juli hatten die Jungfalken das Revier verlassen; die beiden Altvögel haben seither wieder ihren Einstand am Schornstein des Kraftwerkes.

AW-Korb Rochauer Heide

Landkreis Dahme-Spreewald
Lübben (LDS 1):

Beringung am 23.06.:
– W: links grüngelb EA 079243, rechts alu 5 CD, Alter:
– W: links grüngelb EA 079244, rechts alu 6 FJ, Alter:
– M: links grüngelb EA 079245, rechts alu 2 CF, Alter:

Ringablesung Brutvögel:
– M: links unberingt, rechts unberingt
– W: links grüner VoWa-Ring, rechts schwarz 3 AB

Sehr spät im Jahr begann dieses Paar mit der Brut. Am 23.04. standen beide Partner noch stundenlang in den Gittermasten, ohne daß überhaupt der Verdacht auf einen nahen Brutbeginn aufkam. Am 27.04. konnten wir dann die erste Brutablösung beobachten. Die Brut verlief komplikationslos. Um den 07.07. flogen die Jungfalken aus und waren bis zum 22.07. immer in den Gittermasten der 380 kV-Leitung zu finden. Nach diesem Zeitpunkt wurden nie wieder drei Jungvögel an diesem Platz gesehen, sondern immer nur ein junges Männchen und ein junges Weibchen. Mit hoher Wahrscheinlichkeit hat also ein Weibchen die Bettelflugperiode nicht überlebt.

Letztmalig wurden die beiden jungen Wanderfalken am 31.08. im Poldergelände gesehen, seitdem halten sich nur noch die Altvögel und sporadisch ein unberingter vorjähriger Falke am Platz auf.

Landkreis Oder-Spree
EKO Eisenhüttenstadt (LOS 1):

Nach wie vor hat sich am Status „AWS-Niemandsland" nichts geändert, und daher sind verläßliche Informationen zu diesem Platz auch in diesem Jahr nicht möglich. Nach telefonischen Auskünften von Mitarbeitern der VEO (Vulkan Energiewirtschaft Oderbrücke GmbH) war mindestens ein Wanderfalke am Scheibengasbehälter anwesend. Ein Brutplatz oder Jungvögel wurden bei den regelmäßigen Begehungen der Anlage nicht gefunden.

Die seit 1984 fortgeschriebene Tabelle beschließt auch hier unsere Auswilderungsberichte:

Auswilderung gezüchteter Wanderfalken in Deutschland 2006*

Lfd. Nr.	Jahr	Auswilderungsplatz Nr. Ort	Anzahl der WF	A = Adoption K = Kunsthorst
1–219	1977–2005	s. Auswilderungsberichte 1984–2005	1.099	
	2006			
220		41 Baumhorste (4) Brandenburg	5	A Wanderfalke
221		49 Baumhorst Mecklenburg	3	A Wanderfalke
222		45 Bäume (2) Mecklenburg	12	K
223		50 Bäume (2) Sachsen-Anhalt	13	K
224		52 Baum Niederlausitz	7	K
			1.139	

* 87 der hier mit aufgeführten Jungfalken stammen nicht aus der Zucht, sondern aus gefährdeten Wildhorsten (Stadt-Bauwerks Bruten), davon 17 im Jahr 2006 (siehe Text).

GÜNTHER TROMMER
Baumfalken statt Wanderfalken

Es war wieder einmal so weit. Am 06.06.2003 wollten wir bei Barlinek in einem ehemaligen Baumbrütergebiet eine Auswilderung von Wanderfalken vornehmen. Die weit ausgedehnten Waldungen, durchsetzt von mehr oder weniger großen Seen, als Naturschutzgebiet ausgewiesen, liegen nördlich vom ehemaligen Landsberg (Gorzów Wielk) in West-Pommern. Der Auswilderungsplatz befindet sich etwa 200 km von zu Hause entfernt. Der Kunsthorst war an einer 30 m hohen Kiefer angebracht. Hier wilderten wir schon vier Jahre lang erfolgreich aus.

Eine ganze Mannschaft war gekommen, um beim Einsetzen der ca. fünf Wochen alten Wanderfalken dabei zu sein. Es waren der Naturschutzbeauftragte für dieses Gebiet, hochgestellte Beamte vom Forst, der für die Auswilderungszeit eingesetzte und schon erfahrene Betreuer für die Jungfalken, einige mir unbekannte, aber im Vogelschutz tätige neugierige Zuschauer, Heniu von der Wildforschungsstation Czempin (er stellte drei Jungfalken aus dem Zweitgelege zur Verfügung) und ich (zwei Jungfalken im gleichen Alter).

Wir konnten uns nicht beklagen, das Wetter war schön, und alles war gut vorbereitet. Als Heniu unten am Auswilderungsbaum die Steigeisen ansetzte, ertönte ein Klappergeräusch oben im Kunsthorst. Ich schaute nach oben und schrie: „Aufhören, Heniu, es brüten dort schon Wanderfalken!" – Erstaunt blickten alle hinauf zum Horst. Ein schwarzbärtiger Falke saß am Rand des hochgeklappten Auswilderungskäfigs und schaute auf uns herab. Er strich in Sekundenschnelle ab, und dabei stellte sich heraus: Es war ein Baumfalke. Die Überraschung war bei allen Anwesenden groß. Im Nu war der Partner des Falkenpaares da, und beide kreisten über der Waldlichtung und schimpften erregt. Was nun tun? Es entwickelte sich eine nachdenkliche und anfangs naturschutzbetonte Diskussion: Der Baumfalke ist genau so geschützt wie der Wanderfalke. Wäre nicht eine Adoption denkbar? Müssen wir die Aktion abbrechen und die jungen Wanderfalken an einem anderen Platz auswildern? Wir wissen doch noch gar nicht, ob sich Eier oder Jungvögel im Horst befinden usw. Zum Schluß entschlossen sich alle, falls Eier vorhanden sind, das Gelege in der Forschungsstation Czempin mit der Brutmaschine ausbrüten zu lassen und – weil alle hier Wanderfalken fliegen sehen wollten – die geplante Auswilderung durchzuführen.

Unbürokratisch wurde dies genehmigt und Heniu machte sich auf den Weg zum Horst. Es waren tatsächlich drei Eier in der linken Ecke des überdachten Käfigteils (siehe Abb. 1). Vorsichtig beförderte Heniu das Gelege nach unten und brachte dann die fünf jungen Wanderfalken in den Auswilderungskäfig, der zuvor geschlossen wurde. Alle waren zufrieden und uns – Heniu und mir – wurde ausdrücklich aufgetragen, das Baumfalkengelege sorgfältig zu behandeln und die Jungvögel, die daraus schlüpfen sollten, ebenfalls sachgerecht aufzuziehen und auszuwildern.

Ich sagte zu Heniu, er möge die Eier in den geschlossenen Händen halten, damit die Wärme nicht ganz entweiche und er die Erschütterungen des Autos abfangen könne. Wir fuhren dann, so schnell es ging, ca. drei Stunden lang die 200 km nach Czempin zurück. Für mich war von großem Interesse, wie sich die alten Baumfalken weiterhin verhalten würden: Machen sie ein Zweitgelege in einem der nahe gelegenen Kolkrabenhorste oder betrachten sie die jungen Wanderfalken als ihre eigenen Jungen. Meine Meinung war schon immer, daß sich Baumfalken sehr gut als Adoptiveltern eignen würden, doch liegt ihre Brutzeit von der der Wanderfalken zu weit entfernt. Zwei junge Wanderfalken ginge vielleicht, aber fünf? Der Betreuer der Wanderfalken an diesem Auswilderungsplatz, der ja täglich füttern mußte, wurde gebeten, das weitere Verhalten der Baumfalken zu beobachten.

Zu Hause angelangt, durchleuchteten wir die Eier: In zwei lebten die Embryonen, das dritte war unbefruchtet. Heniu übernahm in der Stacja Badawcza maschinell das Brutgeschäft, und am 29.06. schlüpften problemlos die beiden Jungfalken.

Zuerst einmal der Verlauf der Auswilderung der Wanderfalken in Barlinek. Am 18.06. war der Tag, an dem wir die Jungfalken freiließen. Wieder waren alle gekommen, die beim Einsetzen dabei waren. Überraschenderweise saßen beide Baumfalken ganz in der Nähe des Auswilderungskäfigs. Einer direkt auf dem Kunsthorst, der andere auf dem Nachbarbaum (siehe Abb. 2). Ich war überzeugt, sie hatten die jungen Wanderfalken als ihre eigenen Jungen betrachtet; denn als wir vorsichtig den Käfig öffneten, flog gleich ein Jungterzel ab und wurde von einem Baumfalken begleitet und nicht attackiert. Als der Begleitflug in einer einzeln stehenden Kiefer beendet war – der Baumfalke wollte anscheinend nur wissen, wohin der junge Wanderfalke geflogen war –, kam der Baumfalke eiligst zurück zum Kunsthorst. Das gleiche geschah als ein zweiter Jungvogel abstrich und sich am Waldrand, ebenfalls auf einer Kiefer, niederließ. Hatten sie die jungen Wanderfalken doch adoptiert? Unsere Frage, ob das Baumfalkenpaar auch erbeutete Vögel an den Kunsthorst zugetragen habe, konnte der Horstbetreuer nicht beantworten. Leider hatten Heniu und ich keine Möglichkeit,

Abb. 1: Das volle Baumfalkengelege im Kunsthorst – Foto: H. Mąka

die Frage selbst zu klären, weil wir auch später keine Zeit dazu fanden. Die Baumfalken waren die ganze Zeit anwesend, als die Wanderfalken noch über vier Wochen dort im Wildflug standen. Sie vertrieben vehement – wie uns der Betreuer erzählte – andere Greifvögel (Mäusebussard, Milan etc.) aus dem Auswilderungsgebiet.

Wie verlief die weitere Entwicklung der in der Brutmaschine geschlüpften Baumfalken? In einem mit Stroh ausgekleideten Henkelkorb wuchsen sie schnell heran (siehe Abb. 3 und 4). Sie unterschieden sich von jungen Wanderfalkennestlingen anfangs nur durch kleinere Köpfe und zierlichere Hände. Es waren ein Terzel und ein Weib. Da Heniu in Urlaub ging, übernahm ich die weitere Fürsorge für die beiden Kleinen. Als sie fast flügge waren, stellte ich sie in ihrem Korb an das offene Fenster meines Schuppens. Von hier aus konnten sie die freie Umgebung beobachten. Als sie 36 Tage alt waren (04.08.), unternahmen sie ihren ersten Freiflug, der noch recht unbeholfen war, denn das Großgefieder war noch nicht ganz trocken. Einer landete auf dem Dach des Schuppens, der andere rutschte beim Landeanflug auf meine Wanderfalkenvolieren auf den Erdboden. Mir fiel auf, daß sie beim Landen in der ersten Zeit erregt riefen, der typische Baumfalkenruf. Ab diesem ersten Freiflug waren sie Tag und Nacht draußen. Ihr Lieblingsplatz war tagsüber der Dachfirst, und nachts saßen sie in den Obstbäumen meines Gartens (siehe Abb. 5 und 6).

Abb. 2: Stets saß der alte Baumfalke auf diesem Ast und bewachte die Wanderfalken

Abb. 3: Sehen sie nicht aus wie junge Wanderfalken?

Abb. 4: Fast flügge stellte ich sie ans offene Fenster

Am zweiten Tag ihres Wildfluges war frühmorgens nur noch das Weibchen da. Ich suchte verzweifelt nach dem Terzel, aber er war nicht zu finden. Die jungen Baumfalken waren noch nicht

Abb. 5: Der Dachfirst war tagsüber ihr Lieblingsplatz

Abb. 6: Abends und nachts saßen sie in den Obstbäumen

Abb. 7: Nach seinem Unglücksfall war der linke Fuß des Terzels verdreht

Abb. 8: Erwachsener junger Baumfalke: Die Flügelspitzen sind länger als der Stoß

Abb. 9: Nun war er absolut selbständig (3.9.)

Abb. 10/11: Die typische Flugsilhouette des Baumfalken – Fotos: 2–11: Verfasser

sicher auf ihren Schwingen, und ich machte mir deshalb Sorgen, daß er womöglich verunglückt oder die Beute eines Habichts geworden sei. Am Nachmittag ging ich noch mal hinter den Schuppen in den Garten. Der gesunde Falke saß am Boden im 20 cm hohen Gras. Ich untersuchte die Stelle und fand auch den kleinen Terzel ebenfalls dort liegen. Er schaute mich mit seinen großen dunklen Augen an. Behutsam nahm ich ihn auf. Alles war in Ordnung, nur der linke Fuß war im Tarsalgelenk nach innen verdreht und ganz locker. Das äußere Gelenkband war gerissen und an dieser Stelle war der Fuß etwas blutig verschmiert. Wie hatte er sich diese Verletzung zugefügt? Nachdem das Gefieder etwas unordentlich war, konnte ich mir nur vorstellen, daß dies eine Elster verursacht habe, die fortwährend in meinem Garten war. Wahrscheinlich attackierte sie den noch jungen Falken, der zu Boden ging, ergriff ihn, der sich natürlich wehrte, und hackte auf ihn ein. Ich brachte den Unglücklichen in seinen Aufzuchtkorb und stellte ihn wieder ans offene Fenster. Seine Schwester besuchte ihn häufig (siehe Abb. 7). Chirurgische Versorgung war bei diesem kleinen Falken nicht möglich, und ich vertraute auf die Selbstheilung. Am zweiten Tag stand er schon wieder und kröpfte selbst, indem er mit dem gesunden Fuß das Fleisch festhielt. Am vierten Tag stand er wieder oben auf dem Dach.

Fliegen konnte er, doch dabei hing der verletzte Fuß leblos herab. Im Laufe der Zeit heilte die Verletzung, nur blieb der linke Fuß, der dann auch wieder benutzt wurde, weiterhin etwas verdreht nach innen (siehe Abb. 7). Diese kleine Behinderung besiegelte später auch sein Schicksal.

Der Flugstil der beiden Baumfalken wurde immer vollkommener. Sie kreisten hoch am Himmel und spielten miteinander. Am 16.08. beobachtete ich, daß sie hoch in der Luft Insekten fingen und segelnd aufkröpften. Selbst der noch etwas kranke Terzel konnte das.

Am 18.08. hörte ich um sechs Uhr früh das laute Schimpfen eines Baumfalken. Etwas später sah ich einen Falken mit zackigen Flügelschlägen nervös hin und her fliegen. Nach einer halben Stunde beruhigte er sich wieder. Von diesem Zeitpunkt an blieb der Terzel trotz intensiver Suche verschwunden. Nach ca. zwei Wochen, als ich meine Hunde im nahen Feld trainierte, fand ich eine Rupfung unter einer Hecke. Es waren Baumfalkenfedern. Hier endete das Leben „meines" kleinen Terzels durch einen Habicht.

Nun war das kleine Weib allein. Es saß oft auf meinen Wanderfalkenvolieren und schaute hinein. Eines Tages sah ich, wie es eine größere Beute heranschleppte. Eine junge Rauchschwalbe hatte sie erbeutet (siehe Abb. 8). Gerade jetzt Ende August flogen zahlreiche Jungschwalben umher. Diese sind neben den Fluginsekten die beliebteste Beute der Baumfalken. Es war nicht die einzige, die „mein" Baumfalke fing. Nun war das Weibchen auch selbständig geworden und blieb schon bis zu zwei Tagen aus. Einmal beobachtete ich zwei Baumfalken, die über meinem Grundstück kreisten. Sie blieben lange beieinander, doch plötzlich strich der eine, vermutlich ein Altfalke, in Richtung des weiter entfernten Waldgebietes, während der andere immer tiefer kam und sich auf das Schuppendach setzte; es war „meiner".

Anfang September wurde seine Abwesenheit immer länger. Dargereichte Atzung nahm er kaum noch an, und ab 12. September beobachtete ich ihn in unserem Gebiet nicht mehr. Nur einmal noch, als ich meinen Wanderfalken „Irena" trainierte, attackierte sie ein Baumfalke heftig. Als ich „Irena" das Federspiel gab, setzte er sich in unmittelbarer Nähe aufs Feld. Somit mußte ich mich von der schönen Zeit mit „meinem" Baumfalken verabschieden.

WALTER BEDNAREK

Rotfußfalke (*Falco vespertinus*) als Beuteschmarotzer beim Rötelfalken (*Falco naumanni*) in der kasachischen Steppe

Unter Beuteschmarotzen bzw. Kleptoparasitismus wird das interspezifische „Stehlen" von bereits – oft unter hohem Energieaufwand – beschaffter Nahrung verstanden. Bei Vögeln ist dieses Verhalten weit verbreitet, insbesondere in der Ordnung der Falconiformes, wobei oft Greifvögel untereinander als Schmarotzer auftreten. Mäusebussarde (*Buteo buteo*) kleptoparasitieren bei Wanderfalken (*Falco peregrinus spec.*), Baumfalken (*Falco subbuteo*) bei Sperbern (*Accipiter nisus*) und Turmfalken (*Falco tinnunculus*) oder Turmfalken bei Eulen (*Tyto alba, Athenae noctua, Asio flammeus*), um nur einige wenige Beispiele zu nennen. Bei acht von insgesamt 63 Falkenarten konnte Beuteschmarotzen beobachtet werden, und 16 verschiedene Arten nutzten Falken als Wirte (BROCKMANN, H. J. & C. J. BARNARD 1979). Auch vom Rotfußfalken (*Falco vespertinus*) ist dieses Verhalten grundsätzlich bekannt, wobei als Wirt bisher nur der Turmfalke beschrieben wurde (BEZZEL, E. & J. HÖLZINGER 1969; R. H. HOGG 1977).

Während einer multinationalen Greifvogel-Expedition nach Kasachstan (PEPLER 1994; BEDNAREK 2007), konnten wir (Bednarek, Davygora, Gavluk, Pepler, u. a.) nun einen weiteren Wirt für den Rotfußfalken, nämlich den Rötelfalken (*Falco naumanni*), nachweisen bzw. sein kleptoparasitisches Verhalten beobachten.

Am 11.07.1993 hatten wir unser Lager am Sulukol See im Nordwesten Kasachstans aufgeschlagen. Unsere Zelte standen nur einen Steinwurf vom Wasser entfernt in der weiten, leicht hügeligen Steppe, die vollkommen menschenleer schien, denn, so weit das Auge reichte, gab es nur eine magere, überweidete Steppenvegetation. Unser russischer Expeditionsleiter, Dr. Anatoly Davygora, damals Assistent, heute (2006) Professor an der Universität von Orenburg, hatte diesen Ort als Ausgangspunkt unserer Untersuchungen gewählt, da sich in seiner Nähe Rötelfalkenkolonien „in den Gräbern" eines kasachischen Friedhofes befinden sollten. Den Rötelfalken galt unser Interesse, sie waren das eigentliche Ziel der Expedition. Als ich die Wörter „Gräber" und „Friedhof" hörte, dachte ich zunächst an einen Übersetzungsfehler unseres Dolmetschers tatarischer Abstammung, obgleich er bisher alles perfekt übersetzt hatte, selbst die wissenschaftlichen Diskussionen, die wir in den Tagen zuvor mit unseren nur russisch sprechenden Teilnehmern gehabt hatten. Dennoch konnten wir (David Pepler, aus Südafrika und ich) uns keinen Reim auf diese Wörter machen, selbst auf Nachfrage, und warteten nun skeptisch der Dinge, die dort kommen würden.

Wir waren erst spät abends kurz vor der Dämmerung am Sulukol See angekommen, so daß wir, anders als geplant, unsere erste Exkursion auf den frühen Morgen des nächsten Tages verlegen mußten.

12.07.1993. Mit den ersten Sonnenstrahlen brachen wir auf, um vor der eigentlichen Mittagshitze, die bis auf 40 °C steigen kann, die ersten Aufgaben erledigt zu haben. Um es kurz zu machen: Wir beringten während des Vormittags zunächst zwei junge Kaiseradler (*Aquila heliaca*) sowie zwei Steppenadler (*Aquila rapax*), nahmen von ihnen Blutproben für parasitologische und genetische Untersuchungen, sammelten an und in den Horsten Beutereste und beobachteten zu unserer großen Freude die ersten Rötelfalken, von denen besonders die Weibchen z. T. erhebliche Mauserlücken aufwiesen.

Die Strecken zwischen den Horsten legten wir mit einem unserer Expeditionsfahrzeuge, einem allradgetriebenen, unimogähnlichen Kleinlaster zurück, denn wir mußten hin und wieder die einzige uns zur Verfügung stehende Schotterpiste verlassen. Die auf große Distanz flach erscheinende Steppe war doch abseits des Weges sehr uneben, und das eine und andere Mal hatten wir den Wagen festgefahren. So unglaublich es klingen mag: In diesem Jahr hatte es hier in der Steppe im Sommer überproportional geregnet, so daß wir mit dem schlammigen Untergrund zu kämpfen hatten. Entsprechend verging die Zeit, die uns für die Untersuchungen zur Verfügung stand, viel zu schnell, und wir kehrten vor der großen Hitze, ohne zu der Rötelfalkenkolonie gefahren zu sein, zu unserem Lager zurück. Die Mittagshitze verbrachten wir dann wie üblich nur schlafend bis leicht dahindämmernd im Schutz eines „Sonnensegels", das wir zwischen unseren beiden Autos gespannt hatten.

Gegen 17.00 Uhr brachen wir dann „endlich" zielstrebig zu den Rötelfalken auf. Auf einem der Telegraphenmasten, die entlang der Schotterpiste standen – die Piste soll ein Teil der alten Seidenstraße sein – blockte ein Steppenadler, an dem wir bis auf wenige Meter vorbeifahren konnten. Anatoly kannte seinen Horst, aber ein Besuch dort war erst für den nächsten Tag geplant. Auf den Leitungen saßen einige Rotfußfalken, deren Horste sich in den Anpflanzungen neben der Straße befanden. Diese heckenartigen Baumreihen waren vor Jahrzehnten angelegt worden, um die Schotterstraße im Winter vor Schneeverwehungen zu schützen. Im Laufe der Jahre waren sie zu einem idealen Nisthabitat für Elstern (*Pica pica*) geworden, die ursprünglich natürlich in der baumlosen Steppe nicht vorkamen. Erst nach der Besiedlung durch die Elstern hatten sich hier dann Rotfußfalken angesiedelt, die als Horstbezieher deren Nester übernehmen konnten, denn vorher besaßen sie hier keine Brutmöglichkeiten. In Abhängigkeit von den auf Distanz gebauten Nestern – die Elstern leben nun mal territorial – gab es natürlich auch keine Rotfußfalkenkolonien, wie in anderen Gegenden Osteuropas, wo die Rotfußfalken die Nester von in Kolonien brütenden Saatkrähen (*Corvus frugilegus*) übernehmen, sondern sie brüteten hier sehr vereinzelt entlang den Hecken. Ähnliche Beobachtungen liegen auch für die Ukraine vor (J. van der Widen 1995)

Nach zwei Stunden Fahrt sahen wir dann zu unserer Überraschung in einer leichten Talmulde neben einem See eine Aneinanderreihung von langgestreckten, etwas verfallenen, eingeschossigen Stallungen, die den Charakter einer Kolchose hatten. Es waren heruntergekommene Kuh- und Schafställe aus der Zeit der Sowjetunion, in denen Tausende von Tieren untergebracht gewesen waren, wie wir später erfuhren. Einige hundert Meter davon entfernt lagen Strohballen in langen Reihen aufgetürmt. Als wir uns dieser „Ansiedlung" näherten, sahen wir schon von weitem einige Rötelfalken kreisen, und ich kam zu dem Schluß, daß unser Dolmetscher wohl die lang gestreckten Gebäude gemeint haben müßte, denn ich kannte die Rötelfalken aus Spanien, wo sie unter den Dachpfannen von Häusern brüten. Doch zu meiner Überraschung fuhren wir nicht dorthin, sondern zu den entfernten Strohballen und luden dort die nötigen Forschungsutensilien aus.

Während wir noch mit dem Abladen beschäftigt waren, fielen mir weiße, kaum einen Meter hohe, jedoch mehrere Meter lange Erhebungen auf, die das weiße Sonnenlicht derart reflektierten, daß das Auge fast geblendet wurde. Das waren die Grabhügel – wie wir bald darauf erfuhren –, von denen unser Dolmetscher gesprochen hatte. Darin sollten die Rötelfalken brüten, das sollte die Kolonie sein.

Wie uns Anatoly auf Nachfrage dann berichtete, schichteten früher die Kasachen in dieser Gegend, nachdem der Leichnam bestattet war, über dem Grab Kreidebrocken auf, die sie aus den rund 40 Kilometer entfernten Kreidehügeln, die wir Tage später noch besuchen sollten, um unser nächstes Lager dort aufzuschlagen, gebrochen hatten. – Ich habe noch niemals ein derartiges Weiß eines „Naturgesteins" gesehen, ganz zu schweigen von dem drei Tage später besuchten gleißend weißen natürlichen Kreidegebirge, das in der Nähe des Shibindy Flusses liegt und das früher den Kasachen als Steinbruch diente.

Doch zurück zu den Gräbern: Die Strohballen im Rücken und im Schatten sitzend, konnten wir uns nun ihnen zuwenden und uns damit den Rötelfalken widmen. Die fußballgroßen, locker aufgeschichteten Kreidebrocken, unregelmäßig in der Gestalt, bildeten Hohlräume, die den Rötelfalken als Bruthöhlen dienten. Als wir uns etwas orientiert hatten, beobachteten wir ein „reges Treiben". Die Falken hatten Junge, denen sie in relativ regelmäßigen Abständen Beutetiere zutrugen; die zarten Bettellaute der Jungen konnten wir gut hören. Als Beute erkannten wir Libellen, die wohl über dem nahen See gefangen wurden, aber auch Kleinsäuger (Mäuse) und vor allem kleine Eidechsen. Letztere wurden von vereinzelt stehenden Pfählen, die nicht weit von der Kolonie entfernt isoliert hinter uns in der Steppe standen (Überreste von Weidezäunen?) aus erbeutet. Im Laufe des Nachmittags bekamen wir dann allmählich einen Überblick über die Brutpaarzahl, die bei acht Paaren lag. Daneben schien es auch noch einige Nichtbrüter zu geben, denn insgesamt zählten wir weit mehr Individuen als es Brutpaare gab.

Wir verbrachten den Nachmittag damit, die Jungen aus den Höhlungen zu „angeln", sie nach Ektoparasiten abzusuchen, zu beringen, Blut zu entnehmen für spätere DNA-Analysen, und wir fertigten Blutausstriche an, um nach möglichen Blutparasiten zu forschen, wogen die Jungen, hielten den Gefiederzustand fest und fingen einige adulte Exemplare, die sich ebenfalls dem vollen Programm unterwerfen mußten (dazu mehr: BEDNAREK 2007). Es war auffällig, daß fast alle Brutvögel an den nackten Körperstellen (Kopf, Füße) Narben, die von Verletzungen herrührten, aufwiesen und daß ihr Gefiederzustand relativ schlecht war.

Gegen 17.00 Uhr hatten wir einen Teil unserer Arbeit programmgemäß geleistet und beobachteten nun die nicht weit von uns jagenden Falken, als plötzlich laute, sehr helle, durchdringende „Angstrufe", die ich in ähnlicher Weise schon von Turmfalken her kannte, unsere Aufmerksamkeit erregten.

Nur wenige Meter über uns verfolgte ein noch nicht vollständig ins Alterskleid vermausertes Rotfußfalkenmännchen einen weiblichen Rötelfalken, der eine etwas größere Beute trug (Eidechse?). Der Rotfußfalke verfolgte den zumindest optisch kleineren Falken und versuchte, die Beute zu ergreifen, wobei er derart beschleunigte, daß es, als es zum Kontakt kam, wie ein „Zusammenstoß" aussah. Der Rötelfalke wendete geschickt unter lauten, metallisch klingenden, durchdringenden Rufen, so daß der Räuber letztlich durch einen Fehlgriff an Geschwindigkeit verlor und hinter dem Opfer zurückfiel. Dieses „Spiel" wiederholte sich noch mehrmals, wobei die Flüge sich z. T. über der Kolonie, z. T. nur wenige Meter vor bzw. über uns abspielten. Die Falken flogen wie durch einen Hindernisparcours, wobei der Rötelfalke offensichtlich all sein Flugvermögen einsetzen mußte, um die Beute zu behalten. Nach jedem Beinahekontakt schaffte es der Rötelfalke doch immer wieder, den Verfolger kurz abzuschütteln, wodurch das Rotfußfalkenmännchen – so hatten wir zumindest den Eindruck – nur noch um so aggressiver reagierte. Schnell wurde deutlich, daß es sich hier nicht um ein „Spiel" handelte, wie ich es eben noch formuliert hatte, sondern daß dies „bitterer" Ernst war. Hier konkurrierten offensichtlich zwei Arten um knappe Ressourcen. Hier ging es um das „survival of the fittest" im biologischen Sinne. Wenngleich dieses Zitat von Darwin eine Tautologie ist, so ging es hier konkret durchaus um die biologische Fitneß, d. h., um den Beitrag zur nächsten Generation; denn der Rötelfalke mußte seine Jungvögel im Kreidefelsenhaufen versorgen, also seine Fitneß für die Generationenfolge leisten. Möglicherweise hatte auch der Rotfußfalke Jungvögel zu versorgen, denn die Verfolgungsflüge erstreckten sich über viele Minuten auf hohem, äußerst „aggressivem" Niveau.

Fast über der Kolonie konnte der Rotfußfalke dann schließlich die Beute ergreifen und dem Rötelfalken abnehmen, der sich sofort erschöpft – wir konnten das Hecheln im Glas sehen – auf einer Stele neben dem Grab niederließ.

Wenn man bedenkt, daß sich Beuteschmarotzen ja nur dann „lohnt", wenn die energetische Kosten-/Nutzen-Rechnung zu Gunsten des Nutzens ausfällt, der Energieaufwand für das Abjagen bereits beschaffter Nahrung muß also geringer ausfallen als der für die Beschaffung von Nahrung durch eigene Arbeit, dann kann man möglicherweise aus dem sehr energieaufwendigen Verhalten des Rotfußfalken schließen, daß Rötelfalken und Rotfußfalken um fast dieselben Nahrungsressourcen in diesem Lebensraum konkurrieren, und diese Ressourcen offensichtlich begrenzt sind. – Da wir diesen Terzel, er war ja leicht an dem typischen Mauserzustand zu erkennen, bis zum 16.07.1993 regelmäßig gegen Abend schmarotzend beobachten konnten, und zwar immer erfolgreich, kann es natürlich theoretisch auch sein, daß er „nur" ein schlechter Jäger war, was aber aus vielerlei Gründen sehr unwahrscheinlich ist, doch vermutlich mußte auch er Jungvögel mit Nahrung versorgen.

Von Anatoly erfuhren wir, daß in diesen Gegenden, da u. a. hier Weizen angebaut wird, regelmäßig gegen Mäuse und Insekten Pestizide ausgebracht werden und, was auch für uns offensichtlich war, die vorhandenen Steppenteile extrem stark überweidet werden. Man kann folglich vermuten, daß bei diesen beiden Falkenarten in dieser Gegend ein grundsätzliches Problem der Nahrungsbeschaffung besteht: zu wenig Beutetiere.

Ein evolutions-ökologisches Prinzip besagt, daß zwei Organismen mit identischen Ansprüchen nicht nebeneinander existieren können (Konkurrenzausschlußprinzip), es sei denn, sie sind in der Lage, die vorhandenen Ressourcen unterschiedlich zu nutzen, also dadurch Konkurrenz zu vermeiden. Auch Greifvogelarten, deren Nahrungsnischen sich zum Teil erheblich überlappen bzw. sogar fast identisch sind, wenn sie einzeln vorkommen, können oft dennoch im gleichen Lebensraum koexistieren, wenn sie aufgrund des Konkurrenzdruckes abweichende Jagdstrategien einsetzen und die Nahrungsressourcen dadurch unterschiedlich nutzen. Sie vermeiden oder zumindest minimieren so die Konkurrenz und können dann in ein und demselben Lebensraum gemeinsam leben (evolutionsbiologisch gesprochen, hat dieses Verhalten langfristig oft zur Ausbildung unterschiedlicher ökologischer Nischen und zur Artentstehung geführt). Dieses Phänomen der Konkurrenzvermeidung gilt aber nur für Ökosysteme, die sich durch eine hohe Biodiversität auszeichnen; denn was nützt die Fähigkeit der Anpassung an aktuelle Situationen, wenn keine Möglichkeiten gegeben sind, auch diese Anpassungsfähigkeit zu realisieren.

Soweit mir bekannt ist, liegen keine Untersuchungen zur Nahrungskonkurrenz von Rötelfalken und Rotfußfalken aus Lebensräumen vor, in denen sie gemeinsam vorkommen, so daß letztlich nichts über Konkurrenzvermeidung bei diesen beiden Arten bekannt ist. Auf das Verhältnis Rötelfalke als Wirt und Rotfußfalke als Schmarotzer bezogen, bedeutet das, daß zunächst einmal Konkurrenz um dieselbe Nahrung vorhanden ist und sich die Nahrungsnischen damit zumindest z. T. überlappen. Darüber hinaus wird deutlich, daß trotz des hohen energetischen Einsatzes durch die langen Verfolgungsflüge, dennoch ein Plus auf der Habenseite für den Schmarotzer übrig bleiben muß, wie natürlich letztlich auch der Beraubte in der Lage sein muß, diesen Verlust zu kompensieren. Auffällig war, daß wir die Beute immer sehen konnten, sie war relativ groß, so daß sich natürlich auch der Einsatz für den Rotfußfalken „lohnte".

Abb. a bis e: Rotfußfalkenmännchen (Falco vespertinus) versucht, Rötelfalkenweibchen (Falco naumanni) Beute abzunehmen – verschiedene Phasen während des Beuteschmarotzens

Grundsätzlich gilt: Je größer die Tiere – hier Beutetiere –, desto seltener sind sie in Ökosystemen vertreten. Eine Überlappung der Nahrungsnischen für solche Nahrung ruft natürlich einen besonderen Konkurrenzdruck hervor. Dabei wird dieser Druck nicht sichtbar, wenn genügend Beutetiere vorhanden sind. Wenn aber – wie in dieser Gegend von Kasachstan – durch Gifte ein Teil der großen Proteinlieferanten ausfällt, ist es verständlich, daß eine Art, die bekanntermaßen ein fakultativer Beuteschmarotzer beim

Abb. f: Rötelfalkenmännchen (Falco naumanni) *Abb. g Rötelfalkenweibchen (Falco naumanni)*

Turmfalken ist, natürlich auch beim kleineren Rötelfalken Nahrung stiehlt, wenn sie knapp wird, insbesondere dann, wenn noch Nestlinge oder das brütende Weibchen zu versorgen sind. – Ein paar Tage später fanden wir sowohl Rotfußfalkenhorste mit Eiern als auch gerade geschlüpften Jungen.

Inwieweit nun dieses grundsätzlich im „Vespertinus" vorhandene Verhalten durch Nahrungsmangel infolge des Pestizideinsatzes oder einfach durch die „guten" Gelegenheiten an den Kolonien ausgelöst wurde, kann nicht gesagt werden, deutlich wird aber auch hier wieder: Letztlich dreht sich in der Biologie alles um energetische Ressourcen, mit welchen Strategien auch immer.

Zusammenfassung

An vier aufeinander folgenden Tagen, und zwar vom 12.07 bis 16.07.1993, konnte an einer Rötelfalkenkolonie in Westkasachstan ein Rotfußfalkenmännchen (*Falco vespertinus*) als Beuteschmarotzer bei Rötelfalken (*Falco naumanni*) beobachtet werden. Die näheren Umstände und das Verhalten werden beschrieben.

Abb. h: Rotfußfalkenästling (Falco vespertinus)

Abb. i: Windschutzstreifen als Bruthabitat des Rotfußfalken (Falco vespertinus) – Hier dienen Kobel von Elstern (Pica pica) als Nistunterlage

Abb. j: Die Rötelfalkenkolonie in dem Grabhügel mit drei Falken

Abb. k: Grabhügel als Nisthabitat des Rötelfalken (Falco naumanni) in Kasachstan

Abb. l: Gefangenes Rötelfalkenweibchen (Falco naumanni) – Fotos: Verfasser

LITERATUR:

BEDNAREK, W. (2007): Erinnerungen an eine Greifvogelexpedition nach Kasachstan. Greifvögel und Falknerei 2007 (in Vorbereitung).

BEZZEL, E. & J. HÖLZINGER (1969): Untersuchungen zur Nahrung des Rotfußfalken (*Falco vespertinus*) bei Ulm. Anz. Orn. Ges. Bayern **8**: 446–451.

BROCKMANN, H. J. & C. J. BARNARD (1979): Kleptoparasitism in Birds. Anim. Behav. **27**: 487–424.

HOGG, R. H. (1977): Food piracy by red-footed falcons. Brit. Birds **70**: 220.

PEPLER, D. (1994): The Endangered Lesser Kestrel. Current Research. Birding in SA **46**: 79–82.

WIDEN, J. VAN DER (1995): The breeding population of the Red-footed Falcon (*Falco vespertinus*) in the Sivash, Ukraine. J. Ornithol. **136**: 285–288.

ELISABETH LEIX

Johanni

Ich sitze im Garten auf der Bank und halte den leblosen Körper meines Falken in den Händen. Vor wenigen Sekunden hat sich sein geschwächter Körper ein letztes Mal aufgebäumt, bevor der Glanz in seinen Augen erlosch. Tränen rollen mir unkontrolliert über die Wangen, und tausend Gedanken löchern mein Gehirn. Warum, wieso, Vorwürfe, seinen schlechten Zustand nicht früher erkannt zu haben, lassen mich wütend werden auf mich selbst. Ich hatte seinen äußerlich schlechten Zustand der Brutsaison zugeordnet, weil er sich aktiv am Brutgeschäft beteiligte. Als wir ihn dann doch aus der Voliere holten, weil er so kleine Augen machte, war seine körperliche Verfassung schon sehr schlecht. Die verabreichten Medikamente kamen zu spät, der geschwächte Körper erholte sich nicht mehr, und drei Tage später, am 16. Mai 2006, starb mein Beizfalke „Johanni" nach zehn Jahren gemeinsamer Zeit in meinen Händen.

Am Johannistag 1996 kam Rudi Pfisterer bei uns vorbei und brachte einen Jungfalken mit. Es war der „Zuchtanteil" einer gemeinsam gelungenen Zucht von ihm und meinem Mann. Der Falke wurde für mich reserviert, weil ich im Frühjahr meinen damaligen Anwarter-Terzel durch eine Infektion verloren hatte. Ich erinnere mich noch ganz genau, wie er mich ansah mit seinen schönen, großen dunklen Augen, nicht schreckhaft, nicht ängstlich, nur neugierig. Ein völlig unkomplizierter Jungfalke, der noch am gleichen Abend Atzung annahm. Das erste gemeinsame Jagdjahr war nicht sehr erfolgreich für uns, doch sein Stil und seine Zuverlässigkeit steigerten sich von Jahr zu Jahr. Nach 10 Jahren gemeinsamen Beizens kann man viel berichten. Drei der schönsten Erlebnisse möchte ich erzählen, als Dankeschön für diese schöne Zeit.

Meine große Leidenschaft, die Rebhuhnbeize, ist eigentlich der Grund dafür, daß ich seit vielen Jahren nur Terzel aus dem Anwarten fliege. Das Zusammenspiel von Hund, Falke und Falkner ist bei keiner anderen Beizart so stark von Bedeutung wie bei dieser. Vermutlich liegt darin der besondere Reiz für mich, und sie hat mich deshalb von Anfang an so fasziniert. Der einzige Nachteil sind die kurzen Jagdzeiten, die diese Wildart mit sich bringt, und deshalb war ich immer gezwungen, wenn möglich diese Jagdzeiten durch Reisen ins Ausland zu verlängern.

Der fette Fasanen-Gockel

Alex Prinz organisierte ein Beizwochenende an der ost-bayerischen Grenze, um Fasanen zu beizen. Die Chancen, dabei auf Rebhühner zu treffen, waren zwar gering, aber immerhin hatte „Johanni" schon die eine oder andere Fasanenhenne zur Strecke gebracht. Zur fröhlichen Runde gehörten außer Alex und mir noch Thorsten Hamberger, Michael Mikisch und mein Mann Klaus.

Am Freitagabend trafen wir uns bei einem Falkner in seinem Hotel. Den Abend verbrach-

Schottland

ten wir damit, uns gegenseitig aufzustacheln, wie der nächste Tag verlaufen würde. Näheres dazu muß ich keinem Falkner erzählen! Relativ früh standen wir auf und fuhren in Richtung tschechischer Grenze, wo Michael Mikisch auf uns wartete. Das Wetter ließ Gutes erahnen: leicht bewölkt, kühl, hier und da ein kleiner Schauer. Die Falken waren alle in bester Form, und meinem Johanni konnte ich schon beim Aufnehmen seine Jagdlust ansehen. Im Revier angekommen, sahen wir die ersten Fasanen sich an einem Schütthaufen tummeln. Klaus entschied sich, als erster sein Glück zu versuchen, doch seine Florentina, ein recht sensibler Falke, sah das wohl anders und zeigte, daß sie noch nicht bereit war. Ohne zu zögern, wurde der Falke von meinem Mann eingezogen, und Alex gab seine Islay frei. Islay ist ein erfahrener Jagdfalke, der geschickt auch ungünstige Situationen für sich entscheidet. Das Gelände war voll mit Fasanen, doch leider etwas eng und durchzogen mit viel Deckung, welche die Fasane gekonnt für sich nutzten, so daß auch dieser Jagdflug erstmal erfolglos blieb. Nachdem auch Islay wieder auf der Faust stand und wir beim Überqueren einer Wiese eine starke Kette Hühner hochgemacht hatten, stand außer Frage, wer zum nächsten Flug ansetzen würde. Die Hühner, die in die nächste Hecke eingefallen waren, ließen mein Herz höher schlagen. Das Gelände rechts und links davon war schön offen und die Rahmenbedingungen optimal. In gutem Abstand zur Hecke gab ich Johanni frei. Klaus lief unterdessen bis ans Ende der Hecke, da wir ausschließen wollten, daß die Hühner aus der Hecke ins offene Feld liefen. Es dauerte nicht lange, bis der Falke eine gute Arbeitshöhe erreicht hatte, und so schnallte ich meinen DK-Rüden Carlos und setzte mich ebenfalls in Bewegung. Das Jagdgewicht von 625g war für diesen Tag ideal, und Johanni konzentrierte sich genau über mir. In engen Kreisen blieb er stets in Bewegung und schraubte sich zusehends höher. Es dauerte nicht lange, bis Carlos aus seinem Lauf gerissen wurde und wie angewurzelt vor der Hecke stand. Mein Puls erhöhte sich spürbar, die innerliche Spannung stieg. Mit günstigem Wind näherte ich mich meinem Hund, und als Johanni eine gute

Position über uns einnahm, stürmte ich die Hecke. Mit lautem Gepolter erhob sich ein großer, fetter Fasanenhahn senkrecht empor und strich quer über die Wiese zurück zum Schilfgürtel. „Sch… ein Gockel", fluchte ich beim Anblick des Fasans, und meine Illusionen, ein Huhn zu beizen, flogen polternd über mich hinweg. Mein zweiter Blick ging zu Johanni, der unbeirrt seine Runde flog und den Fasan, so wie es im ersten Moment schien, gar nicht wahrnahm. Erst als dieser schon unter ihm hindurch war, kippte er lässig über die Schulter ab, formierte sich zum Tropfen und schoß elegant in die Flugbahn des Fasans. Der Abstand wurde kleiner, und als ob er nie etwas anderes gemacht hätte, band er gekonnt den Hahn und ging mit ihm zu Boden. Es verschlug mir im ersten Moment die Sprache, doch ungläubig schickte ich den Nachsatz „und jetzt fängt der ihn auch noch!" hinterher. Am Boden entspann sich ein Zweikampf, den Johanni eindeutig für sich entschied. Er hielt seine Beute gekonnt am Hals, und Thorsten, der ganz in der Nähe stand, eilte ihm zu Hilfe. Er war begeistert – wie wir alle. Ich freute mich riesig über den unerhofften „fetten" Erfolg, schließlich wog der Hahn fast doppelt so viel wie mein Falke. Zufrieden setzte ich mich mit meinem Hund zu Johanni, für uns war der Jagdtag zu Ende. Mit bewundernden Blicken für mein Jagdgespann genoß ich die entspannte Atmosphäre und war unheimlich stolz auf uns drei.

Johannis Schotten-Hase

Vor zwei Jahren bei unserer Schottland-Beizreise hatte ich ein außergewöhnliches Beizerlebnis mit meinem Falken. Ich war das erste Mal gemeinsam mit Johanni in Schottland, und nachdem ich schon erfolglose Jahre mit einem anderen, stärkeren Falken dort verbracht hatte, hielten sich meine Hoffnungen, Grouse zu beizen, etwas bedeckt, was sich später jedoch als völlig überflüssig herausstellte. Johanni beizte nicht nur einige Grouse sondern auch einen Schneehasen!

An diesem besagten Tag trafen wir nicht so viele Grouse wie sonst an, zudem war es sehr windig, und ich hatte schon einen Leerflug mit

Johanni gehabt. Der Abend war nicht mehr weit, ich wollte unbedingt noch einen zweiten Flug auf Grouse für meinen Falken haben. Alex Prinz und seine Frau, die gemeinsam mit uns in Schottland waren, wollten schon nach Hause gehen, da Islay, der Falke von Alex, bereits aufgeatzt war. Ich bat die beiden, unsere Tochter Laura mitzunehmen, damit Klaus und ich nochmals auf einen der Berge gehen könnten, die sich in unserem Revier befinden, um vielleicht doch noch eine Chance für Johanni zu haben. Der Aufstieg nach einem langen Tag war sehr mühevoll. Allerdings weiß jeder Falkner, daß für einen Flug kein Weg zu weit, kein Berg zu hoch und kein Wasser zu tief sein kann! So quälten wir uns also durch die Heide den Hang hinauf.

Auf halber Höhe des Berges sah ich Klaus, der mir ein Zeichen gab, daß einer seiner Pointer vorstand. Ich wartete noch etwas, bis Klaus mir das o.k. zum Fliegen gab. Wie immer klopfte mir das Herz bis zum Hals und das übliche Ritual vor dem Abflug kam mir wie eine Ewigkeit vor. Ein Stoßgebet gen Himmel, und schon ließ sich Johanni einfach vom Wind mitnehmen. Ohne auch nur einen Schwingenschlag zu tätigen, ließ er sich vom Aufwind den Hang hinauftreiben. Das Fliegen im Wind machte ihm zusehends Spaß und, verärgert über den ersten Flug, ließ er sich abtreiben und stellte sich über Alex, Christin und Laura, die im Tal mit dem Hund liefen, ein. Ein kurzer Ruf über das Funkgerät ließ die Truppe zum Stehen kommen. Ich winkte etwas mit dem Handschuh, um mich bemerkbar für Johanni zu machen, was ich allerdings nur für eine Selbstberuhigungsmaßnahme halte, denn der Falke, so glaube ich zumindest, kann sehr wohl unterscheiden und sehen, wo sein Falkner steht. Wenn er sich nicht einstellen will, dann hat das andere Gründe. Auf jeden Fall hatte es geholfen, und folgsam zog er zu mir herüber und stellte sich über mir ein.

So flott wie möglich keuchte ich den Hang hinauf, um Sichtkontakt mit dem vorstehenden Hund aufzunehmen. Immer wieder suchte ich dabei den Kontakt zum Falken und sah plötzlich, wie er zum Schrägstoß ansetzte und hinter einer Bergkante verschwand. Mein erster Gedanke war natürlich, daß die Grouse zu früh aufgestanden wären. Gebannt schaute ich in die Richtung meines Falken und sah ihn kurz aufsteilen, so als ob er etwas heruntergeschlagen hätte, um dann gleich wieder abzutauchen. Ich war mir nicht ganz sicher, hoffte aber, daß er ein Grouse gefangen hätte. Bei meinem Aufstieg kam mir Klaus entgegengelaufen und entschuldigte sich dafür, daß der Hund einen Hasen vorgestanden habe. Meiner emotionalen Art gerecht werdend, äußerte ich unmißverständlich mein Bedauern darüber und zog mein Federspiel aus der Tasche. In der Annahme, daß sich darauf in Kürze mein Falke einfinden würde, wartete ich einige Zeit. Nachdem dies nicht geschah, dachte ich natürlich, er habe sich ebenso säuerlich wie ich irgendwo abgestellt. Enttäuscht und trotzig über die ganze Situation machte ich mich auf den Weg, um ihn zu suchen und einzuholen.

Ganz in Gedanken an meinen von mir verärgert vermuteten Falken schwebte ein kleines Flaumbüschel an mir vorbei. Ich konnte dieses fliegende Etwas nicht zuordnen und beachtete es auch nicht weiter, bis nach einigen Metern noch mehr dieser fliegenden Wattebäuschchen an mir vorbeizogen. Eigentlich sah es ja wie die Unterwolle eines Hasen aus, es könnte aber auch der Büschel eines Wollgrases gewesen sein. Als mir die Unterwolle des Hasen in den Sinn kam, regte sich der vage Verdacht, Johanni könne vielleicht den Schneehasen geschlagen haben. Es gab schon Falken, die Hasen zur Strecke brachten, doch mein Terzel? Der Gedanke war noch nicht zu Ende gedacht, als ich Johanni hinter der nächsten Felskante auf einem ausgewachsenen, schon verendeten Schneehasen stehen sah. Er hatte bereits begonnen, ihn zu rupfen, und überall lag die Unterwolle des Hasen herum, die der Wind in alle Richtungen blies. Ungläubig setzte ich mich auf den kleinen Fels daneben und gab das Herz des Hasen mit dem Öffnen der Kammer frei, damit Johanni sich seine Belohnung holen konnte. Klaus war mittlerweile bei uns eingetroffen und war ebenso von den Socken wie ich, daß der Terzel einen Hasen schlagen konnte.

Ich konnte mir keinen rechten Reim darauf machen, da äußerlich keine Einwirkungen zu se-

Der Schneehasen-Erfolg

hen waren, erst beim Abbalgen konnte ich feststellen, daß Johanni ihn durch Genickschlag getötet hatte. Ein dicker Bluterguß war am Kopfansatz zu sehen. Der Falke mußte dem Hasen einen so harten Schlag hinter die Löffel versetzt haben, daß er sofort tot war. Der Abend lieferte dann natürlich noch genügend Gesprächsstoff und Spekulationen, was wohl das nächste Beizwild des Terzels sein würde!

Mein emotionalstes Beizerlebnis mit Johanni

Dieses wunderbare Beizerlebnis im letzten Jahr wird mich wohl ein Leben lang begleiten, es war ein derart eindrucksvoller Moment, den ich in dieser Intensität noch nicht erlebt hatte. Wir weilten wieder in Schottland, in den herrlichen Weiten der Hochmoore, deren pinkblühende Heide mich jedes Mal verzaubert. Wer sehr geruchsbezogen ist – so wie ich –, der wird den Duft dieser Landschaft gefangengenommen. An diesem Tag hatten wir einen der seltenen Regentage, der die Luft noch intensiver riechen ließ als sonst. Klaus hatte Florentina für den späten Nachmittag eingestellt und wartete auf die Ankunft von Christian Saar, der uns auf seiner Anreise in sein Moor besuchen wollte. Alex, Laura und ich brachen um die Mittagszeit ins Moor auf, um die Zeit für alle zu nutzen.

Wir parkten das Auto ein Stück weit im Hang. Beim Anstieg auf den ersten Berg suchte Aska, meine DK-Hündin die Heide vor uns ab. In weiten Bögen mit flottem Tempo flog sie regelrecht durch die Landschaft, um die wunderschönen Moorschneehühner zu finden. Noch beim Aufstieg sahen wir, wie sie aus dem Lauf heraus gerissen wurde und mit hoher Nase in den Hang zog, um dann bewegungslos zu verharren. Alex machte den Anfang, und Islay war rasch von der Faust.

Falken lernen sehr schnell, mit dem Wind umzugehen und zu spielen. Es ist unglaublich, wie geschickt sie an Höhe gewinnen, ohne dabei Kraft zu verschwenden.

Durch den Wind, der vom Tal herauf blies, hatte der Falke im Handumdrehen eine gute Höhe erreicht. Laura und ich blieben am oberen Weg stehen und beobachteten die Szene. Alex ging zielstrebig auf Aska zu, die in gebührendem Abstand den Hühnern hinterherzog. Mit günstigem Wind und guter Position des Falken hob Alex ein einzelnes Grouse unter seiner Islay. Blitzartig setzte diese zum Jagdflug an und hatte das Grouse schnell erreicht. Mit einem harten Schlag auf die Beute fiel das Huhn zu Boden, und Islay bremste mit einem Looping ihre Fahrt, um auf dem Huhn zu landen. Mit einem Freudenschrei brachte Alex seinen Erfolg zum Ausdruck, und wir gestikulierten ihm ein Falknersheil hinunter.

Laura und ich setzten uns in die Heide und genossen den herrlichen Anblick. Bis Alex mit seinem Falken zu uns hergelaufen kam, war doch schon einige Zeit verstrichen, und eine gute Wegstrecke lag hinter uns. Da ich unsere Tochter jedes Mal bewundere, wie sie die Strapazen der Beizsaison mitmacht und bewältigt, bin ich allerdings auch bestrebt, sie nicht zu überfordern, und so beschlossen wir drei, daß ich das letzte Bergstück allein gehen und die beiden sich schon auf den Weg zurück zum Auto machen sollten.

Es hatte wieder ein leichter Nieselregen eingesetzt, der Wind hatte seine Richtung leicht geändert. Er blies jetzt von einem Hochplateau die Hügel hinab, worauf ich beschloß, den Hang zu umgehen und mit gutem Wind das letzte Stück zu arbeiten. Beschwerlich war der Weg dorthin, weil die Heide an diesem Hang ziemlich hoch

DK-Hündin „Aska", Autorin mit „Johanni" und Tochter Laura

ist. Die Kondition der Hunde müßte man haben, die sich Kilometer um Kilometer darin fortbewegen und dennoch nicht die Lust und Laune daran verlieren, sogar die steilsten Hänge abzusuchen, dachte ich mir. Als der Regen stärker wurde, kam mir ein leichter Zweifel, ob mein Vorhaben richtig sei, doch da sah ich schon, daß Aska mit hoher Nase den Bergrücken hochzog. Sie hatte eindeutig Witterung bekommen. Doch das Wild vor ihr wollte sich nicht drücken, und so zog sie ziemlich lange nach, bis sie endlich an der Kante zum Plateau wie festgemauert stehen blieb. Es regnete mir unaufhörlich in den Nacken, meinen Falken hatte ich mit einem Regenschirm geschützt, damit sein Gefieder trocken blieb. Da ich Johanni an dieser Stelle nicht freigeben wollte, damit er nicht vom Fallwind nach unten gedrückt würde, mußte ich meine Aska sehr weiträumig umschlagen. Ich beeilte mich, so gut es ging, denn ich sah, daß sie immer wieder nachzog, und befürchtete, daß die Grouse vorher aufstehen würden. Endlich hatte ich mit viel Mühe den Berg bezwungen und verlor keine Minute, um Johanni freizusetzen. Man konnte die Anspannung, die in der Luft lag, förmlich spüren, der Regen vibrierte auf meinem Gesicht, als ich den Flug meines Falken verfolgte. Gekonnt nutzte Johanni den starken Wind, der vom oberen Hang auf das Plateau prallte, und ließ sich mit ihm wegtragen. Es dauerte eine ganze Weile, bis ich ihn wieder sah, als er sich mit guter Höhe über mich stellte. Ganz langsam ging ich nun auf meine Aska zu, weil ich mir nicht sicher war, wie weit die Grouse vor ihr lagen. Wir standen uns gegenüber, immer wieder wanderten ihre Augen zu mir und zu den vor ihr liegenden Hühnern. Zwischendurch versuchte sie, den Falken zu orten, doch sie orientierte sich an seinen Bells, welche die Luft wie ein Glockenspiel erhellten. Der Abstand zwischen mir und Aska wurde immer geringer, die Anspannung nahm mir fast die Luft zum Atmen. Jetzt stand ich direkt vor ihr, doch kein Grouse erhob sich. Hatte sie mich geblendet? – Nein, das glaubte ich nicht! Ein Blick nach oben zu meinem Falken, dann animierte ich sie weiterzugehen, und vorsichtig wie in einem Minenfeld setzte sie sachte eine Pfote vor die andere. Johanni hielt seine Höhe und blieb konzentriert über uns. Er mußte die Anspannung gespürt haben, ich glaube, wir drei hatten in diesem Moment eine geistige Verbindung, über die wir intuitiv kommunizierten. Aska wollte keinen Schritt mehr vorwärts gehen, und so machte ich einen Schritt auf sie zu, als neben mir ein Grouse aus der Heide purrte. Das unverwechselbare Geräusch, das diese Raufußhühner mit ihrem harten Gefieder von sich geben, ist Musik in meinen Ohren. Gebannt schaute ich zu meinem Falken, der schon zum Stoß auf das Grouse angesetzt hatte. Aska stand immer noch regungslos neben mir. Mit dem Fernglas verfolgte ich den Jagdflug und sah, wie Johanni das Grouse in der Luft band und dann mit ihm zu Boden ging. Yeah! – diesen Freudenschrei konnte ich mir nicht verkneifen, auch wenn er die herrliche Stimmung zerriß. Genau in diesem Moment hatte der Regen aufgehört. Freudig umarmte ich meinen Hund, der immer noch wie angewurzelt in der Heide stand, als plötzlich das nächste Grouse aufflog. Wir standen mitten in einem Covey! Wäre jetzt noch ein anderer Falkner da gewesen, hätten wir sicher noch eine Chance nutzen können. Doch so nahm ich keine Rücksicht und lief schnurgerade zu meinem Falken. Auf dem Weg dorthin sprengte ich noch weitere drei Grouse heraus. Aska schnüffelte die Liegeplätze der Hühner ab und sprang mir dann freudig nach. Als wir bei Johanni ankamen, hatte dieser das Grouse bereits abgenickt und begann zu rupfen. Ich setzte mich neben ihn in die Heide und blickte in den Himmel, an dem der schwarz gefärbte Wolkenteppich aufriß und einen schmalen Streifen des dahinter liegenden blauen Himmels frei gab. Durch dieses blaue Band brachen goldene Sonnenstrahlen hervor, erleuchteten die Highlands, und es schien, als hätte der Himmel sich geöffnet, um eine Straße in die Heide zu legen. Der Dunst, der über den Highlands hing, und das einbrechende Licht brachten unglaublich intensive Farben zum Vorschein; eine Gänsehaut jagte über meinen Körper. So weit ich blicken konnte, war außer wilder ungebändigter Landschaft nichts zu sehen, nichts zu hören, nur die unbeschreiblich schöne Stimmung dieses Moments. Ich hatte ein ganz eigenartiges Gefühl, eine tiefe

Falknersheil! – FOTOS: VERFASSERIN

Zufriedenheit, die wie eine warme Welle durch den ganzen Körper flutete. Ein unbeschreibliches Glücksgefühl! – Ja, und nachdem mein Johanni einen vollen Kropf als Belohnung bekommen und der Himmel sich wieder verfinstert hatte, ging ich nachdenklich zum Auto. Dort erwartete mich Laura schon ungeduldig. Ich erzählte ihr von dem wunderbaren Erlebnis, und auf dem Nachhauseweg fielen mir die Worte von Franz Grillparzer ein: „Monde und Jahre vergehen und sind auf immer vergangen, doch ein schöner Moment leuchtet das Leben hindurch!" – Ja, wie recht er doch hatte, diese Momente leuchten wirklich ein Leben lang hindurch. Danke, Johanni!

KARL ALOIS DRUCK
Bevor die Erinnerung verblaßt

In meinem Herzen hatten Habichte stets den Vorzug, vorrangig wegen unserer abwechslungsreichen westpfälzischen Landschaft. Natürlich reizten mich auch die bekannten Schwierigkeiten beim Abtragen dieser Spezies. Vielleicht spielten in meiner Jugend auch spärlich vorhandene finanzielle Mittel eine Rolle. Wie dem auch sei, für mich war der Habicht der Beizvogel schlechthin. Einen Falken zu fliegen und mit ihm auch zu beizen, lag außerhalb meines Gesichtsfeldes. Selbstverständlich wurden verletzte oder krank aufgefundene Turmfalken und andere Greife gesund gepflegt und wieder in die Natur entlassen, das gehörte bei einem Falkner einfach dazu.

Aber das Leben hält stets Überraschungen bereit, so auch an diesem denkwürdigen Abend. Das Telefon reißt mich aus meinen Gedanken: Mein Jagdfreund Albert berichtet, er habe auf dem Heimweg „aus dem Bruch" mit seinen beiden Hunden einen „kleinen Bussard" gefunden, der wohl verletzt und völlig entkräftet sei. Auf meine Empfehlung hin setzt er den Vogel in ein geschlossenes Behältnis und deckt dieses mit einem Tuch ab, um das Tier nicht noch zusätzlich zu belasten.

Am folgenden Morgen treffe ich bei meinem Freund ein. Vorsichtig lüfte ich das Tuch, bin zunächst über die zarten Fänge des vermeintlichen Bussards überrascht, denn was mir das leicht gelüftete Tuch freigibt sind Falkenhände. Nun wird vorsichtig die gesamte Verblendung entfernt und ein Wanderfalkenrotterzel steht vor mir, mit leicht linkshängender, blutverkrusteter Schwinge und schaut mich mit seinen schönen braunen Augen an. Mir verschlägt es die Sprache, meinem Freund ebenfalls, als ich ihn über das Wesen, das er in der Halbdämmerung des Bruches aufgenommen hat, aufkläre.

Wie sich zeigt, ist vom Brustbein zum linken Flügel ein blutverkrusteter Streifen, weshalb der Vogel die Schwinge schont und etwas hängen läßt. Jedenfalls ist nichts gebrochen, wie sich etwas später, als ich unseren DFO-Falknermeister Bernd mit einschalte, herausstellt. Der Rotterzel ist weder beringt noch mit sonstigen Merkmalen, die auf einen menschlichen Eigentümer hinweisen könnten, versehen, so daß zuerst die Erlaubnisse der Jagdpächter sodann die der zuständigen Jagdbehörde eingeholt werden. Mittlerweile verbringe ich den Patienten in meine verwaiste Habichtskammer. Sorge bereitet mir sein Zustand, vor allem sein Gewicht: der kleine Kerl besteht nur noch aus Haut und Federn.

Ein Glücksfall für ihn ist eine Türkentaube auf der Hochantenne, die sich der KK-Büchse geradezu anbietet. Mit dem Täubchen zurück zur Kammer: der Terzel steht noch oben. Von der Tür werfe ich das Täubchen Richtung Ecke und sogleich ist er herunter, greift es sich und nickt es ab. Leise schließe ich die Tür und lasse ihn mit seiner „Beute" allein.

Langsam verrinnt die Zeit, bis ich vorsichtig wieder an die Kammer herantrete. Zu meiner Überraschung steht der Falke oben auf einer Stange mit prall gefülltem Kropf, nur der Schnabel des Täubchens ist übriggeblieben. Ein guter Anfang ist gemacht.

Beim morgendlichen Reviergang finde ich an der Straße einen Eichelhäher mit gebrochener Schwinge, den ich ihm ebenfalls wie am Tag zuvor die Taube in die Ecke der Mauserkammer werfe. Und wieder greift er sich ohne zu zögern den Häher, nickt ihn ab und beginnt sofort zu rupfen und zu kröpfen.

Mit verbesserter Kondition und Gewichtszunahme wird er lebhafter. So oft ich kann, mehrmals am Tag besuche ich ihn und bringe Atzung. Ein Gartenstuhl und ein aufrechtstehender Holzstamm erleichtern mir die Sache. Auf die Schnittfläche des Holzstammes lege ich die Atzung, selbst sitze ich im Halbmeterabstand auf dem Gartenstuhl.

Dieser kleine Bursche ist wohl immer hungrig, denn er läßt sich keine Minute bitten, sofort greift er sich die Atzung und zerrt sie in die Ecke, um etwas mantelnd seine Beute zu atzen.

Mittlerweile sind zehn Tage vergangen, der Terzel ist munter und gut erholt. Was mich jedoch sehr stört, er badet nicht.

Nun muß der nächste Schritt folgen, wenn ich ihn später fliegen und für seine Freiheit fit machen will. Das Geschüh muß ran. Also Atzung nur noch vom Handschuh. Mit kleiner Verzögerung kommt er herunter, will im Vorbeifliegen die Atzung entreißen, doch ich schwinge mit und halte fest. Er steht irritiert, versucht es wieder, dann atzt er zum erstenmal auf dem Handschuh, nahe bei mir. Er lernt schnell und täglich wird die Situation zwischen uns entspannter und lockerer, ja er läßt sich jetzt sogar mit der nackten rechten Hand beim Atzen helfen. Der Zeitpunkt für sein Geschüh ist da, die geschnittenen und gefetteten Lederriemen liegen bereit, und während er eine halbe Taube kröpft, lege ich das Geschüh an. Geklappt!

Am folgenden Morgen erwartet mich mein Falke unbeschüht, das Geschüh liegt am Boden. Dieser wilde Bursche konnte sich selbst entfesseln, unglaublich. Wir wiederholen beim Atzen, das mittlerweile gut funktioniert, das erneute Anlegen des Geschühs. Und wieder liegen am darauffolgenden Morgen die Riemchen am Boden, er mag einfach seine Freiheit. Geduld ist angesagt.

Wie im Leben so oft, geschehen wundersame Dinge, die im Nachhinein gesehen einen Sinn ergeben. Zur Atzung bringe ich gerupfte Taubenbrust mit Flügelteil. Der Terzel atzt völlig ruhig und läßt sich's munden. Zum Schluß versucht er, den dreizackigen Schulterknochen hinabzuwürgen, was nicht gelingt. Im Gegenteil: dieser steckt im Schlund, geht trotz heftigen Schüttelns weder hinunter noch heraus, er jappt nach Luft. Vorsichtig greife ich mit Zeigefinger und Daumen den scharfkantigen Knochenrest ohne daran zu ziehen, das muß er nun selbst unter Drehen und Wenden des Kopfes tun, bis endlich dieser Dreizack heraus ist. Er steht außer Atem auf der Faust und ich bin glücklich, daß es so gut ausgegangen ist. Leicht streichle ich seine Hände und die Brust. Als ich später die Kammer verlasse, berichte ich meiner Frau den Vorgang und meinen Eindruck: ab heute ist der Durchbruch geschafft, eine ganz besondere Freundschaft zwischen einem wilden Falken und einem alten Falkner geschlossen.

Dies bestätigt sich an den folgenden Tagen. Er empfängt mich erwartungsvoll, kommt auch sogleich aus seiner höheren Position auf den Handschuh, atzt ruhiger, läßt sich gern helfen, wenn die Atzung noch stark befiedert ist, und läßt es gern zu, wenn ich ihm Hände und Brust streichle.

Nun lege ich erneut sein Geschüh an, er duldet es. Was mich noch immer beunruhigt: Baden scheint ihm fremd zu sein, was so gar nicht zu einem Wanderfalken passen will. Fest überzeugt, daß Ungeziefer ihn plagt, beschließe ich, eine Milbenbehandlung bei ihm durchzuführen. Nachdem er das Geschüh an sich beläßt, ist mir dies nun möglich. So bringe ich den Terzel ins Haus, stelle ihn auf einen tragbaren Block, den ich vorher mit weißem Papier großflächig unterlegt habe, verdunkle das einzige Fenster, das sich hier befindet, besprühe ihn mit Milbenspray, was er überhaupt nicht mag, schalte das Licht sofort danach aus und verlasse den Raum.

Am nächsten Morgen rufe ich ihn, bevor ich die Tür öffne, denn er war ja frei und nicht festgelegt. Was meine Augen nach dem Einschalten der Deckenbeleuchtung sehen, werde ich wohl nie vergessen: Mein kleiner Freund steht ruhig und das weiße Papier unter ihm ist braun von Milben und Vogelläusen. Sofort beschließe ich, ihn heute morgen zum ersten Mal an den Block auf den Rasen zu stellen. Dazu fülle ich zuerst seine Badebrente randvoll und stelle sie daneben. Nehme den Terzel auf die Faust und trage ihn zum ersten Mal auf unüberdachtes Terrain. Kaum ist er am Block angelegt, besucht er die Brente und badet, daß es nur so spritzt.

Man spürt seine Begeisterung und Befreiung von all dem Ungeziefer förmlich. Wieder und wieder springt er vom Block in die Brente und badet ausgiebig, so daß er am Ende so naß ist, daß die blanke Haut sichtbar wird, sein Wohlbefinden kann er mir gar nicht besser zum Ausdruck bringen. Sehr sorgfältig reinigt er Feder um Feder, so daß er nach Abschluß mit glänzendem Gefieder in der vormittäglichen Sonne auf seinem Blöckchen steht. Sein Falkner ist mindestens so glücklich und zufrieden wie der Terzel. An seiner linken Schwinge ist die Verletzung kaum noch bemerkbar, so daß ich mir vornehme, in den nächsten Tagen mit dem Flugtraining zu beginnen.

Doch zuvor überraschen mich noch zwei Tests mit Krähe und Fasan. Von der täglichen Frühpirsch bringe ich eine frisch erlegte Altkrähe mit. Nun reizt es mich, seine Reaktion und seinen Mut zu testen. Da er am Block auf dem Rasen mittlerweile sehr gut steht, ich selbst über eine Treppe von unten zu ihm nach oben ungesehen gelangen kann, werfe ich die Altkrähe, welche ein gutes Stück größer als er selbst ist, in Langfesselentfernung auf den Rasen. Kaum daß ich den Brüstungsrand überblicken kann, steht er auf der Krähe und nickt sie ab. Mir verschlägt es die Sprache: sollte dieser Rotvogel tatsächlich in seiner selbständigen Jagdzeit erfolgreich Krähen erbeutet haben?

Wenige Tage nach diesem Ereignis bringe ich einen erlegten Fasan von der Jagd mit nach Hause. Da ich nicht annehme, daß ein Fasan in sein Beutespektrum passen würde, zeige ich ihm den Fasan. Er erregt sofort sein Interesse, und probeweise werfe ich den Gockel in seine Nähe. Kaum berührt dieser den Rasen, greift ihn der Terzel und versucht, den Fasan abzunicken. Das verschlug mir nun gänzlich die Sprache.

Mein Entschluß stand nun fest, nachdem die Verletzung der linken Schwinge so gut wie ausgeheilt war, das erforderliche Flugtraining zu beginnen. Dazu ist leider mein Revier mit seinen vielen Hügeln, Hecken und kleinen Wäldern nicht gerade geeignet. Im Herzen des Reviers befindet sich ein großer unbewaldeter Hügel, über den mehrere Hochspannungsleitungen führen. Dieser schien mir noch am ehesten geeignet für mein Vorhaben, da ich von dort noch relativ weit mit dem Glas seinem Flug folgen konnte.

Ein Verkappen des Terzels war mir zwar in den Tagen davor mehrmals gelungen, aber ich hatte den Eindruck, daß ich damit das Vertrauen, welches zwischen uns mittlerweile bestand, zerstören könnte, so habe ich es aufgegeben. Aber transportieren mußte ich ihn ja. Dazu baute ich die ehemalige Transportbox meines Habichts um und stellte ihn so relativ dunkel und abgeschirmt während der Fahrt mit dem Pkw hinein. Auf „unserem Hügel" angekommen steckte ich seinen vertrauten Block in die Erde, öffnete vorsichtig die Box - natürlich hatte ich ihn schon vorher angesprochen -, ruhig trat er auf den Handschuh über und sah nun zum ersten Mal sein Trainingsrevier. Ruhig wie immer sprach ich mit ihm, stellte ihn auf seinen Block, und als er sich gründlich und lange „sein Revier" eingeprägt hatte, atzte ich ihn auf, ohne ihn heute schon zu fliegen. Die Heimreise geschah ebenso problemlos. Der darauffolgende Tag sollte endlich sein erster Freiflugtag seit seiner Verletzung vor etwa vier Wochen sein.

Am selben Punkt im Revier angekommen stellte ich den Terzel zuerst auf seinen Block, ließ ihn entspannen und alles noch einmal einprägen. Dann kam der Moment, der – glaube ich – allen Falknern den Pulsschlag um einige Frequenzen erhöht. Die Fessel frei und er flog und schraubte sich in Ringen immer über mir höher und höher, seine Freude am Fliegen war sichtbar. Sein Ringholen wurde weiter und ganz so, als erwarte er etwas. Da zeigte ich das Federspiel und pfiff scharf. Sofort kippte er herab und versuchte, selbiges zu binden, was natürlich noch nicht in meinem Sinne war. Nun begann sein Flugtraining, das ich in den folgenden Tagen stetig steigerte.

So wie sein Vertrauen mir gegenüber stetig gewachsen war, blieb er Fremden gegenüber scheu und unnahbar. Selbst meiner Frau begegnete er mit kühler Distanz. Seine Bindung zu mir könnte man schon - aufs Menschliche übertragen - mit Treue bezeichnen.

Zu Beginn unseres Flugtrainings, das ich stets, wie bei einem Leistungssportler, mit „Warmfliegen" begann, gingen seine Flüge, aus meiner Perspektive gesehen, doch schon extrem weit. Dann wurde es mir doch etwas eigenartig ums Herz, obwohl mir klar war, daß mit dem gesteigerten Training und seiner mittlerweile enormen Geschwindigkeit und Angriffsenergie er wohl die Flugkraft vor seinem Unfall längst wieder erreicht wenn nicht gar übertroffen hatte. Bei diesem Warmfliegen, das er gern mit zwei Turmfalken in Gemeinschaft praktizierte, konnte ich ihn oft nur als den größeren der drei Punkte mit dem siebenfachen Glas ausmachen. Jedoch ein Pfiff und das kurze Zeigen einer Vogelschwinge oder des Federspiels zeigten seinen hervorragenden Appell: er schoß heran, daß ich oft seine enorme Geschwindigkeit nicht einzuschätzen vermochte und immer wieder überrascht war. Dann steigerte ich die Durchgänge, bis ich selbst schweißnaß nach Abschluß unseres Trainings dastand. Stets erhielt er seinen Kropf.

Waren wir im Revier und der Terzel war auf den Schwingen, waren Tauben, Krähen, Elstern und alle anderen kleineren Vögel wie vom Erdboden verschluckt. Stand er atzend wieder auf dem Federspiel oder der Faust, war wie durch Zauberhand alles, was Flügel hatte, wieder in Bewegung.

Durch das tägliche Training, das wir beide permanent steigerten, seine Badefreude und seine Reinlichkeit stand er prächtig am Block. Die Nächte wurden frostig und er verbrachte diese in einem ungeheizten Raum im Haus. Stets begrüßte er mich freundlich am Morgen, wenn er meinen Pfiff im Halbdunkel vernahm. Wir waren echt gute, verläßliche Freunde geworden. Da sein Geschüh durch das häufige Baden recht brüchig geworden war, hatte ich bereits neues geschnitten und gefettet, bei Gelegenheit sollte es gewechselt werden. Ein sonniger aber kalter Novembermorgen, ließ keinen Abschied erahnen, doch der Falknerteufel hatte seine Hände mit im Spiel.

An seinem Block bei der Schutzhütte stand er gutaussehend in der Sonne und lüftete sich, sein Wohlbefinden habe ich noch heute vor Augen. Währenddessen verrichtete ich meine Arbeit im Büro, das sich ebenfalls im Haus befindet. Als ich kurz vor zehn Uhr durch das Südfenster nach ihm schaute, sah ich die Langfessel in Richtung innere Ecke der Schutzhütte von mir nicht einsehbar liegen. Nun dachte ich, er habe sich wohl in die Ecke in den Kies gelegt, was er auch gern tat und mit Steinchen spielte. Ich machte mir keine weiteren Gedanken und arbeitete weiter. Gegen elfuhrdreißig kam ich wieder nach oben, ein kurzer Blick wie üblich zum Falken: die Langfessel lag unverändert. Das wache Interesse des Falkners ließ mich zur Schutzhütte gehen: kein Falke in der Ecke, Langfessel und Drahle lagen am Boden. Offensichtlich hatte er sich des brüchig gewordenen Geschühs entledigt und war in sein Reich der wilden Falken zurückgekehrt.

Natürlich kam Ärger über die eigene Unzulänglichkeit betreffend das alte Geschüh hoch.

Andererseits war ich mir angesichts unseres intensiven Flugtrainings gewiß, daß er sein Leben in der freien Wildbahn, aus der er ja vor gut sechs Wochen zu mir kam, würde meistern können. Eine anschließende Suche nach „meinem Terzel" erbrachte nichts.

Die jährlich erscheinenden Jahrbücher des DFO durchforstete ich immer auf der Suche nach Horstbeobachtungen, denn ein Rotterzel mit Geschühresten ohne Ringe würde wohl auffallen und aufgezeichnet werden.

Sollte er doch an einem Horst aufgetaucht sein, würde ich mich über ein Zeichen des Beobachters sehr freuen.

Ute Ehrich
Harris-Kompanie in Thüringen

Die Jagd an sich ist schon etwas Eigenes. Kann man aber die Jagd zusammen mit einem Beizvogel – oder besser noch als sein Kumpan – ausführen, ist dies in meinen Augen etwas ganz Besonderes. Es ist für mich immer wieder faszinierend, den Vogel in seinem Flug zu beobachten.

Zur Falknerei kam ich, irgendwie auch folgerichtig, über meinen Mann, weil ich eigentlich auch immer dabei war, wenn er mit seinem Beizvogel, damals war es ein Sakerfalke, trainierte. Durch einen Unfall verloren wir „Sarah", kurz nachdem sie so weit war, daß wir mit ihr auf Krähen gehen konnten. Wie ging es weiter?

Inzwischen sind wir beide bekennende Harris-Hawk-Falkner. Wir fliegen ein Weib und einen Terzel, wobei der Terzel „mein Jagdkumpan" ist.

In seinem zweiten Flug hatte „Jonny" seine Fähigkeiten erkannt, und von da an gab es kein Halten mehr, wenn Beute in Sicht war und die Kondition stimmte.

Nun sind wir trotz unserer Lage im Thüringer Becken, nahe der „Fahner Höhe" nicht sehr reich mit Niederwild gesegnet. Einst große Kaninchenpopulationen sind völlig zusammengebrochen, und in den verbliebenen Kaninchenrevieren werden eingeladene Falkner oftmals argwöhnisch von den Pächtern beobachtet, daß nicht etwa zu stark in den Bestand eingegriffen wird. Aber dieses Problem ist ja hinreichend bekannt.

Wir freuten uns über eine Einladung in ein Kaninchenrevier bei einem befreundeten Falkner (M. Menzel), wo unsere beiden Harris erfolgreich sein konnten.

Aufgrund seiner beruflichen Situation kommt mein Mann derzeit (in diesem Jahr) leider nicht so oft zur Falknerei, so daß ich meist allein unsere beiden Harris in freier Folge im Revier fliege.

Jonny hat sich schon ein paar Mal an Hasen versucht, aber bisher dabei noch keinen Erfolg gehabt, was ihn jedoch nicht davon abhält, jeden Hasen, den er erspäht, anzujagen. „Jessy" ist etwas verhaltener. Bei ihr muß die Kondition auch ziemlich genau stimmen, sonst fliegt sie nur „pomadig" hinter der Beute her.

Inzwischen sind wir drei ein gutes Team geworden. „Jonny" peilt die Lage, startet öfter zum Suchflug über den Raps, und „Jessy" tut es dem

Jonny auf Kaninchen in Elxleben/Thür. – Foto: K. Hussong

Terzel nach, während ich versuche, wenn ich unseren Kleinen Münsterländer mal nicht dabei habe, zu stöbern und Beute hochzumachen. Oftmals gehen wir um den im Revier gelegenen Stausee. Diesen umgibt ein breiter Schilfgürtel mit einem Heckenrand aus Weiden, Weißdorn, Hagebutten und Holunder. Der Stausee liegt mitten in der Feldflur, die von riesigen Raps-, Weizen- und Maisfeldern gekennzeichnet ist. Sie wird von einigen wenigen Gräben unterbrochen, die wenig Wasser führen und im Sommer regelmäßig austrocknen. Der Schilfgürtel mit seiner Heckenlandschaft ist allerdings attraktiv für Fasan, Ente & Co.

Unsere Harris kennen das Revier recht gut. So wird jedes Mal der Schlafbaum der Elstern angeflogen und versucht, einer Elster habhaft zu werden. Einmal – „Jonny" war schon zum nächsten Schlafbaum unterwegs – rüttelte „Jessy" über der Hecke, und ich glaubte, daß sie eine vielleicht nicht kerngesunde Elster entdeckt habe. Plötzlich startete „Jessy" zum Jagdflug. Ich hörte aber keine Elster keckern, sondern unverkennbar die Laute eines angejagten und gegriffenen Hasen. Getreu der Ermahnung unseres Falknerfreundes, sofort zum Vogel zu eilen und ihm zu helfen, arbeitete ich mich auf die andere Seite des Heckenstreifens. Zu spät, der Hase war wohl doch zu groß und wehrhaft, so daß „Jessy" ihn nicht binden konnte. Trotzdem habe ich diesen Flug als Erfolg verbucht, denn „Jessy" hatte Hasen bis dahin nur halbherzig angejagt.

Drei Tage später hatte sie fast an der gleichen Stelle einen Jagdflug auf einen Fasan. Der Fasan konnte sich in den Heckenstreifen retten, aber „Jessy" blieb dran. Während ich mit dem Terzel weiter „stöberte", blieb „Jessy" dort, wo der Fasan eingefallen war. Nach einigen Minuten hörte ich sie. „Jessy" krächzte in Harris-Manier, und ich hatte plötzlich das Gefühl, daß ich zu ihr zurückmüßte. Und tatsächlich! Der Fasan lief unter ihr in der Hecke hin und her und verließ die Deckung nicht. „Jessy" brauchte jemanden zum Stöbern, sie hatte mich gerufen, mich oder den Terzel!

Was nun folgte, kann ich eigentlich gar nicht wiedergeben. Der Fasan entschloß sich endlich, die Hecke zu verlassen und mit Schreckenslauten wie eine Rakete über den Heckenstreifen zu starten und in Richtung Stausee zu flüchten. „Jessy" schoß herunter, wurde aber von den Hagebuttensträuchern so behindert, daß sie den Hahn nicht schlagen konnte. Sie nahm sich wieder auf und verfolgte den Hahn, bis beide aus meinem Blickfeld verschwanden. Die Jagd ging über die Hecke, die Baumreihen und den Schilfgürtel. Der Fasan war gut beflogen, aber „Jessy" wollte ihn diesmal unbedingt. Mir blieb nichts anderes übrig, als nach „Jonny" zu rufen und mich auf die Suche nach unserem Harris-Weib zu machen. Nach ihr rufen, um sie zu Rückkehr zu bewegen, wollte ich nicht, weil ich ja die Hoffnung hatte, daß sie vielleicht doch erfolgreich gewesen sei. Also machten wir uns auf den Weg. „Jonny" ließ dabei natürlich die Gelegenheit, wieder einmal einen Hasen anzujagen, nicht ungenutzt. Leider ist er einem ausgewachsenen Hasen im Zweikampf doch unterlegen, aber ich bewundere immer wieder seinen Jagdeifer.

Nach einer halben Stunde kam „Jessy" wieder, sie hatte den Hahn also doch nicht erwischt. Es wurde langsam dämmrig. Plötzlich waren beide Vögel in der Luft, beide mit dem gleichen Ziel! Ich konnte nicht anders, als gebannt zusehen. Ein Hase suchte sein Heil in der Flucht über den Raps. Der Terzel war als erster bei der Beute und konnte den Hasen greifen. Jessy holte auf, und obwohl der Hase mehrmals hochsprang und so versuchte, die Vögel abzuschütteln, konnte ihn Jessy schließlich mit Kopfgriff binden. Ich rannte hinterher.

Als ich dort war, standen unsere Harris, schwer atmend und beide mantelnd, auf ihrem ersten gemeinsamen Hasen. Ich ließ beide Vögel gleichzeitig auf dem Hasen kröpfen und war vor Aufregung und Hochgefühl beinah genauso erschöpft wie meine beiden Kämpfer.

Nach erfolgreichem Jagdflug – Foto: K. Hussong

Hans Kurt Hussong

Wo liegt die Altersgrenze für einen Anwartefalkner?
Oder: Soll es ein Harris-Hawker nochmals mit einem Falken versuchen?

Als durch die mögliche Zucht von Wanderfalken in Deutschland dieser Vogel wieder vermehrt für die Falknerei zur Verfügung stand, wollte ich mir einen lange gehegten Wunsch verwirklichen und einen Anwarterfalken fliegen.

Im Sommer 1979 war es dann soweit. Aus dem Berliner Zuchtprogramm von Professor Saar konnte ich einen Terzel erwerben. Er stammte von Falken, die als *Falco peregrinus peregrinus* dem Zuchtprojekt überlassen worden waren. Wie sich aber dann herausstellte, waren sie Mischlinge aus verschiedenen Wanderfalkenrassen, und somit kamen ihre Nachkommen nicht für das Auswilderungsprogramm in Frage.

„Alex", wie ich den kleinen Terzel nannte, hatte ein Jagdgewicht von 500 g. Mit ihm konnte ich in den Folgejahren einige Rebhühner und einmal einen Fasan beizen, der doppelt so schwer war wie der Falke. Leider nahmen die Rebhuhnbestände immer mehr ab, und ich hatte auch kaum noch Möglichkeiten, Alex regelmäßig auf dieses Wild zu fliegen. Dafür standen mir mehrere Reviere mit gutem Kaninchenbesatz offen. Hier konnte ich in jeder Beizsaison nahezu ein halbes Jahr mit meinem Harris Hawk jagen. Diese Jagdart war für mich sehr angenehm, denn im Gegensatz zu einem Falken hat so ein Wüstenbussard einen wesentlich kleineren Aktionsradius. Die Kaninchenbeize am Bau mit Unterstützung eines Frettchens oder der gemütliche Spaziergang über das Feld mit einem erfolgreichen Flug auf einen Hasen war das, was mir als mittlerweile schon in die Jahre gekommenem Beizjäger entsprach.

Doch die Situation sollte sich ändern. In dem Revier, in welchem ich jagen darf, hat sich der Rebhuhnbesatz in den letzten Jahren positiv entwickelt. Als nun das Falkenpaar meines Sohnes Rainer erfolgreich brütete, beschloß ich – zwischenzeitlich Rentner und somit mit mehr Freizeit ausgestattet – wieder einen Anwarter zu fliegen. Ein zierlicher Terzel war es, der mein neuer Jagdkamerad werden sollte. Er wurde schnell locke, und die ersten kurzen Freiflüge zeigten, daß er gute Anlagen hatte, ein erfolgreicher Anwarter zu werden.

Daß Falken weiter fliegen als Harris Hawks, sollte ich zum ersten Mal merken, als ich ihn zu einem Besuch bei Dr. Günther Trommer mit nach Polen nahm. Auf der freien Fläche vor dem Dorf gab ich den Terzel frei und mußte zusehen, wie er von der Faust über das Dorf hinweg verschwand. Dank Telemetrie konnten wir ihn am Rand einer großen Waldung wieder einholen, und mein Puls war auch wieder normal.

Wenige Tage später wieder zu Hause wollte ich den Falken im heimischen Revier trainieren. Horst Wellisch begleitete mich, und wir konnten beide verfolgen, wie der Terzel von der Faust zielstrebig Richtung Ortschaft flog. Horst meinte, der Falke stünde sicherlich auf einem Dach der Häuser am Rande der Siedlung. Das Signal des Senders kam auch von dort, nur der Falke war nicht zu sehen. So folgten wir dem Signal zu einem Schleusentor am Main-Donau-Kanal. Dort waren wie immer viele Tauben, doch kein Falke. Der war entlang der Schiffahrtsstraße, vorbei am Stadtrand von Fürth in Richtung Nürnberg geflogen. Auf dem alten Sendemast des Bayerischen Rundfunks im Südwesten von Nürnberg konnten wir durch das Fernglas die Silhouette eines Falken erkennen. Aus der gleichen Richtung kam auch das Signal des Senders, doch der Falke auf dem Sendemast war der Terzel des auf dem Fernmeldeturm nistenden Wanderfalkenpaares.

Die Verfolgung des Sendersignals führte uns nun stadteinwärts und endete nahe dem Stadtzentrum am Gerichtsgebäude, das durch das Nürnberger Kriegsverbrechertribunal Berühmtheit erlangte. Die Dämmerung war zwischenzeitlich hereingebrochen, und mein Terzel hatte sich auf dem First des Gebäudes, im Windschatten der Giebelwand, abgestellt. Da einerseits die Zeit zu weit fortgeschritten war und andererseits neben dem Gerichtsgebäude kein vom Terzel einsehbarer freier Platz war, auf welchem er auf das Federspiel hätte beireiten können, warteten wir die Dunkelheit ab, um den Vogel hoffentlich am nächsten Morgen einfangen zu können.

Jeder, der schon einmal einen Beizvogel über Nacht im Revier lassen mußte, weiß, daß an einen ruhigen, tiefen Schlaf in dieser Situation nicht zu denken ist. So war ich dann auch schon gegen 02.30 Uhr und dann wieder um 03.30 Uhr wach. Da Mitte August um diese Zeit noch kein Schimmer Tageslicht die Nacht erhellt, war beim diffusen Schein der Straßenlampen der Falke auf dem Dachfirst nicht zu erkennen. Mit dem Empfänger erhielt ich ein deutliches Signal und war beruhigt zu wissen, daß der Terzel noch in der Nähe war.

Es waren nur wenige Minuten vergangen, als ein PKW um die Ecke bog und zwei Männer in Zivil an mich herantraten. Sie wiesen sich als Polizisten aus und wollten wissen, was ich hier mache.

Da das Gelände der Justizvollzugsanstalt direkt an das Gerichtsgebäude angrenzt, hatten mich die auf der Gefängnismauer installierten Überwachungskameras längst erfaßt und Alarm ausgelöst. Ich konnte den Beamten glaubhaft versichern, daß ich lediglich meinen Falken einfangen wolle und keine Gefangenenbefreiung beabsichtigt sei.

Endlich, gegen 05.45 Uhr, war es so hell, daß ich meinen Terzel auf dem Dach erkennen konnte. Er reagierte auch sofort auf das auf dem kleinen Vorplatz des Gefängniseingangs geschwungene Federspiel, drehte sich um und kam auf mich zugeflogen. Da er aber noch nie zwischen geparkten Autos und auf geteertem Untergrund auf das Federspiel beigeritten war, zog er es vor durchzustarten und verschwand ums Eck in die

Nebenstraße. Als ich ihm folgte, fand ich ihn auf meinem Auto stehend. „Jetzt hab ich ihn!" war mein Gedanke. Eine geschossene Elster warf ich auf den Gehweg neben meinem Auto und das gespickte Federspiel legte ich auf die Motorhaube des Fahrzeugs. Doch der Terzel dachte nicht daran, meiner Einladung zu folgen. Er nickte mehrmals mit dem Kopf, startete und flog wieder auf das Dach des Gebäudes. Hier wurde er von einem Regenschauer geduscht und nutzte den Rest des Vormittags, um sich ausgiebig der Gefiederpflege hinzugeben.

Durch das ständige Schwingen waren Elster und Federspiel nicht mehr als solche zu erkennen. Per Handy bat ich Horst Wellisch, mich mit frischer Atzung und toter Taube zu versorgen. Er kam gerade im richtigen Moment, denn das Signal des Senders veränderte sich und zeigte, daß der Falke flog. Horst lenkte das Auto, und ich dirigierte ihn mit aus dem Fenster gehaltener Peilantenne hinter dem fliegenden Vogel im Zickzackkurs in Richtung Stadtzentrum. Hierbei blieb es nicht aus, daß verschiedene Verkehrsregeln mißachtet wurden und dies uns böse Blicke von Autofahrern und Fußgängern einbrachte.

Als das Signal erkennen ließ, daß sich der Terzel abgestellt hatte, setzten wir die Suche zu Fuß fort. Ganz deutlich kam das „Piep, Piep" von der linken Ecke des Flachdaches eines achtstöckigen Bürogebäudes. Wie sollte man da, jetzt an einem Samstagmittag, hinauf kommen? Groß war die Freude, als sich auf mein Läuten ein Mann vom Wachdienst meldete und gern bereit war, mich auf das Dach zu lassen.

Mit dem Lift ging es hinauf und beim Hinaustreten auf das Dach sah ich meinen Terzel und er mich. Statt auf mein geschwungenes Federspiel zu kommen, strich er ab und flog eine große Runde um das Gebäude. Schnell warf ich das Federspiel auf das Kiesbett des Daches und versteckte mich hinter dem Aufzugschacht. Die auf dem Kies anschlagende Bell verriet mir, daß sich der Terzel dem Federspiel zu Fuß näherte. Als ich auf ihn zuging, versuchte er, das (damals noch) zu leichte Federspiel über die Dachkante hinwegzuführen. Mit ein paar schnellen Schritten konnte ich die Leine des Federspiels ergreifen und meines Vogels habhaft werden. Nach ca. 20 Stunden hatte ich ihn wieder auf der Faust und hätte vor Freude den Wachmann umarmen und küssen können. Dieser wich verständlicherweise einen Schritt zurück, als ich ihm von meinen Gedanken berichtete.

Wieder zu Hause sagte ich zu meiner Frau, daß ich nicht mehr die Nerven hätte, solche Aktionen ohne körperliche Schäden zu überstehen, und daher den Falken abgeben möchte, um lieber mit meinem Harris Hawk „streßfrei" zu beizen. Sie und Horst lachten mich aus und meinten, ich solle nicht aufgeben. Als „altgedienter" Falkner könne ich nicht Jungfalknern gute Ratschläge erteilen und selbst nicht in der Lage sein, einen Falken kunstgerecht zu fliegen. Ich bin froh, ihren Rat befolgt zu haben, denn sie hatten meinen Ehrgeiz geweckt, und so setzte ich das Training des Terzels fort. Der bei jedem Freilassen des Falken anfänglich sehr hohe Adrenalinspiegel sank erst, als „Justin" sein erstes Rebhuhn geschlagen hatte.

Leider blieben weitere Beizerfolge wegen des Zusammenbruches der Rebhuhnbestände in unserer Region aus. Ich setze jedoch große Hoffnung auf die nächste Beizsaison. Justin ist ein fliegerisches Naturtalent; er wird seine Anlagen bei ausreichendem Jagdeinsatz sicherlich perfektionieren.

Hans-Jörg Horst
Louis

Ich erinnere mich nicht mehr an alles hundertprozentig genau. Es ist schließlich jetzt 21 Jahre her. Aber dies ist das, was ich erinnere.

Die Polizeistation meines Nachbarortes hatte mich am frühen Abend angerufen und mir mitgeteilt, daß in einer großen Fabrikhalle in meiner Nähe seit Tagen ein Greifvogel herumflöge. Der Belegschaft sei es einfach nicht gelungen, den Vogel nach draußen zu scheuchen. Immer wieder flöge er gegen die Oberlichter, obwohl mehrere etwa vier Meter hohe Tore weit offen ständen.

Nachdem ich mir vor Ort im Dunkel der riesigen Halle ein Bild von der Lage gemacht hatte, war klar, daß ich nicht so ohne weiteres an den Vogel herankommen würde. Schließlich stand er in etwa 15 Meter Höhe auf einem Balken der Deckenkonstruktion und rührte sich nicht vom Fleck.

„Gibt es hier eine lange Leiter, die bis da hinaufreicht?" fragte ich den Objektmanager. Nein, die gab es nicht. Aber er schlug vor, die Feuerwehr zu rufen, wenn ich es wirklich wagen wollte, zu dem „Raubvogel da oben" hinaufzusteigen. Das war die rettende Idee.

Tatsächlich schoben schon wenige Minuten später vier tatendurstige Feuerwehrmänner einen Hänger mit einer Riesenleiter in die dunkle Halle. Sie fuhren die Leiter aus, positionierten ihr oberes Ende unter dem Vogel und bedeuteten mir, ich könne jetzt da hinaufsteigen. Der Vogel blieb derweil trotz der ganzen Unruhe und des Lichtes der Taschenlampen ruhig auf seinem Balken stehen. Gleichwohl zweifelte ich, daß er auf diese Weise zu fangen sein würde.

Im Hinaufsteigen sah ich zunächst kein größeres Problem. Als ich aber die Fünf-Meter-Marke erreicht hatte, begann die Leiter unangenehm zu schwanken. Ich bekam es mit der Angst zu tun, sah hinunter und rief den Feuerwehrleuten zu, ich könne das nicht machen, weil ich nicht schwindelfrei sei. Einer von ihnen solle hinaufsteigen. Die Antwort hätte ich mir denken können. Sie würden das nicht tun, sagten sie, weil sie so ein Tier nicht anfassen würden und auch gar nicht wüßten, wie man es anzufassen hätte.

Also biß ich die Zähne zusammen, zwischen denen mein Falknerhandschuh steckte, und kletterte weiter auf der schwankenden Leiter nach oben, ohne nach unten zu sehen. Das half. Aber die Angst blieb. Den Käscher hatte ich gleich unten gelassen, weil ich mir nicht vorstellen konnte, in schwankender Höhe mit diesem Gerät zu hantieren.

Den Bauch ängstlich an die Leiter gepreßt, erreichte ich schließlich den Vogel auf Armlänge. Ich wunderte mich, daß er überhaupt keine Fluchttendenz zeigte. Sollte es etwa ein abgetragener Vogel sein? Nein, Geschüh trug er nicht. Ich ließ meinen Falknerhandschuh dort, wo er sich die ganze Zeit schon befunden hatte nämlich fest zwischen meinen Zähnen, und griff so mit der rechten Hand nach den Ständern des Vogels, daß ich sie zwischen jeweils zwei Fingern zusammendrücken konnte. Er wehrte sich überhaupt nicht. Kein gutes Zeichen dachte ich.

Dummerweise hatte ich nicht daran gedacht, einen Sack und eine ausreichend lange Leine mit hinaufzunehmen, mit der ich den Vogel hätte abseilen können. So stand mir für das Hinunterklettern eine noch schlimmere Zitterpartie bevor. Einhändig, weil in der anderen der Vogel hing. Zum Glück ließ der sich willenlos mit dem Kopf nach unten hängend herunterbringen.

Schnell stellte sich heraus, daß es sich um einen Habichtsterzel handelte. Zu Hause angekommen, wurde er sofort gründlich untersucht, aufgeschüht und gewogen. Er brachte weniger als 500 Gramm auf die Waage. Kein Wunder, daß er so ruhig war, denn er mußte nahe am Verhungern sein. Noch in derselben Nacht flößten meine Frau und ich dem Vogel Eigelb und wenige kleine Stückchen Taubenbrust ein. Die Nacht über stellte ich ihn in einem Karton in einen luftigen Kellerraum und holte ihn am Morgen dort ab. Nach einigem Geflatter stand er dann schon bald ruhig auf dem Zimmerreck und nahm noch am selben Abend überraschend das erste Mal Atzung von der Faust an.

Er blieb auch weiterhin ohne offensichtliche Scheu und wurde außerordentlich schnell locke.

Ich hatte damals nur Erfahrung mit einem Ästlingsweib, das mir erheblich größere Schwierigkeiten beim Abtragen bereitet hatte. Von da an nahm ich Louis beim Lesen und Essen ständig auf meine Faust, gab ihm zurückhaltend Atzung und stellte ihn nachts immer in den Keller.

Ich habe den Fall der zuständigen Landesoberbehörde gemeldet mit der Bitte, von einer Beringung abzusehen, da ich nach dem Zustand des Vogels davon ausgehen konnte, daß er gründlich aufgepäppelt schon bald wieder freigelassen werden könnte. Meiner Bitte wurde stattgegeben.

Am fünften Tag ging ich mit dem Terzel in eine stillgelegte Kiesgrube, in der ein altes Förderband stand. Ohne Probleme flog er von dem Förderband, auf das ich ihn gestellt hatte, an der Lockschnur zur Faust. Am sechsten Tag ließ er sich mit einiger Mühe, aber ohne Panik in die Transportkiste stellen und zum Falknerstammtisch nach Hartenholm bringen. Dort stand er dann völlig unbeteiligt mit eingezogenem Fang und leichter Holle unter meinem Kinn und sprang nicht ein einziges Mal ab. Kundige Falknerfreunde tippten auf einen gewissen Schockzustand, der den Vogel teilnahmslos werden ließe.

Am siebten Tag sollte er das erste Mal frei zur Faust fliegen, aber es passierte etwas anderes:

Kaum war er wieder auf dem alten Förderband abgestellt, da stieg er in die Luft und war mit kräftigen Schlägen seiner Schwingen schnell auf über 20 Meter Höhe. Bei einem Blick gegen die Spätnachmittagssonne sah ich zwei Krähen Richtung Südwesten nach Hamburg-Öjendorf fliegen. Im ersten Augenblick dachte ich mir nichts Besonderes dabei, weil der Öjendorfer Park ein beliebter Krähenrastplatz ist, in den in der kalten Jahreszeit allabendlich Hunderte von Rabenkrähen einfallen. Der Terzel schlug genau ihre Richtung ein und flog hinter ihnen her, bis sie alle drei, die beiden Krähen und der Habicht, außer Sicht gerieten.

Jetzt wurde es ernst. Ich rannte sofort ein Stück hinterher, was ohne Sender aber irgendwie keinen rechten Sinn machte. Schnell lief ich dann nach Hause, holte meine Frau zur Hilfe und fuhr mit dem Auto zum Öjendorfer Park. Wir haben dann auf Abstand den Park durchkämmt. Schließlich mußte ich aufgeben, weil ich keine Spur von Louis fand. Im spätabendlichen Dämmerlicht traf ich wieder mit meiner Frau zusammen. Schon von Ferne gestikulierte sie. Sie hatte Louis gesehen und war sogar auf einen halben Meter an ihn herangekommen. „Er stand auf einer Krähe", erzählte sie. Aber sie hatte keinen Handschuh dabei und wollte den Vogel nicht auf die bloße Hand stellen. Atemlos und voller Spannung hetzten wir zusammen zu der besagten Stelle, aber der Terzel stand nicht mehr am Boden. Statt dessen sahen wir ihn nahebei in einer Pappel stehen. Sein Kropf war gespannt voll. Für diesen Tag war nun offensichtlich jede Mühe vergeblich. Aber eines war klar: Er hatte eine Vorliebe für diese großen schwarzen Vögel. Am nächsten Morgen stand er noch immer in dem Baum, jedes Locken war natürlich bei dem vollen Kropf eine Illusion. Ich habe es trotzdem versucht und ihn dadurch zum Abstreichen gebracht. Weg war er.

Von nun an waren meine Frau und ich jeden Morgen und jeden Abend auf der Suche nach dem Vogel, bis wir nach mehr als drei Wochen aufgeben wollten. Doch wir wurden immer wieder motiviert, weiter zu suchen, weil unsere Freunde und Bekannten ihn immer und überall gesehen haben wollten. Dem mußte man natürlich nachgehen. Es wurden sogar die Geschühriemen gesehen und die Bellen gehört. Die wollten wir ihm vor der ohnehin geplanten endgültigen Freilassung natürlich noch abnehmen. Im Gegensatz zu unseren Freunden haben wir seltsamerweise keine Spur mehr von Louis gefunden.

Im nachhinein hat mir dann meine Frau gestanden, daß für sie die Zeit des Suchens nach dem Habicht eine sehr schöne Zeit gewesen sei. Ich hatte eigentlich eher eine Beschwerde erwartet, weil sie an sich eine Spätaufsteherin ist. In diesem Falle aber hatte sie den Spieß oft umgedreht und mich in aller Frühe noch vor der Morgendämmerung aus den Federn getrieben, um gemeinsam mit mir noch vor Dienstbeginn auf die Habichtssuche zu gehen.

Inzwischen finden wir beide, daß die Suche nach einem verstoßenen Habicht eine sehr reizvolle Beschäftigung ist. Natürlich ist sie eine unbedingte Notwendigkeit, die aus der praktischen

Falknerei nicht wegzudenken ist. Man gibt einen langvertrauten und mit großer Mühe abgetragenen Beizvogel nicht einfach so auf. Außerdem hat jeder Falkner die Pflicht zu versuchen, seinen Vogel wieder zu erlangen. Einerseits, damit sein Überleben nicht gefährdet wird, und andererseits damit er sich notfalls und wenn möglich davon überzeugen kann, daß der Vogel, sollte er absolut nicht wieder eingefangen werden können, draußen in der freien Natur auch wirklich überleben und wieder zu „Wild" werden kann.

Wir haben die Suche nicht als „Strafe" für irgendwelche Fehler oder Versäumnisse aufgefaßt, sondern sie als Chance verstanden, die Wiedereingliederung des uns zeitweilig anvertrauten Vogels in die Natur zu beobachten. Sie ist sehr spannend, in gewissem Sinne sogar stimulierend, manchmal auch frustrierend und nervenaufreibend. Immer aber ist sie irgendwie voller neuer Erlebnisse und erweitert den Erfahrungshorizont. So wie in diesen Frühstunden haben wir das Tageserwachen sonst noch nie erlebt. Durch die angestrengte Suche waren die Sinne nicht nur in Richtung Habicht geschärft. Auch alle anderen Eindrücke haben wir tiefer als gewöhnlich in uns aufgenommen: Das tröpfelweise Abstreichen der Krähen nach der kalten Nacht, der sich senkende Morgennebel und der Tau auf den Feldern, Menschen, die gebeugt über ihre Fahrradlenker oder zu Fuß der nächsten Bushaltestelle zustrebten, und... und...und...

Von Louis mußten wir uns endgültig verabschieden. Die Krähen im Öjendorfer Park oder andere schwarze Vögel haben ihm mit hoher Wahrscheinlichkeit das Überleben gesichert. Wir hofften, daß unser Sieben-Tage-Kurzzeitbesucher seine Rolle in der Natur ohne große Notzeit wiedergefunden habe, und wünschten ihm viel Jagdglück.

Wolfgang Schreyer
Mutter und Tochter

Anfang August 1994 Niedersachsen. „Such dir einen aus, du hast die erste Wahl". Mit diesen Worten lud mich Werner Grützner ein, eine seiner Volieren zu betreten, um mir von vier jungen Habichtsweibchen eines aussuchen zu können. Ich ging hinein, und vor mir standen vier Junghabichte, einer schöner als der andere. Such hier mal den richtigen aus! Ich konnte mich gar nicht sattsehen. Die Jungvögel standen, einen Fuß aufgezogen, völlig ruhig auf ihrer Sitzstange. Alle waren etwa gleich stark. Plötzlich drehte einer der jungen Vögel den Kopf, was sehr nett aussah, und fixierte mich. In diesem Moment war meine Entscheidung gefallen: „Werner, den hätte ich gern!"

Werner holte den Vogel allein aus der Voliere, und wir stellten die junge Dame auf die Waage, die genau bei 1280 Gramm stehen blieb. Ich war begeistert. Der junge Habicht stand auf der Faust ohne zu toben. Völlig ruhig und gelassen nahm er alles hin. Ich gratulierte Werner zu seinem Zuchterfolg und bedankte mich herzlich für diesen wunderschönen Habicht.

Zu Hause angekommen stellte ich den Vogel erst einmal eine Woche auf den Sprenkel, um ihn an alles zu gewöhnen. Dann begann das Abtragen. Nach 14 Tagen, der Habicht wog nun 1150 Gramm, war der erste Freiflug fällig. Da ich selber mehrere Reviere habe, in denen es relativ gut Kaninchen, Hasen, Fasanen, Enten und einige Rebhühner gibt, konnte der Habicht sofort an Kaninchen gebracht werden.

Der erste Jagdtag brachte erst zwei Fehlflüge. Ob es wohl heute noch klappen würde? Dann stand meine damalige Pointerhündin „Kora von der Postschwaige", übrigens ein Pointer der in allen Jagdarten brauchbar war, in einem Altgrasstreifen vor. Ich bewegte mich auf den Hund zu, ließ einspringen, und ein halbwüchsiges Kaninchen verließ seine Sasse. Der Habicht war sofort von der Faust und konnte das Kaninchen nach etwa zehn Metern binden. Das junge Weibchen hatte mich an seinem ersten Jagdtag nicht enttäuscht; ich war mit der Welt zufrieden. Ich freute mich riesig auf die vor uns liegende Beizsaison.

Das Habichtsweib bekam den Namen „Finne".

Denn, so wußte ich ja von Werner, in ihren Adern floß auch Blut von Finnenhabichten. „Finne" erfüllte alle meine Erwartungen und jagte die ganze Saison in hervorragender Manier. So fing sie in ihrem ersten Jagdjahr 143 Stück Wild: 23 Hasen, 17 Fasanen, eine Ente und 101 Kaninchen.

„Finne" war ein unheimlich locker Vogel und versuchte nicht ein Mal, nach mir zu schlagen. Meine Habichte dürfen nur die erste Beute atzen. Dann gibt es die jeweilige Ration ausschließlich auf der Faust. Daraus folgert ein problemloses Abnehmen von der Beute. Ich muß manchmal schmunzeln, wenn Falkner versuchen, mit gulaschartigen Bröckchen einem Vogel die Beute abzunehmen, was meist einem Ringkampf gleicht, statt dem Vogel eine Keule mit wenig Fleisch anzubieten. Ein Kaninchenvorderlauf mit Blatt ist dazu sehr gut geeignet.

In irgendeinem Bericht las ich einmal die Aussage: „Kein Habicht der Welt ist so dumm, das Wegziehen von größeren Atzungsbrocken auf Dauer zu akzeptieren. Sie schlagen dann alle nach der Hand des Falkners!" Die Vögel sind vielleicht nicht so dumm, aber es kommt halt darauf an, ob man das Wegziehen der Atzung beherrscht. Das Wegnehmen der Atzung muß zum richtigen Zeitpunkt erfolgen. Meine Vögel schlagen nicht nach meiner Hand und treten allein von der Beute auf die Faust. Dabei, dies sei nur am Rande bemerkt, ist es egal, ob es sich um einen Habicht oder einen Harris Hawk handelt.

„Finne" war ein perfekter Allrounder. Egal was vor dem Hund hoch wurde, ob Hase, Fasan oder Kaninchen, sie jagte alles mit enormer Schärfe an. Leider hatte aber auch „Finne" ihre Macken. Sie war mir gegenüber so vertraut, daß sie zu lahnen begann, sobald sie mich erblickte. Die zweite weniger schöne Eigenart des Vogels war die Angst vor dunklen Hunden. Je älter der Vogel wurde, umso mehr wuchs die Angst vor fremden Hunden.

Ich flog „Finne" bis zum neunten Flug. In diesem Jagdjahr wurde „Finne" zweimal schwer verletzt, und ihre Angst vor fremden Hunden wurde, wie bereits erwähnt, immer größer. Die Ereignisse eines Jagdtages, des für mich letzten mit „Finne", zwangen mich dann, eine Entscheidung zu treffen. Mein Habichtsweib stand nach erfolglosem Jagdflug auf ein Kaninchen vor dem Bau, als sich ihm ein Spaziergänger mit einem Schäferhund näherte. Finne flüchtete in ihrer Panik in Richtung einer stark befahrenen Bundesstraße und flog zwischen den Autos hindurch. Ich konnte nicht mehr hinschauen und war überzeugt, daß sie die andere Straßenseite nicht erreichen würde. Doch irgendwie schaffte sie es und strich in den angrenzenden Wald. Ich holte den Vogel ein und beendete diese Saison, da es auch schon Mitte Januar war, sofort.

Bis zu diesem Zeitpunkt, ihrem neunten Flug, hatte „Finne" eine Gesamtstrecke von 1165 Stück Niederwild erbeutet: 863 Kaninchen, 132 Hasen, 138 Fasanen, 20 Enten und sechs Rebhühner.

Ich hatte damals die Angst, daß die Marotten von „Finne" mit zunehmendem Alter immer schlimmer werden und damit schließlich zum Verlust dieses herrlichen Vogels führen könnten. Sollte ich das Habichtsweib ganz abstellen, oder doch noch eine Saison mit ihm jagen? Ich beschloß, diese Entscheidung auf das nächste Jagdjahr zu vertagen! Ein Telefonat mit Ulf Voss nahm mir die Entscheidung ab und brachte die für „Finne" und mich ideale Lösung. Ulf war auf der Suche nach einem starken Habichtsweib für seine Zucht, und wir kamen auf „Finne" zu sprechen. Ulf berichtete mir, daß die Mutter von „Finne" bei ihm stünde, aber daß wegen ihres hohen Alters keine erfolgreiche Nachzucht mehr zu erwarten sei. Wir kamen zu der Erkenntnis, daß „Finne" der letzte weibliche Vogel aus dieser hervorragenden Linie war, die unbedingt fortgeführt werden sollte. Spontan bot ich Ulf meinen Vogel zur Zucht an, um die Blutlinie zu sichern. Ulf nahm dankend an, und wir vereinbarten, daß ich eine Tochter von „Finne" zur Beizjagd erhalten würde. Bereits im selben Jahr gelang es Ulf, einen Terzel zu züchten. Da ich aber beizen wollte, stellte ich mir einen weiblichen Vogel eines anderen Paares auf. Dieses Habichtsweib war zwar ein Spitzenvogel, ging aber leider im zweiten Flug an Aspergillose ein.

Im Jahre 2005 war es dann endlich soweit: „Finne" war Mutter von drei Habichten, einem Terzel und zwei Weibchen, geworden. Ende Juli

Abb. 1: „Finne" am Ostseestrand

Abb. 2: „Finne" auf ihrem ersten Fehmarn-Kaninchen

nahm ich meinen Vogel in Empfang. Es war ein sehr schönes Gefühl, die Beizjagd nun mit einer Tochter von „Finne" weiter ausüben zu können. An dieser Stelle darf ich mich noch einmal bei Ulf Voss für seine Bemühungen in der Habichtszucht, die in unserer Zeit besonders wichtig ist, bedanken. Dieser Dank gilt natürlich allen Züchtern.

Den jungen Vogel stellte ich wieder im Garten auf den Sprenkel, um ihn an alles zu gewöhnen. Er war sehr ruhig. Um keinen Lahner wie seine Mutter zu bekommen, wurde der Vogel nicht auf der Faust geatzt. Er wurde von mir verhaubt, was er sich zu diesem Zeitpunkt erstaunlich gut gefallen ließ. Er blieb etwa 20–30 Minuten unter der Haube stehen. Währenddessen legte ich die für ihn bestimmte Atzung neben den Sprenkel, nahm dann die Haube ab und entfernte mich schnell. So verband der Vogel die Atzung nicht mit meiner Person. Auch im Garten bekam der junge Habicht keinen Bissen, und das Abtragen wurde komplett in die Reviere verlagert, in denen ich den Vogel später jagdlich einsetzen wollte. Bis heute hat das Habichtsweib noch nie gelahnt, ob diese Methode allerdings immer gelingt, sei dahingestellt. Ich weiß es nicht, denn bekanntlich führen viele Wege nach Rom, aber einen muß man ja schließlich gehen.

Der Vogel wog, aus der Voliere genommen, 1238 Gramm, und der erste freie Flug nach zehn Tagen erfolgte mit 1085 Gramm. Später pendelte sich das Gewicht des Habichtsweibs zwischen 1090 und 1150 Gramm ein.

Ende August waren wir das erste Mal im Revier, um Kaninchen zu jagen. Mein jetziger Hund, eine DD-Hündin, „Ambra von der Postschwaige", konnte es schon nicht mehr erwarten. Kaum an einem Altgrasstreifen geschnallt, stand sie fest vor. Der Junghabicht hatte noch nie ein totes Kaninchen oder ein anderes Beutetier gesehen oder als Atzung bekommen. Er war nur auf das Federspiel eingeflogen, welches er allerdings in allen Lagen schlug. Entsprechend groß war bei mir die Spannung vor dem ersten Jagdflug. Ich trat hinter den Hund, ließ ihn einsprin-

Abb. 3: Im Revier mit Thomas und Adolf Schreyer † – Fotos: W. Ziegler

gen und schon flitzte ein normal großes Kaninchen durch das Altgras. Der junge Habicht war sofort von der Faust, bekam das Kaninchen nach etwa zehn bis 15 Metern zu fassen und hielt es. Als ich zum Vogel kam, hatte er das Kanin sicher im Kopfgriff und durfte seine erste Beute solange atzen, bis er freiwillig auf die Faust übertrat. Ich war von diesem gelungenen Start in die neue Beizsaison freudig überrascht. Der Vogel bekam den Namen „Chilli", die Scharfe, und sie machte ihrem Namen im Laufe der Saison alle Ehre. Meine Hündin mußte dies mehrmals schmerzlich zur Kenntnis nehmen, denn jedes Mal, wenn sie sich dem Vogel näherte, bezog sie sofort Prügel. Allerdings hatte „Chilli" sehr schnell bemerkt, daß im Revier der Hund das Wild besorgt, und sie orientierte sich nach kurzer Zeit in der freien Folge ausschließlich am Hund.

„Chilli" hat sich zu einem absoluten Allrounder entwickelt. Egal was kommt, sie jagt mit großem Erfolg wie eine Besessene hinterher. Darin ist sie sogar ihrer Mutter deutlich überlegen. Sie hat auch vor nichts Angst, und ich habe jetzt ein anderes Hundeproblem. Bis zur Größe eines Jack Russel betrachtet sie Hunde als Beute. Da ich meine Reviere zum Teil sehr nahe an München habe, muß ich darauf besonders aufpassen.

Eines Tages geschah auf der sogenannten Panzerwiese folgendes: Ich stand vor einem Kaninchenbau und wollte gerade das Frettchen einschliefen lassen, als „Chilli" absprang und immer wieder in eine bestimmte Richtung wollte. Ich ließ sie nicht los. In den stadtnahen Revieren habe ich mir ganz schnell abgewöhnt, den Vogel auf ungesehenes Wild einfach fliegen zu lassen. Aber was sah der Vogel? Am Waldrand erschien plötzlich ein kleiner Yorkshireterrier mit einem hübschen blauen Schleifchen im Haar und schaute uns an. Kurz darauf folgte eine ältere Dame und grüßte freundlich. „Chilli" tobte und wollte den kleinen Hund unbedingt haben. Ich erwiderte den freundlichen Gruß und fragte höflich, ob es möglich wäre, den Spaziergang in die andere Richtung fortzusetzen, da mein Habicht sich nicht beruhigen würde. Die nette Dame schaute mich treuherzig an und meinte, ich bräuchte keine Angst zu haben, ihr Hund würde meinem Habicht kein Leid zufügen. Ich grüßte die nette Dame, wünschte ihr einen schönen Tag und setzte die Jagd in einem anderen Revierteil fort.

„Chilli" hat sich zu einer „Rakete" entwickelt und es ist wunderbar, mit diesem Vogel zu jagen. Durch meine Selbständigkeit kann ich mir Gott sei Dank die Zeit so einteilen, daß ich jeden Tag spätestens um 14 Uhr im Revier bin. So ist es nicht verwunderlich, daß „Chilli" ein außergewöhnliches Flugvermögen erreicht hat. Ich erinnere mich an einen Flug auf einen Fasanenhahn in einem Revier in Niederbayern. Hasen und Fasanen waren gut vorhanden und „Chilli" hatte bis zu diesem Zeitpunkt einen Flug auf einen Hasen absolviert, den sie aber nicht haben wollte. Ein Hund stand vor, und so schickte sich ein Falkner an, seinen Wanderfalken zum Anwarten freizulassen. Der Falke stieg sehr hoch und zeigte einen kraftvollen Flugstil. Als der Vogel etwa 100–150 Meter hoch stand, ließ der Falkner den Hund einspringen, und eine Fasanenhenne suchte das Weite. Mit einem rasanten Stoß versuchte der Falke, die Henne zu erbeuten, hielt sie kurz in den Händen, Federn flogen, aber irgendwie kam die Henne wieder los und erreichte eine Deckung, die etwa 150 Meter von uns entfernt war. Da man annehmen mußte, daß die Henne verletzt war, wurde mit dem Hund die Verfolgung aufgenommen. Der Falke stand wieder in großer Höhe über dem Geschehen, und es gelang dann tatsächlich, die Fasanenhenne nochmals zum Aufstehen zu bewegen. Sie kam kaum 20 Meter weit, da griff sie der Falke wie ein welkes Blatt und trug sie zu Boden.

Wir bewegten uns in Richtung des Geschehens, als plötzlich ein Fasanenhahn in voller Fahrt in etwa 25 Meter Höhe auf uns zu strich. „Chilli" tobte wie eine Verrückte, und so gab ich den Habicht frei. Der Fasan hatte bestimmt 50 Meter Vorsprung und wollte einen Schilfgürtel in etwa 300 Meter Entfernung erreichen. Was wir nun sahen, begeisterte uns alle. Der Habicht schaufelte in gigantischer Geschwindigkeit hinter dem Gokkel her und verringerte zusehends den Abstand. Nicht einmal ging der Vogel in eine Gleitphase über. Mit voll durchgezogenen Schwingenschlägen erreichte er den Gockel etwa 20 Meter vor der Deckung, schlug ihn und hielt ihn mit sicherem Griff. Eine Leistung, wie ich sie selten zu sehen bekommen habe. „Chilli" bekam dafür natürlich einen prallvollen Kropf. Einen ähnlich guten Flug konnte sie auch auf unserer Ordenstagung in Billerbeck zeigen.

Wo Licht ist, ist leider auch Schatten: „Chilli" entwickelte eine üble Untugend. Ich war mit einem Falkner, der einen weiblichen Harris Hawk flog, in meinem Revier unterwegs und „Chilli" stand in der freien Folge. So sehr wir uns auch bemühten, wir fanden kein Wild. „Chilli" stand etwas seitlich von uns, als sie plötzlich den Harris Hawk auf der Faust des Falkners anjagte und schlug. Ich eilte sofort hinzu und versuchte, den Habicht vom Harris Hawk zu trennen, was mir schließlich auch gelang. „Chilli" hatte den Harris Hawk am Flügel erwischt, aber Gott sei Dank nicht schwer verletzt. Ich war gewarnt. Leider habe ich ihr diese Unart bis heute nicht abgewöhnen können, und sie versucht immer wieder Harris Hawks zu fangen.

Ihre Mutter „Finne" ist zweimal von Harris Hawks geschlagen worden, und ich habe auch von anderen Falknern schon mehrfach gehört, daß Harris Hawks dazu neigen, andere Greifvögel zu schlagen. Aber daß ein Habicht so aggressiv auf Harris Hawks reagiert wie meine „Chilli", habe ich bisher noch nie erlebt. Ein Falknerfreund meinte dazu sarkastisch: „ Die rächt ihre Mutter."

Mitte Januar 2006 beendete ich die Saison: „Chilli" hatte 102 Kaninchen, 20 Hasen, 30 Fasanen, eine Ente und ein Rebhuhn erbeutet.

Die jetzige Saison bescherte mir eben so viele Freuden, aber auch wieder Kummer. Nahtlos konnte der Vogel an die hervorragenden Leistungen der letzten Saison anknüpfen, leider gab es heuer erheblich weniger Wild, und wir mußten etwas kürzer treten. „Chilli" hat mich nicht enttäuscht. Sie schlug absolut sicher jede Niederwildart, die ich ihr geboten habe. Inzwischen habe ich „Chilli" abgestellt; sie hat in dieser Saison 90 Kaninchen, 15 Hasen, 18 Fasanen, zwei Enten und ein Rebhuhn gefangen.

Eines kann ich bereits sagen, „Chilli" ist jetzt schon erfolgreicher, als es ihre Mutter zum gleichen Zeitpunkt war; aber eines steht auch fest, meine „Finne" war schon ein toller Beizvogel.

Abb. 4–6: „Chilli" schlägt einen Fasanenhahn
FOTOS: HERMAN LANKREIJER

Niels Meyer-Först
Ein Flug auf den Drachen, der keiner war

Es ist schon einige Jahre her, daß ich bei einer Falknertagung mit einem Falknerfreund über das Drachen- oder Ballontraining für Falken sprach. Ich hatte schon einiges darüber gelesen, doch ich war skeptisch. Irgendwie kam mir das ganze unnatürlich vor. Der Freund erklärte mir, wie man einen Falken auf den Drachen fliege und wieviel Spaß es mache, den Vogel dabei zu beobachten, wie er dem 300 Meter hohen Drachen nachsteigt – ganz zu schweigen von dem Spaß, den der Falke dabei habe. Er versicherte mir, daß alle seine Vögel sehr gern auf den Drachen flögen. Der Falknerfreund konnte mich fast überzeugen. Kurze Zeit später hatte ich ein Erlebnis, das ich noch so klar vor Augen habe, als wäre es gestern gewesen.

Es war der 6. Januar 1997. Lady Macbeth, weiblicher Wanderfalke im 5. Flug, brachte an diesem Tag ein paar Gramm zuviel auf die Waage. Doch die trockene Kälte, der Sonnenschein und die Windstille schrieen geradezu nach Beize. Zu dieser Zeit ist der Falke schon gut beflogen, die Krähen aber ebenso. Außerdem können unsere Krähen auf 25 Jahre Erfahrungen mit Krähenfalken zurückblicken, was die Sache nicht einfacher macht. Durch den Schnee im Schwarzwald kommen aber auch einige unerfahrenere Krähen zu uns ins Dreisamtal, die immer wieder gern gesehene Gäste sind.

An diesem Tag fanden wir einen solchen Trupp von vielleicht 20 Vögeln. Vor einer ca. 300 m langen Remise aus drei bis fünf m hohen Büschen und Bäumen waren sie dabei, sich an den Resten eines Maisfeldes zu erfreuen. Da sie nicht gleich aufgestanden waren, als wir an ihnen vorbeifuhren, schien daraus eine echte Chance zu werden. Peter und ich waren sicher, daß die Krähen die Buschreihe annehmen würden, wenn der Falke aus dem Auto heraus anjagen würde. Dann würden wir loslaufen und den Falken rechts und links von der Buschreihe unterstützen, indem wir die Krähen langsam bis an das Ende drücken würden. Wenn er bis dahin noch nicht erfolgreich gewesen sein sollte, hätte man am Schluß der Buschreihe eine optimale Situation.

Mit dieser Strategie in den Köpfen fuhren wir in den nächsten Ort, um zu wenden, dem Falken den Sender anzulegen und die Haube etwas zu lockern. So vorbereitet fuhren wir zurück. Peter, der den Falken vom Beifahrersitz aus dem Auto läßt, war jetzt auf der richtigen Seite. Wir wollten den Falken, kurz nachdem wir den Krähentrupp passiert hätten, starten lassen. Als wir an dem kleinen Schwarm nochmals vorbeifuhren, bildete ich mir ein, ich dürfe jetzt nur nicht hinschauen, dann würden die Krähen auch nicht aufstehen. In solchen Situationen gehen einem ja die merkwürdigsten Gedanken durch den Kopf. Wie auch immer, sie standen nicht auf.

Kurz nachdem wir an ihnen vorbei waren, ließ Peter den Falken raus. Der griff sofort an, und die Krähen reagierten prompt. Als ich den Wagen am Straßenrand abstellte, waren die Krähen schon auf dem Weg zur Buschreihe. Es dauerte einige Sekunden, bis sie die rettende Deckung erreichten. Kurz darauf begann Macbeth, über der Deckung Höhe zu machen. Bis jetzt lief alles so wie gedacht. Wir hatten einige hundert Meter zu laufen, brauchten uns aber nicht zu beeilen. Erstens war keine weitere Deckung in der Nähe, so daß die Krähen nicht wegkonnten. Zweitens hatte der Falke ein Gewicht, das es erlaubte, die Sache relativ ruhig anzugehen und ihn erst einmal machen zu lassen. Während wir der Remise immer näher kamen, hatte Macbeth das Geschehen schon unter Kontrolle, und die Krähen wurden sichtlich nervöser. Jetzt hatten wir die Remise erreicht, und der Falke wartete ca. 50 m über ihr an. Wir teilten uns, um die Krähen von beiden Seiten bis ans Ende des Streifens zu drücken. Natürlich versuchten einzelne Krähen einen Fluchtversuch, der jedoch gleich vom Falken quittiert wurde. Sobald das geschah, blieben wir wie versteinert stehen, bis sich Lady Macbeth wieder neu positioniert hatte. Die Stöße des Falken zeigten jedoch, daß der Spaß im Moment noch größer war als der Wille, Beute zu machen.

Dr. Peter Dierolf und Niels Meyer-Först – Foto: Verfasser

Langsam drückten wir die Krähen weiter an das Ende der Buschreihe. Einige Krähen schafften es, an uns vorbeizukommen, und fanden ihr Heil in der Flucht nach hinten. Trotzdem waren noch genügend Krähen da, die aber, bedingt durch die härter werdenden Stöße des Falken, keine ernsthaften Fluchtversuche mehr unternahmen. Dies nutzte Macbeth, um noch mehr Höhe zu machen. Wir hatten jetzt ungefähr 15 Krähen bis an das Ende der Remise drücken können. Macbeth stand sehr hoch, und wir fingen an, ihr eine Krähe nach der anderen herauszudrücken. Die Stöße, die jetzt folgten, kamen aus großer Höhe, und der Falke schlug mindestens zweimal so hart an, daß die Krähen sich nur mühsam berappeln konnten und die Deckung kurz vor dem zweiten Angriff noch erreichten. Uns war klar, daß es nicht mehr lange dauern würde, bis der Falke erfolgreich sein würde. Doch dann geschah etwas, was wir uns nicht erklären konnten. Mitten aus dem Anwarten ging der Falke in einen Steigflug über und entfernte sich von dieser 100prozentigen Chance. Peter konnte es nicht fassen und schimpfte Macbeth hinterher. Ich hatte mein Fernglas dabei und versuchte, dem Falken zu folgen. Die Krähen, die ja jeden kleinen Fehler unsererseits sofort ausnutzen, setzten sich schleunigst ab. Während ich krampfhaft bemüht war, Macbeth nicht aus dem Glas zu verlieren, hörte ich Peter immer noch fluchen.

Mittlerweile hatte sich der steigende Falke so weit entfernt, daß ich ihn gerade noch im Glas erkennen konnte. Was hatte sie vor? Gerade als ich mich das fragte, sah ich im Hintergrund zwei weitere Vögel, in deren Richtung unser Falke offensichtlich flog. Angestrengt versuchte ich zu erkennen, um was für Vögel es sich handelte. Nach einer Weile sah ich, daß es sich um einen Bussard und eine Krähe handelte. Ein schweimender Bussard wurde von einer Krähe verfolgt, die permanent auf ihn haßte. Die Krähe umkreiste den

Bussard und flog sehr eifrig immer wieder Attacken auf ihn. Während ich den beiden zusah, kam vom unteren linken Rand meines Sehfeldes her ein dritter Vogel ins Bild. Der näherte sich den beiden, ohne daß sie darauf reagierten. Der dritte Vogel konnte nur die Lady sein. Dann geschah etwas, was ich irgendwie schon ahnte, aber nicht glauben konnte. Macbeth kam den beiden näher und näher, und als sie die Krähe erreichte, wurde diese mit einer unglaublichen Leichtigkeit einfach von hinten aus der Luft gepflückt. Es schien so, als hätte der Bussard davon gar nichts mitbekommen. Ganz sicher kam es ihm nicht ungelegen, denn er setzte sein Schweimen einfach fort. Das alles geschah in einer Höhe von mindestens 300 m. Ich konnte noch beobachten, wie der Falke mit der Krähe aus dieser Höhe herunterfiel, es schien ein unendliches Fallen zu sein. Dann versperrten mir Bäume die Sicht.

Ich schrie: „Sie hat geschlagen". Peter sah mich ungläubig an. Ohne weitere Erklärung rannte ich zum Auto und Peter kopfschüttelnd hinter mir her. Ich hatte mir ungefähr merken können, wo sie mit der Krähe heruntergekommen sein mußte. Es waren einige Kilometer, die wir zurücklegten, um dorthin zu gelangen. Hoffentlich war sie sicher gelandet. Unterwegs erzählte ich Peter, was geschehen war. Als wir an der vermeintlichen Stelle ankamen, machte uns ein frisch gepflügter Acker die Suche schwer. Plötzlich hört man überall Bells und jeder Erdhaufen wird zum Wanderfalken. Doch dann fanden wir sie rupfend zwischen den Ackerschollen, kaum 100 m neben der viel befahrenen Bundesstraße! Wir standen noch lange dort und versuchten zu begreifen, was geschehen war.

Um noch einmal auf das Fliegen am Drachen zurückzukommen. Dieser Flug ist im Prinzip mit einem Flug auf den Drachen zu vergleichen. Allerdings mit dem Unterschied, daß das Federspiel eine Krähe war und der Drachen ein Bussard. Auf jeden Fall waren durch dieses Erlebnis meine Bedenken, daß Flüge auf den Drachen irgendwie unnatürlich sein könnten, vollkommen beseitigt.

WOLFGANG BAUMGART

Die Karakaras oder Geierfalken (Polyborinae) als funktionelle Vertreter von Krähenvögeln im südlichen Südamerika – nebst Anmerkungen zu anderen greifvogelkundlichen Besonderheiten dieses Subkontinents

1 Einleitung und Problemstellung

Aufgrund ihres dualen Charakters unterliegen Arten zwei getrennten Ordnungsprinzipien (BAUMGART 1978, 1996, 1998a, 2000a, 2000b). Ihre systematische Stellung ist Ausdruck der durchlaufenen phyletischen Entwicklung im Sinne Darwins, damit unveränderlich und für ein entsprechendes taxonomisches Vorgehen bestens geeignet. Entwicklungslinien können heute zudem durch molekularphyletische Methoden selbst mit Aussagen zum zeitlichen Ablauf überraschend detailliert abgeklärt werden. Demgegenüber schenkt man der funktionellen Positionierung von Arten bisher nur geringe Beachtung. Da diese sich im Evolutionsprozeß immer wieder ändern kann, erscheint sie für Ordnungsbestrebungen auch weniger geeignet. Seit langem ist bekannt, daß vergleichbare ökologische Voraussetzungen in unterschiedlichen Regionen zu Parallelentwicklungen (Konvergenzen) führen. Doch zu erfassen, welche Arten dann einander vertreten und warum das so ist, erweist sich oft als schwierig.

Übereinstimmungen im äußeren Erscheinungsbild können so weit gehen, daß konvergente Arten als verwandt betrachtet werden, was systematische Verwirrung stiftet. Meist aber vollzieht sich die Konvergenz nicht streng deckungsgleich. Eine Art kann in einer anderen Region im Rahmen ihrer ökofunktionellen Position gleich mehrere vertreten oder auch durch mehrere vertreten werden. Vielfach offenbaren erst eingehendere Betrachtung und spezifische Erfahrungen mit den zu untersuchenden Arten bzw. Gruppen vorliegende Konfunktionalitäten.

Greifvögel bieten dafür bemerkenswerte Beispiele. Große Altweltgeier finden in den storchenverwandten neuweltlichen Kondoren ebenso ihre Gegenstücke wie unsere Milane im Truthahngeier und anderen kleineren Neuweltgeiern der Gattung *Cathartes*. Vornehmlich insektivore und meist koloniebrütende Kleinfalken fehlen in Amerika, werden hier durch kleine Weihen bzw. Aare vertreten. In Australien, wo es keine Bussarde gibt, fungiert der Braun- oder Habichtsfalke auf vergleichbare „buteonine" Weise (vgl. CADE 1982).

Hinzu kommen noch mannigfaltige Sonderbeziehungen. So gibt es auf den drei Kontinenten der Südhalbkugel je einen größeren Falken mit dem Habitus des gleichfalls vorkommenden Wanderfalken: den Rotbrustfalken (*Falco deiroleucus*) in Südamerika, den Taitafalken (*F. fasciinucha*) in Südafrika und den Silberfalken (*F. hypoleucos*) in Australien, die nicht direkt mit ihm verwandt sind und gerade deshalb mit ihm sympatrisch korreliert auftreten können. Zu erwähnen wäre weiterhin noch eine Reihe „berufsfremd", gar nicht mehr als echte Greifvögel agierende Arten, wie etwa der Palmgeier als Vegetarier, die insektenfressenden Wespenbussarde und Rotkehlkarakaras oder die Schneckenmilane.

Darstellungen zur Funktionalproblematik sind aber nicht nur rar, sondern oft auch lückenhaft, ja sogar irreführend. Will man sich diesbezüglich eine Meinung bilden, ist es zumeist erforderlich, sich vor Ort ein eigenes Bild zu verschaffen. Mit dieser Zielsetzung habe ich in den letzten Jahren einige mir greifvogelkundlich besonders interessant erscheinende Regionen (Australien, Südafrika und Nordamerika) besucht und über die Ergebnisse auch in diesem Jahrbuch wiederholt berichtet (BAUMGART & BAUMGART 1998, BAUMGART 1999, 2006).

Südamerika bildet dabei für mich einen gewissen Abschluß. Der Subkontinent war noch vor rund 50 Mio. Jahren eine Insel und wurde erst dann durch die mittelamerikanische Landbrücke mit Nordamerika verbunden. Die bis dahin entstandene hochgradig eigenständige floristische und faunistische Differenzierung blieb aber weitgehend erhalten und die Zuwanderung neuer Arten aus dem Norden hielt sich in Grenzen. Denn da alle Nischen irgendwie adäquat besetzt waren, fehlten Freiräume und der „Sog der freien Nische" als wichtige evolutive Triebkraft kam kaum zur Geltung. So erscheint heute in Südamerika noch vieles autonom.

Zu den auffälligsten avifaunistischen Defiziten zählt das Fehlen von Freiland-Adlern und Seeadlern (Gattungen *Aquila* und *Haliaeëtus*), Kranichen (Gruidae) und Krähen (Corvidae). Statt Hühnern gibt es Steißhühner (Tinamidae) und Spiegelgänse (Gattung *Chloephaga*). Schneehuhnähnliche, von Sämereien lebende Bodenvögel meist höherer Lagen entpuppen sich letztlich als Schnepfenverwandte der Familie Höhenläufer (Thinocoridae). Tyrannen (Tyrannidae), die meist pauschaliert als neuweltliche Fliegenschnäpper bezeichnet werden, fungieren nicht nur auf differenzierte Weise als solche. In Konvergenz zu unseren Sperlingsvögeln treten sie auch wie Drosseln, Finken, Meisen, Stein- und Wiesenschmätzer in Erscheinung.

Greifvögel sind in Südamerika in einer Reihe von Habichts- und Falkenartigen vertreten. Doch viele dieser Arten verschwinden schwer beobachtbar in den äquatornäheren Regenwäldern der Neotropis und entsprechen dabei zudem oft nur wenig unserem Greifvogelverständnis, wie etwa die Vertreter der Unterfamilie Wald- bzw. Lachfalken (Herpetotherinae). Das trifft auch für die eher freilandgebundenen Karakaras oder Geierfalken der Unterfamilie Polyborinae zu, die vor allem das südliche Südamerika beherrschen und auf den ersten Blick durch ihre oft als geierähnlich charakterisierte Lebensweise so gar nichts mit den uns vertrauten Falken gemeinsam zu haben scheinen.

Eine im November und Dezember 2005 zusammen mit meiner Ehefrau durchgeführte Studienreise nach Südamerika galt vor allem dieser Problematik. Dabei waren für mich neben den Karakaras noch andere südlich der Tropen in Mitteleuropa vergleichbaren Breiten lebende Arten offener Landschaften, wie der Andenkondor (*Vultur gryphus*), Blaubussard (*Geranoaëtus melanoleucus*) und Aplomadofalke (*Falco femoralis*), von besonderem Interesse. Außerdem hegte ich die Hoffnung, dem „Kleinschmidtfalken", der hellen Morphe des südamerikanischen Wanderfalken (*F. peregrinus cassini*) zu begegnen (s. BAUMGART 1990), was die terminliche, auf die Erfassung des Bettelfluges dieser Falken ausgerichtete Planung maßgeblich mitbestimmte.

2 Tourverlauf und greifvogelkundliche Gesamtsituation

Die Tour begann am 22. November und endete am 16. Dezember, schloß also den Frühling auf der Südhalbkugel ein. Bei An- und Abreise legten wir Zwischenstops in Brasilien (Wasserfälle bei Iguazú im brasilianisch-argentinischen Grenzgebiet bzw. Rio de Janeiro) ein. Dazwischen lagen folgende drei, jeweils mehrere Tage umfassende Abschnitte:
1. Buenos Aires mit Ausflügen ins Delta des Rio de la Plata und zur Estancia el Ombu in der Pampa um San Antonia de Areco
2. Feuerland bei Ushuaja mit nachfolgender Kreuzfahrt durch die Kanäle (wie den Beagle Kanal) und Fjorde an der Südspitze Südamerikas über Kap Horn nach Punta Arenas
3. Patagonien mit Punta Arenas, Puerto Natales und dem Nationalpark Torres del Paine

Allein das Spektrum der an wechselnden Örtlichkeiten beobachteten Vogelarten einschließlich der Greifvögel und Neuweltgeier vermittelte schnell den Eindruck, daß in Südamerika vieles anders verteilt und organisiert ist.

2.1 Nationalpark um die Wasserfälle von Iguazú – 23.–25.11.2005

An den Wasserfällen von Iguazú prägten Rabengeier (*Coragyps atratus*) das Bild, die stets in größerer Zahl kreisend den Himmel „ausfüllten" und sich abends vor dem Aufsuchen ihrer Schlafplätze zu Hunderten auf Inseln unter den Wasserfällen versammelten. Nur vereinzelt wurden Truthahngeier (*Cathartes aura*) und nur einmal sicher ein Kleiner Gelbkopfgeier (*C. burrovianus*) gesehen, denen meist bis zu einem Dutzend Rabengeier folgten, die offenbar von der Geruchsorientierung ihrer Vettern bei der Nahrungssuche mit profitieren wollten.

Über dem Urwald jagten regelmäßig Grauschwebeweihen (*Ictinia plumbea*) paarweise verteilt hochkreisend Insekten. Zu ihnen gesellte sich einmal auch ein Graubauchhabicht (*Accipiter poliogaster*). Und dort, wo der Urwald in Weideland überging, kamen Schwalbenweihe (*Elanoides forficatus*) hinzu.

Am Wasser, oft unmittelbar an der Oberkante der Wasserfälle, jagten einzelne, untereinander sehr aggressive und weiträumige Reviere beanspruchende Schneckenmilane (*Rostrhamus sociabilis*). Es handelte sich durchweg um Männchen mit zum dunklen Gefieder auffällig kontrastierendem hellem Schwanzansatz. Sie griffen an flachen Gewässerstellen die großen, amphibisch lebenden Blasenschnecken und flogen mit ihrer Beute in den Fängen zu einem nahen Busch. Wie BROWN (1979) darlegt, zerschneidet der Milan mit seinem langen, stark gekrümmten Schnabel den Schneckenhaus und Schnecke verbindenden Collumenar-Muskel, um dann den Schneckenkörper aus dem Gehäuse zu ziehen. Meist flogen die Milane dann mit der Beute in bestimmter Richtung in den nahen Galeriewald, wo sich offenbar ihre Horste und Weibchen befanden. Große Waldadler, unter denen der Prachthaubenadler (*Spizaëtus ornatus*) als einer der Symbolvögel des Nationalparks gilt, wurden leider nicht gesehen.

An den Wasserfällen des Rio Iguazú stürzt das Wasser in fast 300 Kaskaden bis zu 72 m in die Tiefe. Im tropischen Regenwald ihres Umfeldes dominieren neben drei Neuweltgeier-Arten Schneckenmilane und Grauschwebeweih. Als Wintergast jagte ein Wanderfalke zu ihren Brutplätzen unter den Fällen fliegende Segler.

Die Aggressivität der im Fluge recht bussard-ähnlich wirkenden Schneckenmilane richtete sich auch auf einen Wanderfalken (*Falco peregrinus*), bei dem es sich durchaus um einen Wintergast aus der Tundra Nordamerikas gehandelt haben könnte. Dieser machte am Abend des 23.11. Jagd auf die unter dem herabstürzenden Wasser der Fälle im Fels brütenden Rußsegler (*Cypseloides senex*). Ein Schneckenmilan belästigte ihn dabei so lange, bis der Falke den Jagdplatz wechselte. Auffälligerweise flogen die Segler, wenn sie unter den Wasserfällen wieder hervorkamen, erst ein Stück parallel zu diesen, jederzeit bereit, bei Gefahr wieder unter dem herabstürzenden Wasser zu verschwinden. Mit durchnäßtem Gefieder waren sie wohl nicht voll flug- und fluchtbefähigt.

Ein Paar des Grauschwebeweihs auf seinem Rastplatz. Sie gleichen im Habitus – die Flügelspitzen überragen den Schwanz – kleinen insektivoren Falken.

2.2 Buenos Aires, Delta des Rio de la Plata und Pampa um die Estancia el Ombu bei San Antonia de Areco – 25.–29.11.2005

In und um Buenos Aires waren nur wenige Vogelarten nachweisbar. Neuweltgeier fehlten überraschenderweise völlig. Im Zentrum der Hauptstadt zeigten sich erstmals zwei Schopfkarakaras (*Polyborus planus*), die im Dachbereich der Hochhäuser offenbar auf Nahrungssuche gingen und dabei von zwei Buntfalken (*Falco sparverius*) behaßt wurden. Im Delta des Rio de la Plata zeigten sich lediglich an zwei Stellen einzelne Schneckenmilane.

Auf dem Weg in die Pampa wurden Chimangokarakaras oder kurz Chimangos (*Milvago chimango*), die schon vom Stadtrand von Buenos Aires an vereinzelt auftraten, zunehmend zur dominierenden Erscheinung. Jeder dieser Vögel kontrollierte im offenen Brach- und Weideland eigene Einzugsbereiche mit einem Radius von etwa 50–100 m, aus dem sie Artgenossen zumeist vertrieben. Sehr fluggewandt und geradezu allgegenwärtig, kamen sie auf der Estancia bei Mahlzeiten im Freien auch zu den Tischen und ließen sich unter Wahrung eines Sicherheitsabstandes von etwa 20 m füttern. Alle um die Estancia el Ombu ansässigen Chimangos versammelten sich abends aus oft weiter Entfernung anfliegend an einem Schlafplatz, einem freistehenden Gehölz in der Pampa. Es waren schätzungsweise über 500 Exemplare. Ob sie hier auch brüteten, war wegen die Weide bewachender Hunde nicht zu ermitteln.

Der Schneckenmilan erinnert in Habitus (hier ein weiblicher oder jugendlicher Vogel) und Flugbild an einen Bussard.

Chimangokarakaras nutzen Krähen gleich, wie hier auf der Estancia el Ombu, auch im Siedlungsumfeld erwachsende Nahrungsquellen.

Das Flugbild des Chimangos erinnert an das einer kleineren Weihe, während er sich in der Raumnutzung wie eine Krähe verhält.

Zwei Chimangos bei einer ihrer häufigen Plänkeleien im Fluge

Schopfkarakaras traten nur verteilt in wenigen Paare auf, und wenn sich mehrere Vögel begegneten, gab es in der Regel aufwendige Begrüßungszeremonien mit krächzenden, unter Zurückwerfen des Kopfes vorgebrachten Rufreihen. Doch bald gingen sie wieder auseinander und suchten dann erneut paarweise getrennt zu Fuß das Gelände ab. Oft wählten sie guten Überblick gewährende Bäume oder Büsche als Ansitzwarten aus.

An den zahlreichen im Weidegelände für Rinder und auch Pferde verstreuten Wasserläufen und Tümpeln jagten regelmäßig Schneckenmilane, darunter auch einige hellköpfige Vögel im Jugendkleid. Einige Gleitaare (*Elanus leucurus*) und ein Buntfalke (*Falco sparverius*) betrieben rüttelnd oder von Ansitzwarten aus die Bodenjagd. Zahlreiche Kanincheneulen (*Athene cuni-*

Dieser Chimango hat ein Wurststück ergattert und kröpft es auf dem nahen Rasen

cularum) wurden schon am Spätnachmittag aktiv und blieben es noch eine gute Stunde nach Son-

Schopfkarakara-Paar zu Fuß bei der Nahrungssuche auf einer Viehweide.

nenaufgang. Ein Paar trieb sich sogar am Abend auf den Dächern der Wirtschaftsgebäude im Estancia-Gelände in Steinkauz-Manier herum.

2.3 Feuerland bei Ushuaja mit nachfolgender Kreuzfahrt durch die Fjorde über Kap Horn nach Punta Arenas – 30.11.–03.12.2005

Bei Ushuaja, der auf Feuerland gelegenen südlichsten Stadt der Welt (54 50 S 68 23 W), waren wiederum Schopfkarakaras und einzelne Chimangos die einzigen wirklichen Greifvögel. Als fliegende Prädatoren fungierten hier sowie in den später mit dem Schiff durchfahrenen Passagen, Fjorden sowie auch am Kap Horn selbst (53 59 S 67 17 W) die stets hochaggressiven, paarweise und damit zugleich ausgesprochen effektiv agierenden, im Gefieder recht bräunlichen Chilenischen Skuas (*Stercorarius chilensis*).

Ein Skua-Paar kontrollierte beispielsweise die Brutkolonien von Königskormoranen (*Phalacrocorax atriceps*) in den Felswänden des Chico-Fjords, duldete hier weder konkurrierende Artgenossen noch andere Prädatoren und bot so den Kormoranen, die mit Fischresten, verendeten Alt- und Jungvögeln sowie Eiern für ihren Unterhalt sorgten, zugleich Schutz. Ein Schopfkarakara, der in die Kolonie einzudringen versuchte, wurde von ihnen sofort energisch vertrieben.

Vielfältiger war das Vogelleben dagegen mit Spiegelgänsen, Ibissen und zahlreichen Kleinvögeln bei einem Landgang in der durch umliegende Bergkämme windgeschützten Wulaia-Bucht auf Feuerland. Zu einem über den Anhöhen kreisenden Andenkondor gesellte sich ein Schopfkarakara. Neben einzelnen Truthahngeiern zeigten sich auch einige stets recht unauffällig bleibende Chimangos. Mehrfach schoß im Eilflug ein Buntfalke vorbei.

2.4 Patagonien mit Punta Arenas, Puerto Natales und dem Nationalpark Torres del Paine – 03.–13.12.2005

In dieser Zeit waren nur drei Übernachtungen im Nationalpark (Hosterian Tyndal: 06.–09.12.2005) fest gebucht, und ein Mietwagen garantierte uns beliebige Mobilität. Erschwert wurde die Beobachtungstätigkeit durch den fast pausenlos starken Wind, der häufig in Sturm überging und of-

Das Paine-Massiv in den Süd-Anden. Das Gelände im Vordergrund erscheint subalpin, liegt aber nur rund 100 m über NN.

Steilwand im Nationalpark Torres del Paine mit Ruheplätzen und wohl auch einem Horst des Andenkondors. Einer der Vögel beim Abflug.

fensichtlich auch die Aktivität von Greifvögeln erheblich einschränkte.

Die erstaunlich häufigen Andenkondore, die schon auf der Fahrt nach Puerto Natales wenige Kilometer nördlich von Punta Arenas wiederholt einzeln oder zu zweit auftauchten, schien das aber kaum zu beeindrucken. In den Weidegebieten nördlich von Puerto Natales bildeten sie dann teilweise Gruppen von bis zu zehn Vögeln, und an einem Rinderkadaver nur 200 m neben der Straße zählten Gewährsleute gegen 20 Exemplare. Die Hartnäckigkeit, mit der sie immer wieder nach Störungen zurückkehrten, wurde damit erklärt, daß sie Jungvögel zu versorgen hätten. Im Nationalpark zeigten sie sich regelmäßig an vielen Plätzen, und nahe der Hosteria Tyndal schraubten sich täglich bei jedem Wetter am Vormittag acht bis zehn Kondore in die Höhe. Ein Rast- und möglicherweise auch Brutplatz befand sich nur 5–6 km von unserer Herberge entfernt in einer höhlenreichen, etwa 200 m aufragenden Felswand. Es überraschte immer wieder, wie die Kondore bei dem Sturm landen und, ohne weggeweht zu werden, die Flügel zusammenlegen konnten.

Schopfkarakaras gab es nahezu überall, wenngleich ihre Zahl erheblich schwankte. In den Gebieten mit Schaf- und Rinderweiden, wo immer Kadaver oder Totgeburten anfielen, war sie am höchsten. Hier bildeten sich auch Ansammlungen jugendlicher und nichtbrütender Vögel. Altvögel verteilten sich wiederum paarweise weiträumig über das Gelände, wo es mir auch gelang, nahe Cerro Castillio einen Horst zu finden (s. Abb. auf S. 184). Im Unterschied zu den eigentlichen Falken sind sie ja Horstbauer.

Die Nahrungssuche betreiben sie vor allem in offenen, sturmgepeitschten Lagen oft zu Fuß. Doch ebenso sind sie zu ausgedehnten Suchflügen befähigt. Dazwischen ruhen sie auf guten Überblick gewährenden Ansitzwarten, nicht nur um ein Aas zu finden, sondern auch um von hier partnerschaftlich abgestimmt potentielle Beutetiere, etwa auf dem Marsch zurückbleibende Junge der Magellangänse, zu attackieren. Dabei waren fast immer, ohne oft selbst betroffen zu sein, die allgegenwärtigen Chilekiebitze (*Vanellus chilensis*) einbezogen. Sie fühlten sich stets mit bedroht und waren sofort zur Abwehr bereit. Als am 10.12. bei Puerto Natales ein solches Karakara-Team Erfolg hatte und einer von ihnen mit einem kleineren Beuteobjekt im Schnabel davon flog, hätte er ohne den Geleitschutz seines Partners die Beute vor den stürmisch angreifenden Kiebitzen wohl kaum behaupten können.

Vom etwas kleineren Weißkehlkarakara (*Phalcoboenus albogularis*), der in einem sehr eng umrissenen Verbreitungsgebiet nur Berghänge an der Südspitze des Subkontinents bewohnt, wurde lediglich einmal ein Exemplar am Nordrand des Nationalparks gesehen. Er überflog ein Tal in großer Höhe und kam, nachdem er im oberen Hangbereich umherlaufend offenbar Nahrung gesucht hatte, wieder zurück.

Chimangos waren, wenn auch bei weitem nicht so zahlreich wie in der Pampa, in Patagonien gleichfalls überall, flogen in aufwendigen Pirschflügen oft unauffällig unter Nutzung von Deckungsmöglichkeiten umher. Dies bot ihnen wohl vor dem Beuteschmarotzen der Schopfkarakaras, die auch ihre Horste plündern, einen gewissen Schutz. Sie waren aber auch den Angriffen anderer Arten, wie den in mehreren Arten vertretenen Tyrannen ausgesetzt, wenn sie deren Nestern zu nahe kamen. Durchflogen sie das Gelände um die sehr vogelreiche Hosteria Las Torres , wurden sie stets nachhaltig von den hier brütenden Grauweihen (*Circus cinereus*), denen sie in Flugbild und Flugweise recht ähnlich sind, attackiert und vertrieben.

Diese im Habitus in etwa unserer Kornweihe vergleichbaren Weihen, die erfreulicherweise an mehreren Plätzen bei Puerto Natales und im Nationalpark angetroffen und auch bei der Jagd beobachtet werden konnten, scheuten es nicht, sogar einen Wanderfalken zu belästigen und bis in eine Höhe von etwa 100 m so lange zu attackieren, bis er abdrehte. Die Grauweihe ist zudem die einzige Weihe mit einer deutlichen Unterseiten-Querbänderung der Männchen. Diese Signalstruktur wirkt nicht nur bei Greifvögeln distanzierend und aggressionsauslösend (BAUMGART 1976, 1979). Bei der Jagd glitten die Weihen gegen den Wind nur wenig über dem Boden, blieben

Sturmgepeitschte Landschaft im Süden Patagoniens mit einem bei der Jagd nur wenige Meter über dem Boden gegen den Wind anstehenden Blaubussard. Auch Grauweihen jagen unter diesen Bedingungen oft auf ähnliche Weise.

Schopfkarakara-Paar bei der Gemeinschaftsjagd. Dabei fliegen sie immer wieder zu Ansitzplätzen, von denen aus das Umfeld gut inspiziert werden kann.

teilweise regelrecht in der Luft stehen, um dann zuzustoßen. In zwei Fällen handelte es sich um etwa starengroße Bodenvögel, die aber entkamen.

Die großen kurzschwänzigen Agujas oder Blaubussarde (*Geranoaëtus melanoleucus*), die vor allem dort vorkamen, wo Horstgelegenheit bietende Felsen in die Pampa eingestreut waren, gingen bei der Jagd ähnlich vor. Sie vermochten bei der Beutesuche nur wenige Meter über dem Grund gegen den Sturm anzustehen und dann zuzustoßen. Sie erinnerten mich dabei an den in der gleichfalls sturmgepeitschten südafrikanischen Kapprovinz beheimateten Schakalbussard (*Buteo rufofuscus*). Andere Bussarde oder auch Habichte und Sperber wurden nicht beobachtet und waren in dieser offenen sturmgepeitschten Landschaft mit nur begrenzten Großvegetations-Bereichen wohl auch selten.

Dies traf offenbar auch für die Falken zu. Vereinzelt, insgesamt aber in nicht mehr als fünf Fällen, schossen im fast merlin-

Horst des Schopfkarakaras, ein massiver Bau aus Ästen, Schafwolle und Fellfetzen, in der offenen Pampa nördlich von Puerto Natales.

Mehrere überwiegend jugendliche Schopfkarakaras beim Kröpfen an einem Kälberkadaver, zu denen sich ein gemeinsam agierendes Paar hier ansässiger Altvögel gesellt.

ähnlichen "Turbo-Flug" kleine Buntfalken vorbei, aus dem heraus sie auch sofort zum Rütteln übergehen konnten. Nur einmal sahen wir am 05.12. im Umfeld einer Estancia etwa 50 km nördlich Punta Arenas einen Aplomadofalken (*Falco femoralis*). Die Hoffnung auf eine Begegnung mit dem Kleinschmidtfalken erfüllte sich nicht, obwohl wir uns mehrere Tage bei Punta Arenas und an der Magellanstraße aufhielten. Die kurze Beobachtung eines recht hellen

Dieser Andenkondor hatte zur Freßgemeinschaft gehört, flog aber früh ab. – FOTOS: VERFASSER

Wenn sich Beobachter entfernten, kehrten die Kondore meist bald zum Kadaver zurück.
FOTO: ANDREA HENNERSDORF.

falkenähnlichen Greifvogels im Nationalpark in den Hängen über der Hosteria Pehoè muß fraglich bleiben. Als am 9.12. für einige Stunden der Sturm nachließ, zeigte sich über der Hosteria Las Torres gegen 16 Uhr zwar ein Wanderfalke, bei dem es sich jedoch um einen Vogel der unterseits recht dunklen, „normalen" Morphe des südamerikanischen Wanderfalken (*F. peregrinus cassini*) handelte.

2.5 Rio de Janeiro – 13.–15.12.2005
Den Himmel über Rio teilten sich unzählige Rabengeier mit vielen gleichfalls weit vom Meer und der Küstenzone landeinwärts gleitenden Prachtfregattvögeln (*Fregata magnificens*), bei denen es sich wohl vornehmlich um jugendliche Exemplare handelte. Bei einer Flügelspanne von 2,30 m wiegen sie weniger als 2 kg. Ihr dadurch superleicht erscheinender Flug wird so auch für Greifvogelenthusiasten zur Augenweide.

Bei der Auffahrt zum Corcovado mit der Christus-Statue zeigte sich kurz ein Großfalke, bei dem es sich wahrscheinlich wiederum um einen überwinternden Wanderfalken, kaum aber einen Rotbrustfalken (*F. deiroleucus*) gehandelt hat. Das Karakara-Spektrum vervollständigte nahe dem Zuckerhut ein einzelner Gelbkopfkarakara (*Milvago chimachima*).

3 Folgerungen

Obwohl die Ausbeute, was die Zahl der beobachteten Greifvogelarten anbelangt, nicht sonderlich reich ausfiel und einige erhoffte Arten nicht gesehen wurden, trugen viele Beobachtungen zu einem vertieften Verständnis der Verhältnisse im südlichen Südamerika bei. Schwebeweih und Schwalbenweih kannte ich vordem nicht, und so war es wichtig, aus eigener Anschauung eine Bestätigung der für sie prognostizierten Rolle als funktionelle Äquivalente zu den altweltlichen insektivoren Kleinfalken zu bekommen.

Schneckenmilane gibt es in der Alten Welt nicht. Doch obwohl sie ihre Ernährungsweise zu Sonderlingen macht, wies ihr intra- und interspezifisches Verhalten sie eindeutig als allerdings auf eher tropische bis subtropische Bereiche beschränkte Greifvögel aus.

Das südliche Südamerika reicht weiter als andere Kontinente der Hemisphäre nach Süden, wobei die gut 55 Grad südlicher Breite im Norden lediglich einer Breite entsprechen, die schon Deutschland an der Nordspitze von Sylt erreicht. Wegen des geringen Landanteils überwiegt ein kalt-gemäßigtes Seeklima, das durch stete, sich oft zu starken Stürmen steigernde Windeinwirkungen eine besondere Ausprägung erfährt. Dem müssen die hier ansässigen Greifvögel in besonderem Maße gerecht werden. Der extrem kurzschwänzige Blaubussard vertritt hier die besondere Funktional-Einheit der „Sturmbussarde".

Ähnliches gilt für den Andenkondor, der auch andere sturmgepeitschte Hochlagen Südamerikas bewohnt und dessen Flugweise durch diese Gegebenheiten geprägt wird. Er ist weniger ein thermikabhängiger Hochkreiser, als vielmehr ein hochfliegender und dabei starke Horizontalwinde, ja Stürme nutzender Suchgleiter*. Dafür spricht vor allem die geringe Flügelverbreiterung im Armschwingenbereich, die ja für den Gänse- und andere *Gyps*-Geier so bezeich-

---
*Wenn hierzulande in einer Fernsehdokumentation (3 SAT, 6.Febr. 2006: „Der Kondor, der nicht fliegen will". Dokumentation 8-791-032) darüber sinniert wird, warum ein auf einem Falkenhof handaufgezogener Andenkondor nicht fliegen will, so hat das sicher auch damit zu tun, daß er es in unseren Breiten mangels Sturmunterstützung nicht so recht kann. In den Anden werden, so eine andere Fernsehdokumentation und Augenzeugenberichte, junge Kondore für rituelle Zwecke gefangen. In windgeschützten Tälern lockt man sie mit ausgelegten Kadavern an. Dann werden sie von mehreren verteilt agierenden Personen lautstark bis zur Erschöpfung gehetzt und letzlich ergriffen, weil sie ohne tragende Winde nicht aufsteigen können. Altvögel gehen meist nicht in diese Falle, und wenn doch, haben sie eine ausreichende aktive Flugbefähigung, um noch zu entkommen. Die Dokumentation zeigt außerdem, wie gut Andenkondore, wohl mit aufgrund ihrer frühen Storchenverwandtschaft, laufen können. Durch ihre Vielseitigkeit waren sie wohl während der im späten Pleistozän einsetzenden Nahrungsverknappung ihren Konkurrenten, den bis dahin gleichfalls in Amerika heimischen, dann aber ausgestorbenen „Greifvogelgeiern", überlegen.

nend ist. Wie der Kalifornienkondor, mit dem er nicht enger verwandt ist, zeigt er im Verhalten universalisierte Züge, brütet einzeln und verfährt so oft auch bei der Kleinkadavern geltenden Nahrungssuche. Ergiebige Nahrungsquellen wie Großtierkadaver werden aber gemeinsam genutzt, und an geeigneten Rast- und Schlafplätzen ruht er auch gesellig. Darin gleicht er eher dem Mönchs- und anderen Solitärgeiern als den *Gyps*-Geiern. In Südamerika, wo große Landsäugetiere im Gegensatz zu Afrika wenig in Erscheinung treten (KOEPCKE 1971–1974), dürfte das Nahrungsaufkommen ohnehin nur für einen, dafür aber vielseitigen großen Geier je Region reichen.

Der Rabengeier fehlt in den sturmbelasteten Bereichen des südlichen Südamerikas wohl auch, weil er hier sicher flugtechnisch Probleme bekommt. Für den Truthahngeier scheinen die üblichen Verbreitungskarten, wie etwa die bei DE LA PENA & RUMBOLL (1998) zumindest in Details irreführend. Er ist nicht flächendeckend verbreitet, sondern fehlt offenbar in den ausgesprochen offenen Gebieten. In Patagonien und auf Feuerland kann er sich wohl nur in windgeschützteren Tälern und Fjorden halten. Damit sind die kleinen Neuweltgeier, in tropischen und subtropischen Bereichen fast allgegenwärtig, mit zunehmender Südlage als Kadaver- und Abfallnutzer nur noch eingeschränkt präsent.

Geradezu ideal entsprechen dagegen die Leistungsprofile der Karakaras diesen Verhältnissen. Sie sind nicht nur ausdauernde und exzellente Flieger, sondern auch gut zu Fuß und können so die Nahrungssuche sogar dann noch als aktive Jäger betreiben, wenn der Sturm gezielte Flüge kaum noch zuläßt. Ihre Lebensweise entspricht folglich nur marginal der von Geiern, denn sie ernähren auch ihre Jungen nicht aus dem Kropf.

Nachdem diese zumindest irreführende Einschätzung seit Jahrzehnten in der Literatur weitergereicht wurde, zeichnen sich neuerdings realistischere Positionierungen ab. DEL HOYO et al. (1994) verweisen zumindest für den Bergkarakara (*Phalcoboenus megalopterus*) darauf, daß er die Nische ausfülle, welche die großen Krähenvögel in vergleichbaren Habitaten der Nordhemisphäre innehaben. JAMARILLO et al. (2003), die Karakaras gleichfalls noch pauschaliert als vornehmliche Aasfresser bezeichnen, sehen jedoch zumindest im Chimango das ökologische Gegenstück (Counterpart) zu den (in Südamerika fehlenden) Krähen.

Führt man sich das Fehlen der Krähen im südlichen Südamerika vor Augen – nur vier Häher-Arten kommen als Vertreter der Familie Corvidae in seinen tropischen und subtropischen Bereichen vor –, wird die Rolle der Karakaras in der Region verständlich. Der Chimango gleicht dabei in hohem Maße unseren Raben- und Nebelkrähen, weist aber auch Züge von Saatkrähe und Dohle auf. Er vertritt also nicht nur eine Art. Überall im südlichen Südamerika präsent, ist er mal, wie in der Pampa, ungemein häufig, auffällig und laut. Hier kann er in lockeren Kolonien brüten oder zumindest gesellig Schlafplätze nutzen. Das signalarme unauffällig bräunliche Gefieder erleichtert das Zusammenleben. Plänkeleien zwischen einzelnen Vögeln gibt es jedoch häufig. Auf Feuerland und in Patagonien sieht man Chimangos dagegen seltener, und meist streifen sie im unauffälligen Pirschflug durchs Gelände. Unser Aufenthalt fiel in ihre Brutzeit, in welcher sich Krähen ja ähnlich verhalten.

Wie diese suchen sie dann auch am Boden umherlaufend nach Insekten, deren Larven und Würmern, die nach DEL HOYO et al. (1994) über 90 % ihrer Nahrung ausmachen können. In der Pampa sind Maden in Kuhfladen für sie sehr attraktiv. Lurche, Eidechsen, Jungvögel und Kleinsäuger erbeuten sie auch nachlaufend. Vegetabilien wie Getreide und Früchte verschmähen sie ebenfalls nicht. Wird, wie in unserer Estancia, im Freien getafelt, versuchen sie etwas abzustauben, sind dabei aber nie so richtig zutraulich und immer vorsichtig, vor allem wenn sie ihren großen Vetter, den Schopfkarakara oder Carancho in der Nähe wissen.

Die Beziehungen zwischen beiden gestalten sich so wie bei uns die zwischen Krähen und Raben. Daß der Schopfkarakara das geradezu spiegelbildliche Ebenbild unseres Kolkraben ist, dürfte schnell jedem klar sein, der diesen Vogel über eine gewisse Zeit unter wechselnden Bedingungen beobachten kann. Doch eindeutig wurde das noch nicht herausgestellt, obwohl es sich in einigen Beschreibungen andeutet. So verweisen GROSSMAN et al. (1964) und BROWN & AMADON (1968) auf seinen direkten, kraftvoll fördernden „rabenähnlichen" Flug mit deutlich hörbarem Schwingenschlag. Wie Raben streichen sie auf der Suche nach Verkehrsopfern Straßen entlang, und an Kadavern stellen sie sich meist vor den Geiern ein.

Die Nahrung des Schopfkarakaras besteht nach Literaturangaben aus Insekten und Würmern, jungen Schildkröten, Eiern und Jungvögeln, die ihm vor allem beim Plündern von Nestern zufallen sowie überrumpelten Kleinsäugern. Kadaver und Abfälle (auch aus dem Fischfang) verwertet er bevorzugt, ohne jedoch Vegetabilien (Getreide und Früchte) zu verschmähen. Über Angriffe auf größere Tiere und Vögel, darunter selbst Reiher, wird berichtet, und wie dem Kolkraben sagt man ihm auch das Töten von Lämmern nach.

Das Raben-Profil des Carancho vervollständigt sich, wenn man seine Verhaltensweisen erfaßt. Die Partner von Brutpaaren sind einander eng verbunden, ruhen und fliegen gemeinsam, gehen zusammen zu Fuß auf Freiflächen auf Nahrungssuche, attackieren und verteidigen sich partnerschaftlich. Ihre Brutreviere halten sie frei von fremden Altvögeln, und kommt es gelegentlich zu Begegnungen oder Einflügen, bleiben die Fremden nicht lange. Ihr auffälliges Gefieder mit ausgeprägter Unterseiten-Querbänderung unterstreicht ihr innerartliches Distanzverhalten. Ansammlungen bestehen vornehmlich aus jugendlichen Vögeln mit unauffälligeren Gefiedermerkmalen.

Karakaras ernähren ihre Jungen, obwohl man es vermuten könnte, nicht aus dem Kropf, sondern halten ihnen im Schnabel Atzungsbrocken vor. So dürften Aas (abgesehen von Kleintierkadavern und Tierkörperteilen) und zu kleine tierische Nahrungsobjekte bei der Jungenaufzucht nur geringe Bedeutung haben, denn alles muß ja im Schnabel oder in den Fängen zum Horst gebracht werden.

Schopfkarakaras reagieren stets aktiv auf ihr Umfeld. Überfliegt ein Kondor ihr Gebiet, so steigt wenigstens einer auf, um sich zu präsentieren, so wie sich etwa unsere Raben zeitweilig Seeadlern oder anderen Greifvögeln im Fluge beigesellen. Buenos Aires zeigte, daß sie auch in Großstädten zurechtkommen. KLEIN (2002) charakterisiert sie zudem als sehr intelligent und spielbegabt. Mir ist kein anderer Fall gewärtig, in dem zwei einander verwandtschaftlich so fernstehende Vogelarten auf einem vergleichbar hohen Niveau eine solche nahezu perfekte Übereinstimmung in Funktionalität, Leistungsprofilierung, Lebensweise und Verhalten entwickelt haben wie Kolkrabe und Schopfkarakara. Beide teilen eine Lebensform, die in einer Vielzahl von Komponenten durch Selektion der komplexen Optimierung unterlag, und die Äquivalenz ihrer Leistungsprofile erscheint in ihrer Konstanz sogar im Sinne KANTscher Realgattungen interpretierbar.

Allein das besagt, wie irreführend der Begriff „Geierfalken" für Karakaras ist, die an sich „Krähen-" bzw. „Rabenfalken" heißen müßten. Denn der Rahmen, in dem sie Aas verwerten und Abfälle nutzen, entspricht wesentlich mehr dem unserer Raben und Aaskrähen oder auch Bussarde und Adler als Geiern. Folgt man dieser Idee, so läßt sich auch die Funktionalevolution unserer Falken besser interpretieren.

Die eigentlichen Falken gehören im südlichen Südamerika eher zu den Randerscheinungen. Am ehesten trifft man noch auf den winzigen Buntfalken, von denen einer bei Tyndal mit einem erbeuteten, erstaunlich massigen Kleinsäuger in den Fängen umherflog. Der Aplomadofalke kommt als recht universeller, vornehmlich Vögel erbeutender größerer Falke im Südzipfel Südamerikas nur lokal vor (JAMARILLO et al. 2003). Es ist daher als Glücksfall anzusehen, ihm hier überhaupt begegnet zu sein. Weiterführende Folgerungen zu seiner funktionellen Positionierung sind daher vorerst nicht möglich. Der Wanderfalke als Luftraumjäger hat es in der Region sicher nicht leicht. Einerseits schränkt der Sturm seine Flugleistung ein, andererseits bewirkt dieser noch, daß seine potentiellen Beutevögel Höhenflüge meiden. Bezeichnend war am 9.12. sein sofortiges Auftauchen im Verlauf einer Wetterberuhigung. Vielleicht hat er aber in windgeschützteren Tälern bessere Chancen.

4 Gedanken zur Funktionalevolution der Falkenartigen (Falconidae)

Die Falkenartigen (Falconidae) werden mit den Habichtartigen (Accipitridae), wie schon in Linnés „Systema naturae" von 1735 in der Ordnung Falconiformes zusammengefaßt. Sie haben jedoch, das erhärten neuere molekularphyletische Befunde, mit diesen und den Eulen, nichts gemein (Wink et al. 1999, 2004). Ihre Greifvogelmerkmale, wie etwa der Hakenschnabel und die krallenbewehrten Greiffüße, entstanden konvergent.

Mit den beiden Unterfamilien der Polyborinae (Waldfalken und Karakaras) und Falconinae (eigentliche Falken und Zwergfalken) umfassen die Falkenartigen zwei sehr unterschiedliche Gruppierungen. Vor allem der Gegensatz zwischen den langflügligen, den Luftraum beherrschenden Falken und den herkömmlicherweise als bodengebunden und in ihrer Lebensweise geierähnlich charakterisierten Karakaras erscheint bei diesem Verwandtschaftsverhältnis geradezu paradox, ja kurios, ist es aber beim näheren Hinschauen nicht. Denn beide verfügen mit der Befähigung zum ausdauernden Aktivflug über ein gemeinsames grundlegendes Leistungsmerkmal, das lediglich auf unterschiedliche Weise zum Einsatz kommt. Im Sinne einer alternativen Leistungsoptimierung nutzen ihn Falken zum aktiven Verfolgungsflug im freien Luftraum, während er den typischen Freiland-Karakaras – nicht Geiern, sondern Raben und einigen Krähen vergleichbar – die bodenorientierte Nahrungssuche in offenen, sturmgepeitschten Lebensräumen ermöglicht.

Und es ist wohl auch primär die Falken eigene Ausdauer im Fluge, die ihnen weltweit die Etablierung als zweite Greifvogelfamilie neben den Habichtartigen ermöglichte. Wenn Falken durch Biß und nicht durch Griff töten, Horste nutzen, nicht bauen und auch in der Gefieder- und Brutfleckverteilung, der Mauser oder wie sie Kot absetzen klare Unterschiede zu den Habichtverwandten zeigen (vgl. Cade 1982), bringt das wohl kaum so entscheidende Selektionsvorteile. Habichtartige haben vor allem keine so dauerhaft belastbare Flugmuskulatur. Sie müssen als Intervallflieger nach oft nur relativ kurzen aktiven Flugphasen Pausen einlegen, die sie gleitend, segelnd oder aufgeblockt ruhend überbrücken. Hochbeschleunigte Überrumpelungsangriffe, zu denen vor allem Habichte befähigt sind, halten sie nur kurzzeitig durch. Das setzt ihrer Befähigung zur Eroberung des Luftraumes enge Grenzen, schafft vor allem Freiräume für aktive Dauerflieger.

Dafür, daß hier ein akuter, sich über den „Sog der freien Nische" realisierender Artbedarf bestanden hat und bei Vorliegen einiger Voraussetzungen alles recht schnell gegangen sein dürfte, spricht auch die enge Verwandtschaft aller heute lebenden Falken der Gattung *Falco*. Deren artliche Differenzierung kann nach del Hoyo et al. (1994) nicht weiter als bis ins späte Pliozän bzw. Pleistozän und damit lediglich über einen Zeitraum von rund 1,85 Mio bis 10 000 Jahre zurückdatiert werden.

Ihre Flugausdauer haben die Falken möglicherweise über eine den Karakaras vergleichbare Lebensweise erworben bzw. entwickelt, was aber nicht bedeutet, daß die heutigen Karakaras zwangsläufig die unmittelbaren Vorfahren heutiger Falken sind und diese Entwicklung im südlichen Südamerika abgelaufen sein muß. Wenn dieses Leistungsmerkmal erst einmal manifestiert ist, kann es auch – etwa zu Verfolgungsflügen – umfunktioniert werden. All dies verläuft nach dem Prinzip der Polifunktionalität von Strukturen als fundamentale Voraussetzung für Entwicklung und Evolution (Pawelzig 1985). Danach können biologische (morphologische) Strukturen neben einer direkten, gerade der Selektion unterliegenden Funktion zugleich weitere, gewissermaßen mitlaufende Funktionen aufweisen bzw. sie entwickeln. Wenn nun im Bedarfsfall die parallel mit entstandene, gewissermaßen präadaptive Nebenzur Hauptfunktion wird, nimmt der weitere Evolutionsverlauf oft eine andere Richtung. Dies verdeutlicht, wie pragmatisch und opportunistisch, stets nur auf jeweils unmittelbare Zielsetzungen ausgerichtet, die evolutionäre Entwicklung zumeist verläuft.

Welcher „Leistungstransfer" der Entwicklung von Waldkarakaras der Gattung *Daptrius* mit dem Wespen und Bienen fressenden Rotkehlkarakara (*D. americanus*) und dem Zecken nachstellenden Gelbkehlkarakara (*D. ater*) zugrunde liegt, läßt sich vorerst, wie auch im Falle der Waldfalken nicht sagen. Neben dem Dauerflugvermögen gilt es, dabei auch andere vorhandene, eventuell präadaptiv wirksame Leistungsprofile zu berücksichtigen.

Wenn Falken heute Biß- statt wie die Habichtartigen Grifftöter sind, kann das durchaus mit am Boden agierenden Vorfahren in Verbindung stehen. Ein „Gehfuß" eignet sich, wie auch Geier zeigen, wenig zum Töten, und der Schopfkarakara hat zumindest einen angedeuteten Falkenzahn (GROSSMAN et al. 1964).

Bei der Haltung von Falken besticht zudem deren sich schnell einstellende intelligente Vertrautheit und partnerschaftliche Bindungfähigkeit, die gleich großen Habichtverwandten (Habichten und Sperbern, aber auch Bussarden und Weihen) meist fehlt. Auch hierfür könnte der Grundstein durch Vorfahren mit Karakara-Lebensweise gelegt worden sein. Denn Züge eines solchen Verhaltens findet man vor allem bei Arten bzw. Artengruppen, die sich intelligent und partnerschaftlich kooperierend durch Erschließung immer neuer Nahrungsquellen durchschlagen. Dieser Lebensstil, den Raben und einige Krähenvögel mit mehreren Karakara-Arten teilen, ist beispielsweise auch für den Schmutzgeier bezeichnend.

Ein erster, Aufsehen erregender, die Falken betreffender molekularphyletischer Befund belegte, daß wohl Hierofalken-ähnliche Formen, also Verfolgungsjäger im bodennahen Raum, die phyletisch älteste Gruppierung der Gattung bilden. Einige ihrer rezenten Vertreter, wie Saker- oder Präriefalke, leben auch heute noch zu hohen Anteilen von Bodentieren, die sie fliegend im Darüberhingleiten schlagen. Weitere für Falken bezeichnende Funktionaltypen, so die Luftraumjäger (Baum- und Wanderfalken) oder auch die Rüttelfalken der *Tinnunculus*-Gruppe, treten erst später auf (SEIBOLD et al. 1993, SEIBOLD 1994, HELBIG et al. 1994).

Bis vor kurzem galten letztere als ursprünglich, standen in Fachbüchern stets am Anfang der Falken-Artenreihe. Doch im Verlauf ihrer Entwicklung wurde ihre ausdauernd leistungsfähige Brustmuskulatur vom Verfolgungsflug zum Rüttelflug umfunktioniert, was ihnen wieder die Rückkehr zu einer effektiven Jagd am Boden mit weitreichenden Konsequenzen ermöglichte (BAUMGART 1997). Ein ähnliches Funktionssplitting zeigen auch die im Fluge sehr leistungsfähigen Apodiformes (die „Beinlosen"). Diese Ordnung vereint mit Seglern und Kolibris gleichfalls sowohl Dauerflieger als auch exzellente Schwirrflug-Rüttler.

Der Wandel von im Verfolgungsflug jagenden zu Rüttel-Falken vollzog sich offenbar mehrfach. So sind etwa Turmfalken und neuweltliche Buntfalken nicht direkt miteinander verwandt. Der größte Rüttelfalke ist der einem Chimango äußerlich nicht unähnliche australische Braun- oder Habichtsfalke (*Falco berigora*). Er verkörpert als Bodenjäger eine alternative Lebensform zu den Bussarden. Während diese regelmäßige Nahrungsengpässe im Bodenbereich (etwa infolge Schneefällen oder Dürreperioden) vielfach hungernd überbrücken, wird der Braunfalke dann wieder, wie andere Rüttelfalken, sogar längerfristig zum aktiven Verfolgungsjäger, nicht nur am Boden, sondern auch im bodennahen Luftraum.

Aus Braunfalken, die es nach Neuseeland verschlagen hat, entwickelte sich offenbar der Maorifalke (*F. novaeseelandiae*), der als Universaljäger mit seinem geradezu extremen Größendimorphismus in der Insel-Isolation fast alle aktiv jagenden Greifvögel vertritt. Während das kleine Männchen nach FOX (1986) einem Merlin oder Sperber vergleichbar vor allem Sperlingsvögel schlägt, ist das viel größere Weibchen wie ein Habicht oder Wanderfalke in der Lage, Fasanen, Enten oder Möwen zu erbeuten. Diese Vielseitigkeit vereitelt wohl sogar die Ansiedlung von Australien-Turmfalken, die es zwar mit gewisser Regelmäßigkeit nach Neuseeland verschlägt, die hier aber keine Freiräume vorfinden. Wegen seines habichtsähnlichen Habitus (s. MARCHANT & HIGGINS 1993) oft als ursprünglichster Falke angesehen, ist er möglicherweise einer ihrer evolutiv jüngsten (BAUMGART 1998b).

Evolution und Systematik der Falconidae und ihre Beziehungen zu den anderen Greifvögeln werden, wie sich hier im Kurzabriß zeigt, erst dann wirklich verständlich, wenn die Evolutionsabläufe mit Funktionalbezügen verknüpft und damit kausal verständlich gemacht werden. Manch Mysterium oder gar Wunder der Evolution findet dann eine überraschende Aufklärung. Scheinbar Gesichertes gilt es dabei immer wieder neu aufzurollen und modifiziert zu hinterfragen. Die Greifvogelkunde und -systematik, molekularphyletisch bereits ausgezeichnet untersetzt, bietet dafür gute Ansätze und zugleich auch Voraussetzungen zur Entwicklung eines vertieften Evolutionsverständnisses.

5 Zusammenfassung

Die Ergebnisse einer vornehmlich Greifvögeln und Neuweltgeiern geltenden Tour ins südliche Südamerika (Brasilien, Pampa, Feuerland und Patagonien) im November/Dezember 2005 werden dargelegt. Die Beziehungen zwischen Artenspektrum und den Lebensbedingungen, insbesondere aber die Konsequenzen der steten Sturmeinwirkungen auf die Greifvögel der Region werden diskutiert.

Chimangokarakaras vertreten im südlichen Südamerika ökofunktionell die fehlenden Krähenvögel. Schopfkarakaras sind dagegen das nahezu exakte Gegenstück zu unserem Kolkraben. Dies schafft auch neue Ansätze zur Erklärung der Funktionalevolution der Falkenartigen (Falconidae). Ihr Grundleistungsmerkmal, die Befähigung zum aktiven Dauerflug, könnte sich auf dem Wege über eine Karakara-ähnliche Lebensweise herausgebildet haben und ist wohl die Grundlage für ihre spätere funktionelle und artliche Differenzierung.

6 Summary

The results of an educational trip to Southern South America (Brazil, Pampas, Tierra del Fuego and Patagonia) mostly dedicated to Birds of Prey and New World Vultures in November/December 2005 are reported. The relation between species spectrum and forms of life in the region and in particular the consequences of permanent storm influence on Birds of Prey are discussed.

Chimango Caracaras are the ecofunctional substitute of the absent crows in Southern South America. The Crested Caracara on the other hand is almost the exact confunctional counterpart of our Raven. This provides a new case to explain the functional evolution of Falcons (Falconidae). Their basic performance potential represented by the capability of active endurance flight could have developed through a Caracara like lifestyle. Furthermore it could be of fundamental importance for their later functional and species differentiation.

LITERATUR:

BAUMGART, W. (1976): Signalstrukturen im Greifvogelgefieder. – Urania 52. 8: 48–51.

BAUMGART, W. (1978): Funktionelle Aspekte des Artbegriffes bei Greifvögeln. – Falke 25: 185–202.

BAUMGART, W. (1979): Zur Signalfunktion von Gefiedermerkmalen bei Greifvögeln. – Beitr. Vogelkd. 25: 209–246.

BAUMGART, W. (1990): Der Kleinschmidt's-Falke – ein hellphasiger Wanderfalke. – Falke 37: 363–368. Nachdruck in: Greifvögel und Falknerei 1990: 53–55.

BAUMGART, W. (1996): Functional aspects in the taxonomy of large falcons. – Proc. Specialists Workshop, Abu Dhabi (UAE), 14th-16th Nov. 1995, S. 93–110.

BAUMGART, W. (1997): Funktionelle Positionen und Taxonomie der Eigentlichen Falken (Gattung *Falco*) [Functional Positions and Taxonomy of True Falcons (Genus *Falco*)]. – Mitt. Zool. Mus. Berl. 73 (1997) Suppl.: Ann. Orn. 21. 103–129.

BAUMGART, W. (1998a): Leistungsdifferenzierungen bei Greifvögeln und ihre Bedeutung für artliche Existenz und Artbildung. – Zool. Abh. Mus. Tierkd. Dresden 50. Suppl. 11 (100 Jahre Art-Konzepte in der Zoologie): 125–137.

BAUMGART, W. (1998b): Der australische Braunfalke *Falco berigora* VIGORS & HORSFIELD 1827 als funktionelles Äquivalent zum paläarktischen Mäusebussard *Buteo buteo* (L. 1758) nebst Anmerkungen zur funktionellen Position des Neuseelandfalken *Falco novaeseelandiae* GMELIN 1788. – Beitr. Gefiederkd. & Morph. Vögel 5: 1–26.

Baumgart, W. (1999): Vom Wanderfalken (*Falco p. minor*) auf der Kap-Halbinsel (Südafrika). – Greifvögel und Falknerei 1998: 106–114.

Baumgart, W. (2000a): Zur Realität des Typs, Otto Kleinschmidt und konzeptionelle Trugschlüsse im arttheoretischen Denken des 20. Jahrhunderts aus greifvogelkundlicher Sicht. – Greifvögel und Falknerei 1999: 143–170.

Baumgart, W. (2000b): Kleinschmidts greifvogelkundliches Werk und seine Bedeutung für neue Entwicklungen in der Arttheorie. – Bl. Naumann-Mus. 19: 94–102.

Baumgart, W. (2006): Begegnungen mit Wanderfalken (*Falco peregrinus*) und anderen Greifvögeln Nordamerikas – ihre ökofunktionelle Positionierungen im Vergleich zu europäischen Arten. – Greifvögel und Falknerei 2004: 149–171.

Baumgart, W. & P. Baumgart (1998): Greifvogelkundliche Eindrücke und Ergebnisse einer Australien-Studienreise. – Greifvögel und Falknerei 1996: 96–105.

Brown, L. (1979): Die Greifvögel. Ihre Biologie und Ökologie. – Hamburg, Berlin.

Brown, L. & D. Amadon : (1989): Eagles, Hawks and Falcons of the World. – Secaucus, NJ.

Cade, T. J. (1982): The Falcons of the World. – London, Auckland, Sydney, Toronto, Johannesburg.

De la Pena, M. R. & M. Rumboll (1998): Birds of Southern South America and Antarctica. – Princeton.

Del Hoyo, J., A. Elliot & J. Sargatal (1994): Handbook of the Birds of the World. Vol. 2. New World Vultures to Guineafowl. – Barcelona: 24–41.

Grossman, M. L, J. Hamlet & S. Grossman (1964): Birds of Prey of the World. – New York.

Fox, N. C. (1986): Der Neuseelandfalke (*Falco novaeseelandiae*). – Deutscher Falkenorden 1986: 49–53.

Helbig, A. J., I. Seibold, W. Bednarek, P. Gaucher, D. Ristow, W. Scharlau, D. Schmidl & M. Wink (1994): Phylogenetic relationships among Falcon species (genus *Falco*) according to DNA sequence variation of the cytochrome b gene. – in B.-U. Meyburg & R. D. Chancellor eds.: Raptor Conservation Today, WWGBP/The Pica Press: 593–599.

Jamarillo, A., P. Burke & D. Beadle. (2003): Birds of Chile. – Princeton and Oxford.

Klein, H. H. (2002): Karakara Geierfalken *Polyborus plancus*. – Arche Online, www. tierenzyklopaedie.de.

Koepcke, H.-W. (1971–1974): Die Lebensformen. – Krefeld.

Marchant, S. & P. J. Higgins (eds.) (1993): Handbook of Australian, New Zealand & Antarctic Birds. Vol. 2. – Melbourne.

Pawelzig, G. (1985): Polyfunctionality of structures – a fundamental condition for development and evolution. – in J. Mlikovský & V. J. A. Novák eds.: Evolution and Morphogenesis, Praha; Academia; 247–251.

Seibold, I. (1994): Untersuchungen zur molekularen Phylogenie der Greifvögel anhand von DNA-Sequenzen des mitochondriellen Cytochrom b Gens. – PhD Dissertation, Heidelberg University.

Seibold, I., A. J. Helbig & M. Wink (1993): Molecularsystematics of Falcons (Family Falconidae). Naturwissenschaften 80: 87–90.

Wink, M. & P. Heidrich (1999): Molecular Evolution and Systematics of the owls (Strigiformes). – in C. König, F. Weick & J.-H. Becking: Owls a guide to the owls of the world. Pica Press Sussex: 39–57.

Wink, M. & H. Sauer-Gürth (2004): Phylogenetic Relationships in Diurnal Raptors based on nucleotide sequences of mitochondrial and nuclear marker genes. – in R. D. Chancellor & B.-U. Meyburg eds.: Raptors Worldwide, WWGBP/MME: 483–498.

A. Kohls[1], H. M. Hafez[1], M. Greshake[2], R. Korbel[3], N. Kummerfeld[4] & M. Lierz[1*]

Falknerei und die Rehabilitation von Greifvögeln

Zusammenfassung

Um das Überleben der in Vogelauffangstationen tierärztlich behandelten und/oder gesundgepflegten Greifvögel in der freien Wildbahn sicherzustellen, müssen diese nach einem längeren Aufenthalt in Gefangenschaft vor ihrer Wiederauswilderung trainiert werden (Rehabilitation). Wie neueste Studienergebnisse belegen konnten, scheint sich hierzu in erster Linie das falknerische Training zu bewähren. Beim Vergleich zweier Trainingsformen (falknerisches Training und Training in Flugvolieren) kamen übergangsweise falknerisch gehaltene Wildvögel nach ihrer Rückführung in die freie Wildbahn deutlich besser zurecht als die nicht falknerisch trainierte Vergleichsgruppe. Wie einige Wiederauswilderungsprojekte zeigen konnten, kommt es im Zuge der Abtragung der Vögel entgegen bisherigen Annahmen nicht zu einer irreversiblen Bindung des Wildvogels an den Menschen, die eine spätere Wiederauswilderung erschweren würde.

Im folgenden Artikel werden bislang veröffentlichte Studien, welche die Vorzüge des falknerischen Trainings in einem Wiederauswilderungsprozeß aufzeigen, zusammenfassend dargestellt.

Einleitung

Regelmäßig werden verunfallte oder geschwächt aufgefundene Greifvögel aufgelesen und gelangen so in Menschenhand. Eine gefühlte moralische Verpflichtung gegenüber dem Individuum oder der Wunsch nach zeitweiligem Besitz dieser im allgemeinen als faszinierend empfundenen Arten können hier als Beweggründe eine Rolle spielen (Richter und Hartmann, 1993; Lierz, 2003).

Wird das Tier einem mit der Behandlung von Wildvögeln vertrauten Tierarzt vorgestellt, sind die Finder oft enttäuscht, wenn sich der Tierarzt nach eingehender Untersuchung nicht für einen Behandlungsversuch, sondern für eine Euthanasie entscheidet. Nicht selten wurde der Vogel schon einige Zeit selbst zu Hause gepflegt, und vom Finder wird eine Fortführung der Therapie geradezu gefordert. Hier muß jedoch der Tierschutz Vorrang vor den emotionalen Wünschen des Menschen haben. Für einen Wildvogel kann als oberstes Ziel für einen Therapieversuch nur die erfolgreiche Wiederauswilderung stehen. Der Erhalt eines in Gefangenschaft gehaltenen Dauerpfleglings ist daher grundsätzlich abzulehnen (Kummerfeld et al., 2005). Ausnahmen gelten hierbei für bedrohte Greifvogelarten, für die ein Nachzuchtprogramm besteht und deren Haltung in amtlich zugelassenen Pflegeeinrichtungen zwecks Arterhaltung sinnvoll erscheint, oder für die Haltung von Greifvögeln in Bildungseinrichtungen zwecks Naturerziehung der Bevölkerung. Abgesehen von diesen wenigen Fällen gilt jedoch, daß es in der Verantwortung eines sachkundigen Tierarztes liegt, zu entscheiden, ob die Wiederauswilderung eines aufgefundenen Greifvogels realisierbar erscheint und einen Rehabilitationsversuch rechtfertigt. Ist die Prognose diesbezüglich günstig, ist im weiteren Verlauf die Zusammenarbeit von Tierärzten und Wildvogelpflegern

---

[1] Institut für Geflügelkrankheiten, Freie Universität Berlin, Königsweg 63, 14163 Berlin

[2] Tierärztliche Praxis Greshake und Völkert

[3] Klinik für Vögel, Ludwig-Maximilian Universität München

[4] Klinik für Heimtiere, Reptilien, Zier- und Wildvögel, Stiftung Tierärztliche Hochschule Hannover

* Korrespondierender Autor

besonders wichtig. Dies ist so, weil der Rehabilitationsvorgang aus zwei Phasen besteht, die sich zeitlich teilweise überlappen. Die erste Phase umfaßt den rein medizinischen Aspekt, das heißt das Auskurieren von vorhandenen Erkrankungen und Verletzungen durch den Tierarzt. Je nach Schwere der Erkrankung umfaßt diese Phase einen Zeitraum von nur wenigen Tagen (z. B. bei einer Gehirnerschütterung) oder aber auch von mehreren Wochen bis Monaten (z. B. bei Knochenbrüchen). Die zweite, ebenso wichtige Phase basiert auf wildbiologischen Gesichtspunkten. Greifvögel sind karnivore Beutegreifer, die aktiv ihre Beute bejagen. Als solche werden an ihre körperliche Fitneß zum Überleben in freier Wildbahn hohe Ansprüche gestellt (LIERZ et al., 2005). Dies gilt insbesondere für Falken, Habichte und Sperber, die als extreme Nahrungsspezialisten ihre Beute stets im Flug erjagen. Etwas geringere, jedoch immer noch beachtliche physische Leistungen werden an Nahrungsopportunisten, beispielsweise Mäusebussarde, gestellt.

Ein in einer Tierarztpraxis eingestellter Greifvogel ist mit seinen zum Überleben existenziellen extremen Flugleistungen vergleichbar mit einem Leistungssportler, der verletzungsbedingt pausieren muß. Wie bei diesem kommt es auch bei einem Vogel während eines stationären Aufenthaltes immer zu einem mehr oder weniger starken Verfall der körperlichen Fitneß. Vor allem bei längeren Aufenthalten (Richtwert ab 14 Tagen) ist daher vor der Wiederauswilderung ein eingehendes Training des Wildvogels erforderlich (REDIG, 1993a). CHAPLIN et al. (1993) wiesen nach, daß trainierte Greifvögel nach einer Belastung Laktat aus dem anaeroben Stoffwechsel schneller abbauen als untrainierte Greifvögel und somit eine höhere Fitneß für das Leben nach der Rehabilitation haben. Sowohl durch radio- und satellitentelemetrische Untersuchungen als auch durch Ringwiederfunde konnte bewiesen werden, daß trainierte Vögel in der Natur erfolgreich überleben (MARTEL et al. 2000).

Darüber, wie dieses Training gestaltet werden sollte, existieren jedoch verschiedene Meinungen. HARDY (1995) glaubt, daß eine Volierenhaltung allein zur Konditionssteigerung ausreicht, indem sich die Vögel selbständig bewegen. BEDNAREK (1999) stellt allerdings dagegen, daß Greifvögel stets um eine positive Energiebilanz bemüht sind und sich nur dann bewegen, wenn dies zum Zweck der Beutefindung notwendig ist. Da der Vogel in einer Voliere seine Nahrung jedoch vorgesetzt bekommt, wird er sich unter diesen Haltungsbedingungen kaum soviel bewegen, daß eine für die Natur ausreichende körperliche Konstitution erworben werden kann. Zudem läßt sich in einer Voliere nicht kontrollieren, ob der Greifvogel Beutetiere fangen kann, da lebende Beutetiere ihrem artgerechten Fluchtverhalten nicht nachkommen können und dieses Vorgehen nicht tierschutzkonform ist (RICHTER und HARTMANN, 1993).

REDIG (1993b) ist der Ansicht, daß eine ausreichende Kondition durch vom Menschen stimulierten Flug in Flugdrahtanlagen und an Lockschnüren erreicht wird. Problematisch an dieser Methode ist, daß auch diese Vögel durch Menschenhand gefüttert werden müssen. Hierbei erfolgt mitunter eine schnelle Gewöhnung an die Art der Fütterung (z. B. Totfütterung, Eintagsküken, weiße Labornager) (LLEWELLYN und BRAIN, 1983). Hierdurch können sich eventuell Probleme bei der Wiederauswilderung ergeben, denn ob der Vogel trotz guter Konditionierung in der Lage ist, selbständig Beute zu schlagen, kann mit dieser Trainingsmethode nicht überprüft werden. Zudem sind die Tiere bei dieser Methode nicht konditioniert und werden zu jedem Training aus der Voliere gefangen, was stets Streß für den Vogel bedeutet.

Dagegen scheinen durch ein falknerisches Training, in welchem die natürlichen Räuber-Beute-Beziehungen unter Aufsicht simuliert werden, diese Nachteile umgangen werden zu können. Hier ist die Beobachtung des Vogels unter weitestgehend natürlichen Bedingungen möglich. Der Greifvogel fliegt frei und jagt seine Beute wie später in der freien Wildbahn selbständig. Somit wird dessen natürliches Verhaltensrepertoire unterstützt und dem Vogel wird nicht etwas beigebracht, was er natürlicherweise nicht macht (BEDNAREK, 1996). Wird vom Falkner festgestellt, daß der Vogel seine volle Leistungsfähigkeit zum Beutegreifen noch nicht erreicht hat, kann der Vogel jederzeit einfach und streßfrei wieder eingeholt werden.

Das Training kann dann fortgesetzt werden, bis dieser Status erreicht ist (LIERZ, 2003). Kritiker dieser Trainingsmethode befürchten, daß sich die so an Menschenhand gewöhnten Greifvögel nur sehr schwer wieder auswildern lassen. Die temporäre Konditionierung eines rehabilitierten Wildgreifvogels stellt jedoch lediglich eine Zähmung und keine Prägung auf den Menschen dar. Somit ist der Zähmungsvorgang reversibel, und ehemals wilde Greifvögel zeigen schon wenige Tage später eine normale Fluchtdistanz gegenüber dem Menschen.

Inzwischen existieren in der Literatur mehrere Studien, welche die Eignung des falknerischen Trainings für die Wiederauswilderung von Greifvögeln belegen. Auch das Problem der Konditionierung wurde in der Literatur bereits behandelt.

Falknerisches Training zur Konditionierung von Wildgreifvögeln

In den sich mit der Rehabilitation von Greifvögeln befassenden Studien wird die Notwendigkeit des Trainings länger in Gefangenschaft gehaltener Vögel vor ihrer Wiederauswilderung regelmäßig genannt. Viele Autoren führen hier an, daß falknerische Methoden, wie das Federspiel- und Drachentraining für Falken oder Beireiteübungen für Bussarde, Habichte und Adler, neben anderen Methoden sehr effizient zu einer Konditionssteigerung beitragen können (LLEWLLYN, 1991; SHERROD et al., 1987; LLEWELLYN und BRAIN, 1983; ISENBUEGEL, 1988).

Der hohe Nutzen des falknerischen Trainings konnte in zwei australischen Studien, die in den Jahren 2000 und 2006 veröffentlicht wurden, beeindruckend belegt werden.

In Australien wird die Falknerei von der „Australasian Raptor Association (ARA)" offiziell abgelehnt (CZECHURA, 1994) und ist durch den „New South Wales National Parks and Wildlife Service" verboten. Bezüglich der Rehabilitation von Greifvögeln hat die ARA eine Methodenrichtlinie herausgegeben, nach welcher hospitalisierte Greifvögel trainiert werden sollten. In diesem Trainingprogramm werden die Vögel mehrmals pro Woche in einer Voliere zum Fliegen animiert.

HOLZ und NAISBITT (2000) verglichen in ihrer Studie die Überlebensfähigkeit von neun australischen Habichten (*Accipiter fasciatus*), die entweder nach der von der ARA empfohlenen Methode oder falknerisch trainiert wurden. Die Habichte waren zuvor mit verschiedensten Problemen eingestellt worden (verwaiste Küken, in Fallen gefangene Vögel, Knochenbrüche, Bumble Foot). Der Zeitraum der Gefangenschaft reichte von zwei bis zu 608 Tagen. Diese Vögel wurden abwechselnd, chronologisch nach dem Zeitpunkt ihrer Vorstellung in der Klinik, in eine von zwei Gruppen eingeteilt. Die erste Gruppe (vier Habichte) wurde falknerisch trainiert, die zweite Gruppe (fünf Habichte) nach der Richtlinie der ARA. Nachdem allgemein angenommen wurde, daß die Vögel eine ausreichende Kondition zur Wiederauswilderung erreicht hätten, wurden diese gewogen und mit einem Sender ausgestattet freigelassen. Der ursprüngliche Plan, alle Vögel nach zehn Tagen wieder einzufangen, erwies sich als nicht durchführbar, und so wurden die neun Habichte nach unterschiedlich langer Zeit in der Wildnis wieder gefangen, um ihren allgemeinen Zustand zu bewerten. Hierbei zeigte sich, daß alle falknerisch trainierten Habichte in der Lage waren, an Gewicht zuzunehmen (zwischen 1,7 und 17,4 %). Dies wurde als eine erfolgreiche Wiederauswilderung aufgefaßt. Drei der vier Habichte konnten entsprechend zwei, sechs und 15 Monate später ein weiteres Mal gefangen werden und waren zu diesem Zeitpunkt in einem sehr guten körperlichen Zustand. Dagegen wurde bei drei von vier Habichten der zweiten Gruppe Gewichtsabnahmen bis zu 20% verzeichnet. Ein Vogel dieser Gruppe konnte ebenfalls leicht an Gewicht zunehmen, und ein Vogel wurde nicht wieder aufgefunden. Die drei Habichte mit Gewichtsverlust wurden nun ebenfalls nach falknerischen Methoden trainiert und wieder in die freie Wildbahn entlassen. Interessanterweise konnten nun auch diese Habichte ebenso wie die Vögel der anderen Gruppe an Gewicht zunehmen (zwischen 0,4 und 1,8 %).

In einer Folgestudie untersuchten dieselben Autoren, ob verschiedene Greifvogelarten möglicherweise unterschiedliche Trainingsmethoden benötigen, um ihre Überlebensfähigkeit in der freien Wildbahn zu optimieren (HOLZ et al., 2006). Da jede Greifvogelart ihre spezifische Jagdmethode besitzt, erscheint es naheliegend, daß ein Training auf diese verschiedenen Ansprüche abgestimmt werden sollte. Wie bereits erwähnt, wird dies am deutlichsten beim Vergleich von Greifvögeln, welche im Flug jagen (Falken, Habichte) und solchen, die überwiegend ansitzend auf Beute warten und darüber hinaus auch Aas aufnehmen (Nahrungsopportunisten wie Bussarde und Adler).

In ihrer Studie von 2006 verglichen die Autoren die Eignung beider schon beschriebenen Trainingsmethoden zur Konditionssteigerung von zwölf rehabilitierten Habichten (*Accipiter fasciatus*) und 15 Wanderfalken (*Falco peregrinus*). Der Versuchsaufbau und die Durchführung verliefen hierbei analog ihrer ersten Studie. Neun der untersuchten Habichte waren ebenfalls identisch mit den Habichten der ersten Studie. Zusätzlich wurden drei weitere Habichte nach den ARA-Richtlinien trainiert. Die Prüfung der Entwicklung dieser drei neu trainierten Habichte nach ihrer Freilassung brachte hierbei die gleichen Ergebnisse wie die der Vögel aus der ersten Studie: Keiner der Vögel konnte an Gewicht zunehmen, wobei es bei einem der drei Habichte nicht möglich war, diesen wieder einzufangen und für dieses Tier daher keine Gewichtsangaben vorlagen. Dieser Vogel konnte lediglich zwei Wochen nach Freilassung einmal lebend beobachtet werden. Ein weiterer Habicht konnte nur noch tot aufgefunden werden, das Gewicht war bei diesem Tier deutlich zurückgegangen (- 36,6 %). Der dritte Vogel konnte lebend gefangen und einem erneuten, diesmal falknerischen Training unterzogen werden. Nach wiederholtem Freilassen in die Wildbahn konnte auch dieser Vogel an Gewicht zunehmen.

Von den 15 Wanderfalken wurden sechs Tiere nach falknerischen Methoden und neun nach den ARA-Richtlinien trainiert. Von den neun Falken der zweiten Gruppe konnten vier Vögel innerhalb von zehn Tagen nur noch tot aufgefunden werden. Infolge fortgeschrittener Autolyse war die Gewichtsbestimmung nur noch bei zwei Tieren möglich. Sie ergab eine Abnahme von -27,8 beziehungsweise -32,2 % ihres ursprünglichen Gewichts zum Zeitpunkt der Freilassung. Die verbleibenden fünf Falken konnten zwar in einem Zeitraum von elf bis 21 Tagen lebend eingefangen werden, alle Vögel zeigten zu diesem Zeitpunkt jedoch ebenfalls deutliche Gewichtsreduktionen von bis zu -30%. Daraufhin wurde einer der Falken nachfolgend zusätzlich zu den sechs Tieren der ersten Gruppe falknerisch trainiert.

In der ersten Gruppe zeigte sich, daß die Hälfte der Vögel in der Lage waren, nach Zeiträumen von ca. einem und zwei Monaten, an Gewicht zuzunehmen (zwischen 1,7 und 5,4%). Gleichzeitig kam es aber bei zwei Falken sowie dem ursprünglich aus Gruppe zwei stammenden Falken zu Gewichtsrückgängen zwischen -1,7 und -8,2 %. Ein Falke konnte nicht wieder gefangen werden, wurde jedoch elf Monate später lebend gesichtet.

Durch diese beiden Studien konnte erstmals die Annahme, daß falknerisch trainierte Wildvögel besser auf das Überleben in freier Wildbahn vorbereitet zu sein scheinen, als mit anderen Methoden trainierte Vögel, auch wissenschaftlich belegt werden. Die Überlegenheit der falknerischen Methoden lassen sich daraus ableiten, daß Todesfälle nur bei den Tieren aus der in Volieren „trainierten" Gruppe zu verzeichnen waren. Außerdem waren Vögel in dieser Gruppe nicht in der Lage, an Gewicht zuzunehmen. Demgegenüber waren die falknerisch trainierten Vögel hierzu mehrheitlich befähigt.

Interessanterweise war der Erfolg des Trainings bei den Habichten größer als bei den Wanderfalken. Dies impliziert, daß das angewendete Training zwar für Habichte als ausreichend angesehen werden kann, zur Auswilderung von Wanderfalken jedoch noch intensiviert werden muß. Wie bereits vermutet wurde, muß das falknerische Training somit auf die jeweilige Jagdtechnik der zu rehabilitierenden Vögel genau zugeschnitten werden.

Vorübergehendes Abtragen eines Wildvogels – eine Hürde zur Wiederauswilderung?

Als Hauptkritikpunkt wird von Gegnern des falknerischen Trainings genannt, daß durch diese Methode der Wildvogel zu sehr an den Menschen gewöhnt werde und möglicherweise seine natürliche Scheu gegenüber diesem verliere. Daß dies unwahrscheinlich ist, konnte durch eine vierjährige Studie an 215 wild gefangenen Saker- (*Falco cherrug*) und 90 Wanderfalken belegt werden (LIERZ und LAUNAY, 2000). Oben genannte Vögel wurden sechs Monate lang falknerisch gehalten und danach an ihrem Fangort, ausgestattet mit Mikrochips und 20 Tiere mit Satellitensendern, wieder freigelassen. Nach einem Jahr wieder gefangene und anhand von Mikrochips und Ringen identifizierte Tiere zeigten, daß eine erfolgreiche Rückführung dieser kurzzeitig abgetragenen Wildvögel in die Natur möglich war. Ein sofortiger Wiederfang der Tiere, wie sie bei einer Menschengewöhnung zu erwarten gewesen wäre, fand nicht statt. Die Ergebnisse wurden von den Satellitenstudien unterstrichen. Diese zeigten, daß einige der Vögel innerhalb weniger Wochen Distanzen von über 2000 Kilometern zurücklegten. Eine solche Leistung kann nur von sehr gut trainierten, überlebensfähigen Tieren vollbracht werden. Das Verhalten, das der abgetragene Wildvogel ausführt, erfolgt nach dem natürlichen Bestreben des Greifvogels, mit kleinstem Aufwand den größtmöglichen Nutzen zu erzielen. Hierbei hat der Vogel gelernt, daß er mit Hilfe seines vertrauten Menschen einfacher Beute erzielt, als wenn er alleine jagen würde (Mensch als ökoethologischer Platz) (BEDNAREK, 1999). Sollte sich jedoch am Umfeld des Vogels etwas ändern (z. B. in der Art des Trainings, in der Umgebung oder bezüglich eines Trainerwechsels) wird der Vogel dieses erlernte Verhalten zum Selbstschutz wieder ablegen. Für die Auswilderung bedeutet dies, daß ein Greifvogel in guter Kondition, der darüber hinaus das Leben in freier Wildbahn bereits kennt, nach einer Freilassung den gewohnten Trainingsablauf nicht mehr vorfindet und somit wieder selbständig jagen wird. Er wird die Nähe zum Menschen nicht suchen.

Die temporäre Gewöhnung an den Menschen ist ferner von Vorteil, da ein solcher Vogel Medikamentengaben oder sonstiges Handling streßfreier verkraften wird als ein Vogel ohne Menschenkontakt. Dadurch werden sich die Vögel im allgemeinen ruhiger verhalten, wodurch Gefiederschäden vermieden und der allgemeine Heilungsprozeß beschleunigt wird. Zudem kann das Training des Vogels bereits beginnen, wenn die medizinische Therapie noch nicht abgeschlossen ist. Dies führt zur Überlappung der oben beschriebenen zwei Rehabilitationsphasen und somit zur Verkürzung des gesamten Wiederauswilderungsprozesses.

Resümee

Zusammenfassend kann festgestellt werden, dass eine tierschutzgerechte Wiederauswilderung von vorübergehend in Gefangenschaft gehaltenen Greifvögeln nur durch ein ausreichendes Training der Tiere gewährleistet werden kann. Hierbei bieten falknerische Methoden deutliche Vorteile. Ein bloßes Fliegenlassen von länger gehaltenen Patienten oder ein unzureichendes Training ohne selbständigen Freiflug und Beutefang kann das Überleben des Vogels nach der Wiederauswilderung nicht sicher gewährleisten. Nach § 3 Nr. 4 des Tierschutzgesetzes (TierSchG) ist es verboten, ein solches Tier in die freie Natur auszusetzen, da es „nicht auf die zum Überleben in dem vorgesehenen Lebensraum erforderliche artgemäße Nahrungsaufnahme […] vorbereitet ist."

Zur Durchführung des Trainings müssen jedoch erfahrene Trainer gewonnen werden, bei deren Auswahl § 2 TierSchG zu berücksichtigen ist. In § 2 TierSchG wird gefordert, daß Personen, die Tiere halten und pflegen, hierfür über ausreichende Sachkenntnis verfügen müssen. Diese Sachkenntnis besitzen zweifelsfrei Falkner, da diese sich einer staatlichen Prüfung unterzogen haben. Daher sollten Falknerverbände, wie es in einigen Ländern (zum Beispiel den Niederlanden) bereits üblich ist, auch in Deutschland mehr in die Rehabilitation aufgefundener Wildgreifvögel integriert und zur Mitarbeit oder Ausbildung von Mitarbeitern amtlich anerkannter Greifvogelstationen gewonnen werden. Jeder Falkner sollte hier Verantwortung übernehmen. Da die Bereitschaft der Falkner hierzu generell vorhanden ist, wäre es wünschenswert, wenn zukünftig eine intensivere Zusammenarbeit zwischen den Betreibern anerkannter Wildvogelauffangstationen, den sich mit der Rehabilitation von Greifvögeln befassenden Naturschutzverbänden sowie sachkundigen Tierärzten, im besten Fall mit Hilfe staatlicher Unterstützung, erfolgen würde.

LITERATUR:

BEDNAREK, W. (1996): Greifvögel: Biologie – Ökologie – Bestimmen – Schützen. Hannover: Landbuch.

BEDNAREK, W. (2000): Falknerische Greifvogelhaltung aus etho-ökologischer Sicht. In: Greifvögel und Falknerei 1999. Melsungen: Neumann-Neudamm.

CHAPLIN, S. B., L. R. MÜLLER & L. A. DEGERNESS (1993): Physiological assessment of rehabilitated raptors prior to release. In: Raptor Biomedicine: 167–173.

CZECHURA, G. (1994): Raptor rehabilitation – grail, illusion or toehold for falconers? Australasian Raptor Association News 15: 53–56.

HARDY, J.W. (1995): Guidelines for the rehabilitation of birds of prey. NSW National Parks and Wildlife Service.

HOLZ, P. H. und R. NAISBITT (2000): Fitness Level as a Determining Factor in the Survival of Rehabilitated Raptors Released Back into the Wild – Preliminary Results. In: Raptor Biomedicine III: 321–325.

HOLZ, P. H., R. NAISBITT und P. MANSELL (2006): Fitness Level as a Determining Factor in the Survival of Rehabilitated Peregrine Falcons (Falco peregrinus) and Brown Goshawks (*Accipiter fasciatus*) Released Back Into the Wild. Journal of avian medicine and surgery 20: 15–20.

ISENBUEGEL, E. (1988): Medizinische Betreuung und Auswilderung verunfallter Greifvögel. Berliner Münchener Tierärztliche Wochenschrift **101**: 310–315.

KUMMERFELD, N., R. KORBEL und M. LIERZ (2005): Therapie oder Euthanasie von Wildvögeln – tierärztliche und biologische Aspekte. Tierärztliche Praxis **33**: 431–439.

LLEWELLYN, P. (1991): Assessing adult raptors prior to release. In: London Zoo, The Hawk Trust, The Hawk Board, Eds. Raptor rehabilitation workshop. Newent: The falconry Centre: 33–47.

LLEWELLYN P. und P. F. BRAIN (1983): Guidelines for the rehabilitation of injured raptors. International Zoo Yearbook **23**: 121–125.

LIERZ, M. und F. LAUNAY (2000): Veterinary procedures for falcons re-entering the wild. Veterinary Record **147**: 518–520.

LIERZ, M. (2003): Greifvogelrehabilitation in der tierärztlichen Praxis – Ein Tierschutzproblem? Der praktische Tierarzt **7**: 514–517.

LIERZ, M., M. GRESHAKE, R. KORBEL, N. KUMMERFELD UND H. M. HAFEZ (2005): Falknerisches Training und Auswilderbarkeit von Greifvögeln – ein Widerspruch? Tierärztliche Praxis **33**: 440–445.

MARTELL, M. S., J. GOGGIN und P. T. REDIG (2000): Assessing rehabilitation success of raptors through band returns. In: Raptor biomedicine **III**: 327–334.

REDIG, P. T. (1993a): Medical Management of birds of prey. A collection of notes on selected topics. 3. Aufl. The Raptor Center of the University of Minnesota, Minneapolis, USA.

REDIG, P. T. (1993b): Methods of evaluating the readiness of rehabilitated raptors for release. In: Medical Management of birds of prey. St. Paul, MN: University of Minnesota, 1993:157–160.

RICHTER, T. und S. HARTMANN (1993): Die Versorgung und Rehabilitation von vorübergehend in Menschenhand geratenen Greifvögeln – ein Tierschutzproblem. Tierärztliche Umschau **48**: 239–250.

SHERROD, S. K., W. R. HEINRICH, W. A. BURNHAM, J. H. BARCLAY und T. J. CADE (1987): Hacking: A method for releasing Peregrine falcons and other birds of prey. The Peregrine Fund, Boise, Idaho.

Wolfgang Schreyer
Neue Wege als Berufsfalkner

„Warum hat der Vogel einen Helm auf dem Kopf? Was ist das für ein Vogel? Ist der gefährlich?" Unzählige Fragen prasseln auf mich nieder. Wer stellt all diese Fragen? Ganz einfach: Eine dritte Klasse ist bei mir in meinem Waldklassenzimmer im Staatsforst Oberschleißheim zu Gast. Dieses Waldklassenzimmer wurde mir vom Freistaat Bayern zur Verfügung gestellt, um Kinder wieder näher an die Natur heranzuführen. Gibt es etwas Schöneres als einen derartigen Arbeitsplatz zu haben? Nein, mit Sicherheit nicht.

Aber wie ist nun dieses Waldklassenzimmer zustande gekommen, und was erwartet die Kinder mit ihren Lehrern bei mir im Wald? Ich habe mich vor sechs Jahren selbständig gemacht und meine Falknerei als Gewerbe angemeldet. Das Konzept stand fest, es sollte für Schulen möglich sein, über einen Pirschgang die heimische Tierwelt wieder kennenzulernen. Tierpräparate werden auf einem ausgewiesenen Pfad im Wald versteckt und erscheinen so für die Kinder in ihrer natürlichen Umgebung. Zwei bis vier Schüler bilden eine Gruppe, gehen den Pfad entlang, suchen nach den Präparaten und schreiben auf ein Arbeitsblatt, was sie sehen und glauben erkannt zu haben. Haben sie diese Aufgabe erledigt, gehe ich mit ihnen gemeinsam den Pirschpfad nochmals ab und erkläre ihnen jedes Tier einzeln. Es ist oft erstaunlich, wie wenig viele Kinder über die heimische Tierwelt wissen.

Nach diesem Programmpunkt haben die Kinder Pause, und ich bereite mich unterdessen auf die Flugvorführung mit meinen Greifvögeln vor. Falken, Bussarde, Uhu und Adler werden im freien Flug gezeigt und erklärt. Die Schulklasse erfährt nun in kindgerechter Form alles Wissenswer-

Verfasser bei einer Kinderfreizeit des BJV

Den Vogel selbst tragen ist das Größte – Fotos: Franziska Karner

te über Greifvögel und Falknerei. Ein wichtiger Punkt ist die artgerechte Haltung der Vögel in der Falknerei, und die Kinder und ihre Begleiter sind regelmäßig begeistert von dem, was sie zu hören und zu sehen bekommen. Auf Wunsch besuche ich mit meinen Vögeln auch Schulen, um dort Flugvorführungen durchzuführen. Schüler und Lehrer sind von den Greifen fasziniert, und es kommt über Frage und Antwort ein interessanter Dialog zustande, der das Verständnis für die Bedürfnisse und die Lebensweise der Greifvögel und auch für die Falknerei weckt.

Seit etwa drei Jahren betreue ich jährlich ca. 5000 Kinder in Kindergärten, Schulen und im Rahmen von Ferienprogrammen. Um dies für die Kinder preiswert durchführen zu können, mußte ich natürlich auch andere Einnahmequellen erschließen. Wir, das sind Robert Höfling und ich, zeigen unsere Vögel auf historischen Festen, z. B. auf der Burg Pappenheim oder im Bergtierpark Blindham. Viele tausend Besucher können wir so jedes Wochenende davon überzeugen, daß Falknerei eine faszinierende und absolut erhaltenswerte Jagdart darstellt.

Seltsamerweise sind unsere Gegner bei diesen Vorführungen niemals anzutreffen. Offensichtlich wissen sie genau, daß hier die Öffentlichkeit auf unserer Seite steht und sie sich mit dem Auftritt als sogenannte Tierrechtler nur lächerlich machen würden. Zudem scheuen sie die offene Diskussion vor einem größeren Publikum, da ihnen hier die Argumente sicher sehr schnell ausgehen würden. Ich denke, daß wir jede Chance nutzen müssen, um die Bevölkerung aufzuklären, was Falknerei ist und wie und warum sie ausgeübt wird. Nur für etwas, was die Leute kennen, sind sie auch bereit einzustehen. Zur praktischen Beizjagd kann ich keine tausend Leute mit ins Revier nehmen, aber auch bei Flugvorführungen erfahren die Zuschauer anhand von Federspiel und anderen Beuteattrappen, wie die Falknerei funktioniert. Natürlich müssen wir hinterher jede Menge Fragen beantworten, aber gerade dies gibt uns die Chance, die Falknerei richtig darzustellen, und wir beantworten deshalb jede Frage gern.

Mittlerweile werden wir für Gastspiele in Opernhäusern und Theateraufführungen gebucht und auch bei Film und Fernsehen haben wir Fuß gefaßt – ein weiterer Schritt in die Öffentlichkeit, der dazu beiträgt, Verständnis für die Beizjagd zu wecken. Hinzu kommt, daß es uns sehr viel Spaß macht, interessierten Menschen die Falknerei und unsere Greifvögel näherzubringen.

Dies ist natürlich nicht alles, was ein Berufsfalkner leisten kann. Seit mehreren Jahren mache ich mit meinen Greifvögeln z. B. Möwenvergrämung. Klärwerke in München oder auch die „Neue Messe" in Riem haben mich beauftragt, die Verkotung durch diese Tiere auf ein erträgliches Maß zu reduzieren. Die Wirkung ließ nicht lange auf sich warten, und auch die Jagd mit dem Beizvogel auf Wildkaninchen in der Stadt wurde zum durchschlagenden Erfolg. So konnte ich die Falknerei immer im Dienste der Stadtbewohner betreiben, was bei der Bevölkerung stets sehr gut ankam. Der natürliche Feind wird von der Öffentlichkeit besser akzeptiert als das Erlegen der Tiere mit der Schußwaffe.

So gibt es das ganze Jahr über sehr viel Arbeit. Wir betreuen zu zweit 13 Greifvögel: Falken, Bussarde und Adler. Alle Vögel werden aus der Voliere heraus geflogen, und nur in der Zeit des Abtragens stehen sie in der Anbindehaltung. Man braucht keine 40 oder 50 Vögel am Strick hängen zu haben, um Falknerei zu zeigen. Mir persönlich ist sehr wichtig, daß das Wohl des Vogels im Vordergrund steht. Dies kann jeder Zuschauer sofort erkennen, wenn er sieht, wie topfit die Vögel ihr Flugprogramm absolvieren.

Ein alter Spruch sagt:„Mach dein Hobby zum Beruf, und du mußt nie mehr arbeiten."

Dem möchte ich nichts mehr hinzufügen.

Hombre 2004

Rainer Hussong
Sie nannten ihn Hombre

In den 1970er Jahren verbrachten mein Vater und ich sehr schöne Zeiten in der Jagdhütte unseres leider viel zu früh verstorbenen Freundes Adi Schreyer, wo der Grundstock für mein Träumen gelegt wurde.

In der Hütte lag ein Foto von einem mir bis dahin unbekannten Vogel, der mich sofort in seinen Bann zog. Es handelte sich um das Bild eines Habichtsadlers.

Ab Ende der 70er Jahre flog ich erfolgreich Habichte, der Habichtsadler ließ mich aber nie wieder los. Versuche, aus Afrika oder gar Spanien einen Vogel zu bekommen, waren hoffnungslos.

Mitte der 80er Jahre wurde meine zwischenzeitlich etwas abgeschwächte Sehnsucht, solch einen Vogel zu besitzen, erneut entfacht. Im Rahmen meiner tierärztlichen Ausbildung besuchte ich einen Züchter, der im Besitz mehrerer Paare dieses wundervollen Tieres war. Auch ein einzelner Afrikaner saß in einer Voliere, und auf Nachfragen erfuhr ich, daß es sich um genau den zwischenzeitlich 30jährigen Vogel handelte, der meine Leidenschaft für diese Beizvogelart entfachte.

Aufgrund des zu diesem Zeitpunkt noch ausstehenden Zuchterfolgs sollte es aber immer noch ein Traum bleiben, ein solches Tier zu besitzen.

Zwischenzeitlich hatte die Anwarterfalknerei mich in ihren Bann gezogen. Nachdem am 13. August 1999 mein Habicht „Rosi", mit der ich über 500 Stück Wild gebeizt hatte und unbeschreiblich schöne Beiztage verbringen durfte, verstorben war, war für mich klar: Wenn ich jemals wieder einen Beizvogel auf Haarwild einsetzen würde, dann müßte es ein Habichtsadler sein.

Genau aus diesem Grund erwarb ich auch ein Puma-Falknermesser, das ich in meine Vitrine legte mit der Absicht, es am ersten mit meinem Habichtsadler gebeizten Hasen einzuweihen.

Die Jahre vergingen, und ich brachte eine um die andere erfolgreiche Saison mit meinem Wanderfalkenterzel „Clyde" hinter mich.

Eines Tages Ende 2001 rief ein mir bis dahin unbekannter Falkner aus Österreich bei mir an und fragte, ob mein Vater und ich Lust hätten, an einer Beizjagd in seinem Land teilzunehmen. Welch eine Frage! An einem Donnerstag im Oktober machten sich Kurt Hussong mit Harris Hawk „Shari", der Wanderfalke „Clyde", die Pointerhündin „Ayleen" und meine Wenigkeit auf den Weg ins schöne Österreich. Auch die Falkner Günther Biersack, Peter Stippler und Günther Stangl nebst Frauen, die den Kontakt zu Wolfram erst ermöglicht hatten, waren mit von der Partie – ich hoffe, ich habe keinen vergessen!

Auf dieser Tagung konnte ich neben der Tatsache, daß ich meinen Terzel dank der hervorragenden Arbeit von „Ayleen" und des ausgezeichneten Wildvorkommens erfolgreich auf Fasan einsetzte, auch wieder sehr nette und kameradschaftliche Falkner kennenlernen. Wolfram Wurzinger und Peter Hastig seien nur exemplarisch genannt. Doch es sollte noch besser werden, denn es war auch ein Habichtsadler mit von

Habicht Rosi 1991

der Partie. Aufgrund der Tatsache, daß wir in gemischten Gruppen ins Feld gingen (Steinadler, Habicht, Rotschwanzbussard, Harris Hawk, Wanderfalke und Habichtsadler), konnte ich meinen Traumvogel nicht nur beobachten, sondern auch noch erfolgreich auf Hase jagen sehen. Mein Entschluß stand erneut und klarer denn je fest: Irgendwann mußte ich einen solchen Vogel mein Eigen nennen. Durch dieses Habichtsadlerweib wurden auch alle meine Bedenken bezüglich der Aggressivität dieser Vögel, von der man sich erzählt, ausgeräumt. Der Adler war sehr angenehm, konnte von jedermann auf die Faust genommen werden und jagte göttlich!

Im Winter dieses Jahres erhielt ich in meiner Praxis einen Anruf aus Österreich von meinem Freund Wolfram, in dem er mir mitteilte, daß es dem Habichtsadler gar nicht gut ginge. Er berichtete, daß er nicht mehr fliegen könne. Weiter erfuhr ich, daß Wolfram schon einen Tierarzt in seinem Land konsultiert habe, dieser habe ihm zur Euthanasie des Adlers geraten. Welch grauenhafte Vorstellung! Mein Traumvogel sollte eingeschläfert werden! Auf meine Frage, ob ich es denn nicht versuchen dürfe, den Habichtsadler zu retten, war Wolfram sofort einverstanden, da natürlich auch ihm daran gelegen war, diesen seltenen und brillanten Beizvogel zu erhalten. Am nächsten Wochenende nahm Wolfram die lange Fahrt auf sich und brachte mir den Vogel. Eingehende Untersuchungen ergaben, daß der Adler eine Veränderung am Humerus (Oberarmknochen) aufwies.

Wir vereinbarten, daß Wolfram das Tier stationär bei mir belassen und ich alles in meiner Macht stehende unternehmen sollte, um es zu

Wanderfalkenterzel Clyde mit Rothuhn

retten. Eine Erfolgsgarantie konnte ich natürlich nicht geben, da es sich bei der Veränderung auch um einen Tumor hätte handeln können. Wolfram stärkte sich noch kurz, und machte sich dann wieder auf in die Heimat nach Österreich.

Nach einer stationären Behandlung von drei Monaten konnte ich Wolfram die freudige Nachricht übermitteln, daß er den Habichtsadler nun vollständig genesen abholen könne.

Als der Tag kam, an dem der Vogel zurück nach Österreich sollte, standen mir die Tränen in den Augen. Der tägliche intensive Kontakt hatte eine freundschaftliche Beziehung zwischen mir und dem Habichtsadler wachsen lassen. Mit Wolfram vereinbarte ich noch, daß er an mich denken

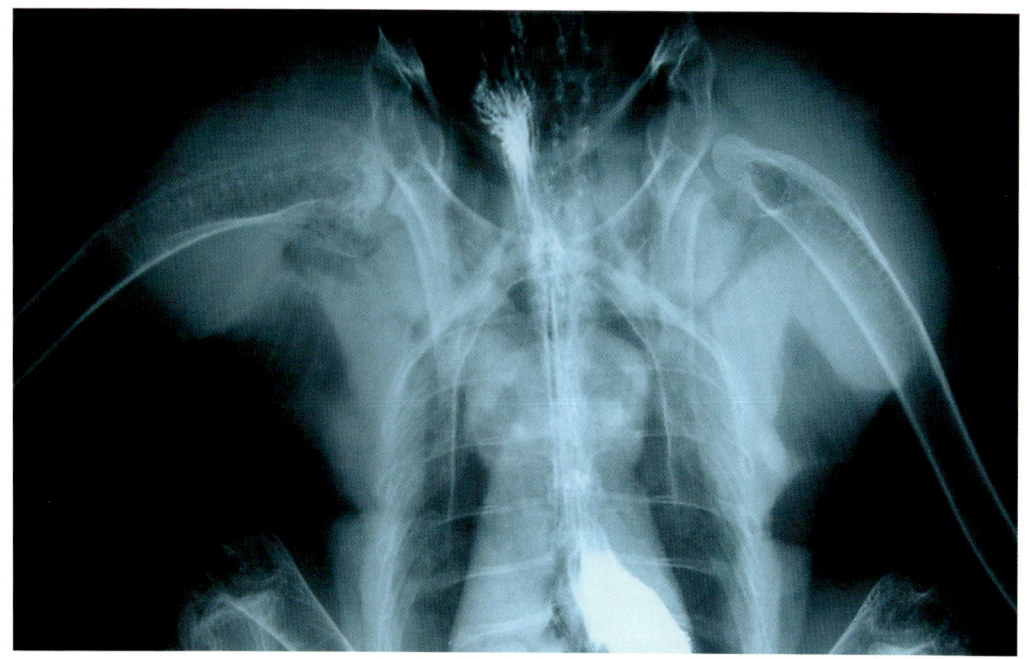

Röntgenbild Habichtsadler

Habichtsadler am Flugdraht

solle, wenn er jemals einen Terzel züchten sollte, dann verschwand mein Traumvogel wieder aus meinem Leben.

In der Saison 2002/2003 konnte ich meinen ehemaligen Patienten wieder erfolgreich auf Hasen jagen sehen.

Im Frühsommer 2004 erhielt ich dann einen unerwarteten Anruf von einem fränkischen Falkner, der mir mitteilte, daß er einen Vogel für mich hätte. Ich war sehr verwundert und erwiderte, daß ich momentan keinen Beizvogel bräuchte. Nun konnte dieser sich nicht mehr verstellen, reichte das Telefon an Wolfram weiter, und ich erfuhr, daß es Wolfram gelungen war, den ersten Habichtsadler nachzuzüchten, und daß es sich um einen Terzel handelte. Der Züchter machte deutlich, dass es ihm sehr am Herzen liege, daß der Adler nicht in einer Voliere verschwände, sondern jagdlich eingesetzt würde. Außerdem hätte ich ja noch etwas bei ihm gut, da ich dem Habichtsadlerweib das Leben gerettet hatte. Der fränkische Falkner, der einen Jungfalken für sich selbst abholte, erklärte sich bereit, den Jungadler bis nach Nürnberg mitzubringen, wodurch mir sogar die Fahrt bis fast nach Wien erspart blieb.

Ich konnte es gar nicht richtig fassen. War es ein Traum? Jahrzehntelang hatte ich von einem solchen Beizvogel geträumt, nun sollte sich mein Traum erfüllen! Nach kurzer Rücksprache mit meiner Frau war es abgemacht, der Habichtsadler sollte bei uns einziehen. Sieben Stunden später konnte ich den noch mit Dunen bedeckten Jungadler mit seinem Kunsthorst, einer mit Reisig und einer Babystoffwindel ausgepolsterten Bananenkiste in Empfang nehmen.

Ich wußte nicht ob ich lachen oder weinen sollte, meine Gefühle waren völlig durcheinander.

Wolfram gab mir Instruktionen, wie ich mich zu verhalten hätte, und ab diesem Tag pirschte der Vogel, den ich „Hombre" nannte, frei durch unseren Garten.

Nach einiger Zeit wurden seine Flugaktivitäten immer besser. Das Kaminholz war ein hervorragender Aussichtspunkt.

Nun war klar, daß wir „Hombre" eine Voliere bauen mußten, um zu verhindern, daß er bei einem Ausflug in ein Nachbargrundstück zu Schaden käme. Wieder einige Tage später war es an der Zeit, dem Adler sein erstes Geschüh anzulegen. Dieser komische Fremdkörper mußte natürlich erstmal genauer inspiziert werden, doch nach einem Tag hatte er sich daran gewöhnt.

Hombre in der Bananenkiste

Nachdem „Hombre" dann trocken war, begann ich mit dem Abtragen. Aufgrund seiner Prägung auf mich konnten mein Vater und ich bald mit den ersten Beireitübungen beginnen. Der er-

Hombre im Garten

ste Meter ist bekanntlich der schwerste. Auf dem Handschuh landen, ist gar nicht so einfach, und so zog er es vor, auf meinem Kopf zu landen und mir ein paar Haare auszureißen.

Ein paar Tage später machte er an der Lockschnur seine erste Beute. Todesmutig stürzte er sich ins hohe Gras und schlug einen kapitalen Grasfrosch von zwei Zentimeter Größe! Nach wenigen Tagen machte ich den Adler frei, und von da an übte ich mit ihm täglich eine Stunde im Wald die freie Folge. Es war bewundernswert, wie schnell er sich steigerte und wie geschickt er durch das Stangenholz flog. Ich machte mir einen Spaß daraus, kleine Atzungsstücke in die in unserem Stadtwald häufigen Steinbrüche zu werfen, um „Hombre" dann wieder fast senkrecht 10–15 m auf die Faust beireiten zu lassen.

Nun, da er sehr geschickt fliegen konnte, wollte ich ihm sein Beizwild schmackhaft machen. Mein Vater, meine Schwester und meine Frau wurden eingespannt, den Balg zu ziehen, den er auch sofort annahm. Ich nahm Hombre nie vom Balg auf, um ihn nochmals darauf zu werfen, da ich seine Aggression nicht fördern wollte. Wenn er etwas geschlagen hatte, sollte

Hombre auf dem Kaminholz

Erste Flugversuche

Kopfstudie

Nach erster Beute

unternehmen. Nach einigen Fehlversuchen, da Wildkaninchen doch schneller und vor allem wendiger sind als ein gezogener Balg, konnte der Terzel sein erstes Kanin schlagen und durfte somit offiziell als Beizvogel bezeichnet werden. Ein voller Kropf war Ehrensache.

Im Oktober dann sollte er mit den Feldhasen Bekanntschaft machen. Schnell hatte Hombre herausgefunden, daß Hasen doch um einiges wehrhafter sind als Kaninchen, und kam dann bald zu seiner ersten Hasenbeute. Sein Appell und sein Flugvermögen begeisterten alle, die ihn fliegen sahen. Hasen wurden auch auf 200 m noch zakkig angejagt, doch leider konnte er aus solch einer Situation (noch) keinen Hasen erbeuten. Wie Jungvögel so sind, trachtete er danach, Diverses zu fangen, und bei einer wegtauchenden Ente versuchte er sich sogar als Seeadler, indem er sich kopfüber in den Fluß stürzte. Leider schleppte er aber nicht die Ente, sondern einen Ast ans Ufer. Völlig durchnäßt nahm ich ihn auf – Jagd vorbei und erste Bekanntschaft mit einem Föhn.

Beim Beizen in einer gemischten Gruppe (Harris und Habichtsadler) im Revier von Werner Kippes und Armin Rau zeigte Hombre sowohl von der Faust als auch aus der freien Folge sehr großes Geschick. An diesem Tag machte ich erstmals den Versuch, den Adler von der Beute aufzunehmen, was ohne Probleme gelang. Auf dem zweiten Kanin atzte ich ihn dann auf.

Bilder Hainberg

Am Silvestertag konnte ich die Saison dann mit einem acht Pfund schweren Hasen, den er im Hochwald aus der freien Folge schlug, abschließen. Ich hätte den Hasen, der sich in den Brombeeren drückte, überlaufen, doch Horst Wellisch machte ihn hoch, und nach einem rasanten Flug durchs Stangenholz band der Adler den Hasen sicher. Nachdem Hombre aufgeatzt war, machten wir (Horst Wellisch, Kurt Hussong und ich) uns glücklich auf den Heimweg.

Nun, da Hombre und auch mein Wanderfalke mausern, finde ich endlich die Zeit, diese Zeilen zu Papier zu bringen, und freue mich schon sehr darauf, wenn es endlich wieder losgeht.

Hombre mit Silvesterhase – Fotos: Verfasser

er auch darauf aufgeatzt werden. Wenige Tage später wollten wir den ersten Versuch auf Wild

Dominik Kollinger
Nochmals einiges über den Habicht

Zum Alter von Wildhabichten

Wir wissen heute, wie alt ein Habicht werden kann, wie lange er fortpflanzungsfähig ist und wie lange er jagen kann (ca. 28, 16, 22 Jahre). Nachstehend die Entwicklung von zwei in der Natur sehr alt gewordenen Habichten:

Bei **Habicht Nr. 1** fand ich den Horst im Jahre 1978 zu Anfang meines Aufenthaltes in der Eifel. Als ich den weiblichen Vogel erstmals im Glase am Horst stehend sah, hatte er bereits sehr dunkle rotbraune Augen und konnte durchaus elf Jahre überschritten haben. Er brachte dann fünf Jahre hindurch jeweils 2–3 Junge zum Ausflug. Ein Jahr danach war er noch zeitweilig im Horstraum, und es kam zu keiner Brut. Dann entschwand er meiner besonderen Aufmerksamkeit, als im Nachbarwalde ein neuer Horstraum mit einem anderen Weibe entstand.

Und wieder vier Jahre später hatte ich ein Schlüsselerlebnis mit dem inzwischen alten, gut zwanzigjährigen Habichtsweib: Bei der Rückfahrt im Auto von einer Exkursion sah ich plötzlich 100 m vor mir einen Vogel im Sturzfluge herunterstürmen, etwa 700 m vom ehemaligen Horstraum entfernt. Neben einer Buschreihe unterhalb eines Einzelhauses des Ortes Dom-Lammersdorf flog eine Federwolke in die Höhe. Als ich stehenblieb, stand mein ganz Alter mit den dunkelbraunen Augen 60 m entfernt auf einer Haushenne. Diese entkam ihm zwischenzeitlich einmal kurz, und er brauchte 25 Minuten, bis sie getötet war! Nach dem Kröpfen flog er dann mit vollem Kropf auf einen Obstbaum und war vom Kropf bis zur Brust blutverschmiert, wie ich es früher unter keinem der Hunderte von Habichten, die wir in Kranichstein bekamen, erlebt habe. Vier Tage später fand ich an Ort und Stelle nochmals die Rupfung einer Henne, und dann sah und hörte ich nie wieder etwas von meinem Uralten.

200 m vom Hühnergeschehen entfernt befand sich eine riesige offene Mülldeponie mit großen Mengen von Vögeln, unter denen die weiblichen Habichte Krähen und die Terzel bevorzugt Stare jagten, indem sie beim Anflug an ein angrenzendes Wäldchen den Vögeln zunächst den Rücken zuwandten, sich nach einiger Zeit umdrehten, dann nickend aussuchend wurden und angriffen. Mein „Alter" war der zur Deponie am nächsten wohnende und jagte dort selbst jetzt nicht mehr. Bestimmt war er dem Druck der anderen, zahlreich kommenden Habichte nicht mehr gewachsen, und sicher fehlte ihm das gute Auge für die Selektion, wozu noch die Frage von Geschick und Flugkraft hinzukommt.

Zur Wichtigkeit der Sehkraft: Mein Wildfangsaker „Karatschi" griff Krähenschwärme oftmals unendlich hoch und weit an, um dann plötzlich abzulassen und weit entfernt eine einzelne Krähe anzugreifen und zu erbeuten! (Im Gehör scheinen Greifvögel indessen weniger altersbedingt gestört zu werden: Mein Habicht „Sabine" begann noch im Alter von 28 Jahren kurz und leise zu gackern, wenn er mich auf 50 m Entfernung sprechen hörte, ohne mich zu sehen.)

Bei **Habicht Nr. 2** fand ich in meinem bayerischen Heimatraum das Horstgebiet 1993, als sich drei Junge im Bettelflug befanden, und beobachtete dieses Habichtsweib dann weitere acht Jahre hindurch. In dieser Zeit waren zwei verschiedene Terzel mit ihm verpaart. Durch Mauserfedern und besonderes Benehmen war der Vogel einwandfrei zu identifizieren. Alljährlich bei meinen ersten Besuchen und auch später stellte er sich über mir in den Bäumen beobachtend und mitunter nachfliegend ein, ohne die üblichen Warnrufe, als würden wir uns sagen: „Alter, nun lebst du auch noch!" Unter Berücksichtigung der folgenden Entwicklung dürfte er bei der Erstbegegnung um die zehn bis elf Jahre alt gewesen sein. Danach brachte er in drei verschiedenen Horsten desselben Sektors in sechs Jahren einmal vier, dreimal drei und zweimal zwei Junge zum Ausflug. In den nächsten beiden Jahren brütete der Habicht, entgegen der üblichen Brutzeit von 38

Tagen, jeweils 56(!) Tage hindurch vergeblich und wurde dabei vom Terzel verpflegt, obschon ich in diesen Jahren vom Weibe die wichtigsten Balzflüge und Kopulationsgeschreie nicht sah und hörte (oder versäumte?). Im nächsten Jahr gab es keine Anpaarung, kein Gelege. Doch ich fand noch eine Penne des Weibes im Horstgebiet; ja ein weiteres Jahr danach sah ich den ca. 20 Jahre alten Habicht nochmals Anfang März im Horst-raum. Vier Wochen später bei der nächsten Exkursion fand ich die zehnte Schwungpenne eines Habichtsweibes im Jugendkleid, ohne jemals wieder etwas von meinem alten Weggefährten zu sehen oder zu hören!

Nach der Schilderung von zwei weiblichen Habichten zu zwei Terzeln

Terzel Nr. 1 bot einmalige Jagdflüge auf Rollertauben. Diese Tauben ließen wir in der Kasselburg immer nach der Fütterung des 20köpfigen Wolfsrudels und nach der Greifvogel-Flugschau für die Besucher starten. Jahre hindurch hatten wir kaum Taubenverluste durch Habichte. Lediglich einen habe ich im Burghof gefangen, der heute noch bei einem Falknerfreund gut jagt, als 17jähriger Vogel. Dann erschien ein Terzel im Jugendkleide, der uns einmalige Jagdflüge auf die Tauben zeigte. Wie bei der Entstehung der Falknerei paktierte er mit mir: Ging ich in Richtung des Taubenschlages, stellte er sich in Position und hatte im wilden Ansturm seine Beute. Gelang es, die Tauben freizulassen, wenn er noch nicht da war, so kam er und schraubte sich, große Ringe holend, in Richtung des sehr hoch wild kurvenden Schwarmes. In den meisten Fällen wußten wir dann schon, welcher die Jagd gelten würde: jener, der es nicht mehr gelang, sich an den zusammengeballten Schwarm eng zu halten. Diese stürzte dann auch als einzige herunter und der Terzel auch, wie ein Stein fallend, hinterher. Hatte die Taube den Schlag nicht weit vor ihm erreicht, oder warf sie sich in die Bäume, so war sie geliefert. In einem Falle sah ich auch einen wilden horizontalen Verfolgungsflug von über zwei Minuten Dauer. Nach drei Wochen war der Taubenbestand von 20 bis auf sechs reduziert, und ich habe den Terzel nach Bayern verfrachtet!

Terzel Nr. 2 war ein mir bekannter mehrjähriger Vogel, dessen Weib vor 4 Jahren (2003) nur 800 m von meinem Wohnhaus in Bayern entfernt brütete – in einem der drei „Becherhorste" des Horstsektors. Einer jener Horstanlagen, die Jahre nach den Stürmen Anfang der 1990er Jahre (Wibke u. Co.) entstanden. Bei diesen Stürmen wurden viele Fichten in 3/4-Höhe gekappt; an den Stümpfen wuchsen zunächst einige Äste ca. 40 cm waagerecht heraus, um dann, schräg nach oben schließend, zur besonderen Krone zu werden. Dadurch entstand beim unteren Wachstum eine Art Becher, in den die Habichte gegen Ende der 90er Jahre so zunehmend ihre Horste gebaut haben, daß es keinen Horst mehr gibt, der wie früher nach Sperberbauart eng am Stamm auf halber Baumhöhe liegt. Nun werden die Habichte, die hier immer noch sehr verfolgt werden, in ihren Horsten weniger entdeckt! Außerdem haben sie mehr Schatten bei Sonneneinstrahlung!

Doch zurück zum Terzel, der bis Mitte Mai auch schon einen Baumfalken und zwei Turmfalken zugetragen hatte. Bei einem Horstbesuch fand ich eine halb gerupfte und leicht angeköpfte Brieftaube. Ich hatte früher schon ermattete Brieftauben hochgepäppelt, sie nach Rücksprache am Telefon mit den Besitzern nach acht Tagen wieder entlassen, und, wenn sie zu Hause ankamen, wäre man nach üblicher Gepflogenheit bereit gewesen, ein Paar junge Tauben zu schenken. Als ich dieses Mal nach drei Stunden anrief, erhielt ich die Antwort, die Brieftaubenfreunde wären noch beim Schlag, von 30 bei Linz gestarteten Tauben wären bisher 29 daheim in Reutlingen angekommen. Der Besitzer meinte später, ein Wanderfalke oder ein weiblicher Habicht, der sich von unten einschwingt, müßte der Täter sein. Gewesen ist es jedoch mein Horstterzel, der bei einem Schönwetter bestimmt aus hohem Anwarten zuschlug, wie ich es in Hessen früher oft beobachtet habe.

Standortwechsel der Habichte

Mitte der 1960er bis in die ersten 70er Jahre bekamen wir als bisher einziger anerkannter Falkenhof des DFO und DJV geradezu unzählige Ha-

„Pano" aus meinem Zuchtjahrgang 1989 – als Beizvogel ein Hasen-, Kanin- und Flugwildhabicht
Foto: Verfasser

bichte von Fängern per Bahnexpreß zugesandt, dies auf veröffentlichte Empfehlung des DJV. In Hessen hatten die Jäger die Bedingung, alles Raubwild zu fangen, bevor man eine Fasanenanlage eingerichtet bekam. Ich habe für diese Habichte den Fängern für Vogel und Gebühren jeweils 25,– DM überwiesen und war bestrebt, alle wieder in Freiheit umzusiedeln. Als wir anfänglich beringte Vögel aus dem Freilassungsgebiet wiederbekamen, wurden diese zur späteren Freilassung nicht mehr beringt und weiter entfernt verteilt. Von Vögeln, die ich hier in meinen bayerischen Räumen mit gezinkten Schwungpennen freiließ, fand ich bei mehreren Horsten die Federn, einmal bei einem kompletten Paar und einmal auch bei einem Hagard. Es wurde kein einziger Fall bekannt, bei dem ein Vogel in sein ursprüngliches Fanggebiet zurückflog.

Abschließend seien drei Beizjagdergebnisse mit Habichten kurz aufgezeigt, an denen sehr deutlich wird, was für ein leistungsfähiger Beizvogel der Habicht ist:

1. Der Falkner Gattung erbeutete mit dem von mir gezüchteten Habicht „Eifel", den er bei mir nach dreiwöchigem Wildflug unter fünf Geschwistern – darunter mein jetzt 17jähriger „Pano" – abgeholt hatte, in zehn Jahren 2.402 Stück Wild. Eine Leistung, wie sie aus keiner anderen Falknereiepoche bekannt ist!
2. Anläßlich einer Beize im Großgelände der Farbwerke Höchst, bei der Strecke gemacht werden mußte und bei der auch die Falkner Anhäuser und Gattung dabei waren, schlug beim Buschieren und Frettieren mein am 6. Dezember gefangener Wildfanghabicht, drei Wochen nach dem Fang, innerhalb von zwei Stunden ohne Fehlflug 16 Karnickel!
3. Bei einer internationalen Beizjagd 1989 in Ungarn, die ich mit meinem inzwischen leider verstorbenen Freund Stefan Bechthold leiten durfte, führte ich an einem Nachmittag eine bundesdeutsche Gruppe, in der wir mit sechs Habichten alle erfolgreich waren und 24 stattliche Hasen auf die Strecke legten.

Johannes Kuth
Beobachtungen an Gartensperbern

Vor etwas mehr als sechs Jahren wurde ich von Köln durch eine neue Arbeitsstelle ins Jülicher Land verschlagen. Die weiten Fahrten von Köln nach Jülich machten nach einiger Zeit einen Umzug erforderlich, der mir als Kölner, der bekanntlich „die Aussicht auf den Dom" braucht, zunächst schwerfiel. Meine Frau fand dann eine Annonce, in der ein Anwesen mit großem Grundstück und „waldähnlichem Garten" angeboten wurde in erreichbarer Nähe zu Jülich. Bei der Besichtigung des Hauses und des Gartens im Hochsommer fand ich in einem etwa 3.000 m² großen Fichtenstreifen einen diesjährigen und einen vorjährigen Sperberhorst sowie einige Mauserfedern. Dieser Fund zusammen mit dem großzügigen Platzangebot für unsere Tiere (zwei Vorstehhunde, drei Frettchen, ein Habicht und ein Falke) machten den Entschluß leicht, das Anwesen zu mieten. In Köln hatte ich schon Erfahrungen mit Gartensperbern sammeln können (s. Jahrbuch 1994, 101–103 „Sperberbrut in einem Kölner Hausgarten") allerdings nicht im eigenen Garten. Die Sperber in Köln – sowohl in diesem Hausgarten als auch auf manchen Friedhöfen – zeichneten sich durch eine extreme Vertrautheit und geringe Scheu vor Menschen aus, die sie leicht beobachtbar machten und bei Horstkontrollen im Rahmen der Greifvogelkartierung in Köln, die im wesentlichen von Michael Lakermann, vormals Würfels, akribisch durchgeführt wurde, interessante Beobachtungen erlaubten. Ich freute mich also nach unserem Einzug im Herbst schon auf das nächste Frühjahr, um im eigenen Garten Sperberbeobachtungen machen zu können. Es stellte sich dann allerdings heraus, daß unsere Sperber wesentlich heimlicher waren, als ich dies aus Köln kannte, mehr so wie man es

Das Gartensperberweib mit geschlagener Ringeltaube Ende Januar auf dem Rasen

vom „heimlichen Waldvogel" Sperber erwartet, obwohl er bei uns alles andere als ein Waldvogel ist. Das Anwesen kann als kleine Feldholzinsel angesehen werden, umgeben von wenigstens zwei km ebener Feldflur ringsum, dabei in nördlicher Richtung ca. 500 m Feld bis zu einer Autobahntrasse. Ein größeres Waldstück ist erst in etwa drei bis vier km Entfernung am Rande des Tagebaus Garzweiler zu finden.

Unser Gartenwäldchen wird dabei intensiv zur Übernachtung und auch zur Brut von Ringeltauben und gelegentlich Fasanen genutzt. Auch Mäusebussarde übernachten hier gern, die Hohltaube brütet in einem Kasten, der eigentlich für Waldkäuze gedacht war, und auch die Waldohreule zieht gelegentlich in einem alten Sperberhorst ihre Jungen auf. Grünspecht und Buntspecht, Eichelhäher und Elster, Misteldrossel, Singdrossel, Amsel, Grün- und Buchfink sowie Blau- und Kohlmeise, Mönchsgrasmücke, Rotkehlchen, Zaunkönig und Gartenbraunelle sind als ständige Gäste oder Brutvögel vertreten, auch Feldlerchen und einige wenige Rebhühner sind im Feld in unmittelbarer Nachbarschaft vertreten. Nur die früher überall in großen Scharen vorkommenden Spatzen findet man so gut wie gar nicht, nicht mal an einem in der Nachbarschaft gelegenen Reiterhof, der immerhin noch einigen Mehl- und Rauchschwalben Nahrung und Unterkunft bietet.

Die intensivst betriebene Landwirtschaft mit Erntemethoden, die kaum noch ein Getreidekorn zu Boden fallen, kaum noch Randstreifen mit Wildkräutern stehen lassen und mit riesigen Erntemaschinen und Mähdreschern große Schläge an einem Tag abernten, bieten nach meiner Beurteilung vielen Vogelarten kaum noch Nahrung und Lebensraum in der Feldflur, was z. B. bei den Sperlingen zu dramatischen Bestandseinbrüchen geführt hat. Und die, die man noch findet, leben in den Ortschaften und nicht im Feld. Wahrscheinlich ist dies der Grund, daß der Bruterfolg unserer Gartensperber nicht sehr hoch ist. Zwar haben unsere Sperber in den letzten sechs Jahren jedes Jahr in einem neuen Horst gebrütet und auch jedes Jahr erfolgreich Junge aufgezogen und zum Ausfliegen gebracht, aber meist waren es nur zwei, in einem Jahr auch mal drei. Jungenzahlen von vier, fünf oder gar sechs, wie ich sie von anderen Horsten her kenne, sind wahrscheinlich an diesem Standort nicht zu ernähren. Wie soll der kleine Sprinz auch die Beute durch die aus Vogelsicht karg gewordene Feldflur herbeischaffen? Und unsere Feldholzinsel respektive Garten allein ist als Nahrungsbiotop sicher nicht ausreichend.

Unsere Sperber benehmen sich insgesamt recht unauffällig. Der Anflug zum Horst erfolgt meist nicht über das offene Gelände an unserer Terrasse vorbei sondern über einen recht zugewachsenen Fahrweg oder direkt vom Feld aus. Am besten ist ihre Anwesenheit während der Balz am zarten Gickern und während der Bettelflugperiode der Jungen zu bemerken, die natürlich durch die Bettelrufe etwas lautstärker verläuft. Trotz ständiger Anwesenheit in unserer unmittelbaren Nachbarschaft werden die Sperber längst nicht jeden Tag sichtbar. Aber im Laufe der letzten sechs Jahre ergab sich trotzdem häufiger die Möglichkeit zu interessanten Beobachtungen, von denen ich hier berichten möchte und die ich z.T. mit einigen dokumentarischen Fotos belegen kann.

Wie ich anhand der vorkommenden Vogelarten bereits aufzählte, kommen Spatzen als Nahrungsgrundlage so gut wie nicht vor. Während das Weibchen brütet, und während der ersten Phase nach Schlupf der Jungen überwiegen Meisen und Finkenvögel, gelegentlich auch mal eine Lerche als Beute, die durch die Rupfungen identifiziert werden können. Der Sprinz ist ausgesprochen selten zu beobachten, und einen erfolgreichen Jagdflug von ihm sah ich bislang noch nie. Anders verhält sich das Weibchen, auf das sich die folgenden Beobachtungen beziehen. Mindestens dreimal wurden von ihm adulte, ausgewachsene Ringeltauben geschlagen. Eine frisch geschlagene Ringeltaube apportierte mein Drahthaar, als wir im Garten saßen, und das Sperberweibchen flog enttäuscht davon, kehrte aber mehrfach zurück, um am Tatort nach seiner Beute zu suchen, die ich ihr dann auch wieder überließ, nachdem ich den Hund im Haus abgelegt hatte.

Ende Januar konnte ich den Sperber auf einer frisch geschlagenen Taube unmittelbar vor unserer

Terrasse dicht neben einem Futterhäuschen ausgiebig fotografieren, zunächst durch eine Glasscheibe, danach wurde ich immer mutiger und robbte bis zu einer Ecke unserer Terrasse und, obwohl der Sperber mich offenbar bemerkt hatte, war er zu hungrig oder zu mutig, um seine fette Beute im Stich zu lassen, so daß aus ca. sieben bis acht m Entfernung noch einige Fotos gelangen, bis der Film voll war. Nach der Anzahl der gefundenen Taubenrupfungen kommt dies wahrscheinlich noch häufiger vor. Allerdings konnte ich auch schon einige Male einen wilden Habicht als Verursacher von Tauben- und Fasanenrupfungen in unserem Garten dingfest machen. In einem Jahr befand sich ein Ringeltaubennest mit zwei fast flüggen Jungtauben in einer Japanischen Kirsche unmittelbar vor unserem Küchenfenster. Es war Anfang August, und die ausgeflogenen Jungsperber waren jetzt häufig im Garten zu sehen. Ich saß mit einer Tasse Kaffee in der Küche, als ein junges Sperberweib angeflogen kam und versuchte, eine der Jungtauben zu greifen. Erstaunlicherweise kam auf das heftige, klagende Piepsen der Jungtaube hin eine der Alttauben ihrem Nachwuchs zu Hilfe und griff den verdutzten Sperber mit heftigen Flügelschlägen an, womit es ihr tatsächlich gelang, den Angreifer zu vertreiben und ihren Nachwuchs erfolgreich zu verteidigen. Ein solches Verhalten hätte ich einer Taube niemals zugetraut und ich habe darüber in der Literatur auch nirgendwo gelesen. Während der Balz kann man allerdings gelegentlich Auseinandersetzungen zwischen Taubern beobachten, die auf ähnliche Art und Weise mit Flügelschlägen und gegenseitigem Wegdrücken mit der Brust erfolgen. Spielerische Angriffe der Jungsperber auf Alttauben sind in dieser Zeit häufiger zu sehen, aber in der Regel nicht als ernsthafter Beuteflug anzusehen.

Anders verhielt es sich mit einem Amselhahn, der an einem Nachmittag auf unserer Rasenfläche vor der Terrasse nach Regenwürmern suchte. Ich saß dort in etwa 15 m Entfernung und sah, daß das Gefieder der Amsel arg ramponiert aussah und eine Schwungfeder am Flügel etwas quer stand. In dem Moment, als ich zu meiner Frau sagte, daß die Amsel damit eine leichte Sperberbeute werden könnte, schoß wie der Blitz das Sperberweib aus der Spitze der Fichten heran und schlug die Amsel auf der Rasen-

Jungsperber nutzt ganz ungeniert die Brente unserer Beizvögel

Noch tragen die Jungsperber das volle Dunenkleids

fläche, rupfte einige Federn ihrer Beute aus und verschwand dann mit ihrer Beute in den Fängen wieder in den Fichten.

Vor zwei Jahren während einer Hitzeperiode sah ich die Jungsperber häufiger auf einem Amberbaum mitten auf unserer Rasenfläche sitzen. An diesem Baum vorbei verläuft eine lange Flugdrahtanlage, an der ich gelegentlich abends im Herbst und Winter im Schein der Gartenbeleuchtung meinen Habicht trainiere und auch unser Lanneret „Lui" im Sommer etwas Bewegung bekommt. An dieser Flugdrahtanlage steht daher auch eine Brente und ein Falkenblock. Eines Abends sehe ich beim Blick aus meinem Arbeitszimmer einen Vogel in dieser Brente planschen, daß das Wasser nur so spritzt. Bei dem Gedanken, gar keinen unserer Vögel an die Flugdrahtanlage gesetzt zu haben, erkenne ich, daß es sich um einen Jungsperber handelt, der da unbeschwert in unserer Brente badet. Auch hier ge-

Kurz vor dem Ausfliegen – Fotos: Verfasser

langen mir – allerdings durch die Fensterscheibe meines Zimmers – einige Aufnahmen, die durch die Reflexionen des Fensterglases qualitativ nicht sehr gut geworden sind, aber als Belegdokumentation ausreichen.

Obwohl wir eine recht große Glasfensterfront zum Fichtenwäldchen hin haben, hat es in den Jahren nie einen Scheibenunfall mit einem Sperber gegeben, allerdings haben die Scheiben vor fünf Jahren ein Rothabichtsweib das Leben gekostet. Um ein Haar davon kam ein Grünspecht, der laut rufend verfolgt vom Sperber auf unsere Fensterfront zuflog und erst im allerletzten Moment über das Dach nach oben zog und auf diese Weise auch dem nahezu gleichgroßen Sperber entkam. In diesem Januar hat Sturm „Kyrill" eine erhebliche Schneise in unser Nadelwäldchen geschlagen. Ich bin gespannt, ob uns unsere Gartensperber trotzdem treu bleiben.

Heinz Grünhagen

Kolkrabe (*Corvus corax*) und Äskulapnatter (*Elaphe longissima*) als seltene Beute des Habichts (*Accipiter gentilis*)

Gemeinsam mit Kormoran [Nestling] *Phalacrocorax carbo* (FLORE 2000), Schwarzstorch [Nestling] *Ciconia nigra* (UTTENDÖRFER 1939/1997, GRIMM 1985), Rohrweihe *Circus aeruginosus* (LINK 1977, HUMMEL 1981, HERDER 1982, GRIMM 1985, BEZZEL et al. 1997, IVANOVSKY 1998, BIJLSMA 1999, KNÜWER 2000 (mdl. Mitt.*), Wiesenweihe *Circus pygargus* (HERDER 1982, KAYSER 1993), Rauhfußbussard *Buteo lagopus* (UTTENDÖRFER 1939/1997, BERNDT 1970) Schreiadler [Nestling] *Aquila pomarina* (LIBBERT 1955, BAGYURA & HARASZTHY 1994), Fischadler *Pandion haliaetus* (DIESSELHORST 1958 (?), SCHNURRE 1956, 1958, 1963, 1968, KJELSAAS 1991, Steen 1992), Saker [Nestling] *Falco cherrug* (BAGYURA & HARASZTHY 1994), Mantelmöwe *Larus marinus* (Schnurre 1973) und Habichtskauz *Strix uralensis* (HÖGLUND 1964, MIKKOLA 1976, LÖHMUS 1993) gehört der Kolkrabe *Corvus corax* (MORILLO & LALANDA 1972, WIKMAN & TARSA 1980, WIDÉN 1987, KESKPAIK 1989, DRAZNY & ADAMSKI 1996, SEEBASS 1996, IVANOVSKY 1998, KRECHMAR & PROBST 2003) zu den vom Habicht *(Accipiter gentilis)* am seltensten geschlagenen altweltlichen Vögeln. Dies verwundert allerdings nicht mehr, wenn man erfährt, daß der Kolkrabe imstande ist, einem Habicht mit einem einzigen Schnabelhieb einen Flügel zu brechen (VALLÉS 1556/1993), weshalb VALLÉS wie schon 170 Jahre früher LÓPEZ DE AYALA (1980) dringend davon abrät, ihn mit dem Habicht zu beizen. Seine enorme Kampfkraft findet schließlich auch in der Funktion von Rabenbrutpaaren als „Schutzschild" schwächerer Brutvögel gegen den Habicht ihren Ausdruck (LOOFT & BUSCHE 1981, DREIFKE & ELLENBERG 1991, EL-

LENBERG & DREIFKE 1992). So wird vermutlich dem Fund von Kolkraben-Resten an einem aus dem Winter oder zeitigen Frühjahr stammenden Kröpfplatz eines Habichts in Norddalmatien so bald kein weiterer folgen, und auch bei diesem Fund ist zu bedenken, daß die näheren Umstände der Erbeutung und insbesondere die körperliche Verfassung des erbeuteten Kolkraben unbekannt sind. Der Kröpfplatz, auf den ich am 25.5.1999 stieß, befand sich in einem Aleppokiefern-Wäldchen bei dem Dorfe Vrsi-Mulo 16 km nördlich Zadar. Neben den Überbleibseln des Kolkraben lagen dort die Rupfung einer immat. Lachmöwe *(Larus ridibundus)*, das rechte Flügelskelett einer Wacholderdrossel *(Turdus pilaris)* mit noch anhaftenden Handschwingen, Fragmente von Becken und Schädel einer Saatkrähe *(Corvus frugilegus)* sowie die sauber abgenagten Wirbelfragmente einer etwa 80 cm langen Äskulapnatter *(Elaphe longissima)* (Bestimmung und Längenabschätzung durch Prof. Dr. W. BOEHME, Zoologisches Forschungsinstitut und Museum Alexander Koenig, Adenauer-Allee 160, D-53 113 Bonn). Diese stellen eine weitere Besonderheit dar; denn über Reptilien als Habichtsbeute wird nicht gerade häufig berichtet. Mir selbst sind nur 15 diesbezügliche Publikationen bekannt (BITTERA 1915, SUTTON 1927, ZIRRER 1947, UTTENDÖRFER 1952, WARNCKE 1961, GARZÓN HEYDT 1969, 1974, MORILLO & LALANDA 1972, ARAUJO 1974, BENUSSI & PERCO 1984, KAYSER 1993, MAÑOSA ET AL. 1990, MAÑOSA 1994, VERDEJO 1994, BIJLSMA 1999), und lediglich in zwei davon (SUTTON 1927, ZIRRER 1947) ist von Schlangen die Rede; allerdings geben drei Autoren (UTTENDÖRFER 1952, WARNCKE 1961, MAÑOSA 1994) Blindschleichen als Beute an, die zwar nicht der Systematik, wohl aber dem Erscheinungsbild nach

---

*Rupfung eines ad. Männchens am 11.5.2000 in einem Fichtenstangenholz des Hermisholzes 4,5 km südwestlich Wadersloh im Münsterland.

ebenfalls Schlangen sind. Schlangen hin, Blindschleichen her – die Spärlichkeit entsprechender Nachweise zeigt vor allem eines: Reptilien und insbesondere Schlangen stellen keine bevorzugte Beute des Habichts dar.

Danksagung:
Herrn Prof. Dr. Böhme sei auch an dieser Stelle für seine Bestimmung und Untersuchung der Äskulapnatter herzlich gedankt.

Literatur:

Araujo, J. (1974): Falconiformes del Guadarrama suroccidental. Ardeola **19:** 257–278.

Bagyura, J. & L. Haraszthy (1994): Adatok a héja *(Accipiter gentilis)* ragadozómadár – és bagolytáplálékához. Aquila **101**: 89–92.

Benussi, E. & F. Perco (1984): Osservazioni eco-etologiche sull' Astore *Accipiter g. gentilis* nel Carso Triestino. Gli Uccelli d'Italia **9**: 3–25.

Berndt, R. (1970): Habicht *(Accipiter gentilis)* schlägt Bussarde *(Buteo* spec.*).* Vogelwelt **91**: 200.

Bezzel, E., Rust, R. & W. Kechele (1997): Nahrungswahl südbayerischer Habichte *Accipiter gentilis* während der Brutzeit. Ornithologischer Anzeiger **36**: 19–30.

Bijlsma, R. G. (1999): Trends en broedresultaten van roofvogels in Nederland in 1998. De Takkeling **7,1**: 6–51.

Bittera, G. (1915): A héja és karvaly táplálékáról. Aquila **22**: 196–218.

Diesselhorst, G. (1958): Beitrag zur Ernährung mecklenburgischer Raubvögel. Beiträge zur Vogelkunde **5,5/6**: 297–301.

Drazny, T. & A. Adamski (1996): The Number, Reproduction and Food of the Goshawk *Accipiter gentilis* in Central Silesia (SW Poland). Populationsökologie von Greifvogel- und Eulenarten **3**: 207–219.

Dreifke, R. & H. Ellenberg (1991): Der Kolkrabe als „Schutzschild" vor dem Habicht. Populationsökologie von Greifvogel- und Eulenarten **2**: 299–312.

Ellenberg, H. & R. Dreifke (1992): „Abrition" – Der Kolkrabe als „Schutzschild" vor dem Habicht. Corax **15**: 2–10.

Flore, B.-O. (2000): Kormoran *(Phalacrocorax carbo)* und Bläßralle *(Fulica atra)* als Beute des Habichts *(Accipiter gentilis)*. Naturschutz-Informationen (Osnabrück), Sonderheft Ornithologie, **16**: 61–63.

Garzón Heydt, J. (1969): Las rapaces y otras aves de la Sierra de Gata. Ardeola **14**: 97–136.

Garzón Heydt, J. (1974): Contribución al estudio del status, alimentación y protección de las falconiformes en España Central. Ardeola **19**: 279–330.

Grimm, P. (1985): Über die Leistungsfähigkeit des Habichts. Falke **32**: 11.

Herder, W. (1982): Rupfungen und Totfunde von Vögeln im Kreis Schmalkalden im Zeitraum von 1970 bis 1980. Thüringer Ornithologische Mitteilungen **28**: 29–34.

Höglund, N. H. (1964): Über die Ernährung des Habichts *(Accipiter gentilis* L.*)* in Schweden. Viltrevy **2,5**: 271–328.

Hummel, D. (1981): Habicht *(Accipiter gentilis)* schlägt Rohrweihen *(Circus aeruginosus)*. Vogelwelt **102**: 51–55.

Ivanovsky, V. V. (1998): Current Status and Breeding Ecology of the Goshawk *Accipiter gentilis* in Northern Belarus. In: Chancellor, R. D., B.-U. Meyburg & J. J. Ferrero: Holarctic Birds of Prey. Actas del Congreso Internacional sobre Rapaces del Holárctico: 111–115. Berlin: World Working Group on Birds of Prey and Owls/Grupo Mundial de Trabajo sobre las Rapaces. Mérida: Asociación para la Defensa de la Naturaleza y los Recursos de Extremadura.

Kayser, Y. (1993): Le régime alimentaire de l'autour des palombes, *Accipiter gentilis* (L.), en Alsace. Ciconia **17,3:** 143–166.

Keskpaik, J. (1989): Kanakuli saagijahil. Eesti Loodus **1989**: 44–49; 63.

Kjelsaas, I. (1991): Fiskeørn som bytte for hønsehauk. Vår Fuglefauna **14**: 229.

Krechmar, A. V. & R. Probst (2003): Der weiße Habicht *Accipiter gentilis albidus* in Nordost-Sibirien – Porträt eines Mythos. Limicola **17,6**: 289–305.

Libbert, W. (1955): Habicht schlägt jungen Schreiadler. Beiträge zur Vogelkunde **4**: 129.

LINK, H. (1977): Beiträge zur Bestandssituation, Ökologie, Brutbiologie und Beutewahl einer nordbayerischen Population des Habichts *(Accipiter gentilis)*. Unveröffentlichte Diplomarbeit zur Erlangung des Grades eines Diplombiologen. Zoologisches Institut I, Friedrich-Alexander-Universität Erlangen-Nürnberg.

LÖHMUS, A. (1993): KANAKULLI *(Accipiter gentilis)* toitumisest Eestis aastatel 1987–1992. Hirundo **13**: 3–14.

LOOFT, V. & G. BUSCHE (1981): Vogelwelt Schleswig-Holsteins. Band **2**. Greifvögel. Neumünster: Karl Wachholtz Verlag.

LÓPEZ DE AYALA, P. (1980): Libro de la caza de las Aves. Madrid: Editorial Castalia „Odres nuevos".

MAÑOSA, S. (1994): Goshawk Diet in a Mediterranean Area of Northeastern Spain. Journal of Raptor Research **28,2**: 84–92.

MAÑOSA, S., REAL, J. & E. SÀNCHEZ (1990): Comparació de l'ecologia de dues poblacions d'astor, Accipiter gentilis a Catalunya: El Vallès-Moianès i la Segarra. El Medi Natural del Vallès **2**: 204–212.

MIKKOLA, H. (1976): Owls Killing and Killed by other Qwls and Raptors in Europe. British Birds **69**: 144–154.

MORILLO, C. & J. LALANDA (1972): Primeros datos sobre la ecología da las Falconiformes en los montes de Toledo. Boletín de la Estación Central de Ecología <Madrid> **2**: 57–70.

SCHNURRE, O. (1956): Ernährungsbiologische Studien an Raubvögeln und Eulen der Darßhalbinsel (Mecklenburg). Beiträge zur Vogelkunde **4,5**: 211–245.

SCHNURRE, O. (1958): Ein weiterer Beitrag zur Ernährungsbiologie der Raubvögel und Eulen des Darß (Mecklenburg). Beiträge zur Vogelkunde **5,5/6**: 288–296.

SCHNURRE, O. (1963): Lebensbilder märkischer Habichte *(Accipiter gentilis* L.). Milu **1**: 221–238.

SCHNURRE, O. (1968): Zur Beuteauswahl beim Habicht. Zeitschrift für Jagdwissenschaft **11,2**: 121–135.

SCHNURRE, O. (1973): Ernährungsbiologische Studien an Greifvögeln der Insel Rügen (Mecklenburg-Vorpommern). Beiträge zur Vogelkunde **19,1**: 1–16.

SEEBASS, E. (1996): Habichtweibchen *(Accipiter gentilis)* schlägt Kolkraben *(Corvus corax)*. Lüchow-Dannenberger Ornithologische Jahresberichte **14**: 215.

STEEN, O. F. (1992): Flere fiskeørnspisende hønsehauker. Vår Fuglefauna **15**: 43.

SUTTON, G. M. (1927): The Invasion of Goshawks and Snowy Owls during the Winter of 1926–1927. Cardinal **2**: 35–41.

UTTENDÖRFER, O. (1939/1997): Die Ernährung der deutschen Raubvögel und Eulen. Melsungen: Verlag J. Neumann-Neudamm GmbH & Co. KG/Wiesbaden: Aula-Verlag.

UTTENDÖRFER, O. (1952): Neue Ergebnisse über die Ernährung der Greifvögel und Eulen. Stuttgart: Verlag Eugen Ulmer.

VALLÉS, J. (1556/1993): Libro de acetrería. Madrid: Biblioteca Nacional (Manuscrito **3382**)/ Alcotán: Cairel Ediciones.

VERDEJO, J. (1994): Datos sobre la reproducción y alimentación del Azor *(Accipiter gentilis)* en un area mediterranea. Ardeola **41,1**: 37–43.

WARNCKE, K. (1961): Beitrag zur Brutbiologie von Habicht und Sperber. Vogelwelt **82**: 6–12.

WIDÉN, P. (1987): Goshawk Predation during Winter, Spring and Summer in a Boreal Forest Area of Central Sweden. Holarctic Ecology **10**: 104–109.

WIKMAN, M. & V. TARSA (1980): Kanahaukan pesimäaikaisesta ravinnosta Länsi-Uudellamalla 1969–1977. Suomen Riista **28**: 86–96.

ZIRRER, F. (1947): The Goshawk. The Passenger Pigeon **9**: 79–94.

Alfred Beckers
Die Falknerei unter den sächsischen Herrschern des 16. bis 18. Jh. – Teil II
Die Dokumente im Sächs. HSTA Dresden von der Zeit Kurfürst Johann Georgs III. (reg. 1680–1691) bis zum Ende der Falknerei 1764

Falke und Vogelhunde mit Jagdbeute
M. van den Bosch, 1660/65

Das Gemälde des Niederländers v. d. Bosch ist eines der wenigen Bilddokumente der Dresdner Sammlungen, welche auf die Beizjagd Bezug nehmen. Vor einer Flußlandschaft wird im Vordergrund ein Beizfalke dargestellt, der zu einem unter den Wolken fliegenden Reiher hinaufblickt. Auf der anderen Bildseite verfolgen mit gespannter Aufmerksamkeit zwei Vogelhunde diese Szene, während unter ihnen eine bunte Strecke verschiedener Vogelarten den Blick des Betrachters auf sich zieht. Ein Jagdgewehr in Bildmitte soll auf seine Verwendung bei der Vogeljagd hinweisen.

Da Bilddokumente der Beizjagd in dem beschriebenen Zeitraum fehlen, stützen sich die folgenden Ausführungen ausschließlich auf Bestände des Sächsischen Hauptstaatsarchivs Dresden, die ein eindrucksvolles Bild der Beizjagd während der Herrschaft Augusts des Starken und seines Sohnes König Augusts III. zeichnen.

Das Schreiben des Kurfürsten Johann Georg III. vom 22. Februar 1689 läßt erkennen, wie sehr ihm an der Pflege und Erhaltung der Beizjagd gelegen war. Es heißt darin: „Nachdem durch absterben des Cammerherrn Herrn Gerhardus Graf von der Nath, die gäntzliche Falcknerey sich erlediget, und wir diese lust vor Uns und Unseren Prinzen nicht entbehren wollen, sind wir geneiget unserm Oberhofjägermeister Wolf Dietrich von Erdmannsdorf selbige gnädigst zu übergeben, und haben wir ihm (...) den Falckonierhoff mit allem Zugehörigen, wie es der verstorbene Reichsgraf von der Nath gehabt und gebraucht, eingeräumt, auch für jährliche Besoldung 1000 Thl. von den Holzgeldern, wovon (auch) unsere Jägerei besoldet wird, (...) soll zu denen gewöhnlichen quatember (vierteljährlich) Zeiten gereichet werden, jedoch sind über dieses die Falckner iährlich mit einem Kleide von Uns zu versehen. Im übrigen aber wird die Falcknerey von Unserem Oberhofjägermeister auf seine Kosten unterhalten (...).

Weil auch der Falkenhoff wie wir vernehmen sehr ruiniert, werdet ihr dafür bedacht sein damit selbiger förderlichst repariret werden möge. (...)" (Geh. Rat Loc 7167/16).

Frh. v. Erdmannsdorf behielt das Amt jedoch nur zwei Jahre wie auch sein Nachfolger Graf Reuß (1692–1694), den Freiherr von Rosen ablöste (1694–1701). Die Kriege und politischen Verwicklungen dieser Zeit blieben nicht ohne Auswirkung auf die Falknerei. Ungeachtet der politischen und kriegerischen Spannungen trat 1688/89 Prinz Friedrich August eine Kavalierstour zu den bedeutendsten Residenzen Europas an. Zu seinen Begleitern gehörten Graf Friedrich von Vitzthum, Frh. v. Haxthausen und Frh. v. Einsiedel, die während ihres ganzen Lebens in seinen Diensten standen und hohe Ämter bekleideten. Das spontane Temperament des leichtfertigen Prinzen zu lenken, war eine verantwortungsvolle, schwierige Aufgabe. Gründliches Beobachten und Studieren waren durchaus nicht die Neigungen Friedrich Augusts. Vornehmlich der Damenwelt galt seine ganze Aufmerksamkeit. Graf Flemming, Kammerpräsident und 1. Minister wird später von seinem Herrn sagen: „Unter allen Vergnügungen stand bei ihm die Liebe oben an, (er) hat ein bequemes genußsüchtiges Temperament."

Durch den frühen Tod seines Bruders, Kurfürst Johann Georgs IV., folgte er diesem 1694 als Kurfürst Friedrich August I. auf dem Thron. Nach seiner Krönung zum König von Polen (1697) führte er ein unstetes, rastloses Leben zwischen den Residenzen Dresden und Warschau. Der „Nordische Krieg" (1699–1709) stürzte Sachsen in eine große Krise und stellte Friedrich August vor harte Herausforderungen, er verlor seine polnische Krone und mußte ins Exil ausweichen.

Der Falkenhof am Wilsdruffer Tor

Bereits 1606 hatte Kurfürst Christian II. am Wilsdruffer Tor ein Haus mit einigen Nebengebäuden erworben, um dort den Falkenmeister mit seinen Knechten und Beizvögeln unterzubringen. Der Falkenhof lag nahe der Residenz vor den Mauern der Stadt. Auf Tümpeln und Weihern beiderseits der Weißeritz gab es Enten und anderes Wasserwild, in den Feldern boten Fasanen, Hasen und Krähen für die Beizjagd hervorragende Bedingungen. Diese Voraussetzungen haben Friedrich August bewogen am 12. Mai 1699 aus Warschau die Anweisung zu geben, die Arbeit an dem nach neun Jahrzehnten baufällig gewordenen Falkenhof aufzunehmen. (Geh. Cabinet Vol I. Loc 884 fol. 1.D.)

Im März 1700 schrieb Friedrich August seinem Statthalter in Dresden, Fürst Anton Egon von Fürstenberg: „Wir sind entschlossen an unserem Falkenhoff (...) alte Gebäude verendern, und (statt) der alten neue zu unserem plaisir aufzubauen, und haben unserem Generalleutnant und Oberfalkenmeister Frh. von Rosen anbefohlen solchen Bau befördern zu lassen". Gegen den

Bau vor der Festungsmauer erhebt General von Birkholz zwar Bedenken: „(...)wegen der Feindesgefahr!", dennoch erfolgt aus Riga (Nordischer Krieg) die Anweisung, die Arbeiten fortzuführen. (fol. 11)

Da die hohen Kosten für die Instandsetzung des Falkenhofs die Mittel des Oberfalkenmeisters von Rosen überstiegen, trat er am 16. August 1701 den Falkenhof an den Kammerherrn, Obristen und General Adjutant Herrn Gottlob Adolph von Beichlingen ab, der die von seinem Vorgänger vorgeschossenen 10.000 Reichstaler erstatten mußte. (fol. 21.)

Das Oberfalkenmeisteramt

Das Oberfalkenmeisteramt bekleideten stets enge Vertraute des Königs. Die Privilegien, die Charge und Rang dem Amtsträger verschafften, rechtfertigten aber durchaus die Aufwendungen. (Loc. 4819 fol. 100)

Oberfalkenmeister von Beichlingen wurde eine Besoldung von 1.000 Rhtl. gewährt und ihm der Rang unmittelbar nach dem Oberjägermeister verliehen. Die Kosten für die Anschaffung und Unterhaltung der Beizvögel und Leute sowie für die Fütterung der Pferde und Hunde sollte hingegen die Rentkammer (Staatskasse) tragen. Diese konnte keine Zahlungen leisten, der König mußte daher aus eigenen Mitteln 10.000 Rhtl. zur Verfügung stellen. (Geh. Cab. Loc. 884 fol. 23.)

Dem Bruder des Grafen Wolf Dietrich von Beichlingen, des Obersten Kanzlers und Leiters der Geheimen Kanzlei, wurde zu den üblichen Bezügen eine deutliche Aufbesserung gewährt. Aus Krakau lautet die Weisung (10. Juli 1702): „.... zur Bestreitung dieser Function setzen Wir ihm jährlich 2000 Rhthl. aus, (er) darf auch ohne Entgelt 20 Schragen (Raummaß) Holz aus dem Holzhof beziehen. Für die Überbringer frischer Isländischer Gerfalken steht ihm jährlich (aber) noch ein Betrag von 100 Rhtl. zu." Zur Nutzung des Falkenhofs heißt es: „Ingleichen der Falckenhoff vor dem Wilsdruffer Thor zu Dresden gelegen mit darzugehörigem Garthen, wie solche bisher (...) genutzt worden (...), sowie zwei 6-spännige Fuder Heu von Moritzburg. Dargegen hat dieser die Falken und die darzu bestellten Knechte in Kost (zu) unterhalten, diese aber erhalten die Livrée jährlich (zu Lasten) der Rentkammer.(...)." (10025 Geh. Konsilium, Loc. 4704 Bestallung der Falkenmeister 1661–1731).

Gottlob Adolph von Beichlingen übte sein Amt nur kurze Zeit aus. 1703 verlor sein einflußreicher Bruder Wolf Dietrich wegen eines Finanzskandals das Vertrauen seines Herrn, der ihn auf die Feste Königstein verbannte. Wegen der Invasion Sachsens durch die Schweden blieb das Oberfalkenmeisteramt aber unbesetzt. Mit dem Prädikat eines Kammerjunkers erhielt Baron Wolf Andreas von Gall von Gallenstein am 13. Juli 1703 aus Lublin die Aufsicht über die Falknerei übertragen und die „gewöhnlichen 1000 Thaler jährlich". (Geh. Cab. fol. 30).

Im Februar 1705 wird der treue Begleiter Friedrich Augusts, Graf Friedrich Vitzthum von Eckstädt zum Oberfalkenmeister ernannt. (Geh. Cab. Loc. 884 fol. 29/30/31.)

Während der Besetzung Sachsens durch Schwedenkönig Karl XII. wurden Falkner und Beizvögel nach Weitra verlegt, einer Besitzung des Statthalters von Sachsen, Fürst von Fürstenberg. Für Atzung und Verpflegung auf der Rückreise nach Dresden vom 28. Nov. bis 12. Dezember 1707 erhielt der Falkonier Johann Senna vom Schloßverwalter für sieben Falken, einen Hund, der die „Bagage" trug, und zwei weitere Hunde eine Summe von neun Thalern und drei Groschen. (fol. 18).

Im August 1707, nach dem Ende des Krieges, erinnert die Kammer daran, daß der Kammerherr und Stallmeister Friedrich Vitzthum von Eckstädt seinerzeit zum Oberfalkenmeister bestellt wurde, damals aber die Inspektion und Versorgung der Falknerei sowie das Deputat für den Freiherrn von Gallen reserviert waren. „Nachdem Wir unsere Meinung (...) geändert und (...) unserem Oberfalkenmeister die völlige Administration (...) dergestalt überlassen, dass ihm jährlich 3000 Rhthl. zu seiner Besoldung und Unterhaltung der Falknerey von dem Unserer Jägerey (...) ausgeworfenen quanto der 35000 Thlr. Holtzgelder*(...), gewährt werden", (welches daher auf 38.000 Thlr. erhöht

---
* Einnahmen aus den Wäldern

wird). Darüber hinaus werden ihm 20 Schragen Weichholz, sechs Scheffel Hafer alle Wochen und das benötigte Heu und Stroh für sechs Pferde zugestanden. (fol. 37).

Während der Schwedenbesetzung hatte Baron Gall von Gallenstein alle anfallenden Kosten vorzuschießen. Die Erstattung seiner Auslagen in Höhe von 9.105 Rhtl. wurde jedoch mit der Begründung einer vorhergehenden Überprüfung zurückgestellt. Nach jahrelangem Disput über die Berechtigung der Forderung des Barons bestätigten ihm im April 1711 der Falkenmeister Benedict Royers und dessen Bruder Falkonier Johann Royers in einem Testat die gewissenhafte Amtsführung und erklärten: „(...) dass wirklich etliche und 30 Falcken gehalten wurden" und er darüber hinaus sein Amt gewissenhaft geführt habe. Am 17. März 1705 erteilte der König endlich den Befehl, den geforderten Betrag auszuzahlen, was bis 1715 nicht geschah. (fol. 48–579).

Das Ende der schwedischen Besatzung

Der Rückzug der Schweden 1707 aus Sachsen gestattete es endlich, die Arbeiten am Falkenhof wieder aufzunehmen. Anstelle der Bretterwand sollte nun aber eine Mauer gezogen werden, weil jene nicht „beständig und öffters bestohlen" wurde. (fol. 47).

Es ist aus den Archivunterlagen nicht zu entnehmen, ob die Renovierung des Falkenhofs vollendet wurde. Im Jahr 1719 jedoch wird der Beschluß gefaßt, den Falkenhof und die dazu gehörenden Grundstücke an den Kabinettsminister und Ratspräsidenten Graf Jakob Heinrich von Flemming zu verkaufen. Kein Geringerer als der Oberlandbaumeister Pöppelmann wurde beauftragt, ein Gutachten über den Wert der Anlage zu erstellen, der mit 5.007 Talern beziffert wird. (fol. 109).

Im Gutachten wird der Falkenhof ausführlich beschrieben; zu ihm gehörten:

„1. Ein Wohngebäude, worinnen 3 Herrschaftliche Zimmer, und (wo) der Verwalter mit der Falknerei logiert ist,

2. Ein Schenkhaus, darinnen frey geschlachtet und geschenkt wird, (und) ein Stall uff 14Pferde (...)
3. Ein Garthen woselbst eine Fontaine und Canal und unterschiedene Arthen von französische Bäumen zu sehen (sind).
4. Zwey Stücke Feld zusammen 18 Acre (ca. 36 Morgen), welches an der Dippoldiswalder Straße gelegen, muss (jedoch) der Besitzer (OFM) selbst bestellen lassen.
5. Eine Wiese allernechst am Garthen gelegen von ungefähr 2 Acre." (fol. 106).

Hans Friedrich von Flemming, der den Falkenhof besuchte, schildert in seinem Werk „Der vollkommene Teutsche Jäger"(1719) die Falkenkammer: „In dem Königlich (...) Sächsischen Falken-Hofe zu Dresden hatten sie zur rechten Hand eine feine große Kammer, allwo unten auf dem Fußboden ein viereckiger Platz mit reinem Sand geschüttet war, dass der Falckenkot ohne (…) Gestank gereiniget werden konnte, darauf standen neun abgeschnittene eichene Klötzer ein Fuß hoch, (...) drei und drei zusammen, wie man die Kegel setzet, doch jeder von dem anderen fast 1 und eine halbe Elle von einander, daß sie sich mit den Flügeln nicht erreichen konnten; auf diese Klötzer war grüner Rasen, darauf saßen die Vögel zur Sommerzeit angefesselt, und gekappt, deren ich sieben Falcken sah, welche auf dem Rücken aschegrau, mit gelben Fängen, und zwei braune, in Größe der Habichte gesehen, an den Ecken dieser Kammer waren Mannes hoch überzogene Stangen, worauf sie zur Winterzeit zu sitzen pflegten. Die Fenster dieser Kammer waren groß, hell und wohl gebauet, und gegen die Mittags-Seite zugewendet, oben (im oberen Stockwerk) waren die Wild=Fänge, oder neue Vögel in finstern Kammern verwahret, unten in dem kleinen Stübgen gegenüber hackte dazumal der Falckenjunge zu ihrem Fraß, das rohe Fleisch gantz klein. Und soviel ich (...) merckete, musste solches vielleicht, wegen ihrer Curen, um die Medizin hierinnen einzugeben, nöthig seyn: Wie man denn insgemein viele unterschiedliche Remedia bey (...) Kranckheiten der Vögel adhibieren (eingeben) muss." (I. Band S. 323).

Kurprinz Friedrich August – ein begeisterter Jäger und Falkner

Die erste Sitzung des Geheimen Rates in Gegenwart des 23jährigen Kurprinzen fand am 17. April 1719 statt, wenige Monate vor seiner Hochzeit der Falknerei am kaiserlichen Hof bei Laxenburg nahe Wien messen. Um dem Anspruch und der Geltung des Kurfürstlich/Königlichen Hofes zu entsprechen, sollte nunmehr die Falknerei in ein herrschaftliches Haus mit einer Parkanlage verlegt werden. Dazu bot sich in Plauen an der Weißeritz, nicht weit vor den Mauern der Stadt,

a.) d'un Fourier, bb.) de deux Gardes-Chasse, ccc.) de la Fauconerie,

Feierlicher Einzug der Kronprinzessin Maria Josepha in Dresden 1719
ANNA MARIA WERNER

mit Maria Josepha, Erzherzogin von Österreich. Das hohe Gremium hat bei dieser Gelegenheit zweifellos auch Anliegen des Prinzen behandelt, der, wie seine junge Frau, das Weidwerk mit großer Leidenschaft ausübte. Die Prinzessin versagte es sich nicht, auch während ihrer zahlreichen Schwangerschaften (14) an Jagden teilzunehmen.

Ihr zu Ehren begleitete beim feierlichen Einzug der Braut in Dresden eine stattliche Eskorte berittener Jäger und Falkner den Festzug.

Der Falkenhof und die Beizjagd vor den Mauern der Residenz Dresden konnten sich nicht mit ein herrschaftliches Haus mit den notwendigen Ländereien an. Im Mai 1719 läßt König Friedrich August wissen: „Wir sind entschlossen den Reisewitzischen Garten an Uns zu bringen (...)" und bereits am 3. Juli drängt er auf Vollzug des Kaufs, „damit von Friesen unverzüglich die Falken überführen kann". (fol. 39).

Generalmajor Heinrich Friedrich Graf von Friesen wird „(...) aus besonderen Gnaden und um seiner geleisteten treuen und tapferen Dienste Willen zum Oberfalkenmeister (bestellt), im Rang nach unserem Oberküchenmeister". (Geh. Cab. fol. 11).

In der Bestallungsurkunde: „Ad Speziale Mandatum Potentissimi Regis sub dato 16. Juny 1719" heißt es nach der Erläuterung der Aufgaben und Pflichten des Amtes: „(...) wollen wir Ihm jährlich zum Unterhalt solcher Falcknerey und den darzu gehörigen Personen und Equipage – auch übrige Benöthigung, für alles und iedes, Drey Tausend Thaler aus unserer Rent Cammer zu denen Quartals Zeiten gegen Quittung richtig folgen und bezahlen lassen, hierüber sollen ihm auch zwanzig Schragen weichholz aus Unserem Weißeritz Holtz Hoff, Dreyhundert und Zwölff Scheffel Hafer vor Sechs Pferde, zwolff Schock Stroh und Sechs Fuder Heu, von Trinitatis dieses Jahres an, ingleichen der ihm angewiesene Falkenhoff und was darzu gehörig, frey zu gebrauchen, hiermit bewilliget seyn. Zu Urkund deßen haben Wir Uns eigenhändig unterschrieben und Unser Cammer Sekret(ariat) vorzudrucken befohlen. So geschehen zu Dreßden am Dritten July, im Jahr nach Christi unseres Seeligmachers Geburth 1719." (fol. 12/13).

Die Falknerei unter neuer Leitung

Die Verlegung der Falknerei erfolgte zweifellos auf die Anregung des Grafen Friesen. Nach dem Beispiel anderer bedeutenderer Falknereien sollte die Reiherbeize im „Hohen Flug" im Mittelpunkt der Beizjagd stehen. Bei Dresden aber gab es keine geeigneten Bedingungen für die Reiherbeize, wohl aber in der Flußniederung der Röder bei Kalkreuth. Auf halbem Wege zwischen Großenhayn und Kalkreuth gelegen bot sich das

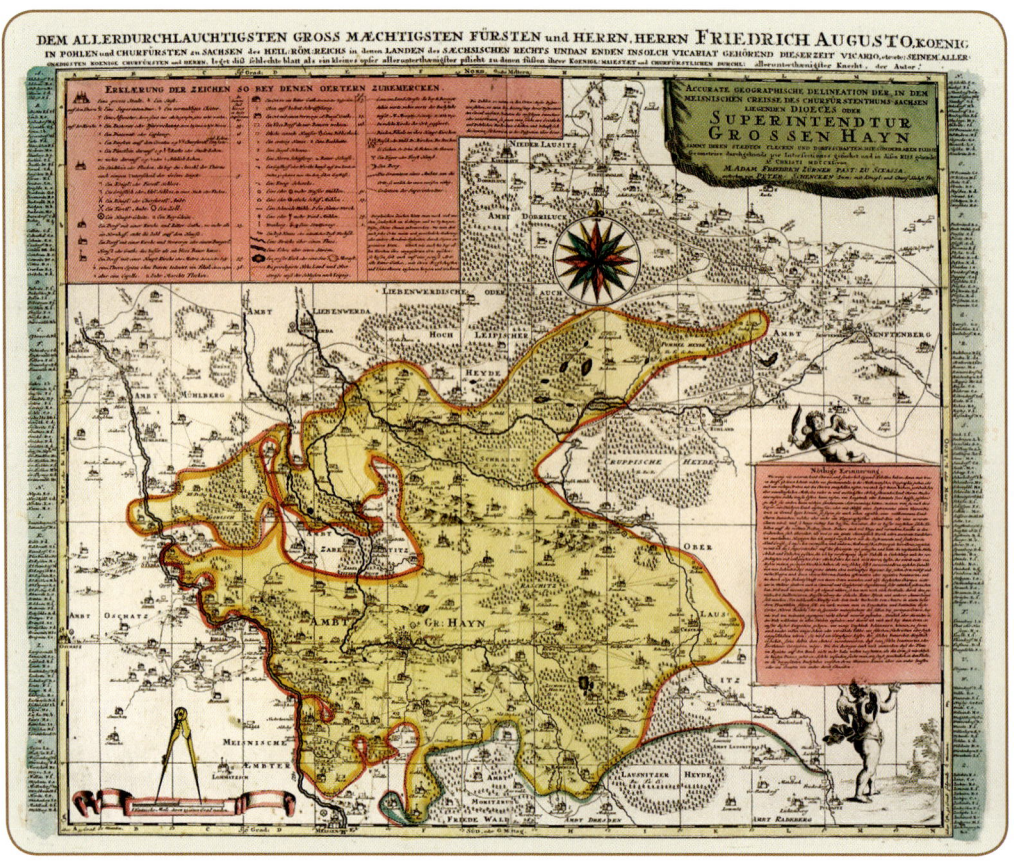

Das Beizrevier bei Kalkreuth nach einer Karte von 1711

ehemalige Kursächsische Gestüt mit seinen Nebengebäuden als Falkenhof an. Im Rostiger Holz, zwischen dem Falkenhof und Rostig gelegen, gab es eine Fischreiherkolonie, umgeben von einer weiten, offenen Landschaft.

Wenn Reiher von ihren Horsten zu den Teichen und Bächen der Röderniederung flogen oder von dort zurückkehrten, hatten die Beizfalken eine gute Chance, diese im „Hohen Flug" zu erbeuten. Dabei hatten Wanderfalken („Schlechtfalken"), die zu je zwei oder drei Vögeln von der Faust an den Reiher geworfen wurden, den Vorzug. War ein Reiher gebunden worden und mit seinem Bezwinger zu Boden gegangen, legte man ihm einen Ring mit der Jahreszahl und den Initialen des Landesherrn an und gab ihm die Freiheit. Die spektakulären Flüge der Falken und Reiher boten ein grandioses Schauspiel und erregten bei den Zuschauern Staunen und Bewunderung.

Für die illustre Hofgesellschaft wurden in der Nähe der Reiherkolonie zwei Pavillons errichtet, die mit edlen Möbeln ausgestattet waren. Von der Terrasse aus konnten die Gäste bei Speise und Trank das Flugspiel verfolgen. (Standort der Holzgebäude ist nicht mehr bekannt).

Dem Amtsschreiber zu Hayn wird am 24. März 1724 aufgetragen. „(...) dem Oberförster zur Paulus-Mühle Theodoro Eberweinen, für die Aufsicht über die nahe des Reiherstandes neu erbauten zwei Pavillons und der darinnen befindlichen Meubles jährlich 12 Thaler (...) zu bewilligen". (Loc. 38178 fol. 6).

Im Rostiger Holz wurden bereits unter Kurfürst Johann Georg III. (1686) Fasanen ausgesetzt und zu ihrem Schutz die Hutung des Viehs verboten. Der damals zum Hochwild gehörende Fasan stand unter strenger Hege, nur vom 1. September bis zum 1. Fastensonntag durfte er bejagt werden. Am sogenannten „Schlößchen" in Kalkreuth wurde unter August dem Starken ein „Fasanengarten" eingerichtet. (Loc. 34188 + 38666).

Durch Aufstauen der Röder bildete sich eine Wasserfläche, die zu Gondelfahrten einlud. Zur Unterhaltung der Gäste wurden Kormorane, nach Art chinesischer Fischer, zum Fischfang abgerichtet. In seinen Vorschlägen zur Falknerei stellt Falknereihauptmann von Preuß die Frage, ob etwa daran gedacht sei, dies wieder aufzunehmen. (Loc. 38178 fol. 9 + 12; fol. 14).

Nach seiner Rückkehr von einer Beizjagd bei Kalkreuth schrieb Graf Friesen am 18. Mai 1724 an den König: „SIRE, überzeugt, dass Eure Majestät meine Verbundenheit bei allen Dingen, die Sie in meine Dienste (Verantwortung) gestellt haben, (kennen), zögere ich nicht, Ihnen mit allem Respekt und dem Wissen um Ihre Kenntnis, die Sie davon (der Falknerei) haben, vorzuschlagen, jemanden zu beauftragen, dem ich die Equipage jedes Mal wenn meine schlechte Gesundheit oder ein anderer Grund mich hindern, mich darum zu

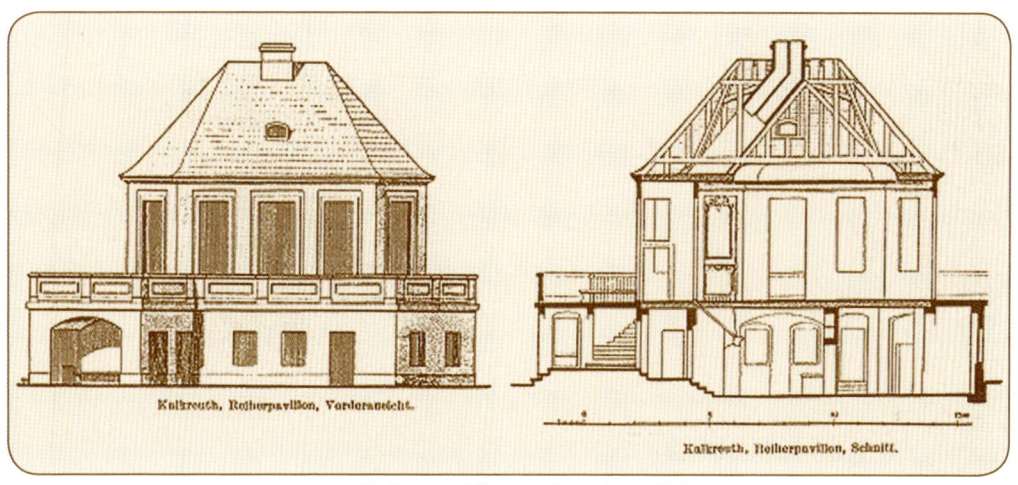

Reiherpavillon am Rostiger Holz

kümmern, übertragen kann. Die Sorge, die ich habe, läßt mich für die Zukunft fürchten. (vielleicht eine Anspielung auf das geringe Interesse des Königs an der Beizjagd) Hatte immer schon den schmeichelhaften Gedanken, dass die Falknerei unter den Vergnügungen Eurer Majestät einen Platz einnehmen könnte. Es steht fest, Sire, dass diese Jagd nur durch die Charge (Leitung) und die Mannschaft, die sie ausübt, zu glänzen vermag. (Ich sage) dies mit dem größten Respekt, nachdem ich den Pavillon gesehen habe, der von den illustren Personen beiderlei Geschlechts geschmückt war. Ich denke, dass dies Eure Majestät mit der Zeit anziehen könnte. Nach reiflicher Überlegung bitte ich demütig Majestät, meinen Vorschlag nicht als Verwegenheit zu deuten. Sowohl das Interesse als auch (meine) Neigung dienen der Steigerung des Vergnügens Eurer Majestät, wie auch meiner Gesundheit. Ich umarme Sie und empfehle mich der weiteren Gnade Ihrer Majestät mit dem tiefsten Respekt, Ihr gehorsamer Diener und treuer Untertan Friese." (Geh. Rat Vol II. Loc. 884. fol 90a).

Graf v. Einsiedel bezieht sich in einem Brief vom 20. Mai auf das Anliegen des Oberfalkenmeisters, er schreibt an die namentlich nicht genannte Person: „Mon chair amy – lieber Freund –, ich habe die Ehre mitzuteilen, dass Graf Friesen mir mehrfach sagte, dass er äußerst verärgert war, wenn er sah, wie das Vergnügen des Prinzen und der Prinzessin dem Ermessen einfacher Falkner überlassen war, sodass er es für erforderlich halte, dies einer Charge anzuvertrauen. Da der Prinz das gut fand, hat er S.M. geschrieben, aber die Antwort steht noch aus. Deshalb bitte ich mir mitzuteilen, wie die Angelegenheit geregelt werden könnte. Weder Graf Friesen, noch ich verlangen Beförderung, sondern sind nur bemüht aus Sorge um die Sache (...). Wir waren gestern in Kalkreuth, wo die beiden königlichen Hoheiten das Vergnügen hatten zu erleben, wie vier Reiher und sieben Krähen gefangen wurden. Graf Friesen hat mich beauftragt (...) anzufragen, ob Sie die Güte hätten, diesen Brief der Majestät zu übergeben. Im übrigen haben wir uns hier gut unterhalten. Die Schwangerschaft der Prinzessin nimmt einen glücklichen Verlauf. Ich möchte Sie von allen Kavalieren des Gefolges grüßen. In aller Aufrichtigkeit, Ihr sehr bescheidener Diener, Cap. Einsiedel." (Brief aus dem Französischen übersetzt) (fol. 98).

Der Falknereihauptmann von Preuß

Graf Friesen handelte umgehend und fand rasch eine geeignete Persönlichkeit für die neue Charge. Am 22. Juni 1727 bewarb sich Gardehauptmann Christoph Siegmund von Preuß um das neue Amt: „Königl. Majestät möge (ihn) bey Dero Falcknerey, (...) in hohen Gnaden platzieren", schrieb er und formulierte gleichzeitig seinen Vorschlag wie die Beizjagd erfolgreicher ausgerichtet werden könne:

„Wie Ihro Königl. Majt. und Ihre Hoheiten die Durchl. junge Herrschafft mehrere Lust und Ergötzlichkeiten von deroselben Fauconerie, (bei) den bey Dresden und Kalckreut sich befindlichen Gelegenheiten haben und genießen können. Es seynd von dem hierzu allergnädigst ausgesetzten Fond (Betrag) bishero zwey Flüge an (von) 9 Falkoniers, (...) auf Reyher gehalten, und (...) einen Tag um den anderen geflogen worden, und wären solche 2 Reyherflüge dergestalt zur Verhütung (weiterer) Kosten zu lassen (beizubehalten), jedoch mit einigen Vögeln zu verstärken, und zwar wären über den bisherigen Gehalt (Bestand) auf beide Flüge 4 Gehr-Tertz und 8 Schlecht-Falken nöthig. Von dem Haasen Fluge haben Ihr(o) Königl. Majt. und die hohe Herrschaften (...) wenig Vergnügen haben können eines theils, weil kein Falckenhoff mehr in Dreßden vorhanden, (und wenn) die Haasenvögel in Kalckreut abzurichten gewesen (wären), und wann sie nach Dresden beordert worden, (...), (vor allem bei schlechtem Wetter) dass die Vögel ganz herausgekommen (die Jagdbereitschaft verloren), und wieder durch neuen Vorlaß, wodurch viel Zeit verloren gegangen, (hätten) eingespeizet (eingejagt) werden müssen. Auch der Meister, welcher bißhero die Graen-Vögel (Krähenfalken) dabey gehabt, (hätte) solche in Kalckreut lassen müssen, wodurch (sie) dann zurückgesezet (vernachlässigt) worden, dagegen wenn ein Falckenhoff in oder bey Dresden diese Flüge: der Haasen, Alester (Elstern)- und Kraen Flug, sobald solche im Frühjahr fertig (eingejagt), täglich Ihro Königl. Majt, Befehl abzuwarten im Stande sein könnten und gegen Anfang der Reyherbeize (im zeitigen Frühjahr) nacher Kalckreut geschickt werden dürfften. und es (ist doch) so, dass die Abrichtung und Einfliegung der Graen-Vögel einen eigenen Meister alleine erfordert, und nebst denen Haasen-Vögeln zugleich nicht besorgt werden kann; dagegen (kann) der Meister vom Haasen-Flug, weit eher noch (zusätzlich) Reviervögel auf Älstern abrichten.

Sollten Ihro Königl. Majt. im Frühjahr, und ehe die Reyher-Peitze angeht sich bey Dero Residenz mit der Fauconnerie (zu) belustigen allergnädigst sich tragen, könnte die Einrichtung (sofern) Ihro Königl. Majt. allergnädigst beliebet und der (hier) spezifcierte Fond dazu (...) ausgesetzt werden möchte, so ist hiermit unumgänglich nöthig, dass bei ob(en) angeführten Umständen noch ein Falckenhoff bey Dresden, für die Falcknerey ausgemachet und selbiger angewiesen (befohlen) werde." (Loc 38163).

In seiner Spezifikation der Kosten für die Verpflegung der Falkner, empfiehlt der Falkereihauptmann „(...) zur Verhütung weiterer Kosten und Vermeidung (weiterer) Unordnung im Reyherstande, (sollte) der Falcknerey eine kleine Verstärkung dem gewöhnlichen Deputat zugeeignet werden. Es ist erforderlich, dass Ihro Königl. Majt., wann Sie Dero Reyherstand (erhalten wollen), erst gegen Anfang der Reyher-Peitze (die Reiherfalken) nach Kalckreut geschickt werden dürfften". „Nun ist (es so), dass die Abrichtung und Einfliegung der Graen-Vögel einen eigenen Meister alleine erfordert, und nebst denen Haasen-Vögeln zugleich nicht (erfolgreich) besorget werden kann (...).

Sollten Ihro Königl. Majt. im Frühjahr und ehe die Reyhcr-Peitze angeht, sich bey Dero Residenz mit der Fauconnerie belustigen (...) (wollen), so könnte die Einrichtung dergestalt getroffen werden, dass der Flug auf Haasen jährlich mit 4 Gehr-Falcken verstärket und ein Flug von 12 Schlecht-Tertz und 4 Schlecht Falcken auf Alstern dem Meister von den Haasen-Vögeln übergeben

(werden), die Graen-Vögel aber einem besonderen Meister anvertrauet werden, als dann Ihro Königl. Majt. und die hohe Herrschaft bey Dero Residenz mit diesen 3. Flügen auf Haasen, Alstern und Graen, sich biß die Reyher-Peitze bey Kalckreuth ihren Anfang nimmt, um so viel mehr belustigen könten, als mit dem Flug auf Haasen und Alastern, bey Kalckreut da dann die beste Zeit darzu verflossen, und wegen des überall stehenden und großgewachsenen Korns gemeiniglich nicht viel mehr zu thun ist.

Und könten sodann diese Falkoniers vom Haasen und Revier-Fluge, wehrend der Zeit da bey Kalckreut vor Reyher und Graen geflogen würde, hierbey vor Wind (hunde) mit dienste thun, dass im Fall einige Vögel zu weit weg arbeiten, sie selbigen folgen.

(Damit) die Reyher bey Kalckreut nicht mit der Zeit (abnehmen), oder gar ruiniret (werden), (sollte) den Forstbedienten im Lande (auf) Reyher zu schießen verbothen und die Klauen fernerhin nicht weiter ausgelöst werden, welches der Erhaltung des Reyherstandes ohne Zweifel förderlich wäre." (Loc 38163).

Der Vorschlag des Grafen Friesen, eine neue Charge einzuführen, fand die Zustimmung des Königs. Die Order lautet demnach: „Nachdem unser bisheriger OberFalckenmeister Graf von Friesen, von Uns zu unserem Cabinets-Ministre (ernannt) und (auf) die Oberfalckenmeister Charge (verzichtet) (...) soll die Ernennung eines Nachfolgers anstehen, und die Aufsicht über die Falcknerey unserem Christoph Siegmund von Preuß, welchem wir zum Capitain der Falcknerey erklähren übergeben werden. Er erhält: 600 Thlr. jährlich an Tractament (Sold), an Deputaten 312 Scheffel Hafer (...), sechs Fuder Heu, 12 Schock Stroh und 20 Schragen Holz, 3000 Thlr. und noch einmal 600 Thlr. für die Augmentation (unerwartete Ausgaben): (...) (um) die bisherige Falcknerey in gutem Stande zu halten, (eine) tüchtige Equipage anzuschaffen, die Falcknerey aber, aus (...) dem Plauischen Garten nach Kalckreuth transportieren zu lassen, (...); die vor selbigen benötigten Zimmer und Behältnuße an dasigen Orth, inglechen ein Platz zum Vorlaß 22. Juni 1727." (Geh. Cabinet Loc. 884. fol. 19/20/39/41).

Damit ist die Verlegung der Falknerei unwiderruflich beschlossen.

Die Pflichten und Aufgaben der neuen Charge werden in 10 Punkten beschrieben:
1. (...) Kraft dieses die Falcknerey auf den Fuß wie es (...) Extract Sub. A Etat anweiset zu continuieren, (siehe unten)
2. In Abwesenheit des Oberfalckenmeisters, oder solange keiner vorhanden, wöchentlich oder so was besonderes vorgeht seinen „rapport" Ihro Königl. Hoheit den Printz zu thun, und was dieselben zu befehlen geruhen zu vernehmen,
3. Wann Königl. Majest. der König, oder (...) Ihro Hoheiten der Königl. Printz oder Printzessin (...) der Beitze beiwohnen observiert er die Präsentation (...)
4. solange S.M. nicht über die Oberfalckenmeisterstelle disponirt versieht die Aufgabe ein Cammerherr, an übrigen Herrschaften verrichtet er (Preuß) solche selbst.
5. Auf Abschlag (Widerruf) wird ihm die Inspektion des Reyerstandes (...) (und des) gantzen Kalkreuther Refier dergestalt aufgetragen (...), dass er zur Vermehrung der Reyer alle mögliche Sorge vorkehre (...), (und) die Reyer nicht gestöret werden.
6. Meldet sich (...) bey anrückender Saison zur Habichts Beitz (ist er selbst dabei oder schükket bloß einen Falconier (...). (!)
7. (...) wegen der Inspection der Pavillons (wird) der Oberförster zur Paulus Mühle unmittelbar angewiesen und (auch wegen) des kleinen Weydewerck und (der) Bäche zur Übung der Cormorans, wenn welche wieder (...) angeschafft werden.
8. er ist gehalten die Falcknerey zur Satisfaktion der hohen Herrschaften zu unterhalten
9. (...) es bleibt bei Verfassung gemäß Etat Sub A, (es) hat der Falcknerey Hauptmann von Preuß (...) gedachten Etat (...) in acht zu nehmen.
10. Hierfür bekommt er jährl. 600 Th. Besoldung, sowie Hafer Heu, Stroh, Holz." (fol. 9/2).

Unter „A Etat" lautet die Empfehlung des Falkenereihauptmanns:

„Wie die Falcknerey hinfür besorget werden soll, 2 Falkenmeister, 9 Falkoniers, 2 Jungen, 2 Reitknechte mit jährlichem Livree, 4 biß 5 Flug Krähen Vögel, 3 Flüg Haasen=Vögel, 6 Flüg Reiher=Vögel alß doppelte Equipage mit 3 Flüg versehen. Alle Flüge mit nöthiger Equipage an Pferden und übrigem Zubehör und überdieses 3 Windhunde und 2 Hühnerhunde. Hierfür bekommt der Falcknerey Hauptmann Preuß (...) 3000 Th. welche quartaliter mit 750 Th. vergnüget werden, wie auch jährlich 1200 Thl. vermöge Special Befehls, wofon 600 Thl. zu seiner jährlichen Besoldung und 600 Thl. zur Bestreitung der Augmentation (Mehrkosten) außgesetzet werden. Ferner bekommt er das (...) für 6 Pferde jährl. zur Falcknerey ausgesetzte Deputat (...), wie auch das Deputat Holtz." (fol. 13).

„Einkünfte (verfügbare Summe) der hiesigen Königl Falcknerey: 3000 Thl. Tractament des Oberfalckenmeisters und Unterhalt der Falcknerey+ 300 Th Falcken-Garten-Pacht Summa: 3300 Thl.; Ausgaben: 1231 Thl. den zwei Falckenmeistern zur Einkaufung der Falcken und Kostgelder der in Braband bey den Reyher=Vögeln bleibenden Falcknerey, (...) Verbleiben dem Oberfalkkenmeister an Tractament (Sold) 683 Thl." (Loc. 38163 wie fol. 14/15; fol. 14 u. Vorblatt sowie fol. 15/16/17/18).

„Das Forwerk Kalckreuth ist bishero verpachtet worden (für) 1837 Th. 12gl. Pachtgelder excl.: Wiesen und Felder. (Ehemalige „Stallerei"/Gestüt)

Damit das Vieh und die Leute aus dem Reiherstand (Rostig) abgehalten werden können, wäre es der Falcknerey sehr zuträglich, wenn S. Königl. M. (Wegen der geringen Einkünfte des Vorwerks) die Falcknerey „gantz und gar" in Kalckreuth ausrichten ließe. Es könne nicht nur (...) ein gantzer Flug auf Reiher angeschafft, sondern die schöne Gelegenheit die Refiervögel auf die Endte und Alstern (..) zu beitzen wohl angewendet werden, zumal wann die Pferde nach geendigter Beitze (sofern diese) nicht aufs Gras gehen können, sondern weg gethan, und alle Jahre andere angeschafft werden müssen, welches im Frühjahr die Falkoniere öffters lange aufhält, auch mancher Falcke gar leicht damit verdorben wird." (fol. 21/22).

„Die Falcknerey Equipage wird mit 4 Personen und 3 Pferden verstärkt und zu deren Unterhalt 1200 Thl. aus der General Accis Cassa jährlich bezahlt. Hauptmann Preuß ist nicht gehalten über Geld, Fourage, etc. Rechnung zu führen, wenn aber an Vögeln und Pferden Abgang erfolgt, „Satisfaction" zu fordern." (fol. 32).

1728 gehörten laut „Hoff= und Staats=Calender" zur Falknerei unter Graf Friesen:

- Zwei Falkenmeister: Heinrich Reyalsch und Johann von Werth;
- Fünf Falconiere: Johann Schwan, Thomas Lue(ro)p, Julius Dehne(n), Wilhelm Vende, Heinrich van Werth;
- Falken=Verwalter: Christian Bernhardt Riemer;
- Fasan=Wärter: Adam Werner Schwende und
- Schwanen=Wärter: Christoph Sebenst.

Nun galt es, die Aufgaben des Oberfalkenmeisteramtes neu zu bestimmen. „Der König habe sich", so der Kabinettsbeschluß vom 9. Dezember 1727, „(...) geäußert, dass wenn künfftig ein Oberfalconnier gemacht würde, selbiger nicht mehr als die Ehre davon haben solle." (fol. 35).

Am 28. März 1729 wurde diese Ehre dem Cammerherrn Anton Moshinski zuteil, der wie sein Vorgänger Graf Friesen, ein Schwiegersohn des Königs und der auf die Burg Stolpen verbannten früheren Mätresse Gräfin Cosel war. (fol. 47).

August III. und seine „Falknerey"

Nach dem Tod König Augusts II. des Starken 1733 tritt sein einziger legitimer Sohn als König August III. von Polen und Kurfürst von Sachsen seine Nachfolge an. Sein liebster Zeitvertreib war die Jagd, er führte eine gute Ehe und das ausschweifende, verschwenderische Leben seines Vaters entsprach durchaus nicht seinem Wesen. Die Zeit der großen Feste, der Karusselrennen und farbenprächtigen Umzüge gehörte der Vergangenheit an. Am liebsten hielt sich König August III. mit seiner Familie in dem 1728 erbauten Schloß Hubertusburg bei Wermsdorf auf. Die nahe gelegene Mutzscher Heide war für die erst jüngst in Sachsen eingeführte Parforcejagd auf Rothirsche nach französischem Vorbild eingerichtet worden. Aber auch Kalkreuth war nicht weit entfernt. Die Falknerei erfuhr keine weiteren Regelungen, nur das Oberfalkenmeisteramt ist in den Akten noch vermerkt. 1735 wurde Graf Hrzan von Harras zum Vice-Oberfalkenmeister ernannt „umb seiner guten Qualitäten, und Uns geleisteten treuen Dienste willen...", mit der Zusage einer Nachfolge Moshinskis, die von Harras im Jahr 1736 antrat. (fol. 51).

Die „Ehre" allein konnte Graf Hrzan von Harras allerdings nicht genügen. Im Oktober 1737 erbat er vom König „etwas von der erledigten Pension" seines Vorgängers „um seiner Stellung gemäß leben zu können." (fol. 63).

Im März 1738 erfolgte noch eine Anweisung zur Livreé der Falkner. Diese bestand aus einem roten Oberrock, grüner Weste und grünen Beinkleidern, nebst Chamerierung. (Gamslederfarbige Kragen und Aufschläge) Der Falkenpage trug die gleiche Kleidung. (fol. 70).

Der Siebenjährige Preußenkrieg – Das Ende einer reichen, glanzvollen Zeit

Der Angriffskrieg Friedrichs II. von Preußen auf Sachsen, 1756–1763, hatte verheerende Folgen für das Kurfürstentum Sachsen. Dies bedeutete auch das Ende der Falknerei. In dem „Aller unterthänigsten Vortrag" über die Direktion der Falcken-Jagd und deren Übertragung an den Cammerherrn von Seebach, deutet sich dies bereits an: „Wofern höchsten Orts gefällig seyn sollte, diese Jagd hergestellt zu sehen, so sollten die Veranstaltungen von nun an schon vorzurichten (sein)...". Weiter heißt es aber: „Es ist nicht tunlich die für 1761 bis 63 ausgesetzten 7200 Rhtl. noch zu zahlen, (um) das ganz zu grunde gerichtete Etablissement (...) wiederherzustellen (...)." (fol. 85).

Der Tod Friedrich Augusts III. (1763) und die Auswirkungen des Siebenjährigen Krieges, besiegelten unwiderruflich das Schicksal der Falknerei im Kurfürstentum Sachsen. Nur der Landgraf von Hessen, ein Verbündeter Preußens, hielt noch an der Falknerei fest, zumal er vom dänischen König, der mit ihm verschwägert war, auch weiterhin die üblichen Falkengeschenke erhielt.

Friedrich Christian, der Sohn und Thronfolger Augusts III., beschloß: „...von Unseres in Gott ruhenden Vaters Königl. Maj. unterhaltenen Falknerey (...) ebenfalls eingehen und die zum Unterhalt gereichten Gelder und Naturalien entfallen zu lassen." Den von der Dienstpflicht entbundenen niederländischen Falknern wurde eine Pension ausgesetzt und das Vorwerk Kalkreuth von Johanni 1764 an verpachtet. Die Aufstellung der auf das letzte Jahr entfallenden Kosten schließt mit einem Betrag von 9.226 Gulden (2/3 Thaler) 22 gl (Groschen). (fol. 91/94/96).

Im Mai 1763 bat Herr von Preuß, ihm die Leitung der Falknerei in Gnaden abzunehmen „wegen seiner vielen Jahre und kränklichen umstände halber". Reichsgraf Hrzan von Harras erklärt: „Ich muss leider gestehen, dass (ich durch) allerhand Leibeszufälle, bei meinem (...) Siebenzig jährigen Alter, (...) zum Herrendienste verhindert bin, nach meinem an etliche 50 Jahr geleisteten Dienst (...)" (fol. 87/89).

Seiner Witwe, Gräfin Hrzan geb. Colonna, die sich in Lüttich aufhielt, wurden 3.000 Thlr. jährlich zugesagt unter der Bedingung, dass sie ihren Wohnsitz in Sachsen nähme.

Überraschend starb der junge König Christian bereits im ersten Regierungsjahr. Sein Bruder Xaver übernahm als Statthalter die Regierungsgeschäfte. Am 14. Mai 1764 erließ er eine Verfügung „An das Cammer Collegium" zur Abfindung der letzten sieben Falkner, der achte war gestorben:„Für die langjährigen Dienste werden den 3 Falkenmeistern Joh. Swaan, Thomas van Lierop und Barthel Swaan, vom 1. Jan. a. c. an, 50 Thl. (rückwirkend) zum jährlichen Gnadengeld ausgesetzt. Den sieben Falkonieren Heinrich Swaan, Johann Boms, Bartholomäus van Lierop, Wilhelm Stockmann, Johann Swaan, Geißmar van Werth und Walter van Werth, da dieselben noch (bei) guten Leibes Kräften und in anderweitige Dienste treten können, ein für allemahl (...) ein Abfindungs-Quantum von 50 Thl. für jeden zu reichen". (fol. 106).

Die letzte Verfügung gilt dem Abbruch der Pavillons bei Kalckreuth, „...die unnütz sind und beim letzten Krieg baufällig wurden".

LITERATUR:

BÄUMEL, J.: August III. auf dem Weg zum Thron. Hellerau-Verlag, Dresden

CZOK, K. (1989): August der Starke und seine Zeit. Leipzig

MINKWITZ, A.v. (1868): Die Falkenjagd am Hof zu Dresden. Dresden

STASZEWSKI, J.(1996): August III. Kurfürst von Sachsen und König von Polen. Akademie-Verlag, Berlin.

Glossar

Accis Cassa	Steuerkasse
Acre (Acker)	Döbel: 1 Acker = 300 Rut(h)en = 55,34 Ar = 2 Morgen
Augmentation	unerwartete Ausgaben
Fond d'Amortissement	Ausgabenfonds für Vergnügungen und Unterhaltung
Fuder (Fuhre)	1 Fuder = zweispännige Wagenladung
Holzgelder	Einkünfte aus den Wäldern durch Holzverkauf
Livreé	Uniform
Satisfaction	Zufriedenstellung
Scheffel	Hohlmaß; 30 – 300 ltr. je nach Land
Schock	1 Schock = 60 Bündel Stroh oder Holz
Schragen	Raummaß für Holz = 8,5 cbm
S.M.	„Seine Majestät"
Thaler (Joachimstaler)	1 Taler = 24 Groschen (gl.); 1 Groschen = 3 Kreuzer
	2/3 Taler = Kuranttaler, auch 1 Rheinischer Gulden
Tractament	Lohn, Zuwendung
Trinitatis	1. Sonntag nach Pfingsten (Dreieinigkeit)

VOLKMAR FICHTNER
Eröffnung des DHM in Berlin

Siebeneinhalb Jahre hatte das geschichtlich interessierte Deutschland warten müssen, bis endlich am 2. Juni 2006 das Deutsche Historische Museum (DHM) eröffnet wurde. Mit einem großen Festakt im Beisein der Bundeskanzlerin Dr. Merkel, des Ideengebers Dr. Kohl und vieler Prominenter aus Regierung, Kultur und Wissenschaft wurde das Museum im sonnendurchfluteten Schlüterhof eröffnet. Viele Interessierte hatten über die Jahre darauf gehofft, endlich die deutsche Geschichte in einem Museum zusammengefaßt nachvollziehen zu können und die eigene Lebenszeit gespiegelt zu erleben. Das Gebäude gab es zwar schon, alle sprachen von der Ausstellung, die Dauerausstellung war aber bis dato nicht eröffnet. Tausende von Berlinbesuchern, die aus der ganzen Welt gekommen waren, standen vor verschlossenen Türen, weil aus Geldmangel und wegen immer wieder erhöhter Sicherheitsstandards in den Räumlichkeiten die Ausstellung noch nicht eröffnet werden konnte und durfte. In dem historischen alten Gebäude hatten seit der Wende mehrere Sonderausstellungen stattgefunden, u.a. zwei Ausstellungen, bei denen ich auf einen sogenannten *Falkenstab* stieß. Seit der ersten Ausstellung (16. Dezember 1994 bis 30. Dezember 1998 „Bilder und Zeugnisse Deutscher Geschichte") hatte ich mich als Falkner und Sammler in diesen Stab verliebt. So hatte ich Gelegenheit, die „Hofjagd – Ausstellung" (14. Februar bis 12. April 2004) mehrere Male zu besuchen und lauernd dieses Falkereigerät zu bestaunen. Das an der Kasse arbeitende Dienstpersonal sah mich allmählich schon argwöhnisch an, wenn ich nach einigen Tagen erneut wieder erschien, weil sie eventuell dachten, ich würde einen Museumsraub planen. Mit manchen Aufsichtskräften hatte ich schon fast Freundschaft geschlossen, sie schoben mir z. B. einen Stuhl unter den Po, wenn ich wieder einmal in gebückter Haltung Skizzen von der Stange anfertigte und Maße abnahm, um mir diese Falkengerätschaft für meine Sammlung und die praktische Falknerei nachzubauen. Fotografieren war bei dieser Sonderausstellung verboten, und ich wußte ja nicht, ob die Stange in der Dauerausstellung, in der man fotografieren darf, wieder ein Exponat sein würde. Vielleicht verschwände sie ja für immer im Magazin und wäre somit für die Öffentlichkeit fast unerreichbar. Glücklicherweise schien die Museumsleitung dieses Gerät auch besonders zu schätzen, denn es wurde bisher stets ausgestellt und ist auch in die Dauerausstellung über die deutsche Geschichte– nun für immer – übernommen worden.

Was verbirgt sich nun hinter der Inventarnummer W91/11? Die Beschriftung direkt am Exponat lautet: „Falkenstab aus der Jagdgarnitur des Kurfürsten Friedrich August II. von Sachsen/Weimar, um 1750". Die nähere Beschreibung lautet wörtlich: „Die Eisenöse mit Lederschlaufe auf dem Holzstab ist zum Festbinden des Beizvogels gedacht. Beizvögel wurden u.a. bei der Jagd auf Reiher, Kraniche und Fasanen eingesetzt."

Dieser Stab interessiert uns Falkner und Jäger in zweierlei Hinsicht: Er ist nämlich im wahrsten Sinne des Wortes ein echter „Wolpertinger" – und zwar noch ein besonderes „Fabeltier", das es fast nie gibt, eine Verschmelzung von einer kriegerischen Waffe und einem ganz friedlichen Teil aus der Falknerei, einer Sitzstange für einen Greifvogel. Der kriegerische, militärische Part (in der Archivierung des Museum ist der Gegenstand nämlich in der Abteilung 2930:Militaria/1 eingeordnet) ist ein preußischer Sponton: „Eine von Infanterieoffizieren im 17./18. Jh. getragene kurze, der Hellebarde verwandte Pike." (Meyers Enzyklopädisches Lexikon, Bd. 25, S. 324, 1978). Das waren die verletzenden Hörner des Wolpertingers, der andere, „friedliche" Aspekt ist eine Sitzstange in der Stärke für einen mittelgroßen Beizvogel. Die Enden sind mit Metallfäden verziert. An einem Splint, asymmetrisch versetzt, befindet sich ein Lederband zur Befestigung des Beizvogels. Vom

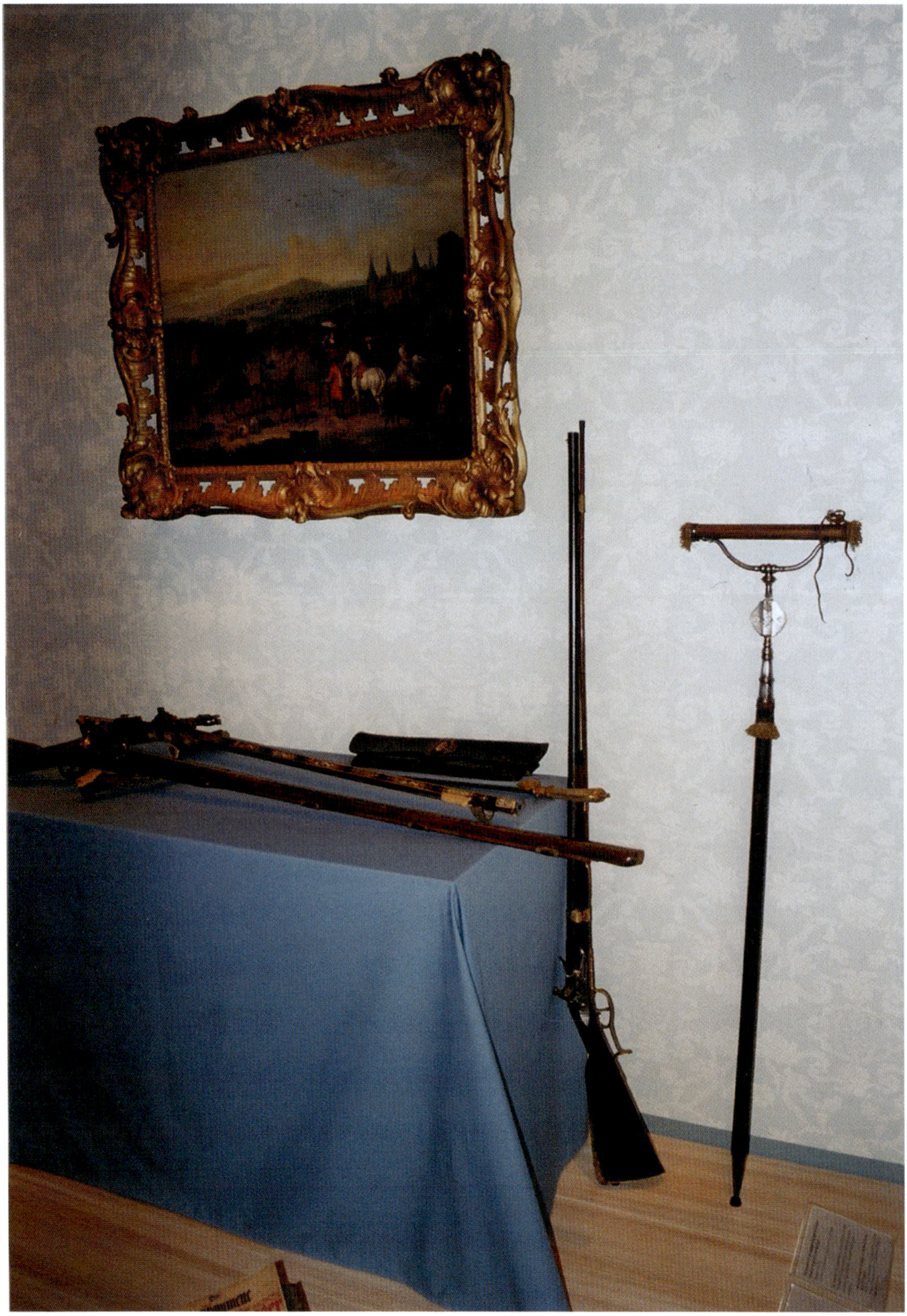

ursprünglichen Sponton wurde die herzförmige Spitze abgesägt, und eine Metallgabel trägt nun die oben beschriebene horizontale Holzstange. Der gesamte Metallteil ist durch eine fein bearbeitete und gedrehte Hülse mit einem Holzstab in der Stärke eines Besenstiels verbunden, aufgesteckt, und bildet den Schaft. Der Stiel ist etwa 94 cm lang, der Metallteil etwa 28 cm hoch, so daß eine Gesamthöhe von 1,22 m erreicht wird. Am Boden mündet der Holzstiel in einer Metallspitze, mit der man die Einrichtung gut in den Boden stecken kann. Die Stange ist ganz schlicht und nur zweckorientiert gestaltet, alle Metallteile hingegen wurden äußerst aufwendig und handwerklich perfekt geschmiedet und verziert. Das Objekt wurde in Weimar hergestellt und in den 1990er Jahren vom Museum angekauft. Aussparungen und Gravuren sind von hoher Qualität. Aus diesem Grunde wurden solche handwerklichen „Schmuckstücke" auch vererbt und von mehreren Generationen benutzt. So wurde diese Stange vom Kurfürsten Friedrich August von Sachsen (1696 bis 1763) über Generationen hinweg bis zum letzten sächsischen König Friedrich August III. (1865 bis 1932) vererbt. Die durch Aussägearbeiten verzierte medaillonartige Platte trägt unterhalb der Gabel den Namenszug des letzten sächsischen Königs Friedrich Augusts III., der im November 1918 freiwillig auf seinen Thron verzichtet hat. Diese Ligatur besteht aus den Buchstaben „FAR". Auf der anderen Seite an gleicher Stelle sieht man einen sitzenden Falken.

Auf der weiteren Suche nach falknerischen Ausstellungstücken fanden sich noch vier Ölgemälde, die mit der Falknerei in Zusammenhang stehen.

Auf der Abbildung, auf der rechts der Falkenstab steht, sehen wir ein Ölbild, eine „elegante Reitergesellschaft auf der Falkenjagd" von JAN PEETER VERDUSSEN, um 1744. Es erscheint charakteristisch, daß dieses wunderschöne Gemälde auf dem Werbefaltblatt für die Sonderausstellung „Hofjagd" geworben hat – also ein falknerisches Motiv stellvertretend für die gesamte Jagdsonderausstellung Pate stand. Das sollte uns stolz machen!

Zwei sehr große Bilder, Öl auf Leinwand, aus der zweiten Hälfte des 18. Jh. haben eine Beziehung zur Falknerei. Die Gemälde sind mehrere Meter hoch und deuten darauf hin, daß sie als Teil eines Zyklus in die Wanddekoration eines Jagdschlosses eingepaßt waren. Einmal wird die Jagd mit einem Uhu dargestellt, zum anderen die Jagd auf Hasen. Auf einem großformatigen Jahreszeitenbild in Öl, Juli – August – September, Augsburg, 16. Jh., sind mehrere Falkner bei ihren Verrichtungen zu erkennen, den Falken tragend, den Falken abwerfend, das Federspiel schwingend, sowie der Luftkampf zwischen Falke und Reiher am Himmel.

Das Fazit aus dem intensiven Suchen nach der Geschichte der Falknerei in Deutschland ist: Das Museum hat leider nur den beschriebenen Falkenstab, keine Falkenhaube, keine alte Falknertasche, weder ein Falknermesser noch sonstige Geräte der Falknerei. Auch das Befragen der wissenschaftlichen Mitarbeiter am Museum ergab, daß es auch im gesamten Fundus keine derartigen Dinge gibt. Der Falkenstab wird im Museum hinter Panzerglas gezeigt. Obwohl über die Praktikabilität der Einrichtung nach unseren heutigen Vorstellungen gestritten werden kann, habe ich mir den Falkenstab mit großem Aufwand nachgebaut. Nicht für den praktischen Gebrauch, sondern aus Leidenschaft zur Falknerei. Ich kenne aus einer anderen privaten Sammlung zwei Falkenstäbe, unverkäuflich, und wenn vielleicht doch eines Tages veräußerbar, unerreichbar teuer. Meine Sammlung ist bereichert, ich habe meine Freude an meinem Falsifikat.

Die Geschichte der Falknerei in Deutschland ist mit diesem prachtvollen Ausstellungsstück im DHM zwar vertreten, aber leider wegen des Fehlens anderer Objekte noch sehr lückenhaft. So haben z. B. die Waffensammlung im Dresdner Zwinger oder das Jagdmuseum in München doch sehr viel mehr zu zeigen. Die Museumsleitung des DHM ist an einer Vervollständigung interessiert.

Ich danke dem Kurator, Herrn Dr. Gerhard Quaas, für seine Unterstützung bei den Recherchen für diesen Beitrag.

Entscheidungen in Falknereisachen (29)
Bearbeiter: Rechtsanwalt André Knapheide

119. Einsatz von Elektroreizgeräten in der Hundeausbildung
Bundesverwaltungsgericht, Urteil des 3. Senats vom 23. 02. 2006, B VerwG 3 C 14.05

I. VG Gelsenkirchen vom 14.05.2003 Az.: VG 7 K 625/01
II. OVG Münster vom 15.09.2004 Az.: OVG 20 A 3176/03

Leitsatz:
Der Einsatz von Elektroreizgeräten, die erhebliche Leiden oder Schmerzen verursachen können, für Zwecke der Hundeausbildung ist gemäß § 3 Nr. 11 TierSchG verboten. Dabei kommt es nicht auf die konkrete Verwendung der Geräte im Einzelfall, sondern darauf an, ob sie von ihrer Bauart und Funktionsweise her geeignet sind, dem Tier nicht unerhebliche Schmerzen zuzufügen.

Gründe:
I
Der Kläger führt Seminare zur Hundeerziehung durch und möchte dabei den Einsatz von Elektroreizgeräten vorführen. Solche Elektroreizgeräte ermöglichen es, mittels eines Senders über Entfernungen bis zu mehreren Hundert Metern Hunde durch einen in einem Halsband integrierten, mit Elektroden versehenen Sender Stromreizen unterschiedlicher Stärke und Länge auszusetzen.

Mit Schreiben seines Bevollmächtigten vom 14. November 2000 teilte der Kläger dem Beklagten mit, er beabsichtige, auf einem Privatgelände Elektroreizgeräte zur Hundeausbildung vorzuführen und einzusetzen. Der Beklagte erwiderte, daß das Vorführen und der Einsatz von Elektroreizgeräten gemäß § 3 Nr. 11 TierSchG grundsätzlich verboten und bis zum Erlaß einer Verordnung lediglich mit einer unter anderem von einem Sachkundenachweis abhängigen Ausnahmegenehmigung zulässig sei.

Mit seiner daraufhin erhobenen Klage begehrt der Kläger festzustellen, daß er berechtigt sei, ohne Sachkundenachweis Elektroreizgeräte vorzuführen und einzusetzen. Die von ihm benutzten Geräte der Firma I. lägen mit ihrer Reizwirkung in einem Bereich, der im Rahmen der Reizstrombehandlung bei Menschen unbedenklich sei. Schmerzhaft könnten nur die beiden obersten Stufen sein. Das Elektroreizgerät sei ein Hilfsmittel, das die Erziehung eines Hundes ohne Stockschläge, Tritte oder Stachelhalsbänder ermögliche und dem Tier die artgemäße Bewegung im Sinne des § 2 Nr. 2 TierSchG erlaube.

Das Verwaltungsgericht hat die Klage abgewiesen. Der Einsatz von Elektroreizgeräten zur Hundeerziehung sei gemäß § 3 Nr. 11 TierSchG grundsätzlich verboten und könne daher auch nicht im Ausnahmewege etwa bei nachgewiesener Sachkunde erlaubt werden. Elektroreizgeräte seien geeignet, allen Hunden unabhängig von deren Größe und Gewicht erhebliche Schmerzen und Schäden zuzufügen. Der Einsatz des Gerätes solle mittels eines repressiven Verbots (mit Erlaubnisvorbehalt) unterbunden werden. Eine Ausnahme von dem Verbot des § 3 Nr. 11 TierSchG sei bisher weder bundes- noch landesrechtlich geregelt worden.

Seine Berufung gegen dieses Urteil hat der Kläger damit begründet, daß die Verwendung von Elektroreizgeräten nur dann tierschutzwidrig sei, wenn alle vier Voraussetzungen des § 3 Nr. 11 TierSchG erfüllt seien. Aus den Gesetzesmaterialien ergebe sich, daß in § 3 Nr. 11 TierSchG kein absolutes Verbot geregelt sei. Die Norm sei vielmehr einer differenzierten, auf den Einzelfall abstellenden Auslegung zugänglich. Die sachgerechte Anwendung des Gerätes erfülle nicht die

Tatbestandsvoraussetzungen der Verbotsnorm. Es sei nicht feststellbar, daß die vom Kläger genutzten Geräte auch bei sachgerechter Anwendung nicht unerhebliche Schmerzen, Leiden oder Schäden verursachten.

Das Oberverwaltungsgericht hat die Berufung mit der Begründung zurückgewiesen, Elektroreizgeräte seien bei bestimmungsgemäßer Verwendung nach ihrer Bauart und Funktion geeignet, die in § 3 Nr. 11 TierSchG untersagten Folgen herbeizuführen. Für das Eingreifen des Verbots sei es unerheblich, ob im konkreten Fall solche Folgen tatsächlich eintreten. Eine an Sinn und Zweck orientierte Auslegung ergebe, daß es für das Verbot auf die Eignung der Elektroreizgeräte zur Herbeiführung der untersagten Beeinträchtigungen ankomme. Entstehungsgeschichte und Gesetzessystematik stünden dieser Auslegung nicht entgegen. Auch der Kläger betone die Notwendigkeit des differenzierten sachgerechten Gebrauchs. Angesichts des von den Geräten ausgehenden Gefährdungspotentials stelle allein diese Auffassung sicher, daß die mit § 3 Nr. 11 TierSchG verbundene Zielsetzung hinreichend gewährleistet sei. Sie führe zu einem generellen Verbot der Verwendung dieser Geräte und mache ihre Anwendung von weiteren Vorschriften zur Minimierung des Risikos für die Tiere abhängig. Mit diesen Vorschriften könne der Gesetzgeber den berechtigten Personenkreis und die Art und Weise der Geräte näher festlegen. Dem hilfsweise gestellten Antrag des Klägers, durch Einholung eines Sachverständigengutachtens Beweis darüber zu erheben, daß Hunden durch den Einsatz von Elektroreizgeräten der Firma I. im Rahmen der Hundeausbildung bei sachgerechter und üblicher Handhabung keine erheblichen Schmerzen, Leiden oder Schäden zugefügt werden, sei nicht nachzugehen. Die angestrebte Beweiserhebung gehe von einer von bestimmten Rahmenbedingungen abhängigen Anwendung im konkreten Einzelfall aus. Es komme jedoch auf die Eignung der Geräte an.

Zur Begründung der durch den Senat zugelassenen Revision wiederholt und vertieft der Kläger im Wesentlichen das bisherige Vorbringen. Darüber hinaus macht er geltend, daß im Urteil des Oberverwaltungsgerichts eine Subsumtion unter die Tatbestandsvoraussetzungen fehle und nicht konkret dargelegt werde, ob und inwieweit die Geräte das artgemäße Verhalten des Tieres erheblich einschränken oder es zur Bewegung zwängen. Auch werde nicht dargelegt und begründet, ob und inwieweit nicht unerhebliche Schmerzen, Leiden oder Schäden zugefügt werden. Eine bloß abstrakte Eignung von Elektroreizgeräten für die in § 3 Nr. 11 TierSchG bezeichneten Folgen erfülle nicht den gesetzlichen Tatbestand. Vielmehr komme es auf den konkreten Einzelfall an. Die Entstehungsgeschichte des § 3 Nr. 11 TierSchG belege, daß der Gesetzgeber ein generelles Verbot nicht gewollt habe. Dies ergebe sich auch aus der im Vermittlungsverfahren vorgenommenen Modifikation der Schwelle für die Maßgeblichkeit der verbotenen Folgen durch die Verwendung des Begriffs „erhebliche" anstatt des Begriffs „vermeidbare". Die Revision rügt zudem mangelnde Sachaufklärung. Das Oberverwaltungsgericht hätte Beweis über die konkrete Eignung der vom Kläger verwendeten Geräte zur Zufügung von nicht unerheblichen Schäden erheben müssen. Es habe sich überdies nicht mit den einschlägigen sachverständigen Stellungnahmen in der Beiakte auseinandergesetzt.

Der Beklagte tritt der Revision entgegen und verteidigt das angefochtene Urteil.

II

Die Revision ist nicht begründet, da das angefochtene Urteil nicht auf einer Verletzung von Bundesrecht beruht (§ 137 Abs. 1 Nr. 1 VwGO). Das Oberverwaltungsgericht hat zu Recht angenommen, daß die durch den Kläger beabsichtigte Verwendung von Elektroreizgeräten, die erhebliche Leiden oder Schmerzen verursachen könne, für Zwecke der Hundeausbildung gegen § 3 Nr. 11 TierSchG verstößt.

Nach der genannten Vorschrift ist es verboten, ein Gerät zu verwenden, das durch direkte Stromeinwirkung das artgemäße Verhalten eines Tieres, insbesondere seine Bewegung, erheblich einschränkt oder es zur Bewegung zwingt und dem Tier dadurch nicht unerhebliche Schmerzen, Leiden oder Schäden zufügt. Diese Vorschrift erfaßt Elektroreizgeräte, wie der Kläger sie einsetzen will, unabhängig von ihrer Verwendung im konkreten Einzelfall.

Es handelt sich zunächst fraglos um Geräte mit direkter Stromeinwirkung auf ein Tier. Auch wird das artgemäße Verhalten des Hundes, insbesondere seine Bewegung erheblich eingeschränkt. Ziel der Verwendung ist es gerade, über einen Zugriff auf den Hund selbst über größere Entfernungen unerwünschte Bewegungen wie Weglaufen oder Jagen zu unterbinden und erwünschte Bewegungen wie etwa Herkommen oder dergleichen zu erreichen. Vor diesem Hintergrund sind die Ausführungen des Klägers, daß bei Verwendung eines Elektroreizgerätes mehr Bewegungsfreiheit gewährleistet sei als bei Verwendung einer Leine, nicht geeignet, das Vorliegen dieser Tatbestandsvoraussetzung zu verneinen. Es handelt sich um zwei Hilfsmittel, die die Bewegungsfreiheit des Hundes auf unterschiedliche Art und Weise einschränken.

Zutreffend hat das Oberverwaltungsgericht auch entschieden, daß es bei dem Merkmal der Zufügung nicht unerheblicher Schmerzen, Leiden oder Schäden nicht auf die konkrete Handhabung des Gerätes im Einzelfall ankommt, sondern auf seine bauartbedingte Eignung, entsprechende Wirkungen hervorzurufen. Schon der Wortlaut des § 3 Nr. 11 TierSchG weist in diese Richtung. Der Relativsatz, der die Verbotselemente aufzählt, knüpft in allen seinen Teilen an das Gerät an und benennt dessen Eigenschaften. Dem kommt besonderes Gewicht zu, weil der ursprüngliche Vorschlag des Bundesrates lautete: „Es ist verboten, Geräte zu verwenden, die … und den Tieren dadurch … zufügen, …" (BTDrucks 13/7015 S. 2). Mit einer solchen Formulierung wäre auf den konkreten Anwendungsakt abgestellt worden.

Wenn der Gesetzgeber in Kenntnis dieses Vorschlags schließlich eine geräteorientierte Formulierung wählt, muß davon ausgegangen werden, daß damit bewußt von der Verwendung im konkreten Einzelfall abgesehen werden sollte.

Auch der in der Begründung zur Einfügung des § 3 Nr. 11 TierSchG zum Ausdruck kommende Sinn und Zweck der Vorschrift spricht für ein generelles Verbot. Dort wird das Erfordernis einer weiteren Verbesserung des Tierschutzes unterstrichen und zur Notwendigkeit des Verbots elektrischer Geräte ausgeführt, die Praxis zeige, daß beim Einsatz elektrischer Dressurhilfen die vielen erforderlichen tierschützerischen Aspekte bei ihrer Handhabung sehr oft nicht berücksichtigt würden (BTDrucks 13/9538 S. 1 und 3). Nur durch ein generelles Verbot kann diesem Zweck Rechnung getragen werden. Ein Verbot nur bestimmter Verwendungsweisen ginge über den vorherigen Rechtszustand nicht hinaus und wäre zudem kaum praktikabel.

Daß § 3 Nr. 11 TierSchG ein generelles Verbot enthält, zeigt schließlich der Nachsatz: „soweit dies nicht nach bundes- oder landesrechtlichen Vorschriften zulässig ist." Danach bleiben besondere Regelungen, mit denen in Abweichung von dem generellen Verbot der Einsatz von Elektroreizgeräten in bestimmten Situationen und/oder für bestimmte Personen zugelassen wird, unberührt. Derartige besondere Regelungen können auch in Rechtsverordnungen nach § 2a Abs. 1a TierSchG enthalten sein. So sollte nach Auffassung des Bundesrates, auf dessen Initiative § 3 Nr. 11 TierSchG zurückgeht (BTDrucks 13/ 7015 S. 2), die Anwendung von Elektroreizgeräten im Rahmen der Ausbildung, der Erziehung und beim Training von Hunden durch eine Rechtsverordnung nach § 2a Abs. 1a TierSchG geregelt werden (ebd. S. 26).

Nach § 3 Nr. 11 TierSchG mögliche Ausnahmen von dem generellen Verbot durch „bundes- oder landesrechtliche Vorschriften" sind bisher nicht normiert worden. Das Ministerium für Umwelt und Naturschutz, Landwirtschaft und Verbraucherschutz des Landes Nordrhein-Westfalen hat zwar unter dem 16. Februar 2000 (Az.: II C 3-4201-4694) einen Erlaß zur Anwendung von Elektroreizgeräten bei der Erziehung von Hunden herausgegeben, wonach bis zum Inkrafttreten einer Verordnung nach § 2a Abs. 1a TierSchG unter bestimmten Voraussetzungen unter anderem bei nachgewiesener Sachkunde Ausnahmen von dem gemäß § 3 Nr. 11 TierSchG grundsätzlichen Anwendungsverbot von Elektroreizgeräten im Einzelfall zulässig sein sollen. „Bundes- oder landesrechtliche Vorschriften" im Sinne von § 3 Nr. 11 TierSchG sind jedoch nur Rechtsnormen, nicht auch Erlasse, denen keine unmittelbare Außenwirkung zukommt. Daher stellt der hier vorliegende ministerielle Erlaß keine geeignete Ausnahmevorschrift dar.

Obwohl bisher keine Ausnahmen normiert sind, verstößt das generelle Verwendungsverbot für Elektroreizgeräte, die geeignet sind, nicht unerhebliche Schmerzen, Leiden oder Schäden hervorzurufen, nicht gegen Verfassungsrecht. Es stellt zwar einen Eingriff in die durch Art. 2 Abs. 1 GG geschützte allgemeine Handlungsfreiheit dar. Ob ein Eingriff in das Grundrecht auf freie Berufsausübung gemäß Art. 12 Abs. 1 GG anzunehmen ist, kann dahingestellt bleiben. Denn beide Grundrechte können aufgrund eines Gesetzes eingeschränkt werden, das durch Gründe des Gemeinwohls gerechtfertigt ist und dem insbesondere aus dem Rechtsstaatsprinzip (Art. 20 Abs. 3 GG) folgenden Grundsatz der Verhältnismäßigkeit entspricht. Dies bedeutet, daß der gesetzliche Eingriff zur Erreichung des verfolgten Zwecks geeignet und erforderlich sein sowie bei der Gesamtabwägung zwischen der Schwere des Eingriffs und dem Gewicht der ihn rechtfertigenden Gründe die Grenze der Zumutbarkeit noch gewahrt sein muß (BVerfG, Beschlüsse vom 16. März 1971 1 BvR 52/66 u.a. BVerfGE 30, 292 ; vom 4. Oktober 1983 1 BvR 1633/82 u.a. BVerfGE 65, 116 ; vom 22. Mai 1996 1 BvR 744/88 u.a. BVerfGE 94, 372). Diese Voraussetzungen liegen hier vor. Das Verbot des § 3 Nr. 11 TierSchG fügt sich ein in den in § 1 TierSchG benannten Zweck des Gesetzes, aus der Verantwortung des Menschen für das Tier als Mitgeschöpf dessen Leben und Wohlbefinden zu schützen. Sie dient damit anerkannten Gemeinwohlbelangen, die nunmehr, insbesondere da Art. 20a GG seit dem Gesetz zur Änderung des Grundgesetzes vom 26. Juli 2002 (BGBl I S. 2862) auch Tiere ausdrücklich unter den Schutz des Staates stellt, verfassungsrechtlich verbürgt sind. Die Bundesregierung hat die vom Bundesrat zunächst vorgeschlagene Regelung zwar als unverhältnismäßig bezeichnet (BTDrucks 13/7015 S. 41). Doch erfaßt die Gesetz gewordene Fassung demgegenüber von vornherein nur solche Geräte, die erhebliche Schmerzen, Leiden oder Schäden zufügen können. Es geht mithin um die Verhinderung schwerwiegender Eingriffe in die Integrität der Tiere, die tierschutzrechtlich ohne weiteres relevant sind. Eine Regelung, die darauf abstellte, ob im Einzelfall diese Schwelle vom Anwender überschritten wird, wäre zur Sicherstellung des Tierschutzes ungeeignet, da sich ihre Einhaltung nicht kontrollieren ließe.

Das generelle Verwendungsverbot verstößt auch nicht gegen Gemeinschaftsrecht, namentlich die Freiheit des Warenverkehrs. Nach Art. 28 EG sind zwar mengenmäßige Einfuhrbeschränkungen sowie alle Maßnahmen gleicher Wirkung zwischen den Mitgliedstaaten verboten. Nach Art. 30 EG stehen die Bestimmungen der Art. 28 und 29 jedoch u.a. solchen Einfuhrbeschränkungen nicht entgegen, die zum Schutz der Gesundheit und des Lebens von Tieren gerechtfertigt sind. Das Verbot des § 3 Nr. 11 TierSchG dient dem in Art. 30 EG ausdrücklich genannten Tierschutz.

Die Elektroreizgeräte, die der Kläger zu verwenden beabsichtigt, besitzen die in § 3 Nr. 11 TierSchG beschriebenen Eigenschaften, so daß sie von dem Verbot erfaßt werden. Sie sind nach den insoweit bindenden Feststellungen des Berufungsgerichts auch bei bestimmungsgemäßer Verwendung geeignet, die untersagten Folgen herbeizuführen. Der Kläger selbst hat in der Klageschrift vom 6. Februar 2001 vorgetragen, daß die beiden obersten Stufen des Gerätes schmerzhaft seien. Den hilfsweise gestellten Beweisantrag hat das Oberverwaltungsgericht daher zu Recht abgelehnt, weil er nicht erheblich war. Durch die Bezugnahme auf die sachgerechte Handhabung stellte der Antrag auf die konkrete Benutzung des Gerätes und nicht auf die bauartbedingte Eignung ab.

Die Kostenentscheidung folgt aus § 154 Abs. 2 VwGO.

Anmerkungen:
1. Das Bundesverwaltungsgericht hat mit seinem Urteil vom 23.02.2006 die Auffassung der

Vorinstanzen geteilt. Danach ist der Einsatz von Elektroreizgeräten bei der Hundeerziehung unabhängig von der Form des konkreten Einsatzes mit dem Tierschutzgesetz nicht zu vereinbaren.

Hierzu prüfte es die Frage, ob der Einsatz von Elektroreizgeräten bei der Hundeausbildung mit § 3 Nr. 11 Tierschutzgesetz zu vereinbaren ist.

Gemäß § 3 Nr. 11 Tierschutzgesetz ist es verboten, ein Gerät zu verwenden, das durch direkte Stromeinwirkung das artgemäße Verhalten eines Tieres, insbesondere seine Bewegung, erheblich einschränkt oder es zur Bewegung zwingt und dem Tier dadurch nicht unerhebliche Schmerzen, Leiden oder Schäden zufügt, soweit dies nicht nach bundes- oder landesrechtlichen Vorschriften zulässig ist.

Unproblematisch konnte die Frage dahingehend beantwortet werden, daß Elektroreizgeräte Geräte sind, die durch direkte Stromeinwirkung arbeiten, und daß durch die direkte Stromeinwirkung das artgemäße Verhalten, nämlich konkret die Bewegung eingeschränkt wird.

Der eigentliche Schwerpunkt der Prüfung bestand in der Klärung der Frage, ob ein Verstoß gegen § 3 Nr.11 TierschG lediglich vorliegt, wenn in der <u>konkreten Anwendung</u> des Gerätes nicht unerhebliche Schmerzen, Leiden oder Schäden dem Tier zugefügt werden.

Zu diesem Ergebnis hätte man kommen können, wenn man im Vergleich mit den anderen in § 3 des Tierschutzgesetzes genannten Alternativen die recht erheblichen Konsequenzen vergleicht.

Allerdings hat nunmehr das Bundesverwaltungsgericht in Hinblick auf den Gesetzeswortlaut sowie dessen Entstehungsgeschichte und den Willen des Gesetzgebers anders entschieden:

Dem ursprünglichen Entwurf des Bundesrates im Rahmen des damaligen Gesetzgebungsverfahrens hätte man entnehmen können, daß dieser es auf die konkrete Anwendung ankommen lassen wollte. Da der Gesetzgeber diesem Vorschlag nicht gefolgt sei, wolle er ein <u>generelles Verbot</u>, da nur so Tierschutz praktikabel betrieben werden könne.

Ausnahmen von diesem generellen Verbot wären möglich, nämlich durch Regelung in einem Landes- oder Bundesgesetz. Bloße Erlasse von Ländern (z.B. in Nordrhein-Westfalen) reichen nicht aus. Wer also Elektroreizgeräte unter Berufung auf einen Erlaß anwendet, verstößt dennoch gegen das Tierschutzgesetz.

2. Ausgehend vom Leitsatz der Entscheidung unterliegt der Geräteeinsatz zur Hundeausbildung dem Verbot des § 3 Nr.11 TierschG.

Hierunter fallen alle Varianten der Hundeausbildung, gleich, ob es sich um das bewußte Anerziehen eines zusammengehörigen Bündels tierlicher Verhaltensweisen(wie z. B. bei Blindenhund, Schutzhund, Sprengstoff-Spürhund), Korrekturerziehung oder Steigerung einer sportlichen Leistung handelt.

Für alle Fälle treffen der Wortlaut des Gesetzes und die Argumentation zu, so daß die obige Entscheidung jeden Einsatz eines Elektroreizgerätes bei der Hundeausbildung und Erziehung verbietet, soweit keine bundes- oder landesrechtliche Ausnahmevorschrift mit unmittelbarer Außenwirkung besteht.

Wer Elektroreizgeräte dennoch einsetzt, muß mit Bußgeldern bis hin zum Entzug des Hundes rechnen. In schwerwiegenden Fällen kann auch der Verlust des Jagdscheines drohen .

André Knapheide

REZENSIONEN

Deutscher Falkenorden e.V.
Jäger auf schnellen Schwingen – Greifvögel in der zeitgenössischen Kunst

Begleitbroschüre zur Kunstausstellung anläßlich der Internationalen Falknertagung des Deutschen Falkenordens vom 18.10. bis 22.10.2006 im Tagungshotel Weißenburg, Billerbeck.

DIN A 5, 40 Farbabbildungen, 40 Seiten, in deutscher und englischer Sprache.
Zu beziehen über die Landesverbände oder den Geschäftsführer des DFO. 10,-- EUR incl. Versandkosten.

Dieses gediegen gestaltete Begleitheft zur Kunstausstellung anläßlich der Ordenstagung 2006 in Billerbeck ist selbst ein kleines Kunstwerk durch die wohlgelungene Gestaltung durch Nikolai Kraneis, einen der ausstellenden Künstler. Nach der Einführung von Kuno Seitz, der auch für die Redaktion insgesamt verantwortlich zeichnet gemeinsam mit Antje Katrin Bednarek und Bernd Pöppelmann, folgt eine kunsthistorische Heranführung an das Thema „Greifvögel in der Kunst" durch den wohlrenommierten Karl Schulze-Hagen. Von der mittelalterlichen Buchillustration zieht er den Bogen über Joseph Wolf und George Edward Lodge bis zu Bruno Liljefors und leuchtet damit den Hintergrund aus, vor dem die heute wirkenden Künstler ihre Auseinandersetzung mit dem Greifvogel als Objekt ihrer Kunst führen müssen. Dann folgen auf je einer Seite biographische Angaben zu den 30 an der Ausstellung in Billerbeck beteiligten Künstlern und zu ihrem Werk unter Beifügung einer Abbildung eines der jeweils ausgestellten Werke. Von diesen 30 Künstlern stammen 15 aus Deutschland, fünf aus den Niederlanden, vier aus Großbritannien und je einer aus Rußland, Bulgarien, Schweden, Australien, USA und Südafrika. Im hinteren Teil des Hefts werden alle Texte in englischer Sprache wiederholt. Wenn dieses Heft die unwiederbringliche Ausstellung in Billerbeck natürlich auch nicht annähernd ersetzen kann, so bietet es doch einen tiefgehenden Einblick in den Bereich der zeitgenössischen bildenden Künstler, die sich mit dem Sujet Greifvogel beschäftigen, wie er bisher auch nicht in Ansätzen greifbar war. Eigentlich muß jeder Falknerei- und Greifvogelbegeisterte Freude an diesem Bändchen haben – völlig unabhängig von seinem Kunstinteresse. Daher zur Anschaffung dringend empfohlen, solange die Reste der kleinen Auflage noch zur Verfügung stehen.

H.-A. Hewicker

Roger Upton
Hood, Leash and Lure
Falknerei in Europa im 20. Jahrhundert – Verbände, Persönlichkeiten und bemerkenswerte Ereignisse

Gebunden., viele Schwarzweißfotos, in englischer Sprache.
Eigenverlag des Autors, 2004. ISBN: 095481040, auch in Deutschland erhältlich.

Roger Upton, ein Kenner der Falknerei und selbst passionierter Falkner aus England, hat nach seinem Buch „O for a Falconers Voice" über den Old Hawking Club ein weiteres Buch über die jüngere Geschichte der Falknerei verfaßt. In „Hood, Leash and Lure" beschreibt er mit unzähligen Zitaten aus Tagebüchern, Briefen und anhand persönlicher Erlebnisse die Wiederbelebung der Falknerei und der Falknereiverbände im 20. Jahrhundert in Europa und schildert viele ihrer Erlebnisse auf und mit der Beizjagd.

Das Buch, entstanden mit der Unterstützung und mit einem Vorwort von Graf Umberto Caproni di Taliedo, beginnt mit der Gründung des British Falconers Club (BFC) 1927 und seinen Tagungen in Avebury (im Süden Englands). Aus dieser Zeit stammt auch der Titel des Buches: „Hood, Leash and Lure" war ein Motto und das Logo dieses neuen Verbandes auf dessen Schriftstücken in dieser Zeit.

Der Autor streift die Entstehung des Deutschen Falkenordens und schildert Details der Tagung im Jahr 1930 in Meppen, an der auch Gäste aus England teilnahmen. Weiterhin zeigt der Autor die vielen Kontakte zwischen dem BFC und DFO bzw. Gilbert Blaine und Renz Waller auf, die befreundet waren. So wurde im Jahr 1937 auf der Internationalen Jagdausstellung in Berlin die Falknerei gemeinsam vom BFC und DFO vorgestellt.

Kurz wird die Entstehung von Falknerverbänden mit den maßgeblichen Charakteren u.a. in Holland, Frankreich und Italien beschrieben. Aufgelockert ist dies mit vielen Anekdoten z.B. aus Ungarn in den 1930er Jahren: Der damalige Oberjägermeister in Ungarn, Geza Kiss von Nemesker, erlebte Falknerei in Schottland bei einer Lady McClean. Falknerei wurde zu dieser Zeit in Ungarn gar nicht praktiziert, und er war so fasziniert, daß er Falkner zu sich einlud. So auch den Engländer Colonel Biddulph, der, über 70 Jahre alt, aus Lahore, Indien, mit drei indischen Falknern und zehn Beizvögeln anreiste, um in der Hortobagy Puszta Reiher und anderes Wasserwild zu beizen.

Den größten Raum nimmt die Entwicklung der Falknerei in England und die Grouse-Beize in Schottland bis in die 1980er Jahre ein. Diese wurde in den 1960er Jahren von nur noch drei Falknern betrieben (unter anderen dem Autor) und hat bis heute viele weitere Falkner aus ganz Europa in ihren Bann gezogen.

Das Buch mit einem Verzeichnis der genannten Persönlichkeiten sowie der beschriebenen Vögel ist eine unterhaltsame Lektüre über die Beschwerlichkeiten und Möglichkeiten der Falknerei im vergangenen Jahrhundert.

Hauke Schormair

Günther Trommer/Pawel Wieland
Sokól wędrowny w Polsce –
Wymarcie i odrodzenic gatunku

Der Wanderfalke in Polen –
Sein Verschwinden und seine Wiederkehr

Format: 24 x 17, 42 Seiten, 32 Farb- und 1 S/W-Fotos, 4 Farb- und 1 S/W-Strichzeichnungen, 1 Tabelle in polnischer Sprache.
Manus Verlag, Leszno 2003.

Zum ersten Mal hat man in Polen im Jahre 2003 eine Sachbroschüre veröffentlicht, die informativ und objektiv die positive Rolle der Falkner bei der Zucht und Auswilderung des Wanderfalken darstellt. Die Broschüre ist in polnischer Sprache verfaßt und mit themenbezogenen Fotos, Zeichnungen, Grafiken und detaillierten Tabellen illustriert. Am Schluß finden sich dankenswerterweise deutsche und englische Zusammenfassungen. Die beiden Autoren haben über dem historischen Grundriß der früheren polnischen Populationen des Wanderfalken Lebensbedingungen, Reviere und Brutplätze zusammengefaßt.

Die Broschüre im Kleinformat vermittelt überzeugend, sachlich und informativ Fachthemen in den folgenden Bereichen:
– historische Dateien
– Ursachenanalyse der Populationsrückgänge
– Zucht
– Wiederansiedlung
– Erfolgskontrolle
– Schlußfolgerungen

Die Autoren, die diese Broschüre niederschrieben, sind in der Falknerei bestens bekannt als Könner ihres Faches. Und so wurden meistens nach der Lektüre meine Erwartungen erfüllt.

Ich hätte mir allerdings auch Themen gewünscht, die besser aus- und vorbereitet gewesen wären, so z. B.
– das Verhältnis der polnischen Jäger und Bauern zu der Wiederansiedlung der Wanderfalken,
– Projekte der Mitwirkung und Mitarbeit mit anderen Gruppen, vor allen mit den Ornithologen,
– Unterstützung oder Boykott seitens bestimmter Bevölkerungsgruppen.

Andreas Kapka

Martin Hollinshead
The last Wolf Hawker. The Eagle Falconry of Friedrich Remmler

109 Seiten, 33 Fotos, gebunden, numerierte Ausgabe (600 Stück).
The Fernhill Press, Staffordshire, 2006.
www.freespace.virgin.net/fernhill.press.

Während man in Deutschland Friedrich Remmler, der vor 70 Jahren mit seinem finnischen Falknerteam auf kleinwüchsigen, zottigen Pferden einer der Stars der Internationalen Jagdausstellung in Berlin war, vergessen zu haben scheint, hat sich der englische Falkner und Autor Martin Hollinshead, selbst ein erfahrener Beizjäger mit dem Steinadler und Verfasser eines Buches über die Beize mit Adlern, der Person Remmlers angenommen. Er sieht in Remmler den Pionier der Beizjagd mit dem Steinadler westlich des Urals, und für ihn ist es kein Zufall, daß die moderne Beizjagd mit dem Steinadler sich vor allem im deutschsprachigen Raum entwickelt hat. Wer aber war dieser Mann, an dem sich durchaus die Geister scheiden können und der dem DFO nach seinem Tod noch nicht einmal einen Nachruf wert war?

Friedrich Wilhelm Remmler, wie er mit vollem Namen in guter preußischer Tradition hieß, wurde im Dreikaiserjahr 1888 geboren, lebte lange Jahre in dem damals noch zum Russischen Kaiserreich gehörenden Finnland, zunächst auf einem ansehnlichen, in Karelien gelegenen Landgut, das der Familie gehörte. Sein Vater, ein Bergbauingenieur, wie auch offenbar zahlreiche seiner Verwandten gehörten zu den nicht wenigen Deutschen, die im Reich des Zaren ihr Glück gesucht und wohl auch gefunden hatten, dabei aber wegen ihrer nationalkonservativen Einstellung ihrem alten Vaterland die Treue hielten.

1903 stellte sich der junge Remmler seinen ersten Adler auf, ein Jahr später bereiste er das erste Mal die Kirgisensteppe, ritt dort mit kasachischen Beizjägern und schaute ihnen ihr Handwerk ab. Dabei kopiert er keineswegs einfach ihre Art des Abtragens, sondern lehnt Methoden ab, die er als Quälerei empfindet, wie langes Hungernlassen oder die Adlerschaukel. Sogar auf den Gebrauch der Haube verzichtet er.

Das Pferd bleibt bis an sein Lebensende sein liebstes Transportmittel, auch bei der Beizjagd, und so jagt er in der nur von wenigen Dörfern unterbrochenen Wildnis der nordischen Taiga wie die Kasachen vom Pferd aus. Sein Beizwild sind Schneehasen, Füchse und Wölfe, seine bevorzugte Jagdart ist das Brackieren. Die wenigen baumfreien Schläge der endlosen Wälder, die im Winter zugefrorenen und damit passierbaren Moore und die Tundra der Eismeerküste bilden den Hintergrund seiner Erlebnisse mit Adlern, Hunden und Pferden, die ihresgleichen suchen und an und für sich schon so ungewöhnlich, abenteuerlich und spannend sind, daß es eigentlich einer erzählerischen Begabung, wie Remmler sie in seinen Veröffentlichungen beweist, gar nicht bedurft hätte, um die Leser in den Bann zu ziehen. Als Mensch wie als Falkner vertritt Remmler einen ausgeprägten Individualismus, den er auch seinen Beizvögeln, vor allem seinen Lieblingen, den Adlern, zugesteht. Der Beute gegenüber pflegt er einen altmodisch anmutenden Begriff von Ritterlichkeit.

Nach dem I. Weltkrieg blieb der östliche Teil Kareliens bei der UdSSR, Remmler mußte seine Wahlheimat verlassen und zog nach Zentralfinnland um, wo er in Kajaani einen florierenden Tierhandel, der zoologische Gärten mit Wildtieren versorgte, aufzog.

Hauptquelle dieser Informationen sind Remmlers Erinnerungen, die er 1972 (Friedrich Wilhelm Remmler, „Erinnerungen aus meinem Leben mit Adlern", Jahrbuch Deutscher Falkenorden 70/71, S. 51–80) veröffentlicht hat und die man nach Stil und Inhalt nicht anders als urig bezeichnen kann. Auch Hollinshead stützt sich im wesentlichen auf diese deutsche Veröffentlichung, begnügt sich aber nicht mit einer Übersetzung ins Englische, sondern strukturiert das Material nach systematischen Gesichtspunkten neu, ergänzt und erweitert es mit eigenen Beobachtungen und Erkenntnissen. Die Aufzeichnungen Remmlers, der erklärtermaßen kein Lehrbuch im Sinne hatte, mögen dabei an Gebrauchswert und Übersichtlichkeit gewinnen, schade ist es aber manchmal schon, weil Remmlers Bericht sich zwar um Chronologie und Systematik wenig schert und durch Abschweifungen und gedankliche Brüche den Leser tatsächlich manchmal verwirrt, ihn aber dann durch spannende Episoden und durch Anekdoten entschädigt, die die Lektüre zu einem Vergnügen machen. Remmlers Darstellungsweise ist so originell und eigenwillig, wie es der Autor selbst gewesen sein muß.

Hollinshead wäre aber kein versierter und erfolgreicher Autor, kompilierte er nur die von Remmler veröffentlichten Erinnerungen. Das Buch ist auch ein Bericht seiner Recherche, bei der ihm gelungen ist, was er kaum zu hoffen wagte, nämlich, die beiden noch lebenden Söhne Remmlers Ingmar und Orvar ausfindig zu machen. Durch sie kommt er an zusätzliche Informationen, und so kann das Buch mit etlichen unbekannten Fotos aufwarten und auch hier und da etwas Licht ins Dunkel der Remmlerschen Biographie bringen.

An Licht und Schatten hat es im Leben Remmlers nicht gefehlt, denn selbst in die entlegensten Weltgegenden hinein reichte der lange Arm der Geschichte. Während des Winterkriegs der Roten Armee gegen Finnland mußte Remmler seine Wahlheimat fluchtartig verlassen. Seine Adler lagen eines Morgens tot unter ihren Blöcken, lebende Zielscheiben einer vermutlich betrunkenen finnischen Soldateska. Zwar konnte Remmler 1941 nach dem deutschen Überfall auf die Sowjetunion und dem Bündnis zwischen Finnland und Deutschland wieder zurückkehren, als aber zu Ende des Krieges Finnland der Anti-Hitler-Koalition beitrat, war der finnische Besitz endgültig verloren.

Nach Krieg und Kriegsgefangenschaft mußte er wie viele Deutsche wieder von vorn anfangen und fand schließlich eine neue Heimat als Leiter einer Jagdfarm in Kanada, wo er die Beizjagd mit Adlern wieder aufnahm.

Friedrich Wilhelm Remmler gehört zum Urgestein des DFO und war bereits zu Lebzeiten eine Legende. Gerüchte ranken sich um seine Vergangenheit im Krieg. Das meiste wird sich nicht mehr klären lassen. Fest steht aber, daß er, ob in Finnland oder in Kanada, ein Leben geführt hat, wie er es sich wünschte, ein Leben mit Tieren, möglichst fernab der Zivilisation, die er ablehnte. Der „american way of life" war ihm ein Gräuel, er fühlte sich nach seinem eigenen Bekenntnis zum Osten hingezogen. Die Lebenseinstellung des „nitschewo" der Russen begeisterte ihn. Das Geheimnis, wie er dann allerdings für ein Regime ins Feld ziehen konnte, das diese Menschen mit ihrer Mentalität zu Untermenschen deklassierte, hat er wohl mit ins Grab genommen.

Vieles in seiner Person ist widersprüchlich, und seine Erinnerungen sind Erzählungen aus einer anderen, untergegangenen Welt. Dabei enthält er uns das meiste noch vor: „Ich habe es nach Möglichkeit vermieden, über meine fischenden Otter und Kormorane, über meine vielen Falken aller Art, über meine Reisen nach Island und Grönland, über meine nicht so zahlreichen Beutegreifer, meinen treuen Geparden ‚Susi' und über meine vielen Pferde und Bracken zu schreiben."

Martin Hollinsheads kleines Buch ist ein Schritt nach vorn, aber da gäbe es noch viele Schätze zu heben. Ich würde mir wünschen, daß Martin Hollinshead das Thema Remmler noch nicht endgültig ad acta gelegt hat.

Kuno Seitz

Hans und Pam Peeters
Raptors of California

California Natural History Guide Series No. 82;

Illustrationen und Fotografien von Hans Peeters.
University of California Press, 2005.
ISBN 0-520-23708-0.

„Raptors of California" vermittelt umfassendes Wissen über die reiche Greifvogelfauna Kaliforniens und ist ein unverzichtbarer Begleiter bei Exkursionen durch die verschiedenen Landschaften mit ihren einzigartigen Tier- und Pflanzengesellschaften, die in enger Wechselbeziehung zu den Praedatoren stehen. „Raptors of California" ist die Summe einer jahrzehntelangen Beobachtung und Erforschung der Greifvögel in einem Naturraum, der sich von den Steilküsten des Stillen Ozeans bis zu den schneebedeckten Gipfeln der Sierra Nevada und von den Wäldern des nördlichen Kaliforniens, über das fruchtbare, hochintensiv bewirtschaftete Mittelkalifornien bis zum Trockenbecken des Death Valley erstreckt.

Die Autoren haben durch ihre Arbeit einen wertvollen Beitrag zur ornithologischen Feldbeobachtung im Sinne lebensraumbezogener Naturbetrachtung geleistet. Die Ergebnisse der Verhaltensforschung, die Bedeutung des Greifvogels als Umweltindikator, der Greifvogel in seiner Wechselbeziehung zum Menschen, auch als Beizvogel, werden dargelegt. In zahlreichen Abbildungen hat Hans Peeters seine Eindrücke wiedergegeben und durch Fotos typischer Landschaften und Brutvorkommen ergänzt und so das Ansprechen eines Greifvogels erleichtert. Die Mehrzahl der aufgeführten Greifvögel ist zwar über ganz Nordamerika verbreitet, es gibt jedoch bei manchen Arten markante Unterschiede in der Gefiederfarbe und Gestalt, die beachtet werden müssen.

Nach seinem Studium an der California University, Berkeley, lehrte Hans Peeters 37 Jahre lang die Fächer Ökologie, Zoologie und Feldbiologie am Chabot College in Hayward, Kalifornien. Während zahlreicher Exkursionen vermittelte er seinen Studenten nicht nur ein breites Wissen von Tier- und Pflanzenwelt, sondern wies den Weg zu einem besseren Naturverständnis. Noch in seiner deutschen Heimat (1947) entzündete sich in ihm eine große Begeisterung für die Greifvogelwelt und vor allem die Beizjagd. Dort fand er auch die ersten Motive für seine künstlerische Begabung, die er ständig weiterentwickelte. Seine Gemälde finden heute in Amerika hohe Beachtung und Anerkennung. Pam Peeters begleitet ihren Mann auf allen Studienreisen in die Naturräume der Erde. Als erfahrene Botanikerin hat sie es vermocht, den vornehmlich auf die Tierwelt gerichteten Blick ihres Mannes für die Wunder und Schönheit der Pflanzenwelt zu öffnen.

„Raptors of California" ist ein unverzichtbarer Reisebegleiter für jeden Falkner und Greifvogelbeobachter, der eine Reise in dieses Land unternimmt. Der Rezensent hat Hans und Pam Peeters während einiger Wochen bei mehreren Exkursionen begleitet und einen unvergeßlichen Eindruck von Land und Tierwelt gewonnen.

A. BECKERS

JONATHAN ALDERFER (ED.)
Complete Birds of North America

National Geographic Society, Washington, D. C., 2005, 664 S. 4000 Illustrationen (Farbzeichnungen und -fotos, Karten).
ISBN 0-7922-4175-4; USD 35,–.

Dieses für Millionen amerikanische Birder und auch eine breite Öffentlichkeit bestimmte Werk ist zur Komplettierung des „National Geographic Field Guide to the Birds of North America" gedacht und schließt damit eine Lücke, die auch Nordamerika bereisende ausländische Ornithologen teilweise geradezu schmerzhaft empfanden, denn bisher fehlte eine aktuelle Gesamtübersicht in kompakter Form.

Es gibt zwar für wohl alle Bundesstaaten der USA und Provinzen Kanadas (?) detaillierte Lokal-Avifaunen. Doch die sind „auf die Schnelle" nicht immer verfügbar, vor allem, wenn man als Tourist teilweise mehrere von ihnen an einem Tag durchreist. War man an Greifvögeln interessiert, mußte oft sogar noch auf BENTS „Life History of North American Birds of Prey" von 1937/38 zurückgegriffen werden. Mit dieser top-aktuellen Gesamtübersicht im Gepäck ist das nicht mehr erforderlich.

Behandelt werden, einschließlich Irrgästen, 962 Arten in 82 Familien, darunter auch solche, die erst in jüngerer Zeit nachgewiesen oder eingebürgert worden sind. Nach generellen Angaben zu den jeweiligen Familien wird jede Art nach einigen allgemeinen Vorbemerkungen, die sich beliebig etwa auf ausgefallenere Verhaltens-, Verbreitungs- oder Beobachtungsmodalitäten beziehen können, mit Angaben zu den Feldkennzeichen, ähnlichen Arten, Lautäußerungen, Status, Verbreitung und Populationsverhältnissen vorgestellt. Hinzu kommen jeweils Feldführern gerecht werdende Farbzeichnungen und -fotos sowie meist auch Verbreitungskarten. Von diesem Schema wird abgewichen, wenn zusätzlich bemerkenswerte Fakten zu vermitteln sind, wie etwa der auf einer gesonderten Karte dargestellte Fernzug von Breitflügel- und Präriebussard.

In diesem Rahmen werden auch alle Neuweltgeier, Greifvögel und Eulen abgehandelt. Allein die Angaben zu neuesten Populationstrends in Verbindung mit aktuellen Verbreitungskarten, zum Stand von Wiedereinbürgerungs-Projekten und die gleichberechtigte Behandlung der „Südarten" (Hakenweih, Schneckenmilan, Krabben-, Weißschwanz-, Kurzschwanz-, Bänderschwanz- und Graubussard sowie Schopfkarakara und Aplomadofalken), die sonst meist nur am Rande erwähnt werden, schließen manche Wissenslücke. Zu den registrierten Irrgästen zählen neben eurasischen Arten (Seeadler und Riesenseeadler, Baum-, Rotfuß- und Turmfalke) vom Süden her noch Halsringwaldfalke und Wegebussard. Hinzu kommt eine Fülle bemerkenswerter Details wie etwa der Nachweis eines Hybrids zwischen Weißkopf- und Riesenseeadler während des Winters 2004/05 in British Columbia (Kanada).

Das Buch, das auch für mehr Klarheit bei vielen für Nordamerika spezifischen Artengruppen, wie etwa den Präriehühnern, den Waldsängern (Warbler) und den Ammerfinken (Sparrows), sorgt, ist damit nicht nur hochinformativ, es liest sich geradezu spannend und mit viel Gewinn. Zudem erfährt man zwischen den Zeilen, daß sich Mentalität, Denkweise und Wertungen nordamerikanischer Ornithologen und Vogelfreunde doch etwas von den unseren unterscheiden, was zur Erhaltung unserer Eigenständigkeit gemahnt.

Funktionalbezüge vermißt man fast völlig. So fand ich zwar meine Feststellung bestätigt, daß die Wanderfalken in den Großstädten des Ostens an den Aleutenfalken (*F. peregrinus pealei*) erinnern. Dies sieht man jedoch lediglich als Folge der im Projektrahmen bevorzugten Freilassung dieser standorttreuen Wanderfalken-Unterart an. Daran, daß ihr Leistungsprofil für die Jagd zwischen den City-Klippen im Wolkenkratzer-Bereich auch eine besondere Eignung aufweist, hat man bisher aber wohl nicht gedacht.

Dieses prächtige Buch ist somit auch für den eine Fundgrube, der nicht beabsichtigt, jemals nach Nordamerika zu reisen. Wer aber dort weilt oder sonstige direkte Bezugsmöglichkeiten hat, sollte auch einmal in Supermärkten nachschauen bzw. nachschauen lassen. Dort geht es als echtes „Volksbuch" mit riesiger Auflage teilweise schon für nur zehn USD über den Ladentisch.

W. Baumgart

Frey, H., G. Schaden & M. Bijleveld van Lexmond Eds. (2005):
Bearded Vulture Annual Report 2004 –
Foundation for the Conservation of the Bearded Vulture – F.C.B.V. Wassenaar/NL

126 S., beziehbar über Institut für Parasitologie und Zoologie, Veterinärmedizinische Universität Wien, Veterinärplatz 1, A-1210 Wien.

Der Jahresbericht beginnt mit der Feststellung, daß es nunmehr in den Alpen gut 100 freifliegende Bartgeier gibt und von den hier brütenden Paaren 2004 fünf Jungvögel aufgezogen wurden. Ziel des Projektes ist es, eine Verbindung innerhalb der westeuropäischen Bartgeier-Population, die sich auf die Pyrenäen, die Alpen und Korsika verteilt, herzustellen und die Art auch wieder in Andalusien und auf Sardinien anzusiedeln.

2004 brüteten im Rahmen des Zuchtprojektes 21 Paare, die 38 Eier produzierten, aus denen 13 Jungvögel schlüpften und zehn aufgezogen werden konnten. Acht Jungvögel wurden an vier Plätzen (NP Hohe Tauern, Hoch-Savoyen, NP Argentera Mercantour und im Martell-Tal) freigelassen. Dokumentiert sind auch Umsetzungen, Todesfälle und andere Daten, etwa daß ein Projektvogel inzwischen nachweislich 45 Jahre alt ist.

Hinzu kommen Berichte zum Monitoring aus dem Alpenraum mit einigen bemerkenswerten Ergebnissen, wie z. B. der Umsiedlung des Männchens Margunet vom Bormio-Paar (1998–2001) ins Val Sinistra (2002/2003), was ohne genetische Kontrolle kaum aufgefallen wäre und die bisher als unerschütterlich geltende enge Revier- und Partnerbindung des Bartgeiers in Frage stellt. In den Niederlanden zeigte sich am 24.05.2003 wiederum ein verdrifteter Jungvogel.

Eingehender beleuchtet wird auch die Situation in anderen freilebenden Populationen, so in den spanischen (106 Plätze, 88 Brutpaare/BP bzw. Trios und 33 ausgeflogene Juv., was 0,39 Juv./BP entspricht) und den französischen Pyrenäen (22 BP und zwei Trios, 20 Gelege und zehn ausgeflogene Juv., was 0,45 Juv./BP entspricht) sowie auf Korsika (zehn BP darunter ein Trio, 25–30 Indiv., 2004 kein ausgeflogener Jungvogel,

Fortpflanzungserfolg 1981–2004: 0,16 Juv./BP), wo die geringe Fortpflanzungsrate vor allem auf Nahrungsmangel (rückläufige Wildtierbestände und Weideviehwirtschaft), weniger auf Störungen zurückzuführen ist. Neben dem Bericht eines Beobachtungsteams auf Kreta ist auch ein ausführlicher und zugleich sehr gründlicher Bericht über das einstige Vorkommen des Bartgeiers auf Sardinien, wo er 1967/68 als Brutvogel ausstarb (beim Mönchsgeier war das schon 1961 der Fall, nur der Gänsegeier ist noch Brutvogel) von Schenk et al. enthalten, die eine Wiederansiedlung für möglich erachten (noch 1991 und 2002 wurden wenige Individuen beobachtet).

Als vom Aussterben bedroht gelten auch die Bartgeier-Vorkommen im südlichen Afrika. In Lesotho, wo es in den 1980er Jahren noch rund 120 BP gab, ging ihre Zahl bis 2002 auf 55–70 BP zurück, wofür Auslegen von Gift und andere Formen der Nachstellung sowie Verknappung des Nahrungsangebotes und Habitat-Veränderungen als Ursachen genannt werden.

W. Baumgart

Gavashelishvili, L. (2005): Vultures of Georgia and the Caucasus – Tbilisi

96 S. 24,80 EUR.
ISBN 99940-771-9-8; Bezug durch NHBS Environment Bookstore – www.nhbs.com.

Diese Abhandlung vermittelt gegenüber den Verhältnissen auf der Iberischen Halbinsel, die zumeist für unser Geierverständnis prägend ist, eine etwas andere Sicht auf die vier in Europa vorkommenden Geierarten. Diese werden, bevor der Autor auf ihre besonderen Lebensumstände in Kaukasien eingeht, einleitend kurz vorgestellt (Äußeres, Lebensweise, Brutbiologie u. a.). Hier, insbesondere aber in Georgien, wo 19–21 Brutpaare (BP) des Bartgeiers, 55 BP des Gänsegeiers, 15–30 BP des Mönchsgeiers und 80–112 BP des Schmutzgeiers leben, geht es für die Geier zumeist karger zu, und die Verhältnisse in der menschlichen Begleit-Gesellschaft sind archaischer.

Dies vermag der Autor, unterstützt durch eine Vielzahl beeindruckender Bilddokumente authentisch zu belegen. Zu Sowjetzeiten wurden einschlägige Dokumentationen überwiegend von Instituts-Spezialisten verfaßt. Diese Darstellung basiert dagegen – und das macht sie geradezu unverzichtbar – auf umfassenden Praxiserfahrungen und kann voll überzeugen, wo sie diesem Anliegen folgt.

Bemühungen, die Wissenschaftlichkeit der Darstellung etwa durch Habitatmodulationen zur Brutpaar- und Ressourcennutzung zu erhöhen, geraten dagegen oft zu formalistisch. Eingehendere Darlegungen zur Lebensraum-Differenzierung der einzelnen Arten, ihrer funktionellen Einordnung oder auch zur Beziehung zwischen Geiern und der auf recht unterschiedliche Weise lebenden Vielfalt an Bevölkerungsgruppen in Kaukasien, wo die Wanderung der Viehherden (Transhumance) durch zunehmende nationale Separierung Beschränkungen zu unterliegen droht, wären dafür wünschenswerter gewesen. Für solche Erhebungen bestehen hier, wie ich 1977 und 1988 bei Aufenthalten in der Region feststellen konnte, ohne das – wie in Spanien – alles überdeckende Massenauftreten des Gänsegeiers, gute Voraussetzungen. So erscheinen die großen Geier im Bereich der einstigen Kosaken-Republik am oberen Terek besonders begünstigt, ohne daß dies in den bisherigen Erklärungsansätzen Berücksichtigung fand. Doch das könnte späteren Untersuchungen vorbehalten bleiben.

Das uneingeschränkte Verdienst des Autors, dem Leser die Geier dieser uns kaum vertrauten Region auf sehr ansprechende, fast spektakuläre Weise näher gebracht zu haben, erfährt durch solche Anmerkungen keine Schmälerung. Bemerkenswerte Details zu den Arbeitsmethoden werden gleichfalls aufgezeigt und erste Ergebnisse telemetrischer Untersuchungen dargelegt: Die Wanderwege führen aus der Region bis in den Nahen Osten (Saudi Arabien). Damit erweisen sich die Geier Kaukasiens nur bedingt als isolierte Populationseinheit und bedürfen so auch der Eingliederung in überregionale Schutzbestrebungen.

W. Baumgart

PERSONALIEN

John van Nes Ziegler zum Gedenken

Am 14. November 2006 verstarb in der Klinik in Köln-Porz der frühere Oberbürgermeister und spätere Ehrenbürger der Stadt Köln John van Nes Ziegler, Ehrenmitglied des Deutschen Falkenordens, im Alter von 85 Jahren.

Dem Verstorbenen war 1980 die Ehrenmitgliedschaft des DFO verliehen worden in Anerkennung seines Einsatzes für den Greifvogelschutz und die Förderung der Falknerei als Stadtvertreter und Oberbürgermeister der Stadt Köln.

Der junge Rechtsanwalt zog 1956 für die SPD in die Ratsversammlung der Stadt Köln ein und wurde sogleich Fraktionsvorsitzender. Dieses Amt behielt er bis zur Übernahme des Oberbürgermeisteramtes 1973. Als er 1980 zum Landtagspräsidenten von Nordrhein-Westfalen gewählt wurde, war er schon seit 1957 Landtagsabgeordneter. 1985 schied er aus der Politik aus.

Der Chronist konnte als Vertreter des DFO-Vorstands bei der Überreichung der Verleihungsurkunde der Ehrenmitgliedschaft am 02. September 1980 im Muschelsaal des historischen Rathauses der Stadt Köln auf den vielfältigen Einsatz unseres Ehrenmitglieds für unsere Sache hinweisen. So sei hier nur erinnert an die schon 1970 von der Stadt Köln für alle ihre Pachtjagden verfügte Vollschonung aller Greifvögel sowie die Einrichtung der Greifvogelpflegestation am stadteigenen Gut Leidenhausen. Schon 1968 stellte die Stadt Köln den Falknern des DFO für die Beizjagd dauerhaft ein Revier zur Verfügung.

Wir werden unserem Ehrenmitglied als uneigennützigem und engagiertem Helfer für unsere Sache in dankbarer Erinnerung ein ehrendes Andenken bewahren.

H.-A. Hewicker

Wilhelm Bruns, * 1932, † 2006

Auch wenn ich mich oft wie der kleine Junge von damals fühle, muß ich mir eingestehen, daß es über 30 Jahre her ist, daß ich aufgeregt auf den Klingelknopf der Familie Bruns am Fiskediek in Greven drückte. Unter meinem T-Shirt verbarg ich das Buch Greifvögel von T. Mebs, das in den ersten Auflagen ein Kapitel über Falknerei enthielt. Und einen Falkner wollte ich unbedingt kennenlernen, wollte Greifvögel von nahem sehen oder vielleicht auch einen solchen Vogel auf der Hand halten. Wilhelm, für mehr als 10 Jahre für mich in der Anrede Herr Bruns, öffnete die Türe, hemdsärmelig – wie fast immer – und mit einem Butterbrot in der Hand. Nachdem ich mein Anliegen vorgebracht hatte, bedeutete er mir, daß ich am Wochenende wiederkommen dürfte, um mir seine Vögel anschauen zu können. Und ich bin wiedergekommen, oft, sehr, sehr oft wiedergekommen.

Wilhelm Bruns kommt aus einer kinderreichen Familie aus Altenrheine, er der einzige Junge.

Sein Vater, wenn auch nicht annähernd jagdlich so passioniert, brachte ihm zumindest das jagdliche Rüstzeug näher. Die Bedeutung der Jagd war sicherlich damals nach dem Zweiten Weltkrieg eine andere, gewichtigere als heute: Jagd diente nicht nur der reinen Freude, sondern in ganz erheblichem Umfang auch der Beschaffung von Nahrungsmitteln. Heute sind die Jäger froh, wenn das Wild überhaupt Abnehmer findet.

Seinen ersten Habicht, den der gerade erwachsene Wilhelm flog, bekam er von einem Nachbarjungen, dem er im Tausch zwei Baumfalken organisierte. Keinerlei Vorkenntnisse, fast keine Literatur und – noch schlimmer – keine Vorbilder führten bei diesem Vogel zu einem traurigen Ende: Der Vogel ließ sich nicht mehr einholen und schlug auf dem benachbarten Bauernhof ein Huhn nach dem anderen, so daß Wilhelm diesen Vogel eigenhändig aus dem Baum schießen mußte. Der folgende Nestlingshabicht noch im selben Jahr schlug dafür eine günstigere Richtung ein: Mit diesem Habicht konnte ein Hase nach dem anderen gefangen werden, aber anfänglich nie ein Kaninchen, die der Habicht „aufs Verrek-

FOTO: FRITZ PÖLKING

ken" einfach nicht fangen wollte. Und Hasen durften nicht gebeizt werden, diese wurden im Wald abgelegt und erst in der Dunkelheit nach Hause gebracht. So ganz ohne Wahrnehmung der Jäger gingen diese und wahrscheinlich auch andere Aktionen wohl nicht ab, denn auch nach mehr als 50 Jahren ist die Landbevölkerung in Altenrheine Falknern gegenüber manchmal nicht günstig eingestellt, wie mir Josef Hebbeler, ein weiterer Altenrheiner und uns allen wohlbekannt, glaubhaft immer wieder versichert. Ein Problem war der fehlende Hund, der aus Kostengründen nicht gehalten werden konnte. Ein, wie Wilhelm sagte, „Struppie" eines Bauern hatte sehr schnell gelernt, daß, wenn der Mensch mit dem Vogel erschien, eine lustige Jagd ihren Anfang nahm, so daß Falkner und Habicht regelmäßig vom sehr gut stöbernden Hofhund begleitet wurden. Nicht zu vergessen der kleine Josef, der sich diesem Gespann anschloß. Daraus entwickelte sich eine tiefe Freundschaft, die ein Menschenleben dauern sollte. In diese Zeit fiel auch der Beginn der Mitgliedschaft im Deutschen Falkenorden (1954).

Seine erste Teilnahme auf einer Ordenstagung war Handorf (1955), wo der Jungfalkner vielen Anwesenden durch seine Beizerfolge auffiel. Da kein eigenes Auto vorhanden war, erfolgte die Anreise mit Habicht auf der Faust per Eisenbahn, zu der Zeit sicherlich nicht ungewöhnlich, heute eher unvorstellbar. Wenige Jahre später übernahm er Verantwortung als Gaumeister Westfalen. Eine Bezeichnung, von der der DFO sich schon anläßlich der Ordenstagung 1976 in Vellmar getrennt hat.

Aus dieser vereinspolitischen Verantwortung heraus erwuchs eine enge Freundschaft zu Dr. Alfred Beckers, dem damaligen Gaumeister Rheinland. Der Kontakt wurde in erster Linie postalisch gepflegt, und zur Zeit stöbere ich häufig in diesen alten Ordnern, in denen Wilhelm alles peinlich genau gesammelt hat. Dabei wird dann offenbar, wie diese Vergangenheit in ihren äußeren Bedingungen so anders gewesen ist: keine Emails, keine ausgebauten Straßen, keine Autos, deutlich weniger Geld für die Falknerei und die Jagd. Aber auch (so schreibt Dr. Alfred Beckers 1961): „... aber Zeit ist nicht einmal so sehr erforderlich wie eine gute Portion Idealismus, dann wird es schon gehen. Die Falknerei darf unter keinen Umständen unter Beruf und Familie leiden!!"

Wilhelms Name im DFO ist in erster Linie mit der Organisation einiger großer Falknertagungen verbunden. Die erste fand im Jahr 1966 statt. 40

Jahre später haben seine Ziehkinder die Tagung in Billerbeck organisiert. Das netteste Lob, was ich als einer der Mitorganisatoren gehört habe, war die Bemerkung Eckart Schormairs, der sagte: „Ich dachte, Tagungen in Nordrhein-Westfalen könne nur Willi Bruns organisieren, aber ‚die' können es auch." Die Tagung 1966 stand unter starken ordenspolitischen Spannungen, da zwischen Renz Waller und Dr. Heinz Brüll unterschiedliche Auffassungen über die politische Zukunft des DFO bestanden. Bruns und Brüll vertraten erstmalig die Auffassung, daß die Tagung nicht nur falknerischer Selbstzweck sein könne, sondern da die Tagungen im Focus der Öffentlichkeit ständen, sollten nur perfekte Beizvögel zugelassen und die Anzahl der zugelassenen Vögel begrenzt werden. Ebenso solle der Gedanke sowohl des Greifvogelschutzes als auch der Greifvogelkunde vermehrt im Zentrum des Interesses stehen.

Nach Steinfurt war die nächste u. a. von ihm organisierte Tagung 1973 Ochtrup, die sehr stark unter der Auseinandersetzung zwischen dem DFO und der AGW (Arbeitsgemeinschaft Wanderfalkenschutz) stand. Brüggen 1980 und Stadtlohn 1988 folgten. Alle Tagungen zeichneten sich, soweit ich dieses beurteilen kann, durch eine sehr gute Organisation, besondere Gastfreundschaft wie auch durch einen außerordentlich guten Kontakt zur örtlichen Jägerschaft aus, so daß diese Tagungen nicht nur den Falknern sondern auch den Jägern in sehr guter Erinnerung blieben. Letzteres sicherlich auch dadurch bedingt, das Wilhelm sich zu unserem Leidwesen in den letzten Jahrzehnten mehr der Jägerschaft zugewendet hat als der Falknerei treu geblieben ist. Verstanden habe ich das nie richtig, da er häufig genug beteuerte, daß sein Herz an der Falknerei hinge.

Nichtsdestotrotz hat er sich als langjähriger Vorsitzender des Landesverbands Nordrhein-Westfalen weiterhin dem Vereinsleben gegenüber als in hohem Maße verantwortlich gezeigt. Ebenso hat er die Forderung nach Einführung einer Falknerprüfung in NRW Ende der 1970er Jahre aktiv energisch unterstützt und dann auch in der Folge als Prüfer engagiert mitgewirkt, dieses alles zu einer Zeit, in der er als Architekt beruflich stark eingespannt war.

Wenn es für Wilhelm ein Synonym geben sollte, dann müßte es „Kotten" heißen. Ein Kotten ist ein kleines landwirtschaftliches Gebäude, in dem in früheren Jahren, die „Kötter" gewohnt haben. Ein Kötter hat dem Bauern bei seiner Arbeit geholfen und als Lohn ein kleines landwirtschaftliches Gebäude, eben einen Kotten, bewohnen können, in dem auch wenige eigene Tiere gehalten wurden, und zu dem auch Land zur eigenen Bewirtschaftung zur Verfügung stand. Wilhelms Kotten befand sich in der „Kroner Heide", die eigentlich keine Heide mehr war, sondern ein kleines westfälischer Jagdrevier in der Nähe Grevens. Vorerst nur als Jagdhaus genutzt, wurde es später Wilhelms Lebensmittelpunkt und Ort einer außerordentlichen Gastfreundschaft gegenüber seinen Nachbarn, Jägern, Falknern und dann auch sehr vielen Bläsern. Der Kotten war kaum gekauft und renoviert, hatte Wilhelm selbstlos einigen Kindern Hörner und einen Lehrer besorgt, so daß diese jeden Sonntagmorgen im Kotten üben konnten, während die Eltern und übriger Besuch morgens mit Wilhelm einen Frühschoppen abhielten, und dieses fast mehr als zwei Jahrzehnte. Aus Kindern wurde Jugendliche und später junge Erwachsene. Vom Fürst-Pleß-Horn wurde schnell auf das Es-Naturhorn gewechselt und anspruchsvolle Jagd-Musik wie die traditionellen französischen Hubertusmessen gespielt. Diese Zeit war für seinen Sohn Wilhelm die Basis, sicherlich einer der führenden Naturhornbläser zumindest in Deutschland zu werden.

Für mich war die Zeit mit diesen beiden Wilhelms, der Musik und vor allen Dingen der Jagd eine Zeit, die mich in außerordentlicher Art und Weise geprägt hat.

Wenn ich meinen beiden Kindern sagte: „Kommt, wir fahren zum Kotten!", haben diese sofort ihre Stiefel eingepackt und waren begeistert von der Atmosphäre des Hauses und der innewohnenden Person. Und so waren Wilhelm und sein Kotten in den letzten Jahren häufiger Treffpunkt, wenn Wilhelms II. Familie den Opa besuchte und unsere Familie dazukam.

Heute bin ich mit meinen Kindern und meiner Frau die alten Wege in der Heide gegangen, wir haben den leeren Kotten gesehen und hatten eigentlich einen vergnüglichen Spaziergang, als mich meine zehnjährige Tochter Annika fragte: „Papa, bist du traurig, daß Wilhelm nicht mehr da ist?" Ich antwortete: „Sehr!" Darauf Annika: „Papa, weißt du was: Nach dem Spiel, ist immer auch vor dem Spiel." Sprachlos sah ich mein Töchterchen an, wie sie da auf dem Weg stand, den ich als Kind so häufig gelaufen bin.

MICHAEL GRESHAKE

Zum Gedenken an Derek Almey Ratcliffe (1929–2005)

Derek Almey Ratcliffe, ein bekannter britischer Ornithologe, Ökologe, Botaniker, Naturforscher und Umweltschützer des 20. Jahrhunderts wurde in London am 9. Juli 1929 geboren. Er wuchs auf in Carlisle, wo er ein aktives Mitglied in der Naturkundlichen Gesellschaft war. Er hat sein Staatsexamen in Botanik abgelegt an der Sheffield Universität. Nachdem er seinen Doktortitel an der Universität in Bangor (Wales) erhalten hatte, arbeitete er im wissenschaftlichen Dienst des Nature Conservancy Council (Naturschutzbeirat) und war dessen wissenschaftlicher Leiter von 1973 bis 1989. Seine Hauptarbeit, das Katalogisieren der in Großbritannien wichtigsten Lebensräume, wurde 1977 in der Nature Conservation Review veröffentlicht. Er war auch eine Autorität auf dem Gebiet der Torfmoose. Unter Margaret Thatchers Regierung war er verantwortlich für die Durchsetzung des Natur- und Landschaftsschutzgesetzes von 1981. Jeanette, geborene Chan-Mo, war seine getreue Frau und Gefährtin bei so manchen Exkursionen, einschließlich derer in Norwegen, wo sie Brutvögel studierten und fotografierten.

Die großangelegte ornithologische Forschung, die ihm bleibendes internationales Ansehen einbrachte, war seine grundlegend bahnbrechende Arbeit über den katastrophalen Rückgang der Wanderfalken im Vereinigten Königreich. In den Jahren 1961 und 1962 führte er eine großangelegte Bestandsaufnahme und Erfassung der brütenden Wanderfalken in GB für den British Trust for Ornithology durch. Als Ergebnis stellte er fest, daß die Biozide DDT und Dieldrin verantwortlich seien für das extreme Ausdünnen der Eierschalen bei den Wanderfalken, eine Ansicht, die bald von Wissenschaftlern der Vereinigten Staaten bestätigt wurde. 1967 veröffentlichte er die Basisdaten zu der Abnahme der Dicke von Eierschalen von Wanderfalken durch Biozide, und 1979 veröffentlichte er mehr Details dazu in dem Journal of Applied Ecology. Er untersuchte auch Steinadler und Merline. Seine Arbeiten führten später zum Verbot von DDT und anderen chlororganischen Pestiziden in Kanada und in den USA in den frühen 1970er Jahren, ebenso wie im Vereinigten Königreich.

Ratcliffe war der Autor vieler wichtiger Bücher, einschließlich der herausragenden Monographie des Wanderfalken. Sein letztes Buch, Lappland – eine Naturgeschichte, wird diesen August herauskommen. Auch hatte er gerade die Arbeit an einem Buch über Schottlands südliches Hochland beendet.

D. A. Ratcliffe, einer der größten Ornithologen und Greifvogelexperten des 20. Jahrhunderts, starb nach einem Herzanfall im Schlaf am 23.5.2005 in Newcastle upon Tyne in Northumberland, gerade als er und seine Frau Jeanette daran gingen, sich auf eine weitere Reise nach Schottland vorzubereiten.

Der Greifvogelschutz und die Falkner haben einen außerordentlich weitsichtigen und verantwortungsbewußten Weggefährten verloren. Wir werden ihn in dankbarer Erinnerung behalten.

DONALD S. HEINTZELMAN
Übersetzung aus dem Englischen: G. BUSS

Edmund Abel durch Verleihung des Umwelt- und Naturschutzpreises 2006 geehrt

Unserem bayerischen DFO-Mitglied Edmund Abel wurde durch den Landrat des Landkreises Forchheim/Ofr., Herrn Reinhardt Glauber, am

8. Dezember 2006 die Urkunde zu dieser hohen Auszeichnung überreicht. Sie hat den Wortlaut:

„In Würdigung und Anerkennung seiner herausragenden Verdienste zum Schutz des Wanderfalken verleiht der Landkreis Forchheim Herrn **Edmund Abel** *den Umweltschutzpreis 2006."*

Forchheim, 08. Dezember 2006
Reinhardt Glauber, Landrat"

In seiner Laudatio hob der Landrat hervor, daß Edmund Abel wesentlich dazu beigetragen habe, daß der Wanderfalke im Kreis Forchheim wieder heimisch sei und seine Population alljährlich zunehme. Die Fränkische Schweiz war vor dem Pestizidsyndrom ein Zentrum des nordbayerischen Wanderfalkenvorkommens.

Als Anfang der 1990er Jahre das erste Falkenpaar wieder in diesem Gebiet brütete, war es Edmund Abel, der auch 2. Vorsitzender der Kreisgruppe Forchheim des Landesbundes für Vogelschutz in Bayern (LBV) ist, welcher sich unermüdlich für den Schutz dieses und weiterer dazukommender Brutplätze einsetzte.

Da die Fränkische Schweiz gleichzeitig ein Eldorado für Klettersportler ist, waren Interessenkonflikte zwischen diesen und dem Wanderfalkenschutz programmiert. Mit diplomatischem Geschick gelang es Edmund Abel, die Kletterverbände für den Schutz des Falken zu gewinnen, was dazu führte, daß Kletterrouten, die sich an Brutfelsen befanden, während der Brut- und Aufzuchtzeit für den Klettersport gesperrt und diese Sperrungen auch tatsächlich akzeptiert wurden. Auch wurden neue Brutplätze von den Kletterern an Abel gemeldet, die dieser in seine

Preisträger Edmund Abel – Foto: Mark Johnston

von Dezember bis Juli dauernden Kontroll- und Überwachungsfahrten aufnahm. Inzwischen ist die Zahl der von Edmund Abel betreuten Brutplätze auf elf angewachsen, und der Wanderfalke kann im Kreis Forchheim wieder häufig beobachtet werden.

Uns bleibt, unserem tatkräftigen Mitglied nicht nur zu gratulieren sondern insbesondere von Herzen Dank zu sagen für jahrelangen aufopferungsvollen Einsatz für unsere gemeinsame Sache zum Wohle des Wanderfalken.

Hans Kurt Hussong

Autorenadressen

Dr. Wolfgang Baumgart,
Guhlener Zeile 9A, 13435 Berlin

Dr. Alfred Beckers,
Ehreshover Str. 8, 50735 Köln

Walter Bednarek,
Haselhof 4, 48720 Rosendahl

Karl Alois Druck
Schneidergasse 17, 66901 Schönberg-Kbg.

Ute Ehrich
Am Wieschen 23, 99100 Großfahner

Dr. Volkmar Fichtner
Steinäckerstr. 3, 12205 Berlin

Erhard Gentner
Schulstr. 27, 68804 Altlußheim

Dr. Michael Greshake
Karlstr.30, 48282 Emsdetten

Dr. Heinz Grünhagen,
Kretenbaeskesweg 22, 47839 Krefeld

Silvio Herold
Gartenstr. 9b, 15907 Lübben

Hans-Albrecht Hewicker,
Forstamt Rantzau, 25355 Bullenkuhlen

Dr. Hans-Jörg Horst
Tannenallee 69, 21465 Reinbek

Hans Kurt Hussong,
Oberfürberger Str. 91, 90768 Fürth

Dr. Rainer Hussong,
Gutenbergstr. 53, 90513 Zirndorf-Weiherhof

André Knapheide,
Riedeweg 1, 49492 Westerkappeln

Wolfgang Köhler,
Rövertannen 70, 18273 Güstrow

Dominik Kollinger
Laab 15, 84347 Pfarrkirchen

Dr. Johannes Kuth,
Hahner Hof 1, 50181 Bedburg

Elisabeth Leix,
Eggarts 2, 87452 Altusried

Dr. Michael Lierz,
Am Großen Herzberg 18, 14469 Potsdam

Niels Meyer-Först
Diezendobel 14, 79256 Buchenbach

Ernst Peter Rade,
Lindenhof 16, 35116 Hatzfeld

Günther Röber,
Oppenheimerstr. 5a, 06766 Wolfen

Prof. Dr. Christian Saar,
Eickhoffweg 25, 22041 Hamburg

Peter Sapara
Paulinenstraße 49, 74172 Neckarsulm

Hauke Schormair
Werrastraße 1, 64347 Griesheim

Wolfgang Schreyer,
Rosenstraße 4, 85716 Unterschleissheim

Dr. Dr.habil.Sigrid Schwenk
Alte Akademie 8, 85354 Freising

Kuno Seitz,
Maikäferpfad 16, 14055 Berlin

Paul Sömmer,
Naturschutzstation Woblitz, 16798 Himmelpfort

Gary Timbrell
iaf.informationbureau@dublin.com
Irland

Dr. Günther Trommer,
ul. Św. Jana Chrzciciela 16, Lasocice,
64-100 Leszno,
Polen

Kilian Weixler
Bürgermeister-Wegmann-Str. 32, 87448 Waltenhofen

Henning Werth
Dorfstr.10, 87545 Burgberg-Häuser

Prof. Dr. Michael Wink,
Universität Heidelberg, IPMB, Abt. Biologie,
Im Neuenheimer Feld 364,
69120 Heidelberg

Deutscher Falkenorden

Sitz: Bonn Postgiro: Dortmund 33181-462
Deutsche Bank Hamburg 41/18915 (BLZ 200 700 00)
Homepage: www.falkenorden.de

Ehrenvorsitzender: **Eckart Schormair**, 27308 Otersen, Dorfstraße 7

VORSTAND

Vorsitzender: **Dr. Johannes Kuth**
Hahner Hof 1
50181 Bedburg
T 02164-701606
F 02164-701608
E Johannes.Kuth@t-online.de

1. Stellvertretender Vorsitzender: **Hans-Albrecht Hewicker**
Forstamt Rantzau
25355 Bullenkuhlen
T 04123-90250
F 04123-902525
E forstamt-rantzau@landesforst.landsh.de

2. Stellvertretender Vorsitzender: **Walter Bednarek**
Haselhof 4
48720 Rosendahl
T 02547-7129
F 02547-7129
E WABednarek@t-online.de

3. Stellvertretender Vorsitzender: **Elisabeth Leix**
Eggarts 2
87452 Altusried
T 08370-1831
F 08370-975875
E e.k.leix@t-online.de

Geschäftsführer: **Kuno Seitz**
Maikäferpfad 16
14055 Berlin
T 030-3018482
F 030-30102683
E seku@ngi.de

Stellvertretender Geschäftsführer: **H. Kurt Hussong**
Oberfürbergerstr. 91
90768 Fürth
T 0911-721838
F 0911-7660115
E h.k.hussong1@freenet.de

Schatzmeister: **Heiner Steffens**
Poppenbütteler Weg 55
22339 Hamburg
T 040-6062465
F 040-41173408
E steffens@vw.mpimet.mpg.de

Deutscher Falkenorden

Vorsitzende der Landesverbände

Baden-Württemberg: **Elmar Raithel**
Klingenteichstraße 17
69117 Heidelberg
T   06221-25892
F   0621-16071
E   Elmar.Raithel@t-online.de

Bayern: **Wolfgang Schreyer**
Rosenstr. 4
85716 Unterschleißheim
T   089-3173945
F   089-32155822
E   w.e.schreyer@t-online.de

Berlin: **Dr. med. vet. Heinz-Jürgen Henning**
Kaiserstuhlstr. 6
14129 Berlin
T   030-8027365

Brandenburg: **Oliver Peipe**
Dunckerplatz 9
14712 Rathenow
T   03385-502748
E   PeipeO@aol.com

Bremen und Niedersachsen: **Ulf Voss**
Am Hankhauser Busch 30
26180 Rastede
T   04402-986385
F   04402-986383
E   ulf.voss@ewetel.net

Hamburg und Schleswig-Holstein: **Thilo Henckell**
Alte Dorfstraße 419
22397 Hamburg
T   040-6072318
F   040-22604201
E   thilo.henckell@arcor.de

Hessen: **Dr. med. vet. Olaf Sander**
Falterstraße 13
63486 Bruchköbel
T   06181-576445
F   06181-441620
E   dr.sander-tierarzt@web.de

Mecklenburg-Vorpommern: **Thomas Golz**
Kleptow 29
17291 Schenkenberg
T/F 039854-37649
M   0172-3924498
wildgehege_th.golz@t-online.de

Nordrhein-Westfalen: **Walter Corsten**
Horbacher Straße 361a
52072 Aachen
T   02407-96693

Rheinland-Pfalz und Saarland: **Matthias Frings**
Waldstr. 9
56761 Urmersbach
T   02653-7328
F   02653-914026
E   mfrings@wald.rlp.de

Sachsen: **Robby Grabowski**
Langenbeckstraße 20
09116 Chemnitz
T   0371-8204913
E   falknerzubehoer@t-online.de

Thüringen: **Peter Haseloff**
Windische Gasse 24
37308 Heiligenstadt
T   03606-614676
E   peterhaseloff@web.de

Deutscher Falkenorden

OBLEUTE

Greifvogelschutz: **n.n.**

Greifvogelkunde: **Walter Bednarek**
Haselhof 4
48720 Rosendahl,
T 02547-7129,
F 02547-7129
E WABednarek@t-online.de

Greifvogelzucht (Zuchtwart): **H. Kurt Hussong**
Oberfürbergerstr. 91
90768 Fürth
T 0911-721838
F 0911-7660115
E h.k.hussong1@freenet.de

Auswilderung: **Prof. Dr. Christian Saar**
Eickhoffweg 25
22041 Hamburg,
T 040-6565524
F 040-6565527
E saar@fec-hamburg.de

Justitiar: **André Knapheide**
Bahnhofstr. 2
49504 Lotte
T 05404-919900
F 05404-919902
E knapheide@bruns-knapheide.de

Tierschutz: **n.n**.

Praktische Falknerei: **n.n.**

IAF-Delegierter: **Alexander Prinz**
Egerstraße 12
95615 Marktredwitz
F 09231-1293
E Anwarter@web.de

Webmaster: **Sebastian Huber**
T 089-3150825
E sebastian@huber-home.de